한국의 과학과 문명 020

여행과 개혁, 그리고 18세기 조선의 과학기술

"이 저서는 2010년도 대한민국 교육부와 한국학중앙연구원(한국학진흥사업단)을 통해
한국학 특정분야 기획연구(한국과학문명사) 사업의 지원을 받아 수행된 연구임."(AKS-2010-AMZ-2101)

여행과 개혁, 그리고 18세기 조선의 과학기술

초판 1쇄	2021년 11월 20일		
지은이	임종태		
출판책임	박성규	펴낸이	이정원
편집주간	선우미정	펴낸곳	도서출판 들녘
편집	이동하·이수연·김혜민	등록일자	1987년 12월 12일
디자인	한채린·김정호	등록번호	10-156
마케팅	전병우	주소	경기도 파주시 회동길 198
경영지원	김은주·나수정	전화	031-955-7374 (대표)
제작관리	구법모		031-955-7376 (편집)
물류관리	엄철용	팩스	031-955-7393
		이메일	dulnyouk@dulnyouk.co.kr
		홈페이지	www.dulnyouk.co.kr

ISBN	979-11-5925-670-7 (94910)
	979-11-5925-113-9 (세트)

값은 뒤표지에 있습니다. 잘못된 책은 구입하신 곳에서 바꿔드립니다.

한국의 과학과 문명 020

여행과 개혁,
그리고 18세기 조선의 과학기술

임종태 지음

들녘

지은이 **임종태** 林宗台

서울대학교 자연과학대학 과학사 및 과학철학 협동과정 교수. 서울대학교 물리학과를 졸업한 뒤, 같은 대학 과학사 및 과학철학 협동과정에서 한국 과학사 연구로 석·박사 학위를 받았다. 이후 같은 대학원에서 과학사를 가르치며, 조선 후기 서양 과학의 수용, 조선과 중국 사이의 과학기술 교류, 조선 정부의 과학기술 등에 관해 연구하고 있다. 논저로는 『18세기 중국과 조선의 서구 지리학 이해—지구와 다섯 대륙의 우화』(창비, 2012); "Rodrigues the Gift-giver: A Korean Envoy's Portrayal of His Encounter with a Jesuit in 1631," *Korea Journal* 56(2) (2016), 134-162쪽; "조선 후기 우량 측정의 정치: 영·정조대의 농업 행정, 기우제, 그리고 측우기," 『역사학보』 225 (2015), 89-126쪽 등이 있다.

〈**한국의 과학과 문명**〉 총서

기획편집위원회

연구책임자_ 신동원

전근대팀장_ 전용훈

근현대팀장_ 김근배

전 임 교 수_ 문만용

　　　　　　 김태호

　　　　　　 진종욱

전임연구원_ 신미영

일러두기

■ 명사의 붙여쓰기는 이 책의 키워드를 이루는 단어는 붙여쓰기를 원칙으로 했지만, 경우에 따라서는 가독성을 위해 띄어쓰기를 했다.

■ 주석은 각 장별로 미주로 한다.

■ 인용 도판은 최대한 출처를 밝히고 저작권자의 허락을 얻었으나 일부 저작권자를 찾지 못하여 게재 허가를 받지 못한 도판에 대해서는 확인되는 대로 통상 기준에 따른 허가 절차를 밟기로 한다.

〈한국의 과학과 문명〉 총서를 펴내며

우리나라는 현재 세계 최고 수준의 메모리 반도체, 스마트폰, 디스플레이, 철강, 선박, 자동차 생산국으로서 과학기술 분야의 경이적인 발전으로 세계의 주목을 받고 있다. 그것을 가능케 한 요인의 하나가 한국이 오랜 기간 견지해온 우수한 과학기술 문화와 역사 속에 있다고 우리는 생각한다.

문명이 시작된 이래 한국은 항상 높은 수준을 굳건히 지켜온 동아시아 문명권의 일원으로서 그 위치를 잃은 적이 없었다. 우리는 한국이 이룩한 과학기술 문화와 역사의 총체를 '한국의 과학문명'이라 부르려 한다. 금속활자·고려청자 등으로 대표되는 한국 과학문명의 창조성은 천문학·기상학·수학·지리학·의학·양생술·농학·박물학 등 과학 분야를 비롯하여 금속제련·방직·염색·도자·활자·인쇄·종이·기계·화약·선박·건축 등 기술 분야에서도 다양하게 분명히 드러난다.

우리는 이런 내용을 종합하는 〈한국의 과학과 문명〉 총서를 발간하고자 한다. 이 총서의 제목은 중국의 과학문명에 대한 새로운 인식의 지평을 연 조지프 니덤(Joseph Needham)의 『중국의 과학과 문명』을 염두에 두고 만들었다. 그러나 니덤이 전근대에 국한한 반면 우리는 전근대와 근현대를 망라하여 한국 과학문명의 총체적 가치와 의미를 온전히 담은 총서의 발간을 목표로 한다. 나아가 한국의 과학과 문명이 지닌 보편적 가치를 세계에 발신하고자 한다. 지금까지 한국은 세계 과학문명의 일원으로 정당한 가치를 인정받지 못한 채, 중국의 아류로 인식되어왔다. 이 총서에서는 한국 과학문명이 지닌 보편성과 독자성을 함께 추적하여 그것이 독자적인 과학문명이자 세계 과학문명의 당당한 일원임을 입증하고자 한다. 우리는 이 총서에서 근현대 한국 과학기술 발전의 역사와 구조를 밝힐 것이며, 이로써 인류의 과학기술 발전사를 새로이 해명하는 데에 기여할 것이다.

이 총서에서는 한국의 과학문명이 역사적으로 독자적인 가치와 의미를 상실하지 않았던 생명력에 주목한다. 이를 위해 전근대 시기에는 중국 중심의 세계 질서 아래서도 한국의 과학문명이 독자성을 유지하면서 발전을 지속한 동력을 탐구한다. 근현대 시기에는 강대국 중심 세계체제의 강력한 흡인력 아래서도 한국의 과학기술이 놀라운 발전과 성장을 이룩한 요인을 탐구한다.

우리는 이 총서에서 국수적인 민족주의나 근대 지상주의를 동시에 경계하며, 과거와 현재가 대화하고 내부와 외부가 부단히 교류하는 가운데 형성되고 발전되어온 열린 과학문명사를 기술하고자 한다. 이 총서를 계기로 한국 과학문명에 대한 관심과 이해가 더욱 깊어지기를 기대한다.

마지막으로 〈한국의 과학과 문명〉 총서의 발간은 교육부와 한국학중앙연구원 한국학진흥사업단의 지원에 크게 힘입었음을 밝히며 이에 감사를 표한다.

〈한국의 과학과 문명〉 총서 기획편집위원회

학자가 연구서를 쓴다는 것은 어떤 주제에 관한 오랜 연구의 결산인 경우가 많지만, 이 책을 마치면서는 그보다는 필자가 경험하지 못한 새롭고 낯선 주제로 이제 갓 입문한 것 같다는 느낌이 든다.

필자가 이 책의 첫 번째 제안서를 전북대학교 한국과학문명학연구소의 세미나에서 발표한 것은 지금으로부터 약 5년 전인 2016년 8월 30일이었다. 당시의 제안서에는 "영·정조 시대의 과학, 기술, 의료"라는 포괄적인 제목 아래, 18세기 조선의 과학기술을 정부 부문과 민간 부문으로 나누어 다룰 계획을 담았다. 이렇게 야무진 생각을 한 것은, 구만옥 선생님의 『세종시대의 과학기술』(2016)에 비견되는 책을 조선 후기 영·정조 시대를 대상으로 써보자는 신동원 소장님의 제안에 따른 것이었다.

하지만 야심 찬 계획이 대개 그렇듯, 이후의 과정은 애초의 계획이 필자의 능력을 넘어선다는 사실을 깨닫고 현실적으로 목표를 조정하는 작업이었다. 조선 초기보다 지식 계층의 규모가 팽창하여 학문 활동의 폭이 확대되고, 인구의 규모와 사회의 경제적 활력이 성장하여 정부의 통치 체제 또한 복잡해진 후기 조선 사회에서 과학기술이 어떤 방식으로 존재하고 기능했으며, 어떤 방향으로 변화하고 있었는지 포착해내기에는 필자의 공부가 많이 부족했다. 무엇보다 과학기술을 둘러싼 환경을 구성하는 조선 사회에 대한 지식이 모자랐고, "과학기술"이라는 이름으로 불린 대상이 명시적으로 존재하지 않던 사회에서의 과학기술을 다룰 예리한 방법론도 갖추지 못했다.

좀더 현실적인 대안으로 떠오른 것이 홍대용(洪大容)과 그의 북학파 동료들로 초점을 좁힌다는 것이었다. 그들은 양반의 우주론, 중인의 전문 지식, 장인들의 수공업 기술 모두에 관심을 가지고 적극적으로 관여했던 이들이었으므로, 그들의 사상과 실천을 서사의 연결 고리로 삼는다면 18세기 후반 양반, 중인, 장인들이 전개한 과학기술적 실천의 전체적 윤곽을 그것들 사이에 형성되고 있던 연관과 함께 파악할 수 있으리라는 구상이었다. 이는 18세기 후반 조선의 과학기술을 살펴보라는 애초 신동원 소장님의 주문을 미흡한 수준으로나마 달성할 방법이기도 했다. 그 대체적 구상을 2018년 4월 14일 네이버가 기획한 "문화의 안과 밖" 강연 시리즈에서 "18세기 조선 과학기술의 지형도"라는 제목으로 발표했다.

물론 이렇게 대폭 좁아진 주제를 다루는 일도 필자에게는 그리 쉽지 않았다. 주로 양반 엘리트들의 사상적 실천만 다루어왔던 지적 편식으로 인해 조선 시기의 기술직 중인과 수공업 장인들에 대한 필자의 이해가 얕았으므로, 이를 보충하기 위해서도 노력해야 했다. 필자의 게으름까지 겹쳐 그로부터 3년 뒤인 올해 봄 초벌 원고를 마무리했을 때는, 앞서 언급했듯, 연구를 마무리했다기보다는 이제 막 새로운 세계로 발을 들여놓은 데 불과하다는 느낌을 지울 수 없었다.

지난 5년간 여러 사람의 도움을 받지 못했다면 이처럼 간신히 이루어진 필자의 입문마저도 불가능했을 것이다. 신동원 소장님을 비롯하여 한국과학문명학연구소의 전용훈, 전종욱, 신향숙, 신미영 선생께 가장 큰 빚을 졌다. 필자를 〈한국의 과학과 문명〉 기획에 초대해주셨을 뿐 아니라, 이후의 체계적인 과정을 통해 연구와 집필을 관리해주셨으며, 특히 전종욱 선생은 마지막 단계에서 집필을 주저하던 필자를 놀라운 인내심을 발휘하며 권려(勸勵)하여 초고의 완성으로 이끌어주셨다. 홍대용과 그의 북학파 동료에게 초점을 맞추자는 생각은 2017년 봄 연구 학기로 베를린의 막스 플랑크 과학사연구소에서 머물면서 진행한 연구의 결과로 떠오른 것이다. 좋은 연구 여건을 만들어주신 연구소 제3분과장 다그마 새퍼(Dagmar Schäfer) 박사, 그리고 유익한 발표 자리를 만들어주신 베를린 자유대학 한국학과의 이은정 교수, 보쿰대학 동아시아 학과의 마리온 에거트(Marion Eggert) 교수께 감사드린다. 이때 연구하고 발표했던 북학론의 기술정책에 관한 논문은 2020년 규장각의 『한국문화』 제90호에 "조선 후기 북학론의 수사 전략과 중국 기술 도입론"으로 출간되었으며, 이 책의 3장에 포함되었다. 앞서 언급했듯, 2018년 4월 네이버 강연으로 필자는 이 책의 구상을 처음으로 정리할 기회를 얻었다. 이 발표를 주선하고 준비해주신 당시 네이버의 주훈 차장, 그리고 토론을 맡아 좋은 비평과 제안을 주신 구만옥 선생께 감사드린다. 조선 후기의 기술직 중인과 장인 수공업자에 관한 기존 연구를 섭렵하고 그에 대한 이해를 심화시키는 데는 2019년 가을 학기와 2021년 봄 학기 김슬기, 홍유진, 이정림, 서은혜, 민병웅 학생과 함께한 대학원 세미나에서 큰 도움을 받았다. 바쁘신 중에도 시간을 쪼개어 원고의 일부 또는 전부를 읽고 유익한 비평을 해주신 김영식, 이정, 문중양, 구만옥, 구범진 선생께도 깊이 감사드린다. 특히 원고를 여러 번 읽고 비판과 격려를 아끼지 않은 이정 박사께 많은 빚을 졌다.

첫 번째 책 이후로 거의 10년 만에 두 번째 책을 내게 되었다. 그것이 입문이라는 필자의 평가에는 이 정도밖에 하지 못했느냐는 부끄러움과 아쉬움이 담겨 있지만, 다른 한편으로는 이 낯설고 새로운 주제에 대한 설렘도 담겨 있다. 좀더 완정한 내용과 성숙한 관점을 갖춘 세 번째 책을 준비해야 할 것이다.

2021년 10월 11일

저자 씀

차례

서론

1장 중인의 과학과 양반의 과학

2장 성찰적 여행자의 과학—
18세기 서양 과학의 유행과 홍대용의 『의산문답』

3장 여행과 국가의 개혁—
북학의 과학기술 정책과 그 실천

서론

1. 홍대용의 북경 여행과 18세기 후반 조선의 과학기술

1765년 겨울, 관직이 없던 30대 중반의 양반 학자 홍대용(洪大容, 1731-1783)은 고대해오던 중국 여행의 기회를 얻었다.[1] 조선 조정이 매년 청나라에 파견하는 동지사행(冬至使行)에 참여하게 된 것인데, 사신단의 서장관(書狀官)으로 임명된 숙부 홍억(洪檍)의 자제 군관(子弟 軍官) 자격이었다. 그는 이듬해 봄까지 약 두 달 동안 북경에 머물면서, 북경의 천주당을 방문하여 서양인 선교사들과 기독교, 천문학, 음악 등의 주제에 관해 대화했으며, 마침 과거 시험을 보러 북경에 와 있던 강남(江南)의 세 선비와 만나 문학, 역사, 철학을 넘나드는 폭넓고 밀도 깊은 대화를 나누며 교분을 쌓았다. 이와 같은 홍대용의 여행 일화는 귀국 이후 그가 편찬하여 지인들 사이에 회람한 여행 기록을 통해 세상에 널리 알려졌다.[2] 조선의 양반 엘리트들이 오랑캐라고 경멸하며 적대시하던 청조(淸朝) 중국 사회를 개방적인 태도로 경험하고 나아가 중국의 학자들과 우정을 나눈 그의 여행 일화는 조선의 엘리트 사회에 큰 충격을 주었으며, 그 여파(餘波)로 박지원(朴趾源, 1737-1805), 박제가(朴齊家, 1750-1805)의 북학론을 비롯한 18세기 말, 19세기 초의 새로운 문화적 지향이 등장했다.

이 책은 홍대용의 1765년 북경 여행과 그것이 불러일으킨 여파를 단서로 삼아, 18세기 중후반 영조(英祖, 재위 1724-1776)와 정조(正祖, 재위 1776-1800) 두 군주가 통치하던 시기 조선의 과학기술과 그것을 둘러싼 지적, 사회문화적 지형을 살펴보려는 시도이다. 당연한 이야기이지만, 홍대용이 따라간 연행사절은 과학기술과는 직접 관련이 없는 연례적 외교 행사였고, 여행 과정에서 홍대용이 보인 관심사의 범위도 보통의 양반 여행자와 마찬가지로 중국의 자연, 역사, 문화 전반에 폭넓게 걸쳐 있었다. 하지만 세심하게 살펴보면 홍대용이라는 인물과 그의 북경 여행에는 당시 조선의 과학기술을 둘러싼 사회문화적 지형과 그 가운데 일어나고 있는 변화를 직·간접적으로 보여주는 중요한 단서들이 담겨 있다. 이 단서들은 무엇보다도 홍대용이 당시 양반 유학자로서는 드물게 천문학과 수학에 진지한 관심을 기울인 인물이었다는 사실과 관련이 있다. 잘 알려져 있듯, 그는 언제부턴가 땅이 둥근 공 모양이며 하루에 한 번 자전(自轉)한다고 믿었고, 북경 여행 이전에 전라도 화순의 기계 제작자들과 함께 천문 기구를 만든 뒤 천안의 집에 천문대를 세워 설치할 정도로 천문학과 수학에 열심을 보인 인물이었다.[3] 이러한 홍대용의 독특한 지적 이력과 성향으로 인해, 일견 과학기술과 큰 관련이 없어 보이는 그의 북경 여행, 특히 강남 선비들과의 교유와 같은 사건이 당시 조선 과학기술의 국면과 그 변화를 추동하거나 예시하는 사건이 되었다.

홍대용의 여행과 과학 사이의 긴밀한 연관은 그의 과학적 지향과 실천이 조선 사회에 (그리고 오늘날 우리에게까지) 널리 알려지게 된 계기가 바로 그와 그의 동료 박제가, 박지원 등의 북경 여행이었다는 데서 잘 드러난다. 홍대용은 스스로 천문 기구를 제작하고 사설 천문대를 건설한 일의 경위를 북경에서 사귄 중국인 친구들에게 소상히 소개했고, 그것이 『간정동필담(乾淨衕筆談)』이라는 기록에 남았다.[4] 홍대용의 지전설 또한 훗날 박지원이 열하(熱河)의 태학(太學)에서 만난 중국인 학자에게 조선 학자의 독특한 성취로 자랑스레 소개하고 그 일화를 『열하일기(熱河日記)』에 기록함으로써 유명해졌다.[5] 자신의 과학기술적 의제를 북경 여행과 연관시킨 점에서는 홍대용의 동료들도 다르지 않았다. 박제가와 박지원은 자신의 연행(燕行) 경험을 토대로 중국의 정교하고 세련된 기술을 도입하자는 북학론(北學論)을 주창했다. 과학기술을 국가 개혁의 핵심으로 부각한 정책 의제를 자신의 연행 경험과 결합하여 제기한 것이다.

이러한 사실들은 홍대용과 그의 북학파 동료들의 북경 여행이 그들의 과학기술을 둘러싼 단순한 배경에만 머물지는 않았으리라는 점을 시사한다. 왜 그들은 기계 제작, 지구 자전의 학설, 중국 기술 도입 정책 등 자신의 과학적 관심과 실천, 그리고 그로부터 비롯된 국가 개혁 의제를 주로 북경 여행에 관해 이야기하는 맥락에서 독자들에게 들려주었을까? 그들의 여행과 개혁 의제, 과학기술은 무언가 긴밀한, 상호 구성적 관계를 이루고 있지 않았을까?

2. 여행과 경세(經世), 그리고 18세기 조선의 과학기술

과학기술과 다른 사회문화적 요소 사이의 연관은 어느 시대, 어느 사회에서나 볼 수 있는 현상이지만, 18세기 조선과 같이 과학기술이 아직 독립된 제도적 영역으로 존재하지 않던 시기의 경우에는 그 둘이 한층 더 밀접하게 연결되어 서로 불가분으로 섞여 있게 마련이다. 조선 시대에는 인간 사회와 구분되는 자연 세계의 관념이 없던 때이므로 "인문학"과 구분되는 "자연과학"의 관념 또한 없었으며,[6] 이를 반영하듯 오늘날의 이공계 연구소와 대학처럼 과학기술의 교육과 연구를 전담하는 기관, 이를 뒷받침하는 제도들도 없었다. 이런 상황에서 조선의 과학기술은 오늘날 우리가 "비과학(非科學)"의 영역에 속한다고 간주하는 요소들과 섞인 채로, 정부의 관료 조직, 지배 엘리트들의 학술 활동, 일반 백성들의 삶과 문화 속에 퍼져 있었다.[7] 따라서 조선의 과학기술을 조망한다는 것은 곧 우리가 과학기술이라고 간주하는 요소와 그렇지 않은 요소들이 섞이고 연관된 지적, 사회문화적 배열 상태를 파악하는 일이라고 볼 수 있다. 홍대용과 그 동료들의 사례를 통해 당시의 과학기술을 살펴보는 이 책에서 주목하는 배열은 과학기술이 그들과 같은 양반 엘리트들의 여행, 그리고 국가 개혁을 위한 그들의 경세적(經世的) 실천과 얽혀서 만들어낸 지적, 사회문화적 지형이다.

어떻게 보면, 여행과 경세라는 주제는 과학기술을 포함한 18세기 조선 문화사의 동학(動學)을 포착할 수 있는 좀 더 일반적 틀로 사용될 수 있다. 이 둘은 서로 연관되어 있지만 동시에 서로 독립적인 변수로서, 이 둘을 축으로 한 좌표계를 통해 외부 세계로부터 지적·문화적 요소가 유입되어 조선 사회에서 유통되면서 내부의 요소들과 상호작용하는 양상, 그리고 그 과정을 추동하거나 억제하는 사회정치적 동력을 전체적으로 파악할 수 있을 것이기 때문이다.

우선 "여행"은 청나라, 일본과의 문화적·경제적 교류를 통해 이루어진 사람, 사물, 문화의 이동, 그리고 그것이 조선 사회에 미친 영향을 대변하는 주제이다. 널리 알려져 있듯 연행사(燕行使)와 통신사(通信使)로 각각 불리는 대중국·대일본 사행(使行)은 조선으로 외부 세계의 문물이 유입된 주요 통로로서, 그 과정에서 이루어진 인적인 접촉, 탐문, 구매의 활동을 통해 외래의 지식, 기법, 물건들이 조선 사회에 들어오게 되었다. 접촉한 인물과 유입된 물품에는 서양 선교사 및 서학 관련 서적·기물 등도 포함됨으로써, 대청·대일 사행은 동아시아 문화권을 넘어 근대 초기 서양 문화와 조선이 접촉하는 통로가 되었다.[8] 이러한 경로로 유입된 지식과 기법에는 과학기술의 범주에 속한다고 볼 수 있는 것들이 상당한 비중으로 포함되어 있었다. 청나라의 시헌력과 그 바탕이 되는 서양의 수학·천문지리학, 중국의 염초·수레·벽돌 제조 기술, 자명종·수차와 같은 서구식 기계, 중국 고대 천문학·수학에 관한 문헌학적 탐구를 포함한 청조 고증학의 성과가 유입되어 조선의 정부와 지식 사회에 큰 영향을 끼친 것이다.

그에 비해, "경세(經世)"는 조선 사회를 이상적으로 통치하기 위한 조선 엘리트들의 학문적·정책적 관심과 관료로서의 실천을 대변하는 주제로서, 이를 통해 지식과 기법이 유통되고 실천되게끔 하는 사회정치적 동력, 구체적으로는 지식 및 기술에 관련된 정부 정책이 구상되고 집행되는 과정을 살필 수 있다. 그 주제에는 우선 천문역법, 의료, 음악, 지도 제작 등의 전문 지식 분야와 여러 공장(工匠) 기술을 포괄하는 정부의 과학기술 부문, 정조대의 화성(華城) 건설 등 특별한 이유로 추진된 공공사업 등 정부의 통치 영역에 속하는 활동들이 포함된다. 그와 함께 정부 바깥에서 양반 관료 학인들이 "경세치용(經世致用)", "수기치인(修己治人)"을 목적으로 수행하는 지적 활동도 그 영역에 포함될 수 있다. 특히 유형원(柳馨遠)의 『반계수록(磻溪隨錄)』, 유수원(柳壽垣)의 『우서(迂書)』, 박제가의 『북학의』, 정약용(丁若鏞)의 『경세유표(經世遺表)』에 이르는 조선 후기의 대표적 경세서(經世書)에는 국가 통치 제도의 합리화를 위한 제도적 개혁을 주장하는 과정에서 오늘날의 과학기술 정책에 해당하는 여러 의제가 제시되었다.[9]

고대로부터 중국의 주변부에 처한 존재로 자신을 간주해 온 한국 엘리트들의 자의식을 고려하면, 여행과 경세의 두 축으로 이루어진 좌표계는 중국과 문화 교류를 시작한 고대 이래 한국의 문화사 전반을 살필 수 있는 유용한 틀일 것이다. 하지만 그것이 18세기 후반 조선의 과학기술을 살펴보는 데 특별한 의미를 지니는 것은, 이 시기에 여행과 경세 두 요소 간의 관계에서 중대한 변화의 조짐이 나타났기 때문이다. 바로 홍대용과 그의 북학파 동료들에 의해, 청나라로의 여행과 이를 계기로 한 새로운 문화의 유입이 조선 엘리트층의 자기 정체성, 조선 사회의 현실과 변화 방향에 대한 그들의 견해를 근저에서 규정하게 된 것이다. 홍대용은 자신의 개방적 북경 여행과 그에 관한 기록을 통해 17세기 이래 자신을 문명으로 자부하는 조선 엘리트의 자의식에 의문을 제기했다. 박제가는 한 걸음 더 나아가 조선을 아직 충분히 문명화되지 못한 사회로, 따라서 청조(淸朝)가 대변하는 중국 문명을 모델로 삼아 개선되어야 할 대상으로 재정의했다. 게다가 그는 조선이 따라야 할 문명의 기준도, 우주적 도(道)의 통찰을 통해 개인과 사회의 윤리적 완성을 추구하던 것에서 기술적 효율성, 지적 세련, 물질적 풍요로움을 강조하는 쪽으로 변화시켰다. 이처럼 홍대용과 북학론자들이 새롭게 만들어낸 여행-개혁의 쌍에서 과학기술은 핵심적 역할을 부여받았다. 홍대용은 자신의 독특한 우주론과 수학을 근거로 조선 양반 학자들의 문화적 성찰을 촉구했으며, 북학론자들은 중국으로부터 선진 기술의 도입을 국가 개혁의 핵심 과제로 삼았던 것이다.[10]

　　물론 홍대용과 동료들의 지향과 실천이 18세기 후반 조선의 과학기술을 대표한다고 볼 수는 없을 것이다. 무엇보다 당시 북경 여행의 기회는 조선의 엘리트층 중에서도 소수의 선택받은 이들에게만 부여되던 특권이었고, 그 점에서 홍대용과 그의 북학파 동료들을 당시의 평균적 조선인이라고 보기는 어렵다. 그들 중에서 홍대용과 박지원은 조선의 정계를 주도하던 서울 권문세가의 자제들이었다. 이들의 학문적·문화적 지향도 여타 양반 엘리트와는 달랐다. 홍대용과 그의 동료들이 주자학의 명분론과 형이상학에 경도된 당시 조선 엘리트의 지배적 학풍에 비판적이었음을 고려한다면, 그들이 대변하는 과학기술적 실천과 지향 또한 당시 조선 과학기술의 전형이라기보다는 당시의 문화적 지형에서 예외적인 돌출 요소일 가능성이 크다. 하지만 그럼에도 그들의 실천과 지향에 분석의 초점을 맞추는 이 책의 선택에는 두 가지 이유가 있다.

첫째, 그들의 예외성을, 도리어 그것을 예외로 만들어주는 규범과 전형을 도드라지게 만들어주는 재료로 이용할 수 있다. 조선 사회에 대한 이들의 비판, 그리고 그것이 불러일으킨 논란에는 그간 잠재되어 있던 조선 사회의 문화적 가정을 가시화하는 효과가 있었다. 이는 이들의 지적·문화적 의제에서 과학기술이라고 불릴 만한 요소들이 중심적 위치를 차지했으므로 그것에 대한 반발 또한 과학기술과 어떤 형태로든 관련될 수밖에 없었기 때문이다. 이 책에서는 홍대용과 그의 영향력 아래에서 북학론을 발전시킨 동료들을 창으로 그들이 비판적으로 대면했던 이들, 예를 들어 그들이 완고한 주자학자들 또는 무능력한 장인(匠人)들로 비판했던 사람들의 실천을 함께 살펴볼 것이다.

둘째, 홍대용과 북학론자들의 예외성은 당시 조선 과학기술의 지형이 어떠한 방향으로 변화하고 있었는지를 알려주는 징표로도 이용될 수 있다. 북학론은 18세기 후반 조선 사회에서 서울 경기 지역의 일부 엘리트 집단에 한정된 흐름이었지만, 그 주창자 중 일부가 당시 권력을 주도하던 경화세족의 일원이었다는 점에서, 과거 실학 연구에서 주장했듯, 권력에서 소외된 지식인들의 공허한 외침만은 아니었다.[11] 게다가 홍대용과 북학론자들의 지향은 당시 조선 사회의 주변부에 잠시 존재하다 사라질 것이 아니라, 시간이 지남에 따라, 특히 20세기 이후 한국 사회의 주된 지향으로 그 세력이 확대될 것이었다. 특히 그들이 창출해낸 여행과 경세의 조합, 특히 외부에서 선진 물질문명을 받아들여 자기 사회를 개혁하려는 시도는 배움의 대상을 중국에서 일본과 서양으로 바꾸어가며 최근까지도 계속되었다.

이는 과학기술의 측면으로 초점을 좁혀도 마찬가지이다. 그들의 실천과 의제는 18세기 후반 양반 학자들의 학문 활동, 기술직 중인의 전문 분야, 장인들의 수공업 기술 사이에 강화되고 있던 상호 작용을 반영하는 것일 뿐 아니라 그것을 독특한 방향으로 촉진한 면이 있다. 기술직 중인들이 자기 전문 분야의 가치를 자각하기 시작했고, 상업화의 진전과 기술 수요의 증가로 장인 수공업이 활기를 띠었으며, 일부 개혁적 양반 학자들은 이들 중인, 장인 지식과 실천이 학문적 탐구와 국가의 통치에 필수 불가결하다고 생각하고 그들과 교류하거나 직접 그들의 지식과 기법을 배우고 실천하기까지 했다. 특히 홍대용과 북학론자들은 수학과 기술을 중심 의제로 한 학문 및 국가 개혁의 프로그램을 제시했는데, 이는 20세기 이후 서구와 일본 문화의 영향을 받은 새로운 세대의 한국인 엘리트들에 의해 근대적 과학기술의 기원으로 추앙받게 될 것이었다. 그런 점에서 영·정조 시기 일부 엘리트들의 문화적 지향에서 일어난 변화는 당시의 관점에서는 아무리 사소해 보일지라도, 이후 최근까지 이어질 한국 과학기술사의 주요 주제와 특징이 나타난 국면이라는 점에서 중대한 의미를 지닌다.

하지만 그렇다고 해서 홍대용과 북학론자들을 전근대 조선 사회에 등장한 한국 근대의 "맹아"로 묘사함으로써 20세기 역사학자들의 실학(實學) 관념과 그에 전제된 근대주의적 목적론을 따르겠다는 것은 아니다. 이 문제에 관해서는 절을 바꾸어 논의하기로 한다.

3. 조선 후기의 실학(實學)과 과학기술

이 책에서 다룰 18세기 중후반은 영조와 정조가 통치하던 시기로서 한국사에서는 15세기 세종 시대에 비견되는 문화의 황금기로 알려져 있다. 세종 시대에 대한 오늘날의 긍정적 평가에 이 시기의 과학적 성취가 한몫한 것처럼, 영·정조 시대에 대한 긍정적인 이미지가 형성된 데도 세종의 치세 이후로 다시 한번 과학기술이 융성한 시대라는 인식이 크게 작용했다. 그에 대한 학계의 긍정적 이미지를 반영하듯, 이 시기에 대해서는 과학사를 포함한 역사학적 연구에서도 그 전후 세기에 비해 훨씬 많은 성과가 누적되었다. 하지만 이 시기를 포함하여 조선 후기 과학사를 다룬 기존 연구는 연구자들의 특정한 문제의식 아래, 당시 과학의 특정 측면에만 집중되어 이루어진 감이 있다. 구체적으로 과학기술의 여러 측면 중 사상적 측면, 특히 서양 예수회사에 의해 중국에 소개된 서양 과학 지식의 수용 과정이 연구의 주된 관심사였다.

조선 후기 서양 과학 수용에 관한 관심이 높았던 것은 우선 그 주제가 "중세적" 조선 사회에서 "서구적 근대"가 등장하는 과정에 주목한 지난 세기 역사학자들의 관심에 잘 부합했기 때문이다. 특히 실학자(實學者)라는 범주로 묶인 일군의 학자들이 대개 서양 과학에 긍정적 태도를 보인 사정으로 인해, 서양 과학의 수용은 20세기 초부터 조선 실학사 연구의 중심적 주제로 다루어졌다. 한국 과학사와 조선 후기 실학사를 동시에 개척했던 역사학자 홍이섭(洪以燮, 1914-1974)은 한국 과학사를 다룬 최초의 통사(通史) 『조선과학사(朝鮮科學史)』에서 조선 후기 실학을 "서구적 과학의 수용과 이조(李朝) 봉건 과학의 지양(止揚)"이라는 의미심장한 제목의 장에서 다루었다. 그 서두에서 홍이섭은 서양 과학의 조선 유입 통로였던 북경 사행로에 대해 "조선 근대 과학사상에 있어 동트는 새벽녘의

하얀 모래길"이라고 시적(詩的)으로 표현했다. 서구 과학의 자극으로 조선 사회에 "과학에의 사상이 도도(滔滔)하게 발흥하고, 산업기술의 개량 진전이 절규되며, 문운(文運)이 융성해가고, 당쟁의 종지적(終止的) 타협의 성과"가 나타났다는 것이다.[12] 이처럼 조선 후기 서양 과학의 수용에서 한국 근대의 여명(黎明)을 보는 관점은 지금까지도 한국의 학계와 지식 사회에 널리 통용되고 있다.

실학사 연구자들의 서양 과학 수용 서사에 전제된 소박한 근대주의는 전문 과학사 연구자들에 의해 좀 더 세련된 구도로 다듬어졌다. 특히 1980-90년대에 이루어진 박성래의 연구는 조선 후기의 실학과 서학(西學)을 17세기 서구에서 탄생한 근대 과학이 비서구 지역으로 전파되며 그 계몽적 영향력을 확산해나가는 세계사적 흐름의 한 국면으로 자리매김했다.[13]

조선 시기 과학사의 시기 구분을 다룬 논문에서 박성래는 서구에서 근대 과학이 탄생한 17세기 과학혁명이라는 사건이 한국사의 전개에도 근본적 분기를 일으켰다고 보았다. 17세기 이전의 한국 과학이 세종 시대에 정점을 찍은 "전통 과학"의 단계였다면, 그 이후는 과학혁명을 통해 등장한 "근대 과학"이 이후 서구 주도의 세계화 과정에서 비서구 지역으로 확산하는 단계가 되었다는 것이다. 한국사에서 이 두 번째 단계를 대표하는 사건이 바로 서양 과학을 수용하여 새로운 학풍을 추구한 실학의 발흥이었다.[14] 즉, 박성래의 한국사 시대 구분에서 보자면, 조선 시대 전기와 후기는 서구 과학혁명이라는 인류사의 보편적 사건, 그렇지만 한국인에게는 외재적인 사건에 의해 구획된 질적으로 다른 역사적 시간의 층위에 속했다.[15]

17세기를 전후한 시기에 한국 과학사가 질적으로 다른 단계에 접어들었다고 본 박성래는 이 두 시기를 다루는 역사학자의 시각과 방법도 달라야 한다고 주장했다. 가령 전통 과학의 단계에 속하는 세종 시대의 과학을 다룰 때는 서구 근대 과학과는 그 결을 근본적으로 달리하는 전통 사회의 지적 맥락을 고려하는 일이 중요하다면,[16] 서구 근대 과학의 전 세계적 확산이 시작된 17세기 이후에 대해서는 조선이 서구 과학 도입을 둘러싼 세계사적 경주에서 어느 정도의 성적을 거두었는지, 그 실패의 요인은 무엇이었는지를 비교사적으로 살펴보는 일이 핵심 과제가 되어야 했다.[17]

일견 서로 모순되는 문화 상대주의와 목적론적 역사관을 각각 조선 전기와 후기에 적용한 박성래의 이원화된 시각에 대해 필자를 포함한 이후 세대의 과학사 연구자들은 후자를 비판하는 방향에서 방법론적 일원화를 이루어내려 했다. 과학을 둘러싼 지적·사회문화적 맥락의 영향을 강조하고, 과거 행위자의 시각을 우선시하는 관점, 즉 박성래가 조선 전기 과학사를 탐구할 때 적용하던 시각을 조선 후기 서양 과학 수용의 문제에도 일관되게 적용하려 한 것이다. 이들의 연구 성과는 최근 문중양에 의해 〈한국의 과학과 문명〉 시리즈의 한 권으로 종합되었다.[18] 이 책은 조선 후기 서구 과학과 전통 과학 사이의 만남을, 서구 과학의 합리성과 우수성에 대한 선험적 믿음, 역사가 서구적 근대를 지향한다는 목적론적 가정을 전제하지 않고 당시 조선 정부, 관료·학자들의 시각과 실천을 중심으로 재구성했다. 그 결과 서구 과학 수용의 수준, 그 성공 또는 실패 여부를 논하던 과거의 단순화된 논의와는 달리, 당대 조선 행위자들이 서로 다른 두 과학을 놓고 수행한 비교와 절충 작업의 복잡한 양상을 포착할 수 있었다. 그 요지는 조선 후기의 행위자들이 조선 전기를 거치며 성숙의 단계에 접어든 "성리학적 우주관의 패러다임" 하에서 외부로부터 유입되는 서양 과학을 "그들만의 방식"으로 읽었다는 것이다.[19]

하지만 서구적 근대를 역사의 목적, 또는 과거를 판단할 기준의 자리에서 끌어내린 뒤 조선 후기 행위자들 나름의 관점을 복원하려는 시도만으로는 근대주의적 목적론의 위험에서 충분히 벗어나기를 기대하기 어렵다. 필자의 연구를 포함한 2000년대 이후 조선 후기 과학사 연구에서 이루어진 이러한 시도는 자연스럽게 반대의 극단, 즉 조선 후기 행위자들의 세계관과 그에 입각한 서양 과학 해석이 여전히 "동양 전통" 또는 "전근대" 지식의 영역에 머물러 있었다고 보는 관점으로 이어지곤 했다. 하지만 그러한 관점은 근대주의적 목적론과 마찬가지로 근대와 전근대, 서양과 동양 사이의 근본적 차이를 전제하고 있고, 따라서 "그들만의 방식"을 복원하려는 일견 정당한 시도 또한 근대를 향해 나아가는 역사의 필연적 작동을 조선 후기에 한정해 잠시 유예하는 효과 이상은 없었다.

"서양 과학의 수용"이 조선 후기 과학사의 중심 연구 과제였다는 연구 주제의 편향도 최근의 조선 시기 과학사 서술을 서구적 근대의 자장 안에 머물도록 한 요인이다. 즉, 서구 과학에 대한 조선인들 나름의 전유와 재해석을 강조하는 시도 가운데에서도 서구 과학은 조선과 같은 비서구 나라의 과학사 서사(敍事)에서 그 구성 요소를 선별하는 기준의 지위를 유지하고 있었다.[20] 단일한 사회문화적 실체로서의 과학이 상상되기 시작한 것이 19세기 서구 사회였으므로, 그러한 일이 일어나지 않았거나 그 전 단계에 속한다고 보이는 문화권의 과학사는 기본적으로 서구 과학에 상응하거나 반대로 그와 대립하는 요소를 해당 문화에서 추출하여 서사를 구성할 수밖에 없었다. 특히 조선 후기와 같이 서구 과학의 유입 단계에 처한 비서구 지역 과학사의 경우, 서구 과학의 직접적 현전(現前)으로 인해 역사 서술의 기준으로서 그것의 지위는 한층 더 두드러질 수밖에 없었다. 비서구 문화의 요소는 대립, 융화, 절충 등 어떤 방식으로든 서구 과학과 관계를 맺는 한에서 과학사 서사에 참여할 자격을 얻게 되었다.[21]

게다가 조선 후기 과학사 서사에 규정적 영향력을 발휘한 서구 과학은 특정한 방식으로 이해된 서구 과학으로서, 구체적으로 보자면 20세기 중후반 영미의 지성사적 과학혁명 서술에서 조형된 것이다. 마르크스주의의 유물 사관을 비롯하여 과학에 미치는 사회·경제의 영향을 강조하던 경향에 대한 반발로 등장한 과학혁명 역사 서술의 사조는 기술 및 사회경제적 환경의 규정으로부터 자유로운 관념(이론, 세계관, 형이상학)으로서의 과학을 강조했다. 그에 따르면, 서구 근대의 과학혁명이란 고·중세 아리스토텔레스 철학의 유기체적 세계관이 데카르트·뉴턴의 기계적 세계관으로 대체된 "형이상학적 전환(metaphysical transformation)"의 과정이었다.[22]

지성사적 과학혁명사 서술의 영향으로 인해 조선 후기 과학사에서는 다음과 같은 주제 선정에서의 편향이 나타났다. 서구 과학혁명의 핵심 전장으로 강조된 천문학 이론과 우주론의 분야가 조선 후기 과학사에서도 중심 주제가 되었다.[23] 과학기술의 다양한 행위자 중에서도 사상을 담론하는 학자들, 특히 그중에서도 서구 과학을 개방적으로 받아들여 "세계관"의 전환을 시도했다는 "실학자"들이 주된 연구 대상이 되었다. 그에 비해 정작 과학기술의 전문적 실행자라 할 수 있는 중인 기술직 관료나 장인들의 활동은 과학사 연구의 주요 대상으로 취급받지 못했고, 사회경제사와 예술사 연구자들에 의해 과학사와는 다른 연구 관심 하에서 다루어졌다.[24] 학자들이 지닌 사상 또는 지식의 내용에 초점이 맞추어지다 보니, 지식과 기법을 생산(또는 도입)하고 유통하며, 이를 특정한 목적에 이용하는 다양한 실천들이 시야에서 사라졌다.

이 책은 이상의 가정과 편향을 넘어선 조선 후기 과학사 서술의 가능성을 탐색하기 위한 시도이다. 홍대용과 그의 북학파 동료들이 수행한 북경 여행, 그리고 그와 연동되어 드러난 그들의 과학기술적 지향과 실천은 바로 그와 같은 모색을 위한 전략적 교두보로 선택된 것이다. 홍대용과 그의 북학파 동료들의 사례가 지닌 역사 서술상의 잠재력은 그들의 실천과 지향이, 그때까지 분리되어 있던 역사적 요소들을 이어주는 매개 고리의 구실을 했다는 데서 비롯된다. 중인 천문학자들의 영역이었던 관측과 계산, 기구 제작 그리고 장인들의 기술 활동에 대해 홍대용과 북학론자들이 표명한 지대한 관심으로 인해, 그들의 지향과 실천은 지금까지 과학사, 사회경제사, 예술사 학자들이 나누어 연구한 양반 학자들의 우주론, 중인 전문가들과 장인 기술자의 지식 및 실천을 아울러 살펴볼 수 있는 장을 제공한다.[25] 주목해야 할 것은 이들을 통해 나타나는 연관이 조선 사회에 오래전부터 두드러지게 존재했던 선례의 계승이라기보다는 그 시기에, 그리고 부분적으로는 이들의 실천을 통해 새롭게 창출·강화되고 있었다는 것이다. 홍대용과 그의 동료들은 그들의 독특한 지적 관심, 그리고 그에 근거하여 제기한 개혁 의제를 통해, 그때까지 서로 잘 연결되어 있지 않았지만 18세기를 거치며 조금씩 활발해지던 양반의 학문, 중인의 전문 지식, 장인의 기술 사이의 교류와 연관이 강화되는 데 한몫한 이들이었다.

물론 중인과 장인의 지식 및 실천에 대해 일부 양반 학자들이 시도한 관계 맺음은 호혜적, 대칭적인 과정이 아니었고, 그것들에 대한 양반들의 전유, 심지어는 왜곡을 동반할 수밖에 없었다. 최근의 연구에 의하면, 18세기 학문, 전문 지식, 기술 사이의 강화된 연결은 양반이 아닌 기술직 중인과 장인 집단의 지위 상승과 집단적 자각으로 인해 추동된 측면이 있고, 그에 비해 홍대용과 그의 양반 동료들의 시도가 그 흐름을 대표한다거나 주된 동력을 제공했다고 보기 어렵다고 한다.[26] 지금까지의 역사 서술에서 가려져온 장인과 중인들의 독자적인 실천과 역할을 복원하고 양반들의 실학을 그들의 실천과 지향의 왜곡된 반영으로 본 이들의 시도는 엘리트 중심 역사 서술의 편향을 교정해주는 중요한 성과이다.

하지만 그렇다고 조선 후기 과학기술의 지형에서 양반들의 실천을 부차적인 요소로 볼 수는 없다. 양반과 중인, 장인 집단 사이의 상호 작용이 주로는 관상감의 시헌력 도입 프로젝트를 비롯하여 조선 정부가 추진한 기술 관련 사업을 통해 이루어졌고, 이것이 양반 엘리트들이 자신의 소임이라고 생각한 "경세(經世)"의 영역에 속한 것이었음을 생각한다면, 양반의 학문, 중인의 전문 지식, 장인의 기술 사이에 연관이 강화되는 데 학자나 관료로서 경세(經世)의 실천을 주도한 양반들의 몫을 과소평가할 수는 없을 것이다. 특히 중인과 장인 집단의 목소리를 직접 담고 있는 문헌이 많이 남아 있지 않은 상황에서, 홍대용과 그의 동료들과 같은 엘리트 학자들이 생산해낸 문헌은, 그들의 입장에 의한 전유와 왜곡이 개입된 상태 그대로, 18세기 조선 사회에서 맺어지고 있던 연관의 특징과 그 장기적 여파를 탐구할 수 있는 중요한 창을 제공한다. 이 책에서는 엘리트 학자들, 특히 박제가와 같은 북학론자들의 경세론적 실천이, 한편으로는 18세기 양반 학자들과 중인 전문가의 교류가 활발해지고 장인 기술에 대한 양반들의 관심이 고양되던 상황을 반영하면서도, 다른 한편으로는 그 세 영역 사이의 연관을 북학론자들 자신이 바람직하다고 보는 방식으로 강화하려는 시도였으며, 그 과정에서 그들의 단순화된 개혁 구도에 맞지 않는 요소들은 주변화되고 배제되었음을 보여주려 한다.

홍대용과 북학론자들의 실천에 초점을 맞추게 되면, 18세기 후반 조선에서 양반, 중인, 장인들의 영역 사이의 연결이 강화되는 데 서양에서 비롯되어 중국에서 일정한 변형을 거친 뒤 다시 조선에 유입된 수리과학, 즉 우리가 서양 과학이라고 불러왔던 요소가 수행했던 역할에 대해서도 새롭게 이해할 수 있다. 근대 초 유럽의 수리과학은 천문학은 물론 항해술, 기계 제작, 총기를 비롯한 무기 제작 등의 다양한 기술적 응용 분야를 포괄하고 있었고, 16, 17세기 전쟁, 항해, 무역에서 유용함이 입증됨으로써 그 실행자들의 지적·사회적 지위도 높아졌다. 그와 함께 수리과학을 실천하던 장인들과 대학의 학자들 사이의 교류가 강화되고 이를 통해 장인들의 지식과 실천에 토대를 둔 실험적 방법과 기계적 철학이 학자 사회에 새로운 조류로 유행하는 등 소위 "과학혁명"으로 알려진 지적 변화를 창출하고 있었다.[27] 이와 같은 지적 이력을 지닌 서구 수리과학은 명나라 말 청나라 초의 개력(改曆) 과정에서 중국 정부와 학자 사회에 자리잡았고, 청나라의 역법을 수용하려는 조선 중인 천문학자들의 노력을 통해 조선에도 유입되었다.[28] 18세기 중엽에 이르면 양반 학자들 사이에서도 수리과학의 학문적·실용적 가치를 높이 평가하고 심지어는 그것에 전문적 소양을 지닌 이들이 나타났는데, 홍대용이 그 대표적인 인물이었다. 바로 이들에 의해 수리과학은 중인들의 천문학, 양반들의 우주론, 장인들의 기술을 연결하는 지적 고리의 역할을 부여받았다. 홍대용은 그때까지 중인들의 영역이었던 전문적 계산과 관측이 하늘에 대한 유학적(儒學的) 탐구의 기초가 되어야 한다고 주장했고, 박제가와 정약용은 관상감 또는 소속 천문학자들이 중국 기술 도입 사업에서 핵심적 역할을 맡는 개혁안을 제안했다. 양반들의 학문과 제반 수공업 기술의 기초가 수학에 있다는 인식이 등장하고 있었던 것이다.

그렇다면 단지 역사가들의 분석 범주로서가 아니라 오늘날 우리가 "과학기술"이라고 부르는 것과 유사한 지식과 실천의 연결망이 18세기 중후반 조선 사회에 형성되고 있었다고 볼 수 있을 것이다.[29] 물론 당시에 그와 같은 연결망이 단일한 실체를 이룬다는 분명한 인식이나 그것을 지칭하는 어떤 특별한 이름이 있었던 것은 아니다. 하지만 그 연결망이 대변하고 있는 지식과 실천에 대해 20세기 언제부터인가 한국의 엘리트들은 "과학기술"이라는, 서구와 일본에서 유입된 이름으로 부르기 시작했다.[30]

18세기 조선에서 오늘날 한국 "과학기술"의 기원이라고 볼 만한 것이 등장했다고 해서, 그것이 18세기 조선의 "선각자"들이 인류 지성사가 나아가야 할 궁극적 목적으로서 서구 근대 과학을 선취했다는 뜻은 아니다. 첫째, 그 연결망은 최소한 수 세기 전에 형성되어 이어져오던 지식, 기법, 실천, 전통들이, 주로는 조선 정부의 통치 행위, 양반 관료들의 경세적(經世的) 실천으로 인해 열린 지적·제도적 공간에서 우연히 만나 구성된 것으로서, 그 자체로 (서구적) 근대와 부합되거나 그런 방향으로 나아가야 할 특별한 이유는 없었다. 둘째, 그럼에도 18세기 후반 조선에 형성된 "과학기술"의 영역은 그 내용과 외연에서 근대 초기 서구 과학기술과 얼마간 유사한 면모를 지니게 되었는데, 이는 그것을 만들어낸 조선의 행위자들이 중국, 일본과의 문화적 교류를 통해 근대 초의 세계와 연결되어 있었고, 그 과정에서 서구 수리과학의 지식, 기법, 사물들을 자신들이 만들고 있던 "과학기술"의 영역에 편입시켰기 때문이다. 조선의 행위자들은 이렇게 유입된 지식과 기법을 그때까지 조선 사회에 분리되어 있던 요소들을 연결하는 고리로 이용했고, 특히 북학론자들은 수리과학을 모든 기술의 기초로 중시함으로써 그들의 경세론적 구상 속에서 형성되고 있던 "과학기술"에 위계적 질서를 부여하려 하였다. 셋째, 근대 초 서구 과학기술과 비슷한 면모를 지니게 된 지식과 실천의 연결망은 이후 시기의 한국 엘리트들, 특히 19세기 말의 개혁적 인사들과 20세기 민족주의자들의 증폭과 변조를 통해 서구적 근대의 맹아로 추증(追贈)되었다. 즉, 18세기 말 조선에 만들어진 "과학기술"은 전근대·근대 구획을 가로질러 오늘날의 과학기술에까지 연결되었지만, 그와 같은 계보가 형성된 것은 근대라는 목적인(目的因)의 신비로운 작동 때문이 아니라 20세기 한국의 엘리트들이 과거의 유산을 선각자 또는 맹아로 끊임없이 과장하여 전유한 결과이다.[31]

4. 이 책의 구성과 내용

이 책의 본론은 중인들의 전문 지식 및 실천, 양반들의 학술과 우주론, 장인들의 기술에 각각 초점을 맞춘 세 편의 장으로 구성된다. 그렇다고 본론의 세 장이 각각 중인(中人), 양반, 장인(匠人)들만을 다룬다는 뜻은 아니다. 모든 장에서, 홍대용, 박제가, 정약용 등 나름의 방식으로 중인과 장인들의 영역에 관여하고 의견을 피력한 소수의 양반 엘리트들이 주요 논의 소재로 등장하여, 그들에 비해 많은 문헌을 남기지 못한 중인과 장인, 그리고 그들이 비판적으로 대면했던 다른 양반 엘리트들의 지향과 실천을 드러내주는 창으로 이용될 것이다.

우선 제1장에서는 북경에서 홍대용과 중인 천문학자 이덕성(李德星)이 천주당의 서양 선교사들을 방문하며 함께 관상감(觀象監)의 역법 도입 사업을 진행한 사례를 화두로 삼아, 18세기 중엽 기술직 중인(中人)들이 전담하던 전문 지식과 양반들의 학문 사이에 일어난 수렴 현상을 살펴볼 것이다. 이를 위해 먼저 조선 초부터 18세기까지 외국어, 의학, 천문학, 법률, 수학과 같은 전문 기술 분야와 그 종사자들이 조선 사회와 정부 내에서 차지한 위치와 그 변화를 살펴볼 것이다. 이를 통해 이 분야를 전담하는 전문기술직 중인이 17세기를 거치며 하나의 계층으로 굳어졌으며, 이러한 계층적 고착화가 단순히 이 분야에 대한 사회적 천시의 과정이 아니라 도리어 이들 실용적 분야에 대한 전문 종사자 집단의 특권이 안정적으로 보장됨과 동시에 그들이 자기 분야의 사회문화적 중요성을 자각해가는 과정이었음을 보일 것이다.

조선 후기 전문기술직 중인 계층의 부상은 이 분야의 지식이 지닌 매력과 중요성을 인식하고 그에 관한 전문적 소양을 닦은 양반 엘리트들의 증가와 함께 일어났다. 이러한 변화는 보통 이전 연구에서 조선 후기 실학(實學)의 부상이라 불린 현상이다. 제1장의 마지막 절에서는 특히 근대 초 서구적 의미에서의 수리과학이라고 폭넓게 부를 수 있는 수학, 천문학, 기계 제작, 지도학에 전문적 지식을 지니고 실천했던 양반 전문가들이 등장한 사실에 주목할 것이다. 하지만 이들의 문화를 단순히 서구 문화가 확산된 결과물로서가 아니라, 양반 학자들이 자신의 토착적 자원을 이용하여 서구 수리과학을 전유함으로써 만들어진 문화적 절충으로서 살펴볼 것이다. 이러한 변화를 거치며 관상감의 중인 천문학자들과 양반 수학자들이 수학에 관한 관심을 공유하는 동료로서 영향을 주고받으며 수학자들의 네트워크를 만들어나간 소수의 사례가 18세기 중엽 서울을 중심으로 등장하고 있었다.

제2장에서는 전통적으로 양반들의 학술 영역에 속했던 우주론과 자연관에서 일어난 변화를 살펴볼 차례이다. 조선 후기 양반 엘리트들의 자연 지식에서 일어난 변화가 중국을 통해 유입된 근대 초 서구 과학의 영향 때문이라는 사실은 이미 널리 알려져 있다. 그에 비해 이 장의 초점은 조선인들이 서양 과학에 관한 정보를 접한 장소로서의 중국, 그리고 그곳을 향한 조선인들의 여행 방식이 그들의 서양 과학 이해에 미친 영향을 살펴보는 데 맞출 것이다. 이 장에서는 바로 중국 및 그곳을 향한 여행이 단지 서양 과학의 유입을 위한 투명한 매체나 통로의 구실을 한 것이 아니라, 서구 과학의 문화적 정체성을 비롯하여 그에 대한 조선 학자들의 이해 방식을 근저에서 조건 지었음을 보일 것이다. 병자호란(丙子胡亂)과 명(明)·청(淸) 왕조 교체 이후 조선 사회에 비등한 숭명반청(崇明反淸) 이념의 영향력 아래에서 중국을 여행하거나 그들의 여행 기록을 소비한 대다수 양반 학자들에게 서양 과학은 어떤 방식으로든 "중국"이라 불릴 수 있는 요소와 연관된 지식으로 이해되었다. 서양 과학은 때로는 청나라 "야만족"의 천문학으로 경원시되었으며, 때로는 중화(中華)의 유일한 계승자

로서 조선이 보호해야 할 명(明)나라의 유산 또는 고대의 성인(聖人)들이 창시했으나 이후 중국에서는 사라진 고대(古代)의 유법(遺法)으로 존중되었다. 예수회 선교사들에 의해 중국 중심의 세계상을 비판하는 데 이용되던 지구(地球) 관념 또한 그 불온한 함의가 제거되고 중국 중심의 세계상과 공존할 수 있도록 조정되었다.

제2장의 마지막 절에서는 서구 과학을 "중국화"하면서 기성의 이념적·문화적 질서로 포섭하는 이상의 흐름에 자신의 독특한 우주론을 통해 저항한 예외적 인물로 홍대용을 살펴보면서, 그가 그렇게 할 수 있었던 중요한 이유가 보통의 양반 여행자들과는 달랐던 그의 개방적 여행 실천에 있었다고 주장할 것이다. 지구, 지구의 자전, 태양과 지구라는 두 중심을 지닌 튀코 브라헤(Tycho Brahe)의 우주 체계, 무한 우주와 다세계(多世界)의 혁신적 우주론으로 조선 유학자의 자기중심적 명분론을 비판하는 만년의 저술 『의산문답(毉山問答)』은 북경에서 이루어진 항주(杭州) 출신 선비들과의 교유, 그리고 그것이 불러일으킨 논란의 맥락에서 저술되었다. 동료 유학자들에게 역지사지(易地思之)의 성찰을 주문하는 문화적 메시지를 담은 그의 우주론은 달리 보자면 관찰자 시점의 변화에 따라 달라지는 세계의 모습을 능숙하게 계산하는 수학자의 우주론이자, 여행을 통해 자신의 문화적 입지를 바꾸어 성찰할 줄 알게 된 개방적 여행자의 우주론이었다.

마지막 제3장에서는 홍대용의 여행과 우주론에서 영감을 얻은 박제가, 박지원 등의 후배 여행자들에 의해 1780년을 전후하여 본격적으로 제기된 정책 의제로서 북학론을 창으로 하여, 조선 후기 장인 기술의 상황과 그 변화, 그리고 그것이 어떻게 양반들의 경세론에 왜곡되어 반영되었는지 살펴보려 한다. 중국으로부터 정교하고 세련된 기술을 도입하여 산업을 발전시키고, 그렇게 제작된 상품의 유통을 북돋음으로써 부국(富國)의 이상을 달성하려 한 북학론자들은 실학의 역사 서술에서 학자의 윤리적 완성을 위한 형이상학적 담론과 도덕적 추구에 골몰하던 양반 문화를 넘어 근대적 상공업을 추구한 선각자로 추앙받았다. 이 장에서는 선각자로서 이들의 이미지가 자신의 북경 여행 경험을 특권화함으로써 자신을 대다수 양반과는 다른 예외적 존재, 여행가-경세가로 제시한 이들의 수사적 전략이 노린 효과였음을 보여줄 것이다. 이들의 수사는 중국 기술의 철저한 모방을 강조하고 토착적 요소가 지닌 잠재력을 극단적으로 부인한 기술 정책으로 구체화되었다. 토착 사회와 문화에 외래 기술을 적응하는 것이 아니라 외래의 선진 기술에 조선의 문화를 맞추어 변화시켜야 한다는 그들의 지향은 20세기 이후 한국 엘리트들의 근대화 전략을 예고했다.

하지만 북학론자들의 극단적인 수사(修辭)와 정책 의제는 역설적으로 그들이 정교하지 못하다고 비판했던 조선 장인들의 오래된 기술적 실천을 나름의 방식으로 전유한 것이었다. 중국의 기술을 도입하여 리버스 엔니지어링을 통해 모방한 뒤 이를 사회적으로 확산시키려는 북학론의 아이디어는 이미 조선 후기 기술직 중인들과 장인들에게는 일상적으로 실천하던 일이었고, 이를 담당하는 유능한 기술자 집단이 군영(軍營)의 작업장을 비롯하여 조선 정부 내에 포진하여 활발하게 활동하고 있었다. 그런 점에서 소수 양반 엘리트들의 "선구적" 북학론은 그 영감의 원천을 조선의 장인들, 그리고 앞서 제1장에서 살펴본 관상감(觀象監)과 사역원(司譯院) 중인들의 오래된 실천에 두고 있었으며, 그렇다면 양반 엘리트들의 일부가 뒤늦게 장인과 중인들이 주도하는 변화에 참여하여 그 결과물을 나름의 방식으로 전유하려 한 현상이었다고 볼 수 있다. 바로 이들 소수 양반 학자들의 경세론 속에 중인과 장인들의 실천, 양반들의 학술이 왜곡된 방식으로 반영됨으로써, 훗날 우리가 "과학기술"이라고 부르게 될 지식과 실천의 영역이 모습을 갖추어가고 있었다. 하지만 그 담론 상의 "과학기술"에는 그들의 구상에 중요한 영감을 제공했던 조선 후기 장인들의 기술적 실천이 배제되었고 그렇게 단순화된 "과학기술"이 20세기의 민족주의 엘리트들이 이들에게서 발견하고 계승하고자 했던 근대 과학기술의 "맹아"였다.

중인의 과학과
양반의 과학

1766년 북경,
양반 홍대용과 중인 이덕성

홍대용의 북경 여행과 그 여파를 소재로 당시 조선 과학기술의 지형을 탐색하는 이 책의 여정은 홍대용의 천주당 방문 일화에서 시작한다. 북경에서 홍대용의 행적에 대해 잘 알고 있는 독자들은 그의 천주당 방문 일화라고 하면 대개 그곳에서 이루어진 홍대용과 서양 문화의 접촉, 그리고 그것이 조선 사회에 불러일으킨 지적 파장을 연상하게 마련이지만, 이 장의 초점이 그것은 아니다. 사실 홍대용의 천주당 방문 일화는 그 당시보다는 『담헌서(湛軒書)』가 간행된 20세기에 접어들어서야 유명해진 사건이었다. 일제 식민지 시기 서구적 근대화 의제가 한국 엘리트 사회의 주된 관심사로 부상하면서, 홍대용의 천주당 방문이 서구 문화가 조선에 유입되는 주요 사건의 하나로 주목받기 시작했다. 서양 선교사들이 거주하던 북경의 천주당이 근대 서구 문물의 유입 창구라는 생각, 홍대용이 근대적·과학적 사상가라는 통념이 중첩되면서, 그의 천주당 방문은 조선의 근대 과학 수용, 근대적 세계관으로의 전환을 상징하는 중요한 사건으로 주목받게 된 것이다.[1]

하지만 이러한 인식은 홍대용 당시에는 생각할 수 없던 의미들이 그 일화에 덧붙여짐으로써 만들어진 것이다. 우선 1766년 초의 시점에서 그것은 이미 그리 새로운 사건이 아니었다. 그것은 적어도 18세기 초부터 활발히 이루어졌고, 그중에는 1720년 이이명(李頤命), 이기지(李器之) 부자의 경우처럼 홍대용보다 훨씬 더 긴밀히 천주당의 서양 신부들과 교류한 사례도 있었다.[2] 서양 과학과의 접촉의 측면에서도 홍대용의 천주당 방문을 획기적인 사건이라고 보기는 어렵다. 서로 언어가 통하지 않는 상황에서 이루어진 짧은 만남으로 서양인들과 전문적인 과학기술의 내용을 교류하기란 쉽지 않았으며, 사실 홍대용은 이미 북경 여행 이전부터 서양의 천문학과 수학에 대한 나름의 전문적 소양을 발전시켜가고 있었다.[3] 게다가 홍대용이 지닌 천문학적 지식이 양반 학자로서는 예외적으로 높았다고 해도 당시 조선 사회의 천문학 전문가들에 비할 정도는 아니었던 것 같다. 여기서 말하는 전문가란 곧 조선 정부의 천문관시 관상감(觀象監)의 중인(中人) 관료들을 말하는 것이다.

홍대용의 북경 천주당 방문에도 관상감과 그 관원이 깊이 연루되어 있었다. 즉, 홍대용의 천주당 방문은 전적으로 자신의 주도로 이루어졌다기보다는 이덕성(李德星)이라는 관상감 중인(中人) 관료의 방문에 동행한 것이었다. 자신의 한문 연행록 『연기(燕記)』 중 서양 선교사들과의 필담을 기록한 "유포문답(劉鮑問答)"에서 홍대용은 그 경위를 다음과 같이 소개하고 있다.

> 첨지(僉知) 이덕성은 일관(日官, 천문학 담당 관원)으로 역법에 대략 통달했다. 이번 사행에서는 조정의 명령으로 (서양 신부) 두 사람에게 오성(五星)의 행도를 묻고, 역법의 깊은 뜻에 대해 질문하며, 천체를 관측하는 여러 의기를 살 작정이었는데, 나는 그와 일을 같이 하기로[同事] 약

조하였다.[4]

천주당 방문의 계기에 대한 홍대용의 소개는 두 가지 점에서 흥미롭다. 우선 홍대용의 천주당 방문이 순전히 그의 지적 호기심에서 비롯된 개인적 사건이라기보다는 관상감 관원이 조정으로부터 부여받은 공식 임무를 계기로 이루어졌음을 알 수 있다. 실로 이덕성의 북경 파견은 청나라의 공식 천문학[역법(曆法)]을 배우기 위해 조선 정부가 장기간 추진한 프로젝트의 연장선에서 이루어진 일이었다. 이는 그때로부터 약 120년 전인 1644년 명나라의 수도 북경을 장악한 청나라가 서양 천문학에 입각한 새로운 역법 시헌력(時憲曆)을 공포하면서 시작되었고, 그 기획의 수행 주체는 조선 정부의 천문관서 관상감이었다. 게다가 이덕성은 이미 비슷한 임무로 북경에 파견된 경험이 있었다. 1747년의 동지사 편에 북경에 파견되어 천주당의 서양 선교사, 청나라 천문관서 흠천감(欽天監)의 관료와 접촉하여 일월식 및 화성 운행 관련 서적을 구해 온 것이다.[5] 그 20년 뒤인 1766년 이덕성이 홍대용과 함께 천주당을 방문해서 수행했던 임무는 그해 여름 이덕성의 성과에 대한 포상을 조정에 요청하는 관상감의 주청(奏請)에서 추측할 수 있다.

작년의 절행(節行)에서 본 감의 관원 이덕성은 함께 연행한 역관 고서운(高瑞雲)과 함께 흠천감에 가서 선물을 후하게 증여하며 서양인 등을 만나기 위해 노력했습니다. 정성과 사려를 다하여 하나하나 강구한 끝에『신법의상고성(新法儀象考成)』12책과『일식산(日食算)』을 사들여왔으며, 의심쩍고 분명하지 못한 문장과 추산법에 대해 별도로 해석하고 전습(傳習)하여 (관상감의) 여러 관원이 모두 이해할 수 있도록 하였습니다. 이제부터 칠정(七政: 해, 달, 오행성)은 증험할 수 있는 모델이 있게 되었고, 일월식은 의심의 여지 없이 쉽게 이해할 수 있게 되었으니, 실로 본 감(監)의 큰 행운입니다.… 이덕성에게 가자(加資)의 상으로 베푸심이… 실로 마땅한 일이라고 생각합니다.[6]

관상감의 이 보고에서 홍대용의 역할은 아예 언급조차 되지 않고 있다. 자신의 여행 경험을 일인칭 시점으로 기록한 홍대용의 서사에 익숙한 현대의 독자들은 그를 천주당 방문 이야기의 주인공으로 생각해왔지만, 이덕성과 관상감의 입장에서 보자면 그 일은 자신들이 오랫동안 해오던 일에 한 양반 학자가 조연으로 끼어든 사건이었을 것이다.[7]

홍대용의 서술에서 흥미로운 두 번째 측면은 그가 스스로 천문학 사업에서 담당한 조연의 역할을 상당히 적극적으로 받아들였다는 것이다. 이는 조정이 이덕성에게 부여한 임무를 자신이 "함께 수행하기로[同事]"했다고 쓴 데서 드러난다. 즉, 홍대용이 천주당에 이덕성과 동행한 것은 보통의 양반 사신들처럼 서양인, 천주당 건축, 서양화, 과학 기구 등 천주당의 여러 기이하고 흥미로운 구경거리를 관람하는 관광객의 차원을 넘어 이덕성의 전문적 임무를 "함께 수행"하는 차원에서 이루어진 것이다. 실제로 홍대용의 기록에 따르면, 조선 방문객을 잘 만나주지 않으려는 서양인들에게 후한 선물을 선사하여 만남을 성사시킨 사람은 홍대용 자신이었다. 물론 일반 독자를 대상으로 한 연행록의 서술은 천주당의 이국적 면모를 소개하는 데 집중되어 천문학의 전문적 내용은 전면에 등장하지 않지만, 그럼에도 홍대용은 천주당 방문에서 이덕성과 함께 조정이 부여한 핵심 과제인 "다섯 행성의 궤도"에 관해 선교사들과 질의응답을 나누었음을 밝히고 있다.[8]

이렇듯 양반 학자와 중인 전문가가 천문학 사업을 "함께 수행"한 일은 이전 시기에는 비슷한 사례를 찾기 어려운 사건으로서, 18세기 중반 조선에서 유학(儒學)과 전문 기술, 유학자와 중인 전문가의 관계에 일어나고 있던, 작지만 중요한 변화를 반영한 것이다. 그 변화가 중요한 이유는 그때까지 오랫동안 분리된 길을 걸어왔던 양반 엘리트와 전문 기술 관원 사이에 유의미한 수렴의 사례들이 나타났기 때문이다. 하지만 그 변화가 작은 이유는 그 수렴 현상이 주로는 서울 지역의 일부 양반과 중인 사이에 한정된 현상인 데다 유학과 전문 지식을 위계적으로 구분하는 기성의 문화적 지형에 근본적인 변화를 일으킬 정도는 아니었기 때문이다. 요컨대 18세기 중반 유학과 전문 지식 사이에 "제한적 수렴"이 일어난 것이다.[9]

전문 기술직 중인

1. 전문 기술직 중인과 그 구성

홍대용과 관상감에 동행했던 일관(日官) 이덕성(1720/21-1794)은 관상감에서 천문학 업무를 담당하던 전문 관료였다. 노론 핵심 가문에서 태어나 서원(書院)에서 유교 경전을 공부하며 성리학자의 길을 걸었던 홍대용과 달리, 이덕성은 관상감의 중인 천문학자 가문에 태어나 16세의 나이로 천문·풍수지리·점복(占卜) 부문의 과거 시험인 음양과(陰陽科)에 합격한 이후 줄곧 달력의 편찬과 같은 전문적 실무를 담당하는 관상감의 관료로 활동하였다.[10]

오늘날 우리는 이덕성과 같은 전문적인 천문 관료를, 의학을 담당하는 의관(醫官), 외국어 통역을 담당하는 역관(譯官) 등과 함께 전문 분야에 관한 지식과 소양으로 정부의 관련 부서에 근무한 "기술직 중인"이라고 부른다.[11] 기술직 중인은 조선 후기 양반과 상인 사이에 존재했던 폭넓은 "중인(中人)" 집단 중의 하나였다. 중인이 균질한 사회 집단을 이루고 있었던 것은 아니다. 그 가운데에는 중앙정부의 하급 이서(吏胥), 지방의 향리(鄕吏), 군문의 하급 장교, 양반의 서얼(庶孼) 자손들, 그리고 이 장에서 다룰, 의학, 외국어, 천문학 등 전문 지식 및 기법으로 정부에 복무하는 전문가 집단 등 사회문화적 성격을 달리하는 잡다한 집단들이 포함되었다. 이들을 묶어주는 유일한 공통점이라면 조선의 건국 이후 진행된 사회의 계서적 분화 과정에서 양반 엘리트에서 분리되어 그 아래의 지위를 점하게 된 이들이라는 점, 그렇지만 상민(常民)이나 노비에 비한다면 여전히 하급 엘리트층의 지위를 유지한 이들이었다는 점 정도일 것이다.[12]

이 중 기술직 중인이란 정부의 통치 행위에 필요한 전문 지식과 기술의 수요를 충족하기 위해 육성되고 고용된 전문 관료 집단이라고 볼 수 있다. 구체적으로 사역원(司譯院)의 관료로서 한어(漢語), 왜어(倭語), 만주어 등의 외국어 소통 능력을 통해 외교 및 대외 경제·문화 교류를 담당했던 역관(譯官), 전의감(典醫監)·내의원(內醫院)·혜민서(惠民署) 등의 의료 관서에서 근무하며 왕실 및 대민 의료를 맡았던 의관(醫官), 이덕성과 같이 관상감에서 천문역법·풍수·점복의 전문가로서 활동한 일관(日官), 형조에 소속되어 법률 전문가로 활동한 율관(律官), 호조에 소속되어 세금 계산, 창고의 회계 등 정부의 다양한 계산 수요를 담당했던 산원(算員), 승문원 등에 소속되어 공식 문서를 정서(正書)했던 사자관(寫字官), 도화서(圖畫署)의 전문 화가인 화원(畫員), 장악원(掌樂院)의 음악가 악생(樂生) 및 악공(樂工) 등을 들 수 있다. 이 중 역관, 의관, 일관, 율관의 네 집단은 잡과(雜科)의 형태로나마 과거 시험이 개설되어 있어서, 그것이 없이 담당 관서가 주관하는 취재(取才)로만 관리를 선발했던 산원, 사자관, 화원 등과 달리 "잡과 중인(雜科 中人)"이라는 별도의 범주로 묶이기도 한다.[13]

이들 기술직 중인 관료들은 오랜 시간의 교육 과정을 거쳐서 습득한 전문 분야의 지식과 기법에 대한 소양을 전제로 한 집단이었으므로, 대개는 평생 각 분야의 기술 관서에 소속되어 주어진 전문 업무를 담당했다. 이는 행정의 특정 영역에 국한되지 않는 유교 경전에 관한 소양 또는 시문(詩文) 작성의 능력을 기준으로 선발된 문관들이 관료 경력을 밟는 과정에서 다양한 부서를 옮겨다니며 여러 직무를 경험한 것과 달랐다. 그에 따라 각 기술 관서들은 자기 분야의 전문 지식을 후대에 전수하여 전문가 집단을 재생산하기 위한 독자적인 교육 체제를 갖추고 있었다.

이들 관서의 조직과 업무의 수행 방식 또한 각 관서가 담당하는 전문 지식의 성격을 반영하고 있었다. 예를 들어 조선 후기의 관상감은 조정 전반에 적용되는 계서적 관직·관품 체계와 별도로 전문 업무의 성격에 의해 구별되는 업무 조직이 구성되어 있었다. 예컨대 천문학 부문에서 달력 편찬의 업무를 주관하는 삼력관(三曆官), 일월식 예보를 담당하는 수술관(修述官) 등의 직분이 그것이었다. 그중에서도 삼력관은 관상감 천문학 부문이 업무를 주도하는 그룹으로서, 관상감의 가장 중요한 업무라 할 수 있는 역서의 편찬을 독점할 뿐 아니라 18세기 중엽 들어 연례적으로 청나라에 파견되었던 이른바 부연관(赴燕官)의 자격 또한 오직 이들에게만 부여되는 등 다양한 특권을 누리는 관원 집단이었다.[14] 기록된 것만으로도 네 차례나 북경에 파견된 이덕성 또한 당연히 삼력관이었다.[15]

기술직 관서와 소속 관료들이 이상의 특징을 공유하고 있었지만, 이들 사이에도 분야에 따라 정부 관료 체계 내에서 차지하는 지위의 면에서 중요한 차이가 있었다. 앞서 언급했듯, 일단 잡과(雜科)의 형태로 과거 시험이 개설되어 있던 역학(譯學), 의학, 음양학, 율학의 네 분야와 과거 시험이 없이 취재(取才) 시험만 운영하던 나머지 분야 사이의 차이를 지적할 수 있다. 잡과는 일종의 "국가가 인정하는 기술 자격시험"이었다는 점에서, 단순히 해당 분야의 실무 능력만을 평가하는 취재보다 그 격이 훨씬 높았다.[16] 게다가 기술관이 종6품 이상의 참상관(參上官)으로 승진할 자격을 얻기 위해서도 잡과에 입격할 필요가 있었다. 이남희에 따르면, 이들 네 분야의 잡과(雜科)를 통과한 이들로 구성된 잡과 중인이 양반은 물론 다른 분야의 기술관과도 구분되고 공통의 사회문화적 자의식을 공유하는 "독특한 계층"을 구성하게 되었다고 한다.[17] 물론 18세기 이후 주요 중인 가문들이 이들 잡과 분야는 물론 산원, 사자관(寫字官), 화원(畫員) 등 여타 기술직까지 거의 독점하게 되었다는 김두헌의 연구나 철종 2년(1851) 4월 중인 관료들이 벌인 통청운동(通淸運動)에 잡과 분야와 비(非) 잡과 분야의 기술직 관원들이 함께 참여한 것을 보면, 잡과 중인이 기타 기술직 관원들과 뚜렷이 구분되는 계층을 이루었다고 보기는 힘들 것이다.[18] 하지만 주학(籌學, 산학) 취재에 입격한 산원(算員)들의 상당수가 별도로 역과(譯科)와 의과(醫科)의 과거를 다시 치른 것을 보면, 잡과의 형태로 과거 시험이 열리던 분야와 나머지 사이에 관료 사회에서 얻는 기회와 자원의 차이가 있었던 것은 분명하다.[19]

기술직 중인 내부의 차이는 잡과 분야 내에서도 확인된다. 종3품 당하관까지 승진이 허용되는 역관, 의관, 음양관과는 달리 율관의 경우 호조의 산원과 마찬가지로 종6품이 승진의 한계였다.[20] 다른 한편, 누구도 부인하기 어려운 외교, 의료 분야의 필요로 인해 일찍부터 중시되어온 역관, 의관과는 달리, 관상감의 관료들은, 뒤에서 살펴보겠지만, 천문학과 술수에 대한 조정의 관심이 비약적으로 성장하는 18세기를 거치고 나서야 그 위상이 이른바 "의역 중인(醫譯 中人)"에 버금가는 수준으로 올라가게 된다.

2. 전문 기술직 중인의 형성

내부 구성의 다양함에도 불구하고, 기술직 관료 집단은 늦어도 17세기 말경이 되면 양반 지배 엘리트와 구분되는 별도의 집단으로 분화했다. 일부 연구자들은 이를 심지어 중인이 별도의 "신분" 또는 "계급"을 구성하게 된 일로 이해하고 있다.[21] 의학, 천문학 등의 전문 분야들이 사(士) 집단에 의해 그다지 중시되지 않고 그 종사자들 또한 관료 사회에서 낮은 위계를 점한 것은 중국도 마찬가지였지만, 그렇다고 그들이 조선에서처럼 하나의 독립된 신분이나 계급으로 간주할 만큼 별도의 사회 집단을 형성하지는 않았다.[22] 어떻게 유독 조선에서만 전문가 집단의 사회적 분립이 일어나게 되었는지는 흥미로운 문제이지만, 아직 그 원인은 물론 분립의 구체적 과정에 대해서도 알려진 것이 많지 않다.

분명한 것은 조선 후기 중인 집단의 형성은 조선 초부터 장기간에 걸쳐 전문 기술 지식을 둘러싸고 일어난 지적·사회적 지형의 재편 결과라는 것이다. 이전 연구는 대개 이 과정을, 조선 시기 들어 진행된 사회 질서의 엄격한 계서화에 따라 전문 기술과 그 실행자의 지위가 하락하고 주변화되는 과정으로 묘사했다. 하지만 조선 후기 전문 지식 및 관련 업무에 대한 독점을 통해 상당한 특권을 누린 중인 집단의 형성을 단순히 신분 하락과 주변화의 과정으로만 보기에는 무리가 있으며, 그것에는 일정 정도 상향 안정화라고 부를 만한 사회문화적 기제 또한 작동했던 것으로 보인다.

변화의 출발점이라 할 수 있는 고려 시대에는 기술 분야를 포함한 학문의 전반적 지형이 조선 후기와는 많이 달랐음을 알 수 있다. 비록 기술 분야에 대한 차별이 있었지만, 기술직 관원들이 조선 후기처럼 상층 엘리트의 영역에서 분리되어 그 아래의 지위로 고착되는 일은 확인되지 않는다.

고려의 과거 및 학교 제도를 다룬 『고려사(高麗史)』 "선거지(選擧志)"의 서문은 그에 대해 다음과 같이 요약하고 있다.

> 광종(光宗)이 쌍기(雙冀)의 말을 채택하여 과거로 선비를 뽑았으며, 이로부터 학문을 숭상하는 풍조가 비로소 일어났다. 대체로 그 법은 당(唐)나라의 제도를 상당히 채용하였다. 학교로는 국자(國子)·태학(大學)·4문(四門)이 있었고, 또 구재학당(九齋學堂)이 있었으며, 율학(律學)·서학(書學)·산학도 모두 국자감에서 익혔다. 과거로는 제술업(製述業)·명경업(明經業)의 두 업과 의업(醫業)·복업(卜業)·지리업·율업(律業)·서업(書業)·산업(算業)·삼례업(三禮業)·삼전업(三傳業)·하론업(何論業) 등의 잡업(雜業)이 있었는데, 각각 그 업으로 시험을 쳐서 출신(出身)을 내려주었다.[23]

조선의 성균관에 해당하는 국립학교 국자감(國子監)에서 "율학, 서학(書學), 산학"과 같은 조선 후기의 전문기술직에 해당하는 과목이 가르쳐지고 있었고, 과거 시험에 시문과 경전을 다루는 제술과 명경 이외에 복술(卜術), 풍수, 산학 등을 담당할 전문 기술 관리를 선발하는 "잡업(雜業)"이 설치되어 있었음을 알 수 있다. 흥미롭게도 "잡업"의 범주에 삼례(三禮), 삼전(三傳)과 같이 유교 경전에 대한 지식을 묻는 시험도 포함되었다.[24] 즉, 유학(儒學)의 소양을 기르는 학문과 전문 기술 분야의 교육이 제도적으로 완전히 분리된 조선 시기의 질서가 아직 모습을 드러내지 않은 것이다.

고려 시기 기술직 종사자와 문관 엘리트 집단 사이에 사회적 분리가 일어난 것은 더더욱 아니었다. 주자학을 최초로 수용한 것으로 알려진 문신 안향(安珦, 1243-1306)은 그 부친이 "의업으로 벼슬을 한" 사람이었으며, 반대로 "음양 추보법(推步法)에 조예가 깊어" 원나라에서 수시력(授時曆)을 배워 온 최성지(崔誠之, 1265-1330)는 중앙의 고위 관료를 배출한 엘리트 가문 출신으로서 그 자신도 젊은 나이에 과거에 급제하여 문관으로서 경력을 밟은 인물이었다.[25] 자기 자신이나 조상이 기술직에 종사했던 경력이 고급 관료직으로의 진입을 막는 장벽은 아니었으며, 고급 엘리트들이 전문 기술 관련 업무를 담당하는 일도 있었던 것이다.

전문 기술 분야와 문과를 분리하려는 사회적 힘의 작용이 두드러지게 확인되는 것은 조선 건국 초기이다. 물론 "문과"와 "잡과"가 제도적으로 완전히 분리되지 않은 고려의 질서가 건국 직후에도 당분간 이어졌다. 건국 직후에 반포된 관리 선발 규칙인 "입관보리법(入官補吏法)"에 따르면, 관직의 종류를 7과로 나누어 이조(吏曹)가 문음(門蔭), 문과(文科), 이과(吏科), 역과(譯科), 음양과, 의과의 여섯 과를 담당하고, 병조가 무과(武科)를 관리하게 하였다. 역과, 음양과, 의과 등의 전문 기술 분야를 문과와 함께 이조가 관리하고 있었던 것이다. 관리들의 교육과 승진을 위한 취재의 제도로서 태종 6년(1406) 설치된 십학(十學)의 경우도 이학(吏學), 역학(譯學), 음양풍수학, 의학, 자학(字學), 율학(律學), 산학, 악학(樂學)의 잡학 분야가 유학, 무학(武學)과 병칭되었다. 실제로 십학에서 이루어진 정기적인 시험 또한 분야의 구분 없이 예조에 여러 분야의 대상자 모두가 모여서 치른 것으로 보인다.[26]

하지만 당시의 사료는 유학과 잡학의 병칭, 양반과 잡학인의 병존에 대해 양반들이 크게 저항했음도 함께 보여준다. 태종 7년 유생들이 고강(考講)을 거부하며 "유학의 제과(諸科)로부터 천한 악공(樂工)에 이르기까지 무리 지어 예조에 모여 그 재예(才藝)를 시험하는" 십학 취재의 제도에 대한 불만을 의정부에 집단적으로 표출했다. 세 단계에 이르는 문과 시험을 치른 자신들을 "천한 악공과 더불어 같이 취재한 다음 서용(敍用)한다면 국가에서 유학을 높이고 선비를 대우하는 의리에 부족함이 있다."는 것이었다.[27] 태종이 이들의 건의를 받아들이지는 않았지만, 양반과 기술직을 분리하고 둘 사이의 위계를 확고히 하려는 시도들이 이어졌고 제도화되었다. 과거 시험의 경우, 적어도 태종 초기가 되면 역과, 의과, 음양과, 율과로 구성된 잡과가 문과와는 분리된 범주의 과거 시험으로 시행되고 있었고, 이는 1894년 과거 제도가 폐지될 때까지 이어졌다.[28] 잡과 시험의 합격자에게 문과 합격자처럼 "홍패(紅牌)"를 주는 제도 또한 "잡과의 작은 기예는 문과에 비할 것이 아니"라는 이유로 폐지되었다.[29]

그렇다면 정부 관료 체제, 교육 체제에서 전문기술직의 실행자들과 양반 엘리트 계층 사이의 분리를 추동한 사회문화적 힘은 무엇이었을까? 언제, 어떤 과정을 통해 기술직 관료들이 양반과는 구분되는 독자적인 집단으로 분립하게 되었을까?

연구자들은 대개 고려 말에 시작되어 조선 시기에 본격화된 한국 사회의 "유교화"를 전문기술직의 차별을 불러일으킨 주요 원인으로 꼽는다. 예를 들어 고려부터 조선 말까지 정부의 기술 교육을 개관한 연구에서 박성래는 조선 시대에 들어와 "유학이 점차 중시되면서 소위 잡학(雜學)이라는… 분야는 점점 더 지배층으로부터 외면 받게 되었다."고 지적했다. 그에 따르면, 『논어』의 "군자불기(君子不器)"라는 구절처럼 유교는 근본적으로 "전문적인 기술이나 기능 교육을 지배층이 배워야 할 것으로 보지 않는… 기술 천시의 태도"를 견지하고 있었다. 유교 국가를 표방한 조선 시기에 들어오면서 이렇듯 기술을 천시하는 유교의 태도가 점점 더 큰 영향을 미치게 되었다는 것이다.[30] 이렇듯 유교 또는 주자 성리학의 기술 천시는 기술직 중인에 관해 이루어진 거의 모든 연구에서 공통적으로 강조되고 있다. 이는 유교를 서구적 근대, 과학 등 진보적 요소의 보수적 대척점으로 규정한 뒤, 중국과 조선의 실패한 근대화를 유교의 탓으로 돌린 20세기 사회과학과 인문학에 널리 퍼진 인식의 연장선에 있다.[31]

그러나 『논어』와 『맹자』에 전문 기술, 육체노동에 대해 낮게 평가하는 구절이 담겨 있다고 해서 그것이 유교의 일반적 기술 차별을 보여주는 증거라고 볼 수는 없으며, 그 의미와 외연을 정확히 정의하기 어려운 유교라는 모호한 설명항으로 조선 시기 전문기술직에 대한 차별, 나아가 그것이 중인이라는 하위 엘리트 집단으로 분립되는 현상까지 설명할 수 있는 것은 더더욱 아니다. 무엇보다도 유교가 일방적으로 기술 천시의 태도를 보이고 있었다고 보기 어렵다. 중국의 사(士) 계층이 전문 분야의 지식에 대해 지닌 태도를 다룬 김영식의 연구는 그것이 양가적이었음을 강조한다. 유교의 핵심 경전 속에는 "군자불기(君子不器)", 전문 분야들을 지칭하는 "소도(小道)"에 지나치게 탐닉하는 일에 대한 경계 등, 전문 기술에 대한 부정적 태도를 담은 요소들이 있었지만, 그와 함께 격물(格物)과 박학(博學)에 대한 강조, 전문 분야의 지식과 기법이 수기치인(修己治人)의 이상을 실현하는 데 필요불가결하다는 인식 등 기술 분야의 가치를 정당화하는 요소들도 얼마든지 찾을 수 있다는 것이다. 실제로 송대(宋代) 이후 중국의 경우 유가 지식인들과 전문 기술 지식 사이에 분리의 경향과 함께 수렴의 현상도 함께 확인된다. 물론 김영식에 의하면, 수렴이 일어났다 해도 제한적이고 불완전한 것이어서, 유가 지식인들이 전문 지식에 진력한 경우는 드물었고, 르네상스 시기 유럽과 같이 학자가 아닌 전문 기술의 실행자들이 자신의 기술에 대해 저술을 남기거나 자기 분야의 지식과 기법을 학문적으로 심화시키는 일은 일어나지 않았다.[32]

요컨대 유교가 전문 기술을 천시했다거나 반대로 이를 중시했다는 일률적인 평가는 불가능하며, 그 유교가 조선에서 전문 기술의 담당자들을 중인이라는 별도의 집단으로 분립시킨 원인이라고 보기는 더더욱 어렵다.

앞서 언급했듯 유교라고 지칭되는 요소가 비슷하게 큰 영향을 미쳤다고 보아야 할 중국에서는 조선의 중인과 같은 현상은 일어나지 않았다. 그렇다면 이른바 유교란 도리어 설명되어야 할 대상(explanandum)일 것이다. 즉, 조선 정부와 양반 엘리트들이 어떤 이유로 전문 기술에 대한 이른바 유교의 양가적 가능성 중에서 부정적인 방향을 선택하고 증폭시켰는지 질문해야 한다는 것이다.

전문 기술에 대한 중국 사(士) 계층의 양가적 태도는 조선 초기의 상황에서도 발견된다. 흥미로운 것은 그 양가적 태도가 대체로 서로 다른 집단에서 표출되고 있었다는 점이다. 양반 사족층이 전반적으로 기술직을 천시하는 태도를 보였다면, 국가 통치에서 기술 분야의 중요성을 인식하고 이를 후원하려 했던 이들은 대개 군주나 고위 관료들이었다. 특히 건국 초기의 제도 정비 과정에서 전문 지식에 대한 수요가 높았으므로 세종, 세조, 성종과 같은 군주들은 기술 분야를 정책적으로 장려했다. 문인 관료들에게 전문기술직 분야를 학습하게 하여 해당 분야의 사업에 중용하거나 반대로 기계 제작자 장영실(蔣英實)이나 화가 안견(安堅)의 유명한 사례처럼 신분이 낮지만 재능 있는 이들을 높은 관직에 등용하는 예도 있었다.[33]

물론 전문 기술 분야에 대한 군주들의 진흥책이 양반 사족들의 적극적 호응을 이끌어내지는 못했다. 양반 자제들에게 잡학을 교육하기 위해 여러 유인책을 제시했던 것은 반대로 그들이 잡학의 학습을 기꺼워하지 않았음을 보여준다. 양반들의 잡학 공부를 장려하기 위한 제도의 하나인 "잡학 습독관(習讀官)"에 임명된 양반들이 역관, 의관들을 선생으로 모시고 "잡학인"들과 같은 장소에서 교육받는 일을 수치스러워했기 때문에 별도의 장소를 마련하고 그 분야에 조예가 있는 양반 관료에게 가르치게 하는 등의 조처를 취해야 했다. 잡학 공부가 이들의 문과 시험 응시에 불이익을 초래하지 않도록 제도적으로 배려하거나 대간(臺諫), 육조 낭관(六曹 郎官) 등의 청요직(淸要職)에 제수하는 적극적 혜택이 주어지기도 했다.[34] 이를 보면, 양반들에게 잡학의 학습을 권장하는 등 전문 기술에 대한 군주와 조정의 후원이 바로 그 업무를 수행하는 하급 관료, "잡학인"에 대한 우대를 뜻하지는 않았음을 알 수 있다. 도리어 이는 나라의 통치에 긴요한 기술 분야를 이른바 잡학인들에게만 맡길 수 없다는, 그들의 소양에 대한 군주와 조정의 뿌리 깊은 불신을 보여주는 일이기도 했다. 그렇다면 잡학 분야에 대한 정부의 후원과 그 분야의 하급 관리에 대한 차별은 같은 양반 중심의 논리에 근거하여 동시에 진행된 현상이라고도 볼 수 있을 것이다.

일부 연구에서는 조선 초부터 진행된 사회적·제도적 차별의 결과 15세기를 거치며 기술직 관리들이 "사족과 구분되는 하나의 신분 계층으로" 굳어져갔다고 보았다.[35] 우선 이들의 승진을 특정 품계 이하로 제한하는 "한품거관(限品去官)" 규정을 비롯한 여러 차별적 제도가 도입되어 『경국대전(經國大典)』에 명문화됨으로써 기술직 관원에 대한 차별이 이 시기에 제도적으로 확립되었다. 다른 한편 세종대에 양반 고위 관료의 서얼(庶孼)들을 기술 관청에 임용하는 것을 허용하고 이후 15세기 말에서 16세기 전반기를 거치며 잡학 시험에까지 응시를 허용하게 되면서, 조선 건국 이후 별개로 진행되던 서얼과 잡학에 대한 차별이 중첩, 강화되었다.[36] 이는 양반의 서얼들에게 관직 진출의 기회를 확보해주려는 취지에서 이루어진 일이었지만, 기술직 관리들에게는 가뜩이나 차별받고 있는 자신들의 처지를 한층 더 악화시키는 일이었다.[37] 이 정책은 실제 큰 효과를 발휘한 것으로 보이는데, 김두헌의 연구에 의하면, 15세기 말부터 16세기에 걸쳐 잡과 합격자 중 가계를 확인할 수 있는 경우는 대부분 양반의 서류(庶流)였으며, 반대로 양반의 적자로 확인되는 경우는 찾을 수 없다고 한다.[38]

연구자들은 이상의 제도적 조치들의 저류에 흐르고 있던 기술직 관원들에 대한 차별 의식이 15세기 후반 급진적 성리학자 집단으로 알려진 이른바 사림(士林) 세력의 조정 진출 이후 한층 더 심해졌다고 본다. 이는 성종 대의 실록 기사에서 기술직 관료를 당상관으로 승진시키는 등의 혜택에 대해 "잡류(雜類)와 사류(士類)를 혼동"시킬 우려가 있는 과분한 처우라며 비판하는 "사류" 측의 저항이 빈발했던 데서 확인할 수 있다.[39] 예를 들어, 성종 13년(1482) 역관과 의관 중에 탁월한 이들을 동서 양반에 임용하여 이 분야를 권장하라는 임금의 명에 대해 대사헌 채수(蔡壽)는 다음과 같이 비판했다.

> 대저 동서 양반(東西 兩班)은 모두 삼한 세족(三韓 世族)입니다. 그중에 간혹 한미(寒微)한 자도 있으나 모두 과거[科目]를 거쳐서 오른 것이니, 어찌 설인(舌人: 역관)과 의인(醫人)들을 그중에 섞여 있게 하여 조정을 낮추고 군자를 욕되게 할 수 있겠습니까? 대저 설인과 의인·약사(藥師) 등의 부류는 나라에 없어서는 안 되는 자이지만, 소임(所任)은 각기 분수에 마땅하게 해야 할 것입니다. 어찌 반드시 훈유(薰蕕: 향내 나는 풀과 나쁜 냄새 나는 풀)를 같이 거처하게 하고 귀천(貴賤)을 섞은 연후에야 [역관과 의관의 분야가] 권장되겠습니까?[40]

하지만 기술직 분야 및 그 종사자들에 대한 이상의 차별에도 불구하고 15세기 말의 시점에 기술직 중인이 독립된 신분으로 굳어졌다고 보기 어렵다는 견해도 제기되었다. 대표적으로 한영우는 기술직 관료들의 대우를 둘러싼 성종 조의 논란에 대해 반대의 해석을 제기했다. 그에 따르면, 당시의 논란에서 기술직에 대한 차별을 강조한 이들은 소위 "사림(士林)"을 대변하는 언관(言官)들이었으며, 그에 비해 군주를 비롯한 고위 실무 관료들은 대개 그에 대해 반대하거나 좀 더 온건한 태도를 보였고, 전체적으로는 후자의 입장이 우세했다는 것이다.[41] 국가 경영에 이들 전문직 관료들의 기여가 필수불가결했던 만큼, 그 필요를 절실히 느끼고 있던 군주와 고위 관료들은 기술직 관원들에 대한 지나친 차별에 반대했다. 예를 들어 성종 24년(1493) 내의원의 관료만 문무 양반의 반열에 올리고 관상감, 사역원, 전의감, 혜민서의 관원들은 "사족에 속한 사람이 아니므로" 양반의 반열에 올리지 말라는 임금의 명에 대해, 당시 예조판서 성현(成俔)은 다음과 같이 반대했다.

> 신은 천문, 지리, 복서(卜筮), 의약, 통역 등의 일체의 잡술(雜術)은 치도(治道)에 도움이 되지 않는 것이 없으므로 그중에서 하나도 빼놓을 수가 없다고 생각합니다. 조종조(祖宗朝)로부터 제학(諸學)을 동반(東班)의 직임(職任)으로 삼고 과거(科擧) 제도까지 설치한 것은 그 임무를 중시했기 때문입니다. 그리고 세종(世宗)께서는 이미 문교(文敎)를 중요하게 생각하시고 또 잡예(雜藝)에도 뜻을 두었기 때문에, 당시에 인재가 많이 나왔으며 혹 그중에 뛰어난 사람이 있으면 발탁하여 등용하기도 하였습니다.[42]

이날 조정의 논의에서는 성현만이 아니라 여러 대신이 "잡학인"을 문관·무관의 반열에 참여시키는 "조종의 법"을 폐기해서는 안 된다고 주장했고, 임금도 결국 그 의견을 따랐다.

이런 정황을 통해 볼 때 『성종실록』에 기술관들의 파격적 승진, 가자(加資)에 대한 비판의 의견이 자주 기록된 것은 기술직에 대한 차별의 증거만이 아니라 도리어 그러한 파격적 조치가 자주 취해졌으며, 조정에서 그들의 기여를 적극적으로 인정하는 조류도 강했음을 보여주는 증거이기도 하다.[43] 한영우는 한 걸음 더 나아가, 조선 초기에 의관, 역관, 음양관과 같은 기술직과 양반들이 독점한 것으로 알려진 소위 청현직(淸顯職)이 실제로는 엄격히 분리되지 않고 둘 사이의 인적 이동이 빈번하게 일어나고 있었음을 보여주는 여러 사례를 제시했다.[44]

15세기 말부터 잡과 입격자가 주로 양반의 서얼 자손에서 배출되었다고 보는 김두헌 또한 이를 기술직 중인이 독자적 신분으로 확립된 증거로 간주하지 않았다. 기술직 관직이 특정 가문에 독점되어 세전(世傳)되는 현상을 중인이 하나의 독립된 신분으로 성립되었음을 알려주는 결정적 지표로 본 그는 이 현상이 16세기 말에야 미미하게 나타나기 시작하여 17세기를 거치면서 보편화되었다고 주장했다.[45]

실제로 잡과 합격자의 사회적 구성은 17세기를 거치며 그 유동성이 현저히 낮아진다. 예를 들어, 16, 17세기 잡과 합격자 중에서 서울 출신이 차지하는 비율이 17세기 중엽 이후로는 100%가 되는 서울 편중 현상이 확인되는데, 이는 문과와 생원진사시의 경우 조선 후기에 걸쳐 서울 거주자의 비율이 줄어드는 것과 정반대의 현상이다. 이는 기술직의 경우 그에 대한 접근 기회가 서울 거주 가문 출신으로 한정되고 있었음을 알려준다.[46] 잡과 입격자를 배출하는 가문의 수도 줄어든다. 16, 17세기에 잡과 입격자를 단 한 명 배출하는 데 그친 207개 성관(姓貫) 중에서 18세기 이후로까지 입격자를 배출한 것이 단 24개에 불과했는데, 군소 성관들이 도태되고 기술직이 통혼권으로 연결된 소수의 가문에 독점되어 세전(世傳)되는 방향으로 변화하고 있었음을 뜻한다.[47] 흥미롭게도 17세기가 되면 양반 서얼 자손의 잡과 입격 사례 또한 크게 줄어들었는데, 이 또한 기술직을 세전(世傳)하는 가계들이 이 시기 많이 증가한 현상을 반영한다. 고위 문관의 서얼 자손을 포함하여 외부로부터의 유입이 줄어들고, 기존 기술직 가계들이 안정적으로 기술직 관료 집단을 재생산하기 시작

한 것이다.[48]

중인 기술직 집단이 어떤 이유로 17세기에 들어서야 성립될 수 있었는지에 대해 아직 우리는 잘 알지 못한다. 분명한 것은 그것이 단지 전문 기술 분야와 그 실행자에 대한 양반들의 제도적·문화적 차별의 결과였다고만 보기는 어렵다는 것이다. 앞서 언급했듯 15-16세기 동안 기술직에 대한 양반 엘리트와 조정의 태도는 양면적이어서 그것을 천시하려는 힘과 그것을 중시·보호하려는 경향이 길항(拮抗)하고 있었다. 그러다가 17세기를 거치며 기술직의 세전성이 증가하고 양반 서얼의 기술직 유입이 줄어드는 과정은, 양반 관료 집단의 하위에 형성된 전문기술직의 관료적 니치(niche)가 안정화되고 나아가 그것이 보장하는 경제적·사회문화적 이득이 증가했으며, 그 이득을 독점하여 안정적인 자기 재생산을 시작한 집단이 등장했음을 보여주는 일이다.

김두헌은 17세기에 중인 신분이 형성된 원인을 두 가지로 추론한다. 첫째, 그는 양란 이후 성리학의 명분론이 조선 사회에 깊이 침투하여 양반 사회의 문벌화가 진행되면서 고위 관직의 세전 현상이 심화되었는데, 이러한 변화가 기술직에서도 유사한 반응을 불러일으켰다고 보았다. 둘째, 같은 시기 조선을 둘러싼 국제 질서의 변동과 국내에서 일어난 사회경제적 변화의 결과 역관, 의관, 산원들에 대한 수요가 증가한 일도 기술직 중인 집단의 성립에 영향을 미쳤다고 한다.[49] 실제로 17세기를 거치며 청나라·일본과의 무역이 증가하고, 사회 전반에 의약을 통한 질병 치료가 널리 보급되며, 대동법(大同法)의 시행으로 인해 정부 내의 회계 활동이 증가하면서, 그러한 업무를 담당하는 전문가인 역관, 의관, 산원 집단의 경제적 안정성과 사회적 지위도 이전에 비해 높아졌다는 것이다.[50] 이 두 요인 사이의 관계에 대해 김두헌은 구체적으로 논의하고 있지 않지만, 전자의 요인, 즉 이 시기에 비등한 성리학적 명분론과 양반의 문벌화 현상이,

경제적 이익은 보장해주지만 바로 그 때문에 도덕적 명분에 흠결이 있는 이들 자리를 향한 양반 가문의 진출을 억제해주는 효과를 낳았을 수 있다. 그렇다면 17세기 중인 집단의 성립은 기술직 관원에 대한 신분적 차별과 함께 그것을 상쇄할 수 있는 적절한 보상, 즉 사회적 안정성과 경제적 이득이 동시에 부여되는 과정으로 볼 수 있을 것이다.

상층 엘리트에 의해 차별받으면서도 동시에 일정한 사회경제적 특권을 누리게 된 집단으로서의 이중성 덕분에 기술직 중인에 대한 역사학자들의 평가는 그중 어떤 측면에 주목하느냐에 따라 크게 엇갈린다. 상당수의 연구자는 기술직 중인들이 국제 무역의 종사자라거나 전문가 집단이라는 점에 근거하여 서구 근대사의 "부르주아 계급"처럼 중세적 사회 질서를 타파할 잠재력을 지닌 진보적 세력으로 간주한다. 비록 조선 양반 사회에서 신분적 차별을 받았지만 국제 무역, 과학기술, 상공업의 진흥 등 새로운 흐름을 개척하는 데 큰 구실을 했으며, 19세기 말 이후 본격적인 근대화의 시기가 도래한 후로는 "새 시대에 어울리는 전문적인 지식인 관료로" 부상하게 되었다는 것이다.[51]

그에 비해 박성래는 기술직 중인의 부정적 특징에 주목했다. 그에 의하면, 조선 사회에서 양반 엘리트처럼 고위 정치가가 되어 국정 운영을 주도할 기회를 얻지 못한 채 자기 전문 영역의 실무자로만 역할이 국한된 기술직 중인들의 사회적 처지는 그들의 의식에도 왜곡을 불러일으켜, 중인들 특유의 "폐쇄적인 세계관과 이기적인 의식"을 지니게 되었다고 한다. 이른바 "중인 의식"에 관한 박성래의 부정적 묘사에 대해서는 김영식도 동의했다. 중인들의 관심이 "자기 분야의 전문적인 내용이나 활동에만 좁게 한정되어" "전체 사회와 국가에 관한 관심은 결여"하게 되었다는 것이다. 조선 후기 기술직 중인들의 세계관과 자의식에 관한 이들의 부정적 묘사에는 1970, 80년대 당시 "문과" 출신의 지배 엘리트 아래 하층 엘리트 집단으로 주변화되어 있던 과학자 집단의 모습이 중첩되어 있었다. 양반 엘리트에게 받은 천시를 내면화한 조선의 기술직 중인에게서 한국 현대 과학자들의 미미한 사회적 입지와 왜곡된 자의식의 역사적 선례를 찾은 것이다.[52]

　　이상 조선 후기 기술직 중인에 대한 일견 상반되어 보이는 두 입장은 두 가지 중요한 가정을 공유하고 있다. 즉, 그 둘은 모두 "유교"와 "과학" 사이의 근대주의적 대립 구도를 양반과 중인 사이의 계층적 대립 구도로 치환한 뒤, 중인이 주역으로서 담당했어야 할 근대화의 역사적 사명이 한국사에서는 제대로 실현되지 못했다고 보았다. 이러한 가정으로 인해 조선 후기의 기술직 중인들은 그들의 사회적 처지, 활동 양상, 자의식에 관한 실증적 연구가 충분히 이루어지지 않은 상황에서, 실패하고 기형화한 한국 근대화의 화신(化身)으로 손쉽게 자리잡았다.

기술직 중인의 자각과 문화적 정체성

1. 기술직 중인의 자각

기술직 중인이 17세기 이후에야 양반과 구분되는 사회 집단으로 등장했음을 뒷받침하는 다른 중요한 증거는 이들 기술직 관원을 부르는 이름으로 "중인", "중로(中路)" 등의 명칭이 17세기에 비로소 등장하고 18세기에 들어서야 일반화되었다는 사실이다.[53] "중인"이라는 이름의 등장은 곧 그 명칭이 상징하듯 차별과 특권을 동시에 안고 있는 모순된 사회적 정체성과 함께 중인 집단의 존재가 사람들의 의식에 뚜렷이 각인되기 시작했음을 뜻했다.

양반 엘리트와 군주에게 중인의 모순된 정체성은 대개 부정적으로 인식되었다. 18세기 말, 천주교 관련 스캔들이 심각한 사회 문제로 비화하던 상황에서 정조 임금은 "중인"들이 곧잘 성인의 학문을 버리고 천주교 신앙에 빠지는 이유에 대해, "나아가 사대부가 될 수도 없고 [그렇다고] 물러나 상인(常人)과 천인이 될 수도 없는" 그들의 모호한 사회적 위치를 꼽았다. 이들 중 "간혹 조금 재능이 있는 이들이 그 재주를 이기지 못해 문득 망령된 생각을 하여 오로지 새로운 것만 숭상하게 되었다."는 것이다.[54] 여기에서 정조는 중인들의 어정쩡한 사회적 입지를 한편으로 이해해주는 듯하면서도 다른 한편으로는 중인들을 그 취약한 입지에서 비롯되는 문화적·인식론적 성향으로 인해 이단으로 쉽게 빠질 수 있는 불온한 존재들로 간주하고 있다. 이와 같은 발언은 중인이 위로는 양반, 아래로는 상민과 구분되면서도, 독립된 사회문화적 근거가 없어 긍정적이든 부정적이든 확고한 정체성을 보유하지 못한 집단으로 인식되고 있었음을 보여준다.[55] 요컨대 중인들이 발을 딛고 있던 "가운데[中]"의 영역은 "앞으로 나아갈 수도, 뒤로 물러설 수도 없는" 불안하고 불확정적인, 이를테면 "기타(其他)" 범주의 공간이었다.

중인 집단의 존재는 그들 스스로에 의해서도 자각되었다. 기술직 가문의 세전(世傳)이 보편화되는 17세기 후반에 이르러 기술직 중인들은 의식적으로 자신을 양반과 구분되는 사회문화적 세력으로 자리매김하기 시작했다. 기술직 중인들은 양반 엘리트들의 언어인 고전 한문을 이용한 저술을 내기 시작했는데, 이는 고급문화에서 그때까지 누려온 양반의 독점적 지위에 작지만 의미 있는 균열이 일어나기 시작했음을 뜻했다. 중인 저술가들은 자기 저술에서 어떤 형태로든 양반 엘리트와는 구분되는 자의식을 표출하기 시작했다.

기술직 중인들의 저술 활동을 보여주는 가장 두드러진 사례로 역관(譯官)을 비롯한 기술직 중인과 중앙 관서의 서리 경아전(京衙前) 등 서울의 중인들이 전개한 이른바 "여항 문학(閭巷 文學)"을 들 수 있다. 17세기를 거치며 의역(醫譯) 중인 집단에서 뛰어난 능력을 지닌 "여항 시인"들이 배출되었고, 18세기에 접어들어 경아전 출신의 시인들이 그에 가세했다. 이들은 17세기의 낙사(洛社), 18세기의 구로회(九老會), 19세기의 송석원시사(宋石園詩社)로 대표되는 여항 문인의 독자적 시사(詩社)를 조직하여 한시(漢詩)를 창작하고 교류했으며 자기들만의 시 모음집을 편찬했다. 18세기 말을 거치면서 여항 문인들은 시작(詩作) 분야를 넘어 고동서화(古董書畫)로까지 활동의 영역을 확장해나갔고, 이로써 서울의 중인들은 양반들이 향유하는 문화 영역 전반으로 자신들의 참여를 확대했다. 탁월한 문학 능력과 세련된 문화적 취향을 지닌 여항 문인들이 배출되자 김창협(金昌協, 1651-1708), 박지원(朴趾源, 1737-1805), 김정희(金正喜, 1786-1856) 등 그들의 능력을 인정한 양반 문인들과 후원 및 협력의 밀접한 관계가 형성되는 경우도 제법 있었다.[56] 천문학 분야에서 나타난 양반 홍대용과 중인 이덕성 사이의 수렴 현상이 문학 분야에서는 좀 더 일찍부터, 더 빈번히 일어났던 것이다.

이렇듯 양반의 문화 영역에 중인들이 참여하여 두드러진 성과를 낸 것을 두고, 연구자들 사이에서는 중인들의 문학이 시작(詩作) 기법과 문학 이론, 그리고 그 바탕의 세계관에서 얼마나 양반과는 다른 독자적 영역을 개척했는지에 대해 입장이 첨예하게 갈린다. 홍세태(洪世泰, 1653-1725), 정래교(鄭來僑, 1681-1757), 이언진(李彦瑱, 1740-1766) 등 18세기의 뛰어난 여항 시인들은 사회의 신분 차별로 인해 뛰어난 재능을 실현하지 못하는 자신들의 서글픈 처지와 그에 대한 비분강개(悲憤慷慨)를 작품에 섬세하게 담아내었으며, 나아가 그 불만을 자신들의 문제를 넘어 조선 사회의 여러 정치적·사회적 문제에 대한 비판으로까지 확대했다. 일부 학자들은 이와 같은 여항 시인들의 모습에서 양반 귀족의 문학을 넘어선 "평민 문학"의 개척자, 또는 조선의 유교적 사회 체제를 근본적으로 비판하고 그 너머의 새로운 사회 질서를 추구한 일종의 혁명적 인텔리겐치아의 모습을 발견했다. 물론 이러한 해석은 대개 사료상 확고한 근거를 가진다기보다는 조선 후기 사회에서 "근대적 맹아"의 존재를 확인하고 싶어 하는 문학사 연구자들의 기대가 투영된 결과인 듯하다. 그와는 반대로 여항 문학에 대해 양반 문인들의 시작 기법과 이론에 상당히 의존하고 있다거나 그 바탕의 세계관 또한 "유교적" 이념에서 벗어나지 못했다고 보는 입장도 만만치 않다. 그리고 그와 같은 중인들의 문학적·세계관적 한계를 여항 문학의 중추 세력인 기술직 중인과 경아전이 양반 주도의 사회 질서에 기생하는 하층 엘리트 집단이라는 사회적 조건의 반영으로 보기도 한다.[57] 그러나 앞서 언급했듯 "앞으로 나아갈 수도, 뒤로 물러설 수도 없는" 그들의 모호하고 모순된 지적·사회적 입지를 생각한다면, 그들이 추구한 문학 또한 한편으로는 양반의 문학 이론이나 세계관에 의존하면서도 다른 한편으로는 그와 구별되고자 하는 경향이 길항(拮抗)하고 있었을 것이다. 그렇다면 여항 문학에서 그들의 혁명성을 찾거나 반대로 그것을 기성 양반 문화의 아류로 치부하기보다는 중인 문인들이 양반 "지배층이 부과한 것을 전유하고 창의적으로 소비"한 독특한 방식에 주목하는 편이 더 생산적일 것이다.[58]

여항 문학이 양반 엘리트들이 독점해온 문화 영역에 중인들이 참여하는 형식으로 이루어진 활동이었다면, 그에 비해 기술관료로서 자신이 담당하는 전문 영역에 관한 저술 활동 또한 적지 않게 이루어졌다. 애초부터 양반 문화의 전유물이었던 한시(漢詩)와는 달리 양반들이 꺼리고 낮추어 보던 자신들의 전문 분야에서 이루어진 이들의 저술은 기술직 중인들이 전문가로서의 자의식을 어떻게 표출했는지 살펴볼 수 있는 좋은 통로가 된다.

우선 자기가 속하여 근무하는 관서의 역사, 규례, 선례를 정리한 관서지(官署志)가 중인 관료들의 주도로 편찬된 사실을 언급할 수 있다. 이는 계속 자리를 옮겨다니는 양반 관료와는 달리 한 기술 관서에서 오랜 기간 근무하며 실무를 담당한 중인 관료 집단이 자신을 자기 관서의 객(客)

이 아닌 주인(主人)으로 자각했음을 보여준다.

1720년 초판이 간행된 사역원(司譯院)의 『통문관지(通文館志)』가 대표적인 사례이다. 이 관서지는 숙종 말기 소론(少論)의 대표적 정객이자 양반 수학자로도 유명한 최석정(崔錫鼎)이 사역원의 제조를 역임하던 시기 그의 명령으로 편찬이 시작되었다. 하지만 실무를 주도한 이들은 숙종 대를 대표하는 역관으로서 청나라와의 국경 교섭에서 공을 세운 것으로 유명한 김지남(金指南, 1654-?)·김경문(金慶門, 1673-?) 부자였다. 흥미로운 것은 이 관서지의 서문을, 편찬의 명령을 내린 최석정이나 이후 사역원의 제조를 맡은 양반 관료가 아니라 실제 편찬의 실무를 담당한 김경문이 작성했다는 것이다.[59] 이는 외교 실무와 관련된 규례 및 선례를 정리하는 이 작업이 다른 누구보다도 그 업무를 맡은 역관들의 일이며 나아가 그들도 문관과 같이 책의 서문을 훌륭하게 쓸 문필 능력이 있다는 인식이, 역관들은 물론 사역원을 공식적으로 관리하고 있던 양반 관료들에게도 공유되고 있었음을 보여준다.

김경문은 비록 애초 편찬을 명령하고 이를 후원한 최석정의 경륜에 대한 찬양으로 서문을 시작하고 있지만, 전체적으로 외교적 실무를 전담하는 역관들이 국가의 사대교린 활동에 양반과는 구분되는 독자적인 역할을 담당하고 있음을 강조했다.

스스로 생각해 보니, 통역은 나라를 운영하면서 없어서는 안 될 것으로서 그 사람은 비록 한미하다 해도 그 소임은 중요합니다. 사대하고 교린하는 소이(所以)에는 반드시 그 도(道)가 있지만, 그것을 실행하는 데에도 반드시 장정(章程)과 품식(品式)의 도구가 있는 것입니다. 이 일을 하는 사람들이 만약 그것을 기록하여 보존하지 않는다면 장차 어디에서 법식을 취하겠습니까?[60]

여기서 김경문은 비록 양반 관료의 영역이라 할 수 있는 사대교린의 "도
(道)"가 일차적으로 중요하다고 인정해주면서도, 그것만으로는 외교 활동
을 제대로 수행할 수 없다고 강변한다. 즉, 자신과 같은 "한미한" 역관의
소관인 "장정과 품식"을 제대로 갖추는 것이 필수불가결하다는 것이다.
요컨대, 김경문은 사대교린의 외교 영역에서 양반 관료와 중인 역관의 관
계를 도(道)와 기(器), 체(體)와 용(用)의 관계로 설정함으로써 양반 엘리트
에 대한 역관의 독자적 영역을 확보하려 했음을 알 수 있다.

사역원뿐 아니라 다른 중인 기술 관서도 비슷한 내용과 체제의 관서
지를 편찬했는데, 1719년 혜민서의 『혜국지(惠局志)』와 1818년 관상감의
『서운관지(書雲觀志)』가 그것이다. 『혜국지』에 붙인 강위빙(姜渭聘)의 서문
(1719)에 따르면, 이 책의 편찬 또한 『통문관지』와 비슷한 과정으로 이루
어졌다. 혜민서의 제조를 역임한 양반 관료 조태구(趙泰耉, 1660-1723)가
편찬을 제안하고 혜민서에서 근무하던 의관 강위빙이 동료 의관 김세현
(金世顯)과 함께 자료를 수집하여 편찬한 것이다.[61] 관상감의 관서지로서
중인 천문학자 성주덕(成周悳)에 의해 편찬된 『서운관지』는 『통문관지』와
『혜국지』보다 약 100년이 늦은 1818년에 편찬되었고 그 서문 또한 성주덕
이 아닌 양반 관료가 썼다. 이러한 차이는 여러 기술직 중에서도 역관과
의관이 다른 기술관들에 비해 사회문화적 지위가 더 높았고 그래서 좀
더 이른 시기에 자기 분야의 집단적 정체성을 형성해나갔음을 보여준다
고 생각된다.[62]

17세기 말, 18세기 초는 중인들이 자기가 담당하는 전문 지식을 다룬
저술을 남기기 시작한 시기이기도 했다. 수학자 경선징(慶善徵, 1616-?)
과 홍정하(洪正夏, 1648-?), 천문학자 허원(許遠, 1662-?), 의관 이수기(李壽
祺, 1664-?)가 그 사례로서, 이들은 각각 『묵사집산법(黙思集算法)』, 『구일집
(九一集)』이라는 산서(算書), 『현상신법세초류휘(玄象新法細草類彙)』(1710 서

문)라는 역법 계산 매뉴얼, 『역시만필(歷試漫筆)』이라는 임상 사례집[의안(醫案)]을 저술했다. 이렇게 기술직 관료들이 자기 분야에 관한 전문 저술을 남긴 것 자체가 이 시기에 나타난 새로운 현상이지만, 더욱 흥미로운 것은 이들이 자신의 전문 지식을 표출하는 방식이 같은 분야의 저술을 남긴 양반들과는 상당히 달랐다는 것이다. 같은 분야에서 이미 나름의 저술 활동을 하고 있던 양반 저자들이 이론적·사변적 성향을 보였다면 이들 중인 저술가들은 천문학과 수학의 계산 알고리즘, 임상 치료의 사례 등 자신들이 수행하는 전문적 실행과 관련된 지식과 기법에 초점을 맞추었다.

양반과 중인 저술 스타일의 극명한 대조는 17세기 말에서 18세기 초 양반과 중인이 마치 서로 경쟁하듯이 저술을 펴낸 수학 분야에서 두드러진다. 앞서 언급한 경선징과 홍정하의 산서가 출현하던 시기에 박율(朴繘, 1621-?)의 『산학본원(算學本原)』, 최석정(崔錫鼎)의 『구수략(九數略)』, 조태구(趙泰耉)의 『주서관견(籌書管見)』과 같은 양반들의 수학 저술 활동도 활발하게 이루어진 것이다. 양반과 중인을 막론하고 수학서 저술이 유행한 일은 17세기 말, 18세기 초 사이에 수학에 대한 사회적 관심이 확산하고 그 지적 지위가 상승하는 과정에 있었음을 잘 보여주지만, 양반과 중인이 자기 저술에서 수학 지식을 다루는 방식은 크게 달랐다. 그중 중인 산원의 저술은 기존 방법보다 더 효율적인 계산법을 제시하거나 자기 자신의 뛰어난 계산 능력을 과시하는 데 초점을 맞추었다. 예를 들어, 중인 산원 홍정하는 『구일집』에서, 1713년 조선에 사신으로 파견된 청나라의 천문학자 하국주(何國柱)와의 문제 풀이 경합을 소개하며 청나라의 최고 수학자를 압도한 자신의 능력을 과시했다. 그에 비해 양반 수학자 최석정이 저술한 『구수략(九數略)』은 효율적인 계산법에만 주목한 중인의 산서에 수학의 의(義)와 리(理)가 결핍되어 있다고 비판하며, 성리학과 주역 상수학(象數學)의 형이상학적 원리에 부합하도록 계산법의 체계를 재구성하는 데 더 관심을 보였다. 계산의 신속함과 편리함보다는 "도리(道理)"에 맞는 계산법을 더 중시한 것이다.[63]

비슷한 시기 내의원, 전의감 등 중앙 의료 기구에서 의원으로 활동했던 이수기의 경우는 중인 의관이 양반들의 유학(儒學) 전통을 대하는 태도가 좀 더 복잡했음을 보여준다. 이수기는 한편으로 『명심편(銘心編)』이라는 유학 분야의 책을 저술함으로써 양반들의 고아한 문화에 참여하려는 의지를 표명했지만, 전문 의서로 저술된 책에서 표방한 자의식은 그것과 달랐다. 150여 가지의 실제 치료 사례를 집성한 그의 의안(醫案) 『역시만필』(1734 서문)에서 그는 고대 의학 경전에 실린 처방을 환자들의 상태와 병증의 진행에 맞게 자유자재로 적용하는 능력을 지닌 이상적 의인(醫人)의 상을 제시했다. 이는 이수기로 대표되는 서울 중앙 관서의 의관이 주로 문헌 탐구만을 통해 의학의 소양을 갖게 된 유학자-아마추어들이나 반대로 옛 의학 문헌에 대한 소양이 없는 하층 의료 실행자들과 자신을 구별하려는 전략이었다.[64]

이상 경선징, 홍정하, 이수기의 저술은 저자의 서문이 없어 그들이 추구한 사회문화적 지향을 수학과 의학의 전문적 내용을 담은 본문을 통해 추측해야 하지만, 그에 비해 관상감의 천문학자 허원의 『현상신법세초류휘』는 저자가 자신의 편찬 의도를 담은 자서(自序)를 남긴 드문 사례이다. 허원은 숙종 후반기로부터 경종 연간까지 관상감 천문학의 발전, 특히 청나라로부터 시헌력 체제의 도입을 주도했던 인물이다. 그는 1705년과 1708년 두 차례 북경에 파견되어 효종 대 시헌력을 채택한 이후 50년이 지나도록 습득하지 못하고 있던 행성 운행 계산법을 배워 왔고, 이를 토대로 관상감은 시헌 칠정력(七政曆)을 편찬할 수 있게 되었다. 이 프로젝트가 일단락된 이후인 1710년 그가 편찬한 『현상신법세초류휘』는 관상감의 동료 천문학자들을 위해 자신이 북경에서 중국인 천문학자로부터 배워 온 계산 알고리즘을 일목요연하게 분류하여 정리한 매뉴얼이었다.[65] 따라서 비전문가들에게는 그다지 흥미롭지 않은 무미건조한 기술 서적이지만, 적어도 그 서문에는 관상감 관원으로서의 자의식과 자신의 전문적 성취에 대한 자부심을 드러내고 있다.

자신의 저술을 60여 년 전 시작된 시헌력 도입 프로젝트의 완결편으로 제시한 허원은 양반 관료들이 아니라 관상감의 중인 천문학자들을 그 사업의 주역으로 제시했다. 허원은 개력의 필요성에 대한 원론적 언급에 이어 자신의 시대까지 반세기 이상에 걸쳐 진행된 시헌력 도입의 역사를 다음과 같이 요약했다.

이런 이유로 우리 조정에서는 관상감 관원 첨지 김상범(金尙范)에게 명하시어 여러 해 북쪽에 가서 배우게 했는데[北學], 그 방법 중 얻은 것은 오직 일전(日躔)과 월리(月離)의 대강뿐이었으며 칠정(七政)의 운행과 일월식의 술법에 이르러서는 배우지 못했습니다. 십 년 동안 [북경과 서울을] 왕복하다 이역에 뼈를 묻었습니다.… 을유년 겨울, 조정이 신 허원에게 김상범의 고사를 좇으라고 특별히 명령하시어, 신 허원은 명을 받아 연경에 가서 흠천감의 역관(曆官) 하군석(何君錫)으로부터 양 역법 추보의 술법을 모두 배웠고 여러 종류의 문서와 역법 서책을 남김없이 구해 왔습니다.… 막중한 개력의 거사(擧事)가 경영한 지 60여 년 만에 이제 다행히 완수되었습니다.[66]

허원이 그린 시헌력 도입사에서는 효종 대에 개력 상소를 올린 김육(金堉), 그리고 숙종 대 자신을 후원했던 최석정의 역할을 전면에 내세우지 않고 다만 자신들에게 북경 파견의 명령을 내린 "조정"으로 범칭하고 있을 뿐이다. 그 대신 허원은 10년 동안 북경을 오가며 개력을 위해 노력하다 중국에서 죽은 효종 대의 천문학자 김상범과 그 이후 60여 년 만에 그를 이어 중국행에 나선 자신을 개력 사업의 주인공으로 부각했다.

이렇듯 천문학 전문가들의 주도로 수행된 개력 사업의 가장 직접적인 수혜자는 바로 동료 관상감 관원들이었다.

> 이제 성옹(星翁)과 역관(曆官)이 산가지를 집고 (계산에) 임할 때 망연자실하는 폐단이 없을 것이니, 책을 열면 곧 손바닥을 가리키는 것처럼 명확할 것입니다. 지금부터 200년 사이에는 역일(曆日)과 교식(交食)에 오류가 없을 것이며 하늘의 운행과 조금도 다름이 없을 것이니, 그것이 흠약(欽若)·경수(敬授)의 정치에 보탬이 됨이 어찌 얕다 하겠습니까![67]

요컨대 허원에 의하면, 자신은 "산가지를 잡고 역법을 계산하는 성옹(星翁)과 역관(曆官)"들의 대표자로서 그들의 전문적 실행에 도움이 되기 위해 이 책을 저술했다. 그래서 그의 책은 "현상(玄象)", 즉 천체의 세계를 대상으로 하면서도 이기(理氣)와 음양오행(陰陽五行)의 우주론을 담론하지 않고 천체 운행을 계산할 수 있는 실용적 알고리즘을 제시하는 데 집중했다. 사대교린의 "장정과 품식"을 강조한 김경문과 비슷하게, 허원도 양반의 눈에는 자질구레해 보일 계산 활동이 국가의 이상적 통치에 중요한 몫을 담당한다고 주장했다. 이 맥락에서 허원은 자기를 비롯한 관상감 관원들을 고대 중국의 성군 요(堯) 임금의 천문학자 희화씨(羲和氏)에 비유했다. 요 임금이 그들의 도움을 받아 "하늘을 공경히 관찰하여 백성들에게 시간을 내려주는[흠약호천(欽若昊天) 경수민시(敬授民時)]" 정치를 실현했듯, 조선 조정도 자신의 매뉴얼로 무장한 관상감 관원의 실천을 통해 그 이상적 정치를 재현할 수 있으리라는 것이었다. "조선 조정의 희화씨"로 자처한 관상감 관원 허원의 자신감은 이후 18세기를 통해 관상감과 중인 천문학자들의 지위가 비약적으로 상승하리라는 점을 예견하고 있다.

2. 18세기 관상감의 약진

자기 집단에 대한 자의식의 성장이나 신분 상승을 향한 움직임이 18세기 기술직 중인 전반에서 비슷하게 관찰되는 가운데, 다른 분야에 비해 조선 조정에서의 입지가 좀 더 극적인 상승 곡선을 그린 분야도 있었는데, 천문학 분야가 그러했다. 18세기를 거치며 관상감이 담당하는 업무와 전문 지식에 대한 조정의 인식이 개선됨에 따라 이전까지 역관이나 의원보다 낮았던 관상감 관원들의 지적 위상과 정부 내에서의 입지 또한 강화된 것이다.

관상감의 지위 상승을 추동한 핵심 동력은 18세기 초 허원의 시기에 본격화되어 세기 중반까지 지속한 시헌력 도입 사업이었다. 시헌력의 도입은 청나라와의 외교 관계의 측면에서, 그리고 천명(天命)을 받아 조선을 통치하는 군주의 정치적 정당성을 뒷받침하는 사업으로서 정치·외교적으로 중요한 사안이었다. 실제로 관상감의 천문학자들과 김육, 최석정 등 천문학 사업을 후원했던 양반 관료들은 기회가 있을 때마다 시헌력 도입 사업을 지렛대로 삼아 조정 내에서 천문학 분야와 그 담당 부서 관상감의 입지를 강화하려 하였고, 그에 따라 시헌력이 처음 도입된 1653년으로부터 100년이 흐른 시점이 되면 관상감의 작업 환경과 정부 내에서의 지위는 이전보다 크게 개선되어 있었다.

관상감의 성장을 보여주는 표면적 지표의 하나로 관상감의 기본 업무인 역서의 계산과 발행을 담당하는 관원의 정원이 대폭 늘어난 사실을 들 수 있다. 일상생활에 사용하는 달력인 일과력 계산을 담당하는 관원 수가 시헌력 도입 이전 3명이었던 것이 1653년 시헌력의 반포 이후 6명으로 늘어났고, 약 100년 뒤인 영조 19년 역서의 제작에서는 다시 12명으로 늘어났다. 1706년 시헌력의 방법으로 해·달·다섯 행성의 운행 정보를 담은 칠정력(七政曆)을 계산할 수 있게 된 다음에는 이 업무를 담당하는 관원의 수도 늘어난 것으로 보이는데, 18세기 전반을 거치며 이미 12명으로 확대된 것을 알 수 있다.[68] 1742년 일과력을 계산하는 관원 수의 확대를 요구한 다음의 관상감 계문(啓聞)은 관상감이 어떻게 시헌력 도입 사업을 이용하여 자신의 조직 확대를 도모했는지 잘 보여준다.

삼력(三曆)은 일찍이 대통력을 시행할 때에는 계산법이 조금 간단하여 6명이 충분히 감당할 수 있었습니다. 그러나 시헌력이 한번 시행되고 난 뒤부터는 계산법이 해를 거듭할수록 복잡해졌습니다. 지금 월리(月離: 달의 운행)와 같은 어려운 계산을 보면 과거보다 열 배나 더 어려워져서 6명으로는 추산을 감당할 수가 없음이 명백합니다. 이것은 시헌력으로 바꾸어 시행하던 초기에 변통했어야 마땅했는데, 답습하여 지금까지 이르렀습니다.[69]

월리(月離) 계산법이 과거보다 "열 배"나 어려워졌다는 말은 어느 정도 과장이겠지만, 그럼에도 『역상고성』, 『역상고성후편』의 반포와 같이 18세기 초반 굵직한 변화가 이어지던 청나라의 역법을 어렵사리 따라가며 관상감이 겪고 있었을 곤란을 부정할 수는 없을 것이다. 더 중요한 것은 자신을 지원해달라는 관상감의 호소에 조정이 18세기 중엽을 거치며 점점 더 적극적으로 호응하게 되었다는 것이다.

실제로 청나라가 『역상고성』과 그 『후편』을 반포하던 시기에 이르러 그 전까지 구체적 사안이 있을 때 예외적으로 이루어지던 관상감 관원의 북경 파견이 일상화되었다. 1653년 시헌력의 채택 이후 그 이전 여러 차례 이어지던 천문학자의 북경 파견이 중지되었다가 반세기 뒤 조선과 청나라 달력의 중대한 차이가 발견되고서야 허원의 북경 파견이 재개된 사실에서 알 수 있듯, 18세기 초까지 관상감 관원의 북경 파견은 특별한 문제가 있을 때만 이루어지는 예외적 사건이었다. 그러나 청나라가 『역상고성』의 방법을 채택한 직후인 1720년대 말부터 관상감 관원의 북경 파견 빈도가 점차 늘어나다가, 『후편』 법의 채택을 앞둔 1741년부터는 아예 매년 파견하는 것으로 정례화되었으며, 이 규정은 1746년 편찬된 『속대전 (續大典)』에 명문화되었다.[70] 물론 1752년 대청 사행단의 전반적 규모를 축소하려는 시도로 인해 3년 1회 파견으로 다시 그 횟수가 줄었지만, 적어도 천문학자의 북경 파견이 정기적으로 이루어져야 할 일이라는 인식에는 변함이 없었다.[71]

이는 무엇보다도 이 시기 청나라가 역법을 지속적으로 개선하고 있었고 따라서 이를 배우기 위한 조선 측의 노력도 일상화될 필요가 있었음을 반영한다. 하지만 왜 굳이 청나라 흠천감(欽天監)이 새롭게 채택한 천문 상수, 이론, 계산법을 모두, 하나하나 따라잡아야 한다고 생각했을까? 왜 조정이 관상감의 이러한 요구에 적극적으로 호응하게 되었을까? 조정이 관상감의 청나라 역법 도입 기획을 적극적으로 뒷받침하게 된 것은 근본적으로 천문학, 특히 역법의 중요한 기능에 대해 조정과 군주가 18세기 전반기를 거치며 이전보다 더욱 절실히 인식하게 되었음을 의미했다.

"관상수시(觀象授時)"가 군주 권력의 이념적 정당화를 위해 중요한 통치 행위라는 인식은 역대 조선 군주의 공통된 생각이었지만, 조선 후기에 접어들어 이 문제를 적극적으로 인식하기 시작한 것은 17세기 후반 숙종 대에 이르러서였다. "경천근민(敬天勤民)"의 정치가 강조되면서, "경천"의 구체적 실천으로서 천문학에 대해 군주와 조정의 관심이 높아진 것이다.[72] 그 구체적인 계기나 이유는 잘 알 수 없다. 17세기 후반 서인·남인, 노론·소론 간의 당쟁이 격화되고 있던 정치적 환경, 기근과 같은 자연재해와 성변(星變)이 빈발했던 자연환경이 "관상수시(觀象授時)"라는 군주의 통치 행위를 이념적, 실질적 차원에서 적극적으로 요청한 것으로 보인다. 현종·숙종 연간 성변과 기타 재이 현상에 대한 실록의 기록이 증가하고, 혜성에 대한 조직적 관측이 이루어졌으며, 이민철(李敏哲), 송이영(宋以穎)에 의해 혼천의와 같은 천문의기가 제작, 중수되었고, 창덕궁 밖 관상감 청사가 신축되었다(그림 1-1).[73] 역법에 대한 관심과 투자는 이보다 좀 더 늦은 18세기 초부터 본격화되어, 앞서 언급했던 1705년 허원(許遠)의 연행(燕行)을 계기로 시헌력에 대한 체계적 학습이 시작되었다. 아마도 시헌력이 청나라의 역법이어서 그것에 대한 적극적 학습을 위해서는 병자호란과 명청 왕조 교체 이후 비등했던 반청 정서가 일정 정도 이완될 필요가 있었는데, 그 조건이 좀 더 늦게 갖추어졌기 때문일 것이다.[74]

숙종의 뒤를 이어 18세기 조선을 통치한 영조는 천문학을 중시하고 후원한 숙종의 정책을 의식적으로 계승했을 뿐 아니라 천문학의 진흥을 왕권 강화를 위한 정치적 기획과 한층 더 긴밀히 연결한 인물이었다. 극심한 당파 싸움의 와중에서 어렵사리 왕위에 오른 영조는 "이 나라는 노론(老論), 소론(少論)의 조선이 아니라 바로 나의 조선"이라고 선언하며 붕당의 구분을 초월하는 "탕평(蕩平)의 군주"로 자신을 자리매김하였다.[75] 그는 자신을 철학적으로는 음양과 만물[萬殊]을 포괄하고 있는 태극에, 역사적으로는 고대에 지극한 정치를 구현한 성왕 요순(堯舜) 임금에 비유했다. 요순 임금의 경천근민(敬天勤民)하는 정치가 조선을 건국한 선왕들, 그

<그림 1-1> 오늘날 서울 종로구 원서동의 현대사옥 앞에 남아 있는 조선 시기 관상감(觀象監)의 관천대(觀天臺). 보물 1740호. (필자 사진)

중에서도 세종의 치세에 실현되었다고 생각한 영조는 조종(祖宗)의 정치를 복원하고 계승하는 사업을 적극적으로 추진했다. 영조의 이러한 정치적 프로그램에서 천문학은 "경천(敬天)"을 위한 정책으로 중시되었다. 요순 임금이 가장 앞서서 수행한 "관상수시(觀象授時)"의 정치, 천문학 부문에서 남긴 세종 임금의 혁혁한 업적이 바로 그 모범이었다.[76] 실제로 영조는 보루각(報漏閣)과 흠경각(欽敬閣)의 보수, 석각천문도 "천상열차분야지도(天象列次分野之圖)"의 발굴과 보관, 측우기(測雨器) 제도의 복원 등 조선 초기 천문학 유산의 보수, 복원, 발굴에 큰 노력을 기울였다. 1740년대 이후 관상감의 청나라 역법 학습을 적극적으로 지원한 배경에는 바로 이처럼 천문학의 정치적, 이념적 중요성에 대한 군주와 조정의 깊어진 인식이 놓여 있었다.[77]

영조 시기에 본격화된 천문학 진흥 사업은 그의 뒤를 이어 조선을 통치한 정조에 의해 계승되었는데, 연구자들은 숙종 대 후반부터 본격화된 조선 정부의 천문학 사업이 이때 완성 단계에 도달했다고 본다. 청나라

최신 역법인 『역상고성후편』에 입각하여 달력 제작과 행성 운동의 계산을 완전히 수행할 수 있게 되었으며, 『신법중성기(新法中星紀)』와 『신법누주통의(新法漏籌通義)』의 편찬으로 서울 기준의 시각 체제를 확립했고, 『협길통의(協吉通義)』의 편찬으로 시헌력 및 서울 시각에 입각한 선택(選擇, 점술)의 체제를 완성한 것이다. 요컨대 청나라가 채택하고 있던 천문학 체제의 전 범위를 독자적으로 구현할 수 있게 된 것이다.[78]

이상 약 한 세기에 걸친 조선 조정의 천문학 사업은 그 과정에서 자연스럽게 담당 관서인 관상감의 조직이 정비되고 그에 속하는 중인 관원들의 지위가 상승하는 계기로 작용했다. 17세기 말까지의 기록들은 관상감의 시설과 조직, 그리고 관원들의 전문적 능력에 대해 매우 부정적이었다. 1687년 선기옥형의 보수를 맡은 최석정(崔錫鼎)은 관상감을 직접 둘러본 뒤 그 한심한 상황에 충격을 받고는 "건물은 무너져 파손되었고 관원들은 몇 명에 불과한데 모양도 갖추지 못했다."고 보고했다.[79] 이러한 상황은 그로부터 약 20년 뒤인 숙종 31년(1705) 그해 달력에서 청나라의 달력과 중요한 차이가 난 원인을 두고 이루어진 조정 대신들의 논의에서 그대로 반복되었다. 역법 계산을 잘못한 관상감 관원에게 어떤 처벌을 주어야 하는지가 주된 쟁점이었지만, 논의는 곧 관원 집단 전반의 무능함에 대한 비난으로 이어졌다. 우의정 이유(李濡)는 "근래 역관(曆官) 중에 계산을 잘하는 이가 전혀 없어서 역서의 결함이 대개 이에서 비롯된 것"이라고 지적하자, 숙종은 자신이 "하늘을 올려다보니 마침 월식의 변고가 일어나고 있는데도 관상감에서는 까맣게 모르고" 있던 적도 있었다고 맞장구쳤다.[80] 예조판서 윤세기(尹世紀)는 시설, 업무 체제, 관원의 자격을 포함한 관상감 조직 전반으로 비판을 확대했다.

관상감은 곧 사천대(司天臺)이니, 얼마나 중요한 자리인데 (사람들이) 그것에 무관심하여, 소위 관원이라는 자들은 모양을 이루지 못하고, 측후하는 곳으로 첨성대가 있으나 단지 풍기(風旗)만 세워두고 (관원들이) 번갈아 첨성대에 올라 우러러 천상(天象)을 관측하는 일이 없으니, 참으로 한심한 상황입니다. 소신(小臣)이 이번 잡과(雜科) 시험 때에 보니 초시에 참여한 자가 모두 어리석고 무식한 부류로서 열 사람 중 하나 정도 가까스로 합격할 정도이니, 본 감(監)의 범사(凡事)를 이로 미루어 알 수 있습니다.[81]

기술직 관원들의 소양에 대한 군주와 양반 관료들의 뿌리 깊은 불신은 이미 조선 초부터 사료에 자주 표출되었고, 앞서 언급했듯 세종, 세조와 같은 군주들이 문신들에게 잡학 분야의 학습을 권장한 한 가지 이유도 그 때문이었다. 그리하여 중종 대가 되면, 천문학에 소양이 있는 양반들을 천문학 겸교수(天文學兼教授)로 임명하여 관상감의 업무를 담당하게 하고 일정 기간 근무하면 그 대가로 종6품 참상관 직으로 승진[이른바 승륙(陞六)]하게 하였으며, 다른 한편 성변이 일어났을 때의 관측 업무도 천문학 겸교수를 포함한 문관들이 "문신 측후관" 자격으로 담당하게 하였다.[82] 따라서 1710년 관상감 관원 허원이 자신의 천문학 매뉴얼에서 이제부터는 "성옹(星翁)과 역관(曆官)이 산가지를 집고 (계산에) 임할 때 망연자실하는 폐단이 없을 것"이라고 자부한 것은 관상감이 말 그대로 "망연자실" 계산을 제대로 할 능력이 없던 부끄러운 과거와의 단절을 선언한 일이었다.[83]

하지만 18세기 중엽이 되면 관상감 천문학자들에 대한 군주와 조정의 태도가 상당히 달라졌음을 알 수 있다. 우선 양반들을 위해 설치된 자리였던 천문학 겸교수 직이 1750년 완전히 관상감의 중인 관원들을 위한 자리가 되었다. 그와 함께 성변의 관측 업무에서도 관상감 관원들이 주도적 역할을 담당하게 되었다. 17세기 후반인 현종 2년과 5년의 혜성 관측에서는 문신 측후관과 양반 출신의 천문학 겸교수들이 측후 활동에서 상당히 큰 비중을 점하고 있었다면, 1759년 혜성의 경우 안국빈(安國賓), 김태서(金兌瑞)와 같은 중인 관원들이 측후 활동을 주도하고 있었던 것이다.[84] 이는 천문학의 실질적, 상징적 가치에 대한 군주 및 조정 관료들의 인식, 그리고 관상감 관원의 전문적 역량에 대한 그들의 신뢰가 함께 높아지고 있었음을 보여준다.

조정 내에서 중인 관상감 관원의 지위도 점차 높아졌는데, 그 한 가지 지표로 관상감 관원들의 관품(官品)이 18세기를 거치며 높아진 사실을 들 수 있다. 17세기 중반 시헌력 도입에 큰 공을 세운 천문학자 김상범이 받은 최고 관품은 절충장군(折衝將軍)이었다. 이는 정3품 당상관의 자리였지만, 역관과 의관의 경우는 광해군 대에 허준(許浚)이 종1품 숭록대부(崇祿大夫), 현종 3년 의관 유후성(柳後聖)이 정1품 보국숭록대부의 관품을 제수받는 일까지 있었던 것과 비교하면 천문학자들이 의관과 역관만큼의 대우를 받지 못했음을 알 수 있다.[85] 하지만 18세기에 접어들어 상황은 달라져서, 숙종 후반기 시헌 칠정력 계산법을 중국으로부터 도입한 허원(許遠)이 2품의 관품까지 오른 것을 시작으로 18세기 중반 영조 대 천문학을 주도했던 안국빈, 이덕성이 각각 처음으로 종1품 숭정대부와 숭록대부에까지 오르게 되었다.[86]

이렇듯 천문학자들이 높은 관품을 받게 된 일을 단지 관품 인플레 현상 때문이었다고만 보기는 힘들다. 조정과 양반 사회에서 천문학 전반의 지적 지위가 상승하면서 그 전문가들을 대하는 태도도 동반하여 개선된 면이 있다. 이러한 변화를 가장 극적으로 예시한 일이라면, 임금이 이제는 직접 관상감의 중인 천문학자들과 천문학적 문제로 대화를 나누면서 그들의 의견을 경청하기 시작했다는 점일 것이다. 이는 적어도 영조 재위 초기만 하더라도 상상하기 힘든 일이었다. 예를 들어 영조 10년(1734) 청나라와 조선의 달력에 중대한 차이가 발견되어 임금이 관상감 관원을 불러와 의견을 청취했을 때에도 그 관원은 직접 영조에게 사정을 아뢸 수 없었다.[87] 하지만 그로부터 17년이 지난 영조 27년 5월 1일 일식의 구식례(救食禮)에서는, 일식에 대한 영조의 질문에 중인 천문학자 김태서(金兌瑞)가 직접 답하는 모습을 볼 수 있다. 영조 45년(1769) 5월 1일 일식의 구식례에서는 좀 더 극적인 장면이 연출되었다. 이날의 구식례도 임금이 참관했는데, 그 자리에서 관상감 제조 남태제(南泰齊), 관상감 관원 안국빈(安國賓)과 일식에 관해 직접 대화를 나누었을 뿐 아니라 그들에게 호피(虎皮)와 궁자(弓子)의 상까지 내렸다. 이튿날 그는 "76세의 임금이 구식례에 친히 임한 데다 71세의 제조, 그리고 제조와 동갑인 일관(日官)이 마침 입시하였으니, 일이 매우 기이하다."며 소회를 말했다. 이날 관료들과의 대화 중에는 안국빈뿐 아니라 김태서, 문광도(文光道) 등 다른 일관(日官)들이 지닌 탁월한 역법 계산 능력도 언급되었다.[88] 물론 일월식 계산 및 예측 능력에 대한 임금과 관료들의 찬탄을 곧 그들이 관상감 관원을 "사류(士流)"와 동등하게 대한 증거로 볼 수는 없을 것이다. 하지만 천체 현상의 규칙성을 파악하고 계산하는 능력을 비범하고 존중받아야 할 것으로 생각했던 점은 분명하다.

이렇듯 관상감과 그 관원에 대한 군주와 조정의 높아진 인식이 공식화된 한 가지 사례로 잡과의 서열에서 역과와 의과에 이어 세 번째였던 음양과가 영조의 명에 의해 가장 앞자리를 차지하게 된 일을 들 수 있다. 1773년 잡과 입격자들을 모아놓은 자리에서 영조는 국가의 운영에 잡과 분야가 모두 중요하다고 강조하면서도, 자신이 『동국문헌비고』의 편찬 때에 『상서』 "요전(堯典)"의 선례를 따라 천문학을 다룬 "상위고(象緯考)"를 가장 앞세운 것처럼 잡과에서도 음양과를 가장 우선시해야 한다고 천명했다.[89] 영조의 이 명령은 정조 9년 편찬된 『대전통편(大典通編)』에 이르러 명문화되었다.[90] 물론 이를 근거로 관상감이 사역원과 내의원의 입지와 영향력을 넘어서게 되었다고 볼 수는 없지만, 적어도 천문을 관측하여 군주의 통치를 이념적으로 정당화하는 관상감의 상징적 중요성을 군주와 조정이 적극적으로 인정한 것은 분명하다.

결론적으로 18세기 초 허원의 시대에 비해 세기 중엽 안국빈의 시대가 되면 관상감과 소속 관원의 조정 내 지위는 현격히 상승했다. 앞서 보았듯 허원은 1710년 『현상신법세초류휘』의 서문에서, 스스로를 조선 조정의 "희화(羲和)"로 자리매김했다. 그에게 북경으로 가라고 명령한 것도 "조정"이었고, 그의 천문 계산으로 "관상수시(觀象授時)"의 정치를 실현하게 될 주체도 "조정"이었다. 이는 당시 자신의 능력에 대한 관상감 관원의 자부심이 서서히 높아지고 있었음을 반영하지만, 그럼에도 허원이 『상서』 "요전"의 고사처럼, "군주의 희화"로 자처하지 못했음은 주목할 만하다. 그들은 남구만이나 최석정과 같은 양반 관료의 후원과 지휘를 받는 하급 관원으로서 군주와 직접 상대할 수 있는 존재들은 아니었다. 하지만 반세기 뒤 안국빈, 김태서, 문광도는 탕평 정치를 주도하며 자신을 요임금에 견주었던 영조에게 직접 천문학적 문제로 자문할 수 있게 되었다. 물론 이것만으로 관상감 관원들이 자타가 인정하는 "군주의 희화(羲和)"로 확고히 자리매김했다고 볼 수는 없다. 서호수(徐浩修), 이가환(李家煥) 등 천문학과 수학의 전문적 소양의 면에서도 중인 관원들에 견줄 만한 양반 학자들이 비슷한 시기에 여럿 등장했고, 실제로 영조와 정조는 『동국문헌비고(東國文獻備考)』 "상위고(象緯考)", 『국조역상고(國朝曆象考)』의 편찬을 비롯한 국가 천문학의 주요 사업에 이들을 책임자로 중용했다. 하지만 1796년(정조 20) 『국조역상고』의 편찬이 당시 관상감의 제조였던 "서호수의 책임하에 관상감원 성주덕(成周悳, 1759-?)과 김영(金泳, 1749-1815)의 주도로" 이루어졌다는 사실에 주목할 필요가 있다.[91] 조선 왕조 천문학의 역사를 정리하고 그 현황을 집대성하는 왕조의 중대한 기획에 관상감의 관원들이 주도적 역할을 맡은 것이다. 게다가 다음 절에서 살펴보겠지만, 관상감 관원 문광도와 양반 관료 서호수가 수학과 천문학 분야에서 맺은 대등한 동료의 관계를 감안하면, 『국조역상고』의 편찬에서 서호수와 성주덕·김영의 관계도 단순한 양반 상급자와 하급 기술직 사이의 관계만은 아니었을 것이다.

"실학(實學)": 양반 전문가들의 등장과 홍대용의『주해수용』

1. 양반 전문가들의 등장

기술직 중인 집단과 그들이 담당하던 분야의 사회적 지위와 조정 내에서의 위상이 강화되는 일이 단지 중인들의 자각과 노력만으로 이루어질 수 있는 일은 아니었다. 앞의 논의에서 드러났듯, 국가 통치와 정부의 운영에서 여러 전문 분야의 지식과 그 담당자로서 중인 관료의 필수적 역할을 인정하고 그에 대해 적극적으로 후원한 양반 관료들의 노력 또한 중요하게 작용했다. 예를 들어 18세기 초 시헌력 도입 프로젝트가 재개되어 천문학자 허원의 북경 파견이 성사된 것은 수학과 천문학에 깊은 관심과 소양을 지닌 고위 관료 최석정의 후원 없이는 생각하기 어려운 일이었다.

하지만 18세기 후반에 이르러 전문 지식에 대한 양반 관료-학자들의 태도에서 일어난 변화는 양반이 이들 분야를 "후원"했다는 표현만으로는 충분히 포착할 수 없는데, 양반 학자들 스스로 이들 분야에 전문적 능력을 소유하고 실천한, 그래서 "전문가"라 부를 만한 이들이 다수 등장했기 때문이다. 홍대용이 그 대표적인 사례로서, 이는 일부 양반들이 기술직 중인들의 영역으로 간주되던 전문적 지식 및 실천 양식을 받아들이게 된 일이라고도 볼 수 있다. 그에 따라 비록 일부의 사례이기는 하지만, 양반과 기술직 중인 사이에 지적·문화적 취향은 물론 그들 사이의 실제 관계에서도 일종의 수렴 현상이 나타나는 것을 확인할 수 있다. 앞서 언급했듯 홍대용의 연행록에 나타나는 그와 이덕성 사이의 관계는 반세기 전 최석정과 허원의 쌍과 같이 후원-피후원의 위계적 관계라기보다는 "일을 함께하는[同事]" 동료 관계에 좀 더 가까워진 면모를 보인다.

실제로 18세기 중엽 이후로 양반 유학자 중에서 천문학, 수학, 의학, 농학, 지리학 등의 분야에 전문적 수준의 활동과 성취를 보여준 이들이 이전 시기에 비해 더 두드러지게 등장하고 있었다. 천문학·수학 분야로만 좁혀보면, 1700년 전후 남구만(南九萬), 최석정 정도만을 전문적 소양을 지닌 양반이라 할 수 있다면, 18세기 후반이 되면 홍대용, 서명응(徐命膺), 서호수(徐浩修), 이가환(李家煥), 정철조(鄭喆朝) 등 다수의 수리과학 전문가들의 존재를 확인할 수 있다. 그 외에 지리학 분야의 정상기(鄭尙驥), 신경준(申景濬), 의학 분야의 정약용(丁若鏞), 농학 분야의 서유구(徐有榘) 등이 18세기 후반에서 19세기 초 전문 분야에서 성과를 쌓은 대표적 인물들이다.

물론 과학기술 분야에 전문가적 소양을 지닌 이들이 양반 학자 사회 전체에서 어느 정도의 비중과 영향력을 점하고 있었는지를 정확히 가늠하기란 어렵다. 분명한 것은 이들의 등장이 전문 지식 및 기법에 대한 소양을 "소도(小道)"로 간주하면서 군자가 적극적으로 추구해야 할 것으로 보지 않던 양반의 문화를 근본적으로 바꿀 정도는 아니었다는 점이다. 그러나 서울의 양반 사회로만 시야를 좁혀보면, 이들 "양반 전문가"들이 나름의 존재감을 드러내며 무시하기 어려운 새로운 문화적 흐름을 만들어내고 있었음을 알 수 있다.

이러한 흐름이 오늘날 과학기술로 불리는 분야들에서만 확인되는 것은 아니다. 정민 등 한문학 연구자들은 18세기를 거치며 서울을 중심으로 폭넓게 기예라고 불릴 만한 활동에 전문적으로 몰두하는 "벽(癖)" 또는 "치(癡)"의 문화가 퍼져나간 정황을 흥미롭게 묘사해주고 있다.[92] "완물상지(玩物喪志)"라는 말에서 드러나듯 유가 전통은 특정한 사물이나 기법에 "미치도록 몰두하는" 행위를 군자로서의 인격적 완성과 세상의 도덕적 교화를 저해한다고 보는 태도를 지니고 있었고, 사실 벽(癖)과 치(癡)라는 글자가 애초부터 "병(病)"이라는 글자와 연관됨으로써 병리학적으로 문제가 있는 상태를 뜻하고 있었다. 하지만 18세기 서울에는 사물과 기법에 대한 지나친 집착에도 긍정적으로 볼 만한 구석이 있다는 태도가 나타나기 시작했다. "마니아"라고 부를 수 있는 사람들은 그 이전 시대에도 존재했겠지만, 서울의 18세기는 이들에 대한 긍정적 태도기 확산되고 있었다는 점에서 달랐고, 이는 여러 종류의 마니아들에 관해 이전 시기에 비할 수 없이 많은 기록이 전해오는 데서도 잘 드러난다.

예를 들어, 『북학의』의 저자로서 기술의 진흥을 강조했던 박제가(朴齊家)가 치(癡)와 벽(癖)의 가치를 강조한 대표적 인물이었다. 그는 꽃을 세밀히 관찰하여 그림으로 옮기는 일에 몰두했던 어떤 이의 그림첩 『백화보(百花譜)』에 붙인 서문에서 다음과 같이 썼다.

> 벽이 없는 사람은 아무짝에도 쓸모없는 사람이다. 벽(癖)이란 글자는 '질(疾: 질병)'과 '벽'(辟: 편벽됨)을 합한 것이니, 병 가운데 지나치게 치우친 것이다. 그러나 홀로 자기만의 세계를 개척해가는 정신을 갖추고, 전문의 기예를 익히는 것은 종종 벽이 있는 사람만이 할 수가 있다.[93]

비록 벽(癖)과 병(病) 사이의 부정적 연관을 언급하고는 있지만, 여기서 박제가의 의도는 벽(癖)을 도덕적으로 단죄하기보다는 도리어 그것이 사람이 독립적인 정신을 개척하고 전문의 기예를 얻는 데 꼭 필요한 자질로 봐야 한다는 데 있다. 이는 전문적 기예에 대한 열정적인 추구를 양반 엘리트의 정당한 문화로서 용인할 뿐 아니라 심지어 권장해야 한다는 주장이었다.

18세기 후반 서울의 마니아들이 추구했던 관심사는 실로 다양해서, 비둘기 사육, 벼루 제작, 화훼(花卉) 등의 자질구레한 취미로부터, 좀 더 고상하게 "명물도수(名物度數)"로 불리는 학문에 이르기까지 폭넓게 걸쳐 있었다. 명물과 도수의 학문이란 말 그대로 세상의 여러 사물과 그것의 이름에 대한 지식[名物], 그리고 사물의 크기[度]와 개수[數]에 관한 공부라고 볼 수 있는데, 여기에는 박물학, 수학, 천문학, 지도학, 기구 제작 등 오늘날의 과학기술 분야들을 포함하는 지적 활동까지 포함되었다. 스스로 석치(石癡)라고 부를 정도로 돌을 조각하는 데 열심이면서도 동시에 천문학과 수학에 깊은 소양을 지닌 정철조(鄭喆朝, 1730-1781)처럼 여러 분야에 걸친 소양을 보인 인물도 드물지 않았다.[94]

이렇듯 18세기 서울에 형성된 새로운 문화적 지향에 대해 우리는 한문학사 연구자들이 제공해준 소묘를 넘어 그 폭과 깊이에 대해 충분히 알고 있지는 못하다. 하지만 18세기 중엽의 여러 전문 지식 분야 중에서도 특히 천문학, 수학의 분야, 즉 앞서 언급한 "도수의 학문[度數之學]"의 상황에 대해서는 좀 더 잘 알고 있는데, 이는 황윤석(黃胤錫)이 그에 대해 자신의 일기 『이재난고(頤齋亂藁)』에 남긴 상세한 기록 덕분이다.[95] 전라도 고창 출신의 성리학자로서, 노론의 대학자였던 김원행(金元行)의 문하에서 공부한 황윤석은 홍대용의 북경 여행 즈음인 1766년 천거를 통해 의영고(義盈庫) 봉사(奉事)라는 중앙정부의 하급 관리에 임명되어 서울 생활을 시작했고, 그 기간에 이루어진 다양한 인물들과의 교류에 대해 꼼꼼한 기록을 남겼다. 특히 일찍부터 수학과 천문학에 깊은 관심을 키워온 황윤석은 그의 서울 생활을 관련 정보의 교환, 인적 교류, 서적의 구입을 위한 기회로 활용했다. 그 결과 그의 일기는 당시 서울에서 수학으로 이름난 이가 누구며, 그들 사이의 관계가 어떠했는지, 어떤 책이 누구의 집에 소장되어 있고 누가 그것을 빌려 갔는지 등의 시시콜콜한 정보까지도 상세히 알려준다. 18세기 중반 서울 수학계의 상세한 지형도를 제공하고 있는 셈이다.

황윤석의 기록에서 알 수 있는 당시 서울 수학계의 첫 번째 특징은 수학의 가치를 중시하고 이를 전문적 수준으로 탐구하는 양반 학자들이 노론, 소론, 남인 등 주요 당파 모두에서 나타났고, 나아가 그들 사이에 당파를 넘어서는 교류가 이루어지고 있었다는 것이다. 그가 직접 만났거나 그 과정에서 간접적으로 전해 들은 바에 따르면, 소론의 서명응(徐命膺)·서호수(徐浩修) 부자, 정동기(鄭東驥)·정동유(鄭東愈) 형제, 남인의 이용휴(李用休)·이가환(李家煥) 부자, 노론의 홍양해(洪量海, ?-1778)와 홍대용, 소북의 정철조(鄭喆朝)·정후조(鄭厚祚) 형제 등이 당시 수학, 천문학에 깊은 소양을 지니고 있던 인물로 알려져 있었다. 이들은 적어도 공통의 지적 관심사인 수학의 문제와 관련된 한에는 각자가 속한 당파에 그리 구애받지 않고 교유한 것으로 보인다. 노론의 홍대용과 아주 친밀했던 소북(小北) 계열의 정철조가 남인 이가환의 매부였으며,[96] 소론의 서호수가 북경에서 구입해온 『율력연원』을 노론의 홍양해에게 빌려주는 등 수학과 관련된 정보의 교류도 폭넓게 이루어지고 있었다. 황윤석은 여러 사람으로부터 당대 수학의 일인자로 홍양해를 꼽는 이야기를 들었는데, 이는 이들 수학자 사이에서 "수학 실력"에 대한 품평과 비교가 이루어지고 있었음을 알려준다.

황윤석의 일기는 당시 서울 수학자들이 추구했던 수학의 성격과 내용에 대해서도 생생한 정보를 제공해준다. 그에 따르면, 이들이 공부했던 수학은 이질적 계통의 내용이 섞인 절충적 성격을 지녔음을 알 수 있다. 한편으로는 원대 주세걸(朱世傑, 1249-1314)의 『산학계몽(算學啓蒙)』에 담긴 동아시아의 전통 수학, 특히 고차 방정식 해법인 천원술(天元術)을 익히면서도, 다른 한편으로는 마테오 리치(Matteo Ricci, 1552-1610)와 서광계(徐光啟, 1562-1633)가 명나라 말에 한역한 『기하원본(幾何原本)』, 18세기 초반에 편찬된 청나라의 공식 수학 교재 『어제수리정온(御製數理精蘊)』 등 서양의 기하학과 대수학이 담긴 서적도 함께 유통되고 있었다. 하지만 황윤석 스스로가 잘 보여주듯, 당시 수학 연구의 대세는 청나라 황제의 주도로 편찬된 최신 서적 『수리정온』에 집중되었다. 여기에는 구면 삼각법, "차근방(借根方)" 법이라고 불리던 서양의 대수학 등의 최신 서양 수학이 소개되어 있었다. 황윤석의 일기는 그가 『수리정온』, 그리고 그것과 함께 『율력연원(律曆淵源)』 총서를 구성한 천문학, 화성학 서적 『역상고성(曆象考成)』과 『율려정의(律呂正義)』를 구하기 위해 기울인 부단한 노력을 잘 보여준다. 그는 서울에서 누가 이 책들을 소장하고 있는지 탐문했는데, 예를 들어 영조 43년 12월(양력 1768년 1월) 그는 이영옥이라는 사람으로부터 당시 서울에 서명응, 이맹휴(李孟休), 홍계희(洪啟禧)의 집에 『수리정온』이 있다고 들었다.[97]

청나라 천문학의 직접적 영향 아래 18세기 중엽 서울에서 형성된 수학자들의 문화는 좀 더 넓은 시각에서 보자면 갈릴레오와 케플러를 배출한 근대 초 서구 수리과학의 문화가 17·18세기 중국의 사대부 수학자와 관료 천문학자들에 의해 이념적 정당화와 지적 변형의 과정을 거쳐 유입된 뒤 조선의 양반 및 중인 문화와 만나 만들어낸 지적 혼종이라 할 수 있다. 유럽에서 중국으로 이어지는 지구적 규모의 문화적 교류와 상호 작용의 결과 계산, 관측, 기구 제작의 실천을 중시하는 수학자들의 문화가 조선 양반 사회의 일각에도 형성된 것이다.

근대 초 유럽의 수리과학은 "과학혁명(the Scientific Revolution)"이라 불리는, 16, 17세기 서구 과학기술에서 일어난 심대한 변화를 추동한 분야였다. 코페르니쿠스와 케플러의 태양 중심 천문학에서, 갈릴레오, 데카르트, 뉴턴의 새로운 운동이론을 거쳐 나타난 근대 역학이 고·중세의 아리스토텔레스 자연철학을 대체하는 세계관적 혁신의 드라마가 바로 수리과학 분야를 중심으로 일어났다. 변화는 자연을 탐구하는 방법론의 차원에서도 일어났다. 아리스토텔레스 철학의 사변적, 형이상학적 방법을 대신하여 경험적, 실험적 방법이 자연철학의 주된 연구 방법으로 부상한 것이다.[98] 수리과학은 물론 자연사, 의학을 포함한 폭넓은 분야에서 일어난 이 변화는 르네상스 시기 사회문화적 지위가 급격히 상승한 장인들의 방법론이 대학의 학자들을 포함한 서구의 엘리트 문화 전반에 정착, 확산하는 과정이었다. "손 조작과 기구의 이용을 통해 얻은 지식, 직접적 관찰과 실험의 실천, 정밀한 측정과 기타 다양한 방식의 정량화의 가치를 인정하고, 개별적 경험을 긍정적으로 평가하는" 장인들의 인식론이 새로운 과학의 방법론이 된 것이다.[99] 이러한 방법론적 변화의 선두에 선 분야가 유럽의 지리적 팽창 덕분에 전 세계의 식물, 동물, 광물로 수집과 연구 대상을 확장하게 된 자연사와 함께, 수학적 계산과 정밀 기구의 사용을 통해 항해, 지도 제작, 전쟁, 건축과 회화, 기계 제작 등 다양한 실용적 분야에서 쓰임새를 입증하고 있던 수학이었다.[100]

이처럼 유럽 사회에서 그 영향력을 확대해가던 수리과학이 예수회의 중국 선교를 통해 중국에 도입되었다. 1607년 마테오 리치와 서광계의 『기하원본(幾何原本)』 번역 이후 18세기 중엽까지 예수회 선교사들은 민간의 선교사로 또는 조정과 황실에 고용된 수학자로 활동하며 유럽의 기하학과 대수학, 천문학, 측량, 기계 제작 관련 문헌을 한문으로 번역하고, 기하학적 도법을 사용한 회화 및 세계지도를 제작했으며, 자명종, 망원경, 프리즘과 기타 광학 도구 등 다양한 기물(器物)을 중국 사회에 소개했다. 특히 북경의 천주당은 중국 왕실의 천문학자, 화가, 기계 제작자로 활동 했던 예수회사들의 거주지로서 건축 스타일부터 내부의 벽화, 천문학 및 광학 기구, 그리고 그들이 보유하고 있는 수학 서적과 지도에 이르기까지 서구 수리과학 문화를 집약하고 있는 장소였으며, 연행사절로 방문한 조 선의 사신들이 즐겨 찾는 명소로 자리잡았다.[101]

명나라 말로부터 18세기 중엽까지 한 세기 넘게 중국 사회에 활용되는 과정에서 서구의 수리과학은 일련의 지적·문화적 적응을 거치며, 왕조 국가의 경영과 사대부의 문화적 생활에 필수적인 지식과 활동으로 자리 잡게 되었다. 서양의 수학과 천문학을 중국에 처음 도입한 리치와 서광계 는 한편에서는 연역적 증명을 사용하는 서구 기하학의 지적 새로움을 강 조하면서도, 다른 한편으로는 국가 경영의 다양한 분야에 응용될 수 있 는 수학의 실용적 가치를 강조함으로써 명나라 말 이래 "실학(實學)"을 중 시하던 학자 관료 엘리트들의 지적 관심에 부응했다.[102] 서양 수학은 이미 그 긴급한 필요에 대해 학자 사회와 조정에 공감대가 널리 형성되어 있던 역법 개혁에 바로 이용될 수 있었지만, 그 쓰임새는 천문학에만 한정되 지 않았다. 서광계는 1629년 개력(改曆)을 위해 숭정(崇禎) 황제에게 올린 상소에서 "도수방통십사(度數旁通十事)", 즉 사물의 도수(度數, 크기와 수)를 다루는 수학을 써서 이익을 얻을 수 있는 열 가지 분야를 열거했는데, 치 력(治曆), 측량, 음률, 군사, 이재(理財, 회계), 영건(營建, 건축), 기계, 여지(輿 地, 지도 제작), 의약(醫藥), 계시(計時)가 그것이었다.[103] 서광계가 중국에서 진흥하고자 했던 "도수(度數)의 학문"은 정확히 근대 초 유럽 수리과학의 범위와 일치했다.[104]

이렇듯 유가(儒家)의 실학(實學), 경세치용(經世致用)에 쓰일 실용적 지식과 기법으로 정당화된 "도수의 학문"은 이후 왕석천(王錫闡, 1628-1682)과 매문정(梅文鼎, 1633-1721) 등 사대부 수학자들의 연구, 청나라 강희제의 강력한 후원을 받으며 국가 운영의 필수불가결한 도구이자 사대부가 추구할 만한 고상한 지적 분야로 자리매김하게 되었다. 다음 장에서 살펴보겠지만, 강희제와 매문정이 제안한 "서양 역법의 중국기원론"을 통해 서구 수리과학은 중국 고대 성인(聖人)에 의해 창시되어 유럽으로 건너간 "성인의 학문"으로 정당화되었고, 그 결과 그동안 망각되어온 고대 중국의 수학적 유산을 발굴하는 기획이 본격화되면서 천문학과 수학은 청조 고증학(考證學)의 핵심 분야로 부상했다.[105] 이 과정에서 계보가 다른 서구와 중국의 지식, 기법, 문화적 정체성이 뒤섞인 혼종이 만들어졌다. 이것이 바로 18세기 중엽 북경에 파견된 이덕성과 홍대용이 천주당의 예수회 선교사들과 흠천감(欽天監)의 중국인 천문학자들을 탐문하며 도입하려 한 "도수(度數)의 학문"이었다. 18세기 초반 청조(淸朝)의 공식적인 집대성을 거친 수리과학은 조선 조정의 적극적인 지원 아래 이루어진 시헌력 도입 사업을 거치며 조선에도 유입되어 중인 기술직 관원뿐 아니라 조선의 양반 학자들이 진지한 지적 관심을 기울일 만한 지적 분야로 그 위치가 고양되어 있었다.

18세기 중엽 서울을 중심으로 형성된 양반 수학자들은 자신이 공부하고 실천하고 있는 수학이 서양에서 기원한 지식이라는 점을 잘 알고 있었다. 특히 그들의 관심사는 『수리정온』이 대변하는 것과 같은 좁은 의미의 수학을 넘어, 서광계가 "도수방통십사"에서 나열한 근대 초 서구 수리과학의 폭넓은 분야에 걸쳐 있었다. 그 속에는 천문 역법, 음률, 측량과 같이 이미 동아시아 전통에서도 수학의 응용 분야로 간주되던 것 외에도, 지도학, 기계 제작 등 서구적 의미에서 수리과학에 속한 분야들도 포함되었다.

수학이 경세치용에 필요한 여러 유용한 기술의 토대가 되며 이 분야에서 서양이 근세 중국보다 뛰어나다는 인식은 18세기 후반 여러 양반학자들이 표명했다. 예를 들어, 홍대용은 자신의 연행록 중 천주당 방문을 묘사하는 글의 서두에서 서양 학문의 장점에 대해 다음과 같이 지적했다.

> 산수로 근본을 삼고 기구로 참작하여 온갖 현상을 헤아리므로, 무릇
> 천하의 멀고 가까움, 높고 깊음, 크고 작음, 가볍고 무거운 것들을 모두
> 눈앞에 모아서 마치 손바닥을 가리키는 것처럼 하니, (중국의) 한나라,
> 당나라 이후 없던 것이라 해도 틀린 말이 아니다.[106]

서양인들이 수학적 계산과 기구를 이용한 관측의 방법으로 천문, 지리, 기계 제작의 분야에서 이룩한 탁월한 성취에 대해 한나라, 당나라 이후 중국에도 없던 일이라며 칭송한 것이다.

서양에서 유래한 수학이 다양한 분야에 응용될 수 있다는 생각은 이후 북학론자들이 개진한 중국 기술 도입 정책에도 영향을 끼쳤다. 박제가는 1786년 정월 정조에게 올린 글에서, 청나라 흠천감(欽天監)에서 역서(曆書)를 만드는 서양 선교사를 초빙하여 관상감에서 근무하게 하고, 그들로부터 천문학뿐 아니라 농상(農桑), 의약, 벽돌 제조, 가옥 성곽 교량의 건설법, 유리 제조법 등을 배우자고 제안했다.[107] 흠천감의 예수회 선교사-수학자들이 천문학뿐 아니라 여러 분야의 기예에도 능할 것이라는 박제가의 생각은 훗날 정약용의 『경세유표』에서 좀 더 체계적으로 발전했다. 신유사옥 이후 기독교 선교사의 초빙을 언급할 수 없게 된 상황에서, 그는 중국에서 기술을 배워 오는 업무를 전담할 "이용감(利用監)"이라

는 관청을 공조(工曹)에 설치하자고 제안했다. 중요한 것은 이용감의 사업이 수학에 정통한 이들에 의해 주도되어야 한다고 보았다는 것이다. 이용감을 관리할 제조(提調)와 첨정(僉正)으로 "수리(數理)에 정통한 이"가 임명되고, 매년 북경에 파견되어 선진 기술을 배워 올 학관(學官)으로는 "관화(官話)에 익숙한" 사역원의 역관 2인과 함께 "수리에 정통한" 관상감의 천문학자 2인을 쓸 것이었다.[108] 통역을 담당하는 역관의 도움을 받아 수학에 능한 관상감의 천문학자가 중국의 기술을 배워 오는 구상이었다. 정약용은 기술 도입 사업에 "수리(數理)"에 대한 소양이 필수적인 이유를 다음과 같이 설명했다.

> 온갖 공장(工匠)의 교묘한 기예는 모두 수리(數理)에 근본한 것으로서 반드시 구(句)·고(股)·현(弦)의 예각·둔각이 서로 들어맞고 서로 어긋나는 본리(本理)에 밝은 다음이라아 그 법을 깨칠 수 있을 것이니, 진실로 스승이 전수하고 제자들이 배워 많은 세월을 쌓지 않으면 끝내 습취(襲取)할 수 없을 것이다.[109]

즉, 수학이 온갖 기술에 적용되는 근본성과 범용성을 지닌다는 것이었다. 바로 이렇게 생각하고 있었기 때문에 박제가와 정약용은 천문관서 관상감 또는 그 관원의 업무 영역을 천문학에 국한하지 않고 기술의 전 영역으로 확장할 수 있었다. 박제가의 구상에서 예수회 선교사를 고용한 관상감은 기술의 전 영역을 가르치는 교육 기관이 될 것이었고, 정약용의 이용감에서는 수학에 능통한 관상감의 관원이 기술 도입의 핵심 업무를 담당하게 될 것이었다. 앞서 18세기 관상감과 그 관원들의 지위가 상승하게 된 사실을 지적했지만, 이제는 더 나아가 관상감이 천문학뿐 아니라 수학이 적용될 수 있는 다양한 기술 분야를 담당할 수도 있다는 인식이 생겨난 것이다.

수리과학에 관한 관심과 소양이 그리 높지 않았던 박제가와 정약용은 이를 관상감 관원들의 일로 생각했지만, 홍대용을 비롯한 많은 양반 학자들은 스스로 수리과학에 전문적 관심을 가지고 이를 직접 실천했다. 이들에 의해 의기를 제작하여 천체를 관측한다거나, 수학적 도법을 써서 정밀한 조선 지도를 제작하려 한다거나, 『태서수법(泰西水法)』, 『기기도설(奇器圖說)』 등 서양 선교사들의 기술서에 소개된 각종 기계를 제작하여 수리(水利) 사업이나 성곽 건축에 사용하려 한다거나, 서구식 자명종 등의 시계 장치를 제작하려는 시도 등이 이어졌다. 이러한 움직임은 이미 17세기부터 나타났지만, 18세기 중엽에 이르게 되면 고립된 개인들의 산발적 시도를 넘어 수리과학에 관한 전문적 관심을 공유하는 인물들 사이의 교류와 협력의 움직임도 확인된다. 그중에는 심지어 한 사람이 여러 분야의 실천에 관여함으로써 다양한 기술 영역을 하나로 묶어주는 매개의 구실을 한 예도 심심치 않게 나타났다.

수리과학의 여러 영역에 전문적 관심을 보유한 좋은 예로 신경준(申景濬, 1712-1781)을 들 수 있다. 18세기 실학(實學)을 대표하는 학자로서 신경준은 영조에게 등용되어 『동국문헌비고』의 "여지고(輿地考)"를 편찬하는 등 지리학 분야에서 두드러진 성취를 보인 인물로 유명하지만, "명물과 도수"의 여러 분야에 걸친 그의 관심에는 수리과학도 포함되었다.

지리학의 전문가답게 그는 지도 제작에 깊은 관심이 있었다. 특히 그는 서구식 천문 기구를 써서 조선 내 주요 지역의 북극고도를 측정하여 정밀한 조선 지도를 제작하려는 희망을 품고 있었다. 그는 이 사업을, 아버지 정상기(鄭尙驥, 1678-1752) 대부터 정밀한 조선 지도의 제작을 위해 노력해온 정항령(鄭恒齡, 1700-?)과 공동으로 추진하려 했다.[110] 북극 고도의 측정을 지도학에 이용하려 한 신경준과 정항령의 시도는 그 방법을 역서

(曆書) 제작에 적용하려 노력한 서명응(徐命膺, 1716-1787)의 시도에 상응하는 것이었다. 영조 36년 겨울 경연 자리에서 서명응은 영조에게 지역의 경위도에 따라 절기 시각과 해 뜨고 지는 시각이 차이가 난다는 점을 지적한 뒤, 그렇다면 단지 서울의 경위도에 근거해서만 제작된 당시 조선의 달력은 서울 주위 300리의 지역만 대변하는 불완전한 역서라고 지적했다. 천명(天命)을 받아 나라를 통치하는 군주의 우주적 권위를 상징하는 달력이 사실상 서울 인근 지역에만 들어맞는다면 심각한 문제가 아닐 수 없었다. 그는 당시 중국의 역서가 성(省)별로 절기 시각과 주야 시각을 따로 밝혀준 것처럼 조선도 팔도 감영의 경위도를 측정한 뒤 지역 차이를 반영한 역서를 제작·반포해야 한다고 제안했다.[111] 그로부터 6년 뒤 다른 일로 임금의 노여움을 사 북방으로 유배를 당한 서명응은 그 참에 상한의(象限儀)라는 서구식 천문 의기를 제작한 뒤 백두산에 올라 북극 고도를 측정함으로써 자기 제안을 직접 실천에 옮겼다.[112] 팔도 북극고도 측정을 제안하고 이를 나라의 북쪽 끝에서 직접 실천한 서명응의 행위는 수리과학에 깊은 관심을 지닌 여러 인물의 호응을 불러일으켰다. 그중 하나가 신경준으로서 지리학 저술 『사연고(四沿考)』에 서명응의 이름을 언급하지 않은 채로 그 사실을 기록했다. 황윤석(黃胤錫)은 서명응에게 보낸 편지에서 그 행위를 일대 쾌거라고 칭송하며 그의 기획에 적극적으로 찬성했고, 이벽(李檗), 이가환(李家煥) 등 수학에 깊은 소양을 지닌 남인(南人) 학자들도 서명응의 구상을 승인하고 그의 실천을 의미심장한 사건으로 받아들였다.[113]

신경준은 천문 지리학뿐 아니라 기계 제작에도 깊은 관심을 보였는데, 특히 조선에서 가장 이르게 서양식 수차(水車)에 관한 체계적 연구와 제작을 시도한 인물 중 하나였다.[114] 그는 1754년 호남 좌도에서 거행된 증광(增廣) 초시에서 답안으로 수차를 포함한 수레의 도입과 사용을 주장

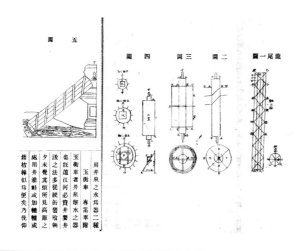

〈그림 1-2〉 신경준의 용미차 설계도. 신경준, "수차도설", 『여암전서』 권19 (경성: 신조선사, 1940), 제6책, 59–61쪽.

한 "거제책(車制策)"을 제출했고, 이 답안이 시험의 장시관(掌試官)이었던 홍양호(洪良浩, 1724-1802)에 의해 발탁됨으로써 관직 생활을 시작하게 되었다.[115] 이 책문에 그 원리와 구조가 소개된 수차에는 용골차(龍骨車)와 같은 중국의 전통적 수차도 있었지만, 그 중심은 명나라 말 예수회 선교사 우르시스(Sabbathino de Ursis, 熊三拔, 1575-1620)와 서광계의 『태서수법(泰西水法)』에 소개된 용미차(龍尾車), 항승차(恒升車), 옥형(玉衡) 등 서양식 수차였다. 그에 따르면, 중국에서 수차의 유례가 오래되었지만, "황명(皇明)의 시기 서양의 나라와 통교하기에 이르러서야 여러 방법이 모두 갖추어지게 되었다."며, 수리(水利) 기술에 대한 서양 선교사들의 기여를 강조했다. 이전 중국의 기록은 소략하여 수차에 대해 상세한 것을 알기 어렵지만, 서양 선교사들은 "(수차) 제도의 오묘함을 궁극(窮極)했으므로 (이를) 고찰하여 (수차를) 제작한다면 어려움이 없을 것"이었다.[116] 신경준이 『태서수법』에 담긴 수차의 그림과 설명을 그대로 옮긴 "수차도설(水車圖說)"이라는 글을 남긴 것을 보면, 그가 단지 정책 제안에만 그치지 않고 실제로 수차의 구조와 작동에 관해 진지하게 연구했음을 알 수 있다. 정약용의 기록에 의하면, 그는 비록 성공적이지는 않았지만, 용미차, 항승차와 같은 서양식 수차의 제작을 여러 차례 시도했다고 한다(그림 1-2).[117]

　서양식 수차에 대한 높은 평가는 신경준만이 아니라 이후 수차에 관해 논한 조선 학자들 사이에 널리 공유된 태도였는데, 그 이유는 서양식 수차가 정밀한 수학적 원칙에 따라 제작되었다는 점 때문이었다. 예를 들어, 서명응은 농업을 다룬 저술 『본사(本史)』에서 "서양 나라의 사람들은 경전에 통하고 옛것에 해박한 면에서는 중국 사람만 못하고, 문예와 재지(才智)에 있어서도 중국 사람만 못하지만, 유독 기계를 제작하는 한 가지 일에서만은 조예가 탁월하고 정묘하여 단연 중국 사람들이 미칠 수 있는 바가 아니니, 그 이유가 무엇인가 하면 바로 구고(句股)의 수법(數法)을 얻었기 때문"이라고 지적하여, 정밀 기계 제작의 바탕에 수학이 있음을 강조했다.[118] 실제로 아르키메데스의 나선형 스크루를 써서 물을 퍼 올리는 용미차의 경우 기하학적으로 정밀하게 설계된 부품을 정확히 제작할 필요가 있었고, 이 공정을 제대로 구현할 능력을 지닌 기술자가 부족했던 조선에서 이루어진 용미차의 제작이 대개는 실패로 돌아갔다고 한다.[119]

　결과적으로 서양식 수차가 조선에 널리 보급되지는 못했지만, 그럼에도 신경준의 책문 이후 18세기 후반에 걸쳐 용미차를 비롯한 수차의 제작이 다양하게 시도된 것은 조선 양반 사회에서 기계 제작 문화에 의미 있는 진전이 일어나고 있었음을 잘 보여준다. 열하(熱河)에 다녀온 이후 안의 현감을 맡고 있던 박지원(朴趾源)은 장인(匠人)에게 시켜 용골차와 용미차를 제작했고, 이희경(李喜經)도 1781년 즈음 스스로 용미차의 소형 모델을 제작했으며 그의 말년인 1805년 저술된 연행록 『설수외사(雪岫外史)』에서는 비록 실패의 사례들이기는 하지만 다른 이들에 의한 용미차 제작 시험에 관해서도 기술하고 있다.[120] 서양식 수차는 민간뿐 아니라 정부

차원에서도 제작과 보급이 시도되었다. 1783년 7월 정조 대 천문학 사업을 주도했던 서호수의 제안을 정조 임금이 승인함에 따라, 서호수의 감독 아래 군문(軍門)의 장인들이 용미차의 전국적 보급을 위한 전 단계로 시제품을 제작한 것이다.[121]

흥미로운 것은 수차를 비롯한 기계 제작의 문화가 중앙 조정과 서울의 양반들에게만 한정되지는 않았다는 것이다. 신경준의 출신지인 호남 지역이 기계 제작의 문화가 활발했던 곳으로서 18세기 중엽에서 19세기 초에 걸쳐 수리과학에 깊은 소양을 지니고 이를 직접 실천한 인물이 여럿 발견된다. 순창 출신의 신경준보다는 좀 더 연배가 높은 인물로서 홍대용과 함께 혼천의를 제작한 일로 잘 알려진 화순의 나경적(羅景績, 1690-1762)은 "자전수차(自轉水車)"를 제작한 것으로 알려졌으며, 강진의 이여박(李如樸, 1740-1822)은 용미차의 제작을 시도했고, 화순의 하백원(河百源, 1781-1845)도 전라감사로 있던 서유구(徐有榘)에게 자승차라는 수차의 제작을 건의했다.[122] 이들 "호남 실학자"들의 시도가 자기 지역에 고립된 행위로만 머물지는 않았다. 신경준과 마찬가지로 이여박의 용미차 제작은 홍양호의 후원 아래 이루어졌으며, 나경적은 홍대용과 협력하여 혼천의를 제작했고, 하백원과 서유구가 자승차의 제작을 논의한 사실은, 이들이 서울을 중심으로 형성된 양반 수학자 네트워크에도 연결되어 있었음을 알려준다.

2. 성리학과 수리과학

전라도 화순의 나경적이라는 기계 제작자에 대해 우리가 알고 있는 것은 상당 부분 그와 함께 혼천의를 제작했던 홍대용의 기록에서 비롯된다.

그는 1766년 봄 북경에서 사귄 항주 출신의 세 선비에게, 천안 수촌의 자택 "담헌(湛軒)"과 그 안에 연못을 파고 건설한 천문대 "농수각(籠水閣)", 그곳에 설치된 혼천의에 대한 기문(記文)을 부탁하면서 그들에게 그 내력을 상세히 설명해주었다.[123] 자신과 나경적의 공동 작업에 대한 홍대용의 묘사는 그가 서양 수학과 천문학에 대한 자신들의 추구를 어떻게 이해하고 있었는지, 좀 더 정확히는 그것이 중국의 벗들, 그리고 그들의 기문을 읽을 조선의 (양반) 청중들에게 어떻게 받아들여지기를 바랐는지 잘 보여준다.

그에 따르면, 1759년 가을 29세의 홍대용은 당시 나주목사였던 부친의 임지를 방문하여 호남 지역을 여행하던 중, 동복의 물염정(勿染亭) 근처에 살면서 기계 제작으로 명성이 높았던 석당(石塘) 나경적(羅景績)을 찾아갔다. 이미 나이가 70여 세의 노인이었던 나경적에 대해 홍대용은 "은거하여 옛것을 좋아하는 남국의 기이한 선비"라고 묘사했다. 그가 제작한 서양식 시계, 후종(候鐘)의 정밀함에 깊은 인상을 받은 홍대용은 그와 이야기를 나눈 끝에, 그 노인이 용미차, 항승차를 비롯한 제반 기계 장치에 정통한 인물이라는 사실을 알게 되었다.[124] 나경적은 홍대용에게 『서전(書傳)』의 순전(舜典) "선기옥형(璇璣玉衡)" 장에 언급된 혼천의 제도에 관해 오랜 기간 연구한 끝에 "서양의 방법을 참고한" 나름의 해법을 고안해냈지만, 집이 가난하여 제작할 엄두를 내지 못하고 있다고 고백했다. 마침 홍대용도 혼천의의 제도에 관해 의문이 있었지만, 이황과 송시열이 제작한 것은 망가지거나 소략하여 연구의 근거로 삼기 어려워 실망하고 있던 차에 나경적의 이야기를 듣고, 그의 재능에 의지해서 "옛 성인의 법상(法象)을 다시 세상에 전할" 수 있으리라 확신하게 되었다.[125] 그리하여 이듬해 여름 홍대용은 나경적과 그의 제자 안처인(安處仁)을 나주부로 초빙하여 제작 비용을 후원하면서 함께 혼천의와 서양식 시계 후종(候鐘)을 제작했다. 2년 뒤에 작업이 완료되자 홍대용은 고향 천안의 집에 "농수각"이라는 천문대를 만들어 혼천의와 후종을 그곳에 비치했다.[126]

요컨대 홍대용은 나경적과 자신의 혼천의 제작 사업을 유학(儒學)의 고상한 지적 탐구로 규정했다. 서양 방식을 이용한 혼천의의 제작은 "옛 성인"의 모델을 세상에 전하는 일로, 그 일을 실천하는 나경적은 "옛것을 좋아하는"[호고(好古)] 선비로 묘사함으로써 홍대용은 자신들의 혼천의 제작을 고대 성인에게서 비롯되어 주자(朱子), 이황, 송시열로 이어지는 정통 도학(道學)의 범위 안에 위치시키고 있었다. 천문 의기의 제작을 『서전(書傳)』의 권위를 인정하는 주자학자라면 그 당위성을 부인할 수 없는, 일종의 경학(經學)의 과제로 제시한 것이다. 차이가 있다면, 경전의 의미를 복원하는 경학의 실천이 홍대용과 나경적의 경우에서는 "서양의 방법을 참작한" 기구의 제작이라는, 보통의 주자학자들이라면 즐겨 취하지 않는 방식을 택했다는 점일 것이다. 이를 보면 18세기 중엽 중국을 거쳐 유입된 수리과학에 심취한 양반 수학자들의 실천을 근대 초 서구 수학의 "확산"으로 나타난 단순한 문화적 복제품으로 보아서는 안 된다는 점을 알 수 있다.[127] 앞서 언급했듯 『수리정온』과 같은 서적에 담겨 조선에 유입된 서구 수리과학은 이미 중국을 거치며 상당한 변형을 거친 결과물이었지만, 조선의 양반 수학자들도 그것을 이해하고 실천하는 과정에서 그것에 나름의 지적, 문화적 흔적을 남겼다.

당시 조선의 주자학자들은 수학적 계산, 기구를 이용한 관측, 수차와 같은 기계를 제작 시험하는 이들의 실천을 흔쾌히 인정하지 않았다. 홍대용이 기계 제작을 경학의 중요한 과제라고 주장한 데는 계산, 관측, 기구 제작의 실천을 지엽적인 일로 경시하는 조선 주자학자들의 태도에 대한 강한 비판의 의미가 담겨 있었다. 양반 수학자들이 보기에 여러 실용 분야에 적용될 수 있는 수학은 무엇보다도 경세치용의 학문이며, 따라서 수기치인을 추구하는 유자라면 중시해야 마땅한 분야였다. 신경준은 앞서 언급했던 "수레에 관한 책문"에서 조선의 유학자들이 수레 제작과 같은 기예를 "공가(工家)"의 하찮은 일로 치부하고 관심을 기울이지 않는 상황을 개탄하면서, 공작과 기예도 유학자들이 힘을 쏟아야 할 격물치지(格物致知)에 속한다고 주장했다.

> 공가(工家)의 일도 역시 우리 유자(儒者)의 격물치지 중 한 가지 일입니다. 게다가 일상에 사용하는 기계의 제작은 자귀와 도끼를 써서 깎고 새겨 제작하는 일로서 비록 공인(工人)들의 책무라고 해도 그것이 처음 창설될 때에는 옛 성인의 신묘한 지혜를 운용한 것이 아님이 없습니다. 통유(通儒)와 대인(大人)으로서 개물성무(開物成務)의 임무를 맡은 이는 비록 수레 하나의 작은 일이라 하더라도 버려두고 살피지 않으면 안 되는 것이 마땅합니다.[128]

고대의 성인 복희씨(伏羲氏)가 괘(卦)를 관찰하여 뭇 기예를 창안했다는 『주역』 "계사전(繫辭傳)"의 권위에 의지해 신경준은, 백공 기예가 옛 성인에 의해 창시된 것으로서 그들의 뒤를 이어 개물성무(開物成務)와 경세치용의 이상을 실현하고자 하는 유학자라면 수레의 제작과 같은 기예에 관해서도 관심을 기울여야 한다고 강조했다.

신경준이 비판한, 전문적 기예를 천시하는 당시 조선의 일반적 유자의 대표적인 예로 연행에서 돌아온 홍대용과 논쟁했던 김종후(金鍾厚)를 들 수 있다. 다음 장에서 살펴보겠지만, 둘 사이의 여러 대립 지점 중에서 널리 알려진 것은 홍대용과 항주(杭州) 출신의 중국인 세 선비와의 교유를 둘러싸고 형성되었지만, 천문학, 수학과 같은 전문적, 실용적 지식에 대한 태도에서도 둘은 날카롭게 대립했다. 김종후는 당시 대개의 양반 주자학자들처럼 그와 같은 전문 분야의 지식이 나라의 운영에 필요하다고 인정하면서도 군자가 나서서 직접 수행해야 할 일은 아니라고 보았다. 그에게는 예(禮)가 더 중요한 문제였고, 따라서 "율력, 산수, 전곡(錢穀), 갑병(甲兵)을 다스리지 못해 나라를 잃는 것이 예를 잃어 나라를 잃는 것보다 낫다고 여기는" 것이 "군자의 마음"이어야 했다.[129] 즉, 예(禮)가 근본이라면 천문학, 수학, 회계, 병법은 말단이었다. 그에 비해 홍대용은 예에 대한 번쇄한 논란이 "심신(心身)의 치란이나 국가의 흥쇠(興衰)에 아무런 관계가 없"으며, 도리어 "율력(律曆), 산수(算數), 전곡(錢穀), 갑병(甲兵)이 알맞게 사용되어 세상에 필요한 것[適用而需世]만 같지 못하다."고 반론을 제기했다.[130] 17세기 이래 조선의 정계와 학계를 풍미한 정교하고 복잡한 예송(禮訟)이 국가의 흥망은 물론 김종후가 중시한, 나라의 도덕적 질서("심신의 치란")를 확립하는 데도 기여하지 못했다는 것이다.

수학과 천문학, 기계 제작을 유가가 힘써야 할 실학으로 강조한 신경준과 홍대용 등의 지향에 대해 지난 세기 이래 많은 연구자가 주자 성리학을 비판하고 극복한 사례로 보았다. 예를 들어 신경준에 관한 선구적 연구에서 고동환은 그가 성리학의 형이상학이나 사회정치적 개혁론과는 거리를 두고 "가치중립적"인 실용 학문을 추구한, 오늘날로 치자면 테크노크라트(technocrat)와 같은 유형의 인물로 보았다.[131] 하지만 신경준이 당시 보통의 주자학자들과는 달리 이기심성론이나 예론이 아니라 지리학, 기계학 등의 실용적 분야에 힘을 쏟았다고 해서 "성리학적 굴레에서 자유로운" 인물로까지 단정할 근거는 충분하지 않다.[132]

신경준의 "과학사상"을 다룬 최근의 연구는 그가 추구한 실용적 학문의 근본에 여전히 "전통적인 성리학적 자연철학"이 전제되어 있었다고 주장한다. 신경준은 조선의 지리를 음양 대칭의 구도로 이해하거나, 수레의 구조를 주역의 괘를 통해 해석하는 등 자신이 탐구한 실용적 지식을 음양오행과 주역의 구도를 통해 체계화시키려 했다.[133] 수차, 수레 등 기계의 제도와 작동 방식에서 음양 이기(二氣)의 운행과 괘의 변화를 발견하는 신경준의 사유는 앞서 "공가(工家)의 일도 역시 우리 유자(儒者)의 격물치지 중 한 가지 일"이라는 선언의 실 내용이 무엇이었는지를 잘 보여준다. 그가 용미차와 같은 서구식 기계 장치를 만들어 시험하고 천문 관측을 통해 정밀한 조선 지도를 제작하려 한 것은 서구 수리과학에 영향을 받은 것이지만, 신경준은 자신의 실천을 "서구적"이라고 보기보다는, 도리어 서구에서 유입된 수학, 천문학, 지도학, 기계학을 과거 북송(北宋) 소옹(邵雍)으로부터 내려오는 "상수학(象數學)"의 전통에 포괄시키는 기획으로 보았을 가능성이 높다.

신경준과 같은 호남 출신의 유학자로서 수리과학에 관심이 높았던 황윤석은 좀 더 분명한 방식으로 수학의 전문 지식과 기법에 대한 추구를 우주적 두에 관한 상수학적 탐구의 일환으로 위치시킨 경우였다. 구만옥이 보여주었듯, 율력과 산수에 대한 그의 관심은 『성리대전(性理大全)』에 담긴 지식을 추구하는 과정에서 비롯된 것으로서, 주역(周易), 홍범(洪範), 하도(河圖)와 낙서(洛書) 등에 대한 주역 상수학적 탐구의 연장이었다. 즉, 황윤석은 문자 그대로 율력, 산수의 형이하학적(形而下學的) 공부를 통해 형이상의 도(道)에 대한 이해에 도달하려 했다.[134] 게다가 황윤석의 "상수학" 지향은 예외가 아니었고, 당시 조선의 진지한 성리학자로서 수리과학에 관심을 키워온 이들의 상당수가 비슷한 면모를 보였다.『보만재총서(保晚齋叢書)』에서 천문, 음악, 농학 등 여러 경험 과학을 종합하여 방대한 상수학 체계를 건설한 서명응이 그 대표적 인물이지만, 이여박, 하백원 등 신경준 이래 호남의 양반 수학자들도 그 점에서는 크게 다르지 않았다.[135]

그에 비해 홍대용과 서호수는 성리학의 전통적인 형이상과 형이하의 위계를 사실상 비판하고 사물의 세계에 대한 경험적 탐구의 가치를 적극적으로 옹호했다는 점에서 당시 조선의 지적 지형에서 예외적 인물이었다. 물론 이들도 주자 성리학자의 권위를 부인하는 이들은 아니었으므로, 도기(道器), 본말(本末)의 위계 또한 노골적으로 부정하지는 않았다. 앞서 예(禮)와 율력(律曆) 사이의 본말 관계에 대한 김종후의 주장을 비판하는 홍대용의 태도가 좋은 예이다. 홍대용의 논리는 둘 사이의 본말의 위계를 인정하면서도, 말(末)로 간주되는 것들을 천시해서는 근본을 제대로 지키는 일도 제대로 할 수 없다고 보는 것이었다. 형이상을 중시하고 형이하를 천시하는 태도에 대한 서호수의 다음과 같은 비평도 마찬가지이다.

> 무릇 도(道)는 형체가 없어 현혹하기 쉽지만, 기예[藝]는 형상이 있어 거짓으로 꾸미기 어렵다. 나는 도를 좋아하지 않는 것이 아니다. 겉으로는 도를 좋아하는 척하지만 실제로는 부도(不道)하며, 아울러 이른바 기예에는 얻음이 없는 것을 미워할 따름이다.[136]

형이상(形而上)과 도(道)를 강조하는 태도가 대개는 실 내용이 없는 상태를 위장하는 위선적 태도에 불과하다는 것이다. 서호수의 이렇듯 신랄한 비판은 면면히 내려오는 형이상-형이하, 도기(道器)의 이분법과 위계를 부인하는 것은 아니지만, 동시에 도와 형이상을 담론하는 행위에 대해 거리를 두거나 심지어는 무관심한 태도를 택함으로써 실질적으로는 기성의 위계를 뒤집는 효과를 내고 있다. 이는 앞서 박제가가 "벽(癖)"에 대해 취했던 태도, 즉 그에 대한 부정적 통념을 부인하지 않으면서도 도리어 그 가치를 적극적으로 강조한 태도와 유사하다.

따라서 홍대용과 서호수는, 천문학, 수학과 같은 전문 분야의 지식을 추구하면서도 그것을 형이상(形而上)이나 도(道)의 추구를 위한 수단으로 본 황윤석과 같은 태도에 대해 비판적이었다. 수학적 계산과 기구를 이용한 관측을 서구 수학의 장점으로 칭송한 홍대용의 논점은 곧 계산과 관측의 실천을 방기하고 성리(性理)에 관한 담론에 치중하던 조선 유학자들의 학풍에 대한 비판이기도 했다. 북경 여행 이후에 저술된 수학서『주해수용(籌解需用)』에서 홍대용은 형이상학을 대신하여 계산과 관측의 행위를 유학자들의 핵심적 실천으로 자리매김하려 했다. 그에 따르면, 대개의 유학자가 천지를 인간과 만물의 부모라고 말하지만, 정작 그 천지의 참모습을 알지는 못하고 있었다.

> 내가 알고 있는 하늘은 그것이 높고 멀다는 것뿐이고 내가 알고 있는 땅은 그것이 두텁고 넓다는 것뿐이니, 이는 마치 내가 아는 아버지는 남자라는 것뿐이고 내가 알고 있는 어머니는 여자라는 것뿐이라고 말하는 것과 무엇이 다르겠는가? 그러므로 천지의 본체와 형상[體狀]을 알고자 할 때는 뜻으로 구해서는[意究] 안 되고 이치로 모색해서도 [理索] 안 되며 오직 기구를 만들어 측정하고 수를 계산하여 추측해야 한다.[137]

도학(道學)의 핵심 탐구 대상인 하늘에 대하여 홍대용은 "뜻"과 "이치"로 접근하는 형이상학적 탐구가 아니라 관측과 계산이라는 수리과학의 물질적 실천을 통해 그 참모습을 밝혀야 한다고 주장하고 있다. 이는 수학을 유학을 구성하는 정당한 분야로 확립하려는 시도이자, 한 걸음 더 나아가 수학을 통해 기존 성리학의 학풍을 개혁하려는 시도이기도 했다.

중요한 것은 홍대용이 서양 학문의 장점이자 유학자가 적극적으로 받아들여야 할 실천으로 강조한 "계산과 관측"의 활동을 그때까지 중인들이 담당해왔다는 것이다. 물론 이 표현만으로 홍대용이 중인들의 학문과 실천을 고스란히 승인했다고 결론 내리기는 어렵다. 게다가 홍대용이 계산과 관측의 책으로 편찬한 『주해수용』이 허원의 『현상신법세초류휘』와 같은 관상감의 계산 매뉴얼과 같은 성격의 책이라고 보기도 어렵다. 최근의 연구에 따르면, 홍대용이 『주해수용』에서 제시한 여러 계산 및 측량법들은 종국적으로 지구에서 여러 천체까지의 거리와 천체들의 크기 등을 계산하여 천지의 "체상(體狀)"을 알고자 하는 우주론적 탐구를 지향하고 있었고, 그런 점에서 그의 관심은 실용적 계산을 넘어서 세계관의 문제를 향해 있었다.[138] 하지만 그럼에도 형이상학적 "이치"에 대한 논의를 억제하고 계산과 관측의 구체적 문제 풀이에 집중한 『주해수용』의 절제된 지향은 황윤석보다는 중인 천문학자 쪽에 좀 더 가깝게 느껴진다. 훗날 박지원은 열하에서 만난 중국인 학자 왕민호(王民皞)에게 홍대용을 소개하면서 그를 "역상가(曆象家)"라고 소개했다. 물론 이때의 강조점은 홍대용이 별점을 치는 점성술사[天文家]가 아니라는 데 있었지만, 박지원은 "역상가"가 곧 "선기옥형을 사용하여 일월성신을 추보[曆象]하고 칠정을 가지런히 하는" 관측과 계산의 전문가를 뜻한다고 분명히 지적했다. 특히 그는 홍대용에 대해 "자못 기하학에 마음을 두어, (천체의) 궤도[躔度]와 운행 속도[遲疾]를 알려 했지만, 아직 이루지 못한"이로 소개하고 있다.[139] 박지원이 말한 "역상가"의 학문적 실천에 대해 홍대용은 자신이 제작한 서양식 천문의기 "측관의(測管儀)"에 대한 설명에서 다음과 같이 좀 더 구체적으로 표현했다.

대체로 [관측과 계산을 통해] 경성(經星)의 운행을 알게 되니 백세(百歲) 사이의 차분(差分)을 가지런히 할 수 있게 되었고, 땅의 모양이 완전히 둥긂을 알게 되니 천자의 통치 아래에 있는 먼 지역의 [백성에게도] 시간을 어긋나지 않게 내려줄 수 있게 되었으며, 뭇별들의 크기와

[지구로부터의] 거리를 알게 되니 [그것들의] 운행이 늦어지고 빨라지며 서로 나누어지고 합하여지는 항상적인 법칙[常度]이 밝게 드러나게 되었다. 옛말에 천자(天子)가 관직에 관한 지식을 잃으니 그 학문이 사이(四夷)에 있다고 했는데, 어찌 믿지 아니하리오.[140]

이는 서양 천문학이 도입되면서 중국의 천문학이 옛 요순 임금의 이상적 천문학을 회복하게 되었음을 지적한 구절이지만,[141] 그와 동시에 자신이 천문대 농수각의 의기들을 제작하고 『주해수용』의 저술을 통해 작은 규모로나마 재현하고자 했던 (하지만 박지원의 연행하던 1780년까지도 실현하지 못했던) 목표를 밝힌 것이기도 했다.[142] 이를 통해 그가 추구했던 계산과 관측이 『서양신법역서』, 『역상고성』 등의 서양 천문서에 나오는 행성 천문학에 의거하여 달력을 제작하고 해와 달과 오행성의 운행을 계산했던 중인 천문학자들의 실천과 크게 다른 것이 아니었음을 알 수 있다. 그가 중인 천문학자들과 교류, 협력할 수 있는 공통분모가 크게 확대된 것은 분명했으며, 실제로 1765년의 연행에서 홍대용과 이덕성은 정부의 공식 천문학 프로젝트를 함께 수행했던 것이다.

황윤석은 『이재난고(頤齋亂藁)』에서 당시 서울에서 형성되고 있던 양반·중인 수학자들 사이의 활발한 교류 상황을 잘 묘사해주고 있는데, 양반 학자로서 자부심이 강했던 그는 이 현상을 꽤 낯설어했다. 황윤석이 묘사하고 있는 서울의 수학계에서는 실제로 이덕성, 문광도와 같은 관상감의 중인 천문학자들이 중요한 비중을 점하고 있었다. 예를 들어 홍대용의 북경 여행 2년 뒤, 양반 수학자 정철조(鄭喆朝)는 황윤석에게 서양 역법과 천주교에 관한 자신의 질문 목록을 보여주었는데, 그해 겨울 다시 북경에 파견될 이덕성 편에 보내 천주당의 신부 할러슈타인에게 질문하기 위한 것이었다. 홍대용과 함께 천주당을 방문했을 때에 할러슈타인과 관계를 맺은 이덕성이 이제 서울의 양반 수학자와 북경 천주당 사이의 교류를 중재하고 있었다.[143] 황윤석의 기록은 더 나아가 적어도 수학, 천문학 분야에 관한 한 중인 천문학자들이 홍양해, 서호수 등 수학에 조예가 깊은 양반 학자들과 비교적 대등한 동료의 관계를 유지하며 교류하고 있는 모습까지 보여준다. 황윤석이 들은 바에 따르면, 양반인 홍양해가 중인 문광도에게 수학을 전수하고, 그가 다시 서호수에게 가르쳤다고 한다. 양반-중인-양반으로 이어지는 사승 관계가 형성되고 있었던 것인데, 이는 양반이 수학 능력이 뛰어난 중인에게 배우는 일을 부끄럽게 여기지 않았음을 보여준다.[144]

1766년 봄 서호수는 자기 집을 처음 방문한 황윤석과 수학에 대해 논의하다가 그가 『역상고성』에 포함된 "칠요표(七曜表)"를 구한다고 하자 문광도를 만나보길 권하면서 그의 능력을 다음과 같이 칭송했다.

현재 관상감 주부(主簿)인 문광도는 역산(曆算)에 정통하여 일월식과 같은 현상은 이 사람이 아니면 추보(推步)할 수 없으니 본 감(監)의 여러 관원 중에 능히 미칠 자가 없습니다.… 그는 나이가 이제 39세로 저도 이 사람으로부터 산학(算學)을 배웠습니다.… 이 사람이 비록 중로(中路)의 부류로 불리지만 재예(才藝)가 독보적이므로 한번 방문해 보아도 무방할 것입니다.[145]

수학과 천문학의 기예에 관한 한 문광도가 독보적이므로 황윤석과 같이 진지하게 수학을 공부하려는 이라면 그가 "중로(中路)"라는 사실을 개의치 않아야 한다는 태도이다. 실제로 서호수는 자기도 그로부터 수학을 배웠다고 스스럼없이 이야기하고 있다. 당시 소론의 핵심 벌열(閥閱)인 달성 서씨 가문에 속한 데다 훗날 이조판서까지 역임할 서호수와 관상감의 천문관원 문광도 사이에는 조선 사회의 위계질서에서 보자면 현격한 차이가 있었지만 적어도 수학의 영역에서는 동등한 동료로 또는 심지어 전자가 후자에게 배우는 관계가 형성될 수 있었던 것이다.

양반과 중인 수학자가 동료의 관계를 맺고 대등한 협력을 전개한 사례는 19세기 중엽 양반 천문학자 남병철(南秉哲, 1817-1863), 남병길(南秉吉, 1820-1869) 형제와 중인 수학자 이상혁(李尙爀, 1810-?), 이준양(李俊養, 1817-?)의 관계에서 훨씬 더 성숙한 모습으로 나타났다. 강민정이 지적했듯, 이들이 "신분을 뛰어넘어 공동 연구를" 진행한 흔적은 무엇보다도 이들이 서로의 저서에 서발문(序跋文)을 써준 데서 잘 드러난다. 물론 중인 이상혁의 『익산(翼算)』이라는 수학 저술에 남병길이 서문을 남긴 것은 비록 드물기는 하지만 의원 이수기의 저술에 양반 오광운(吳光運)이 서문을 써준 것과 같은 선례가 없었던 것은 아니다.[146] 하지만 남병길의 『측량도해(測量圖解)』에 이상혁이, 그리고 『성경(星鏡)』과 『무이해(無異解)』에 이준양이 서문을 쓴 것처럼 "사대부가 자기 저서의 서발문을 중인에게서 받아 싣는 것은 이례적인 일"이었다.[147] 남병길은 이들 중인 전문가들을 자기 저술의 내용과 가치를 잘 이해해줄 수 있는 친밀한 동료로서 인정했을 뿐 아니라 이를 공적으로 표방하기까지 한 것이다.

하지만 이는 아주 드문 사례였다. 문광도를 만나보라는 서호수의 제안을 황윤석은 그리 탐탁지 않게 받아들였다. 열흘 뒤 만난 서호수가 문광도의 집을 방문했느냐고 묻자, 황윤석은 "그는 사대부가 아니니 그를 방문하는 것이 어떨지 모르겠다."고 대답한 것이다.[148] 서호수와 황윤석의 대비되는 태도는 당시 서울에서 형성되고 있던 양반과 중인의 동료적 관계가 조선 사회 전반의 위계적 질서에서 예외적 현상이었음을 보여준다. 즉, 그러한 태도는 수학, 천문학에 깊은 관심을 지녀서 그 분야의 전문적 능력으로 동료들을 평가하는 소수의 "수학자 공동체"를 넘어서서 적용되지는 않았고, 그 공동체에는 심지어 황윤석과 같이 양반 학자 중에서 천문학과 수학에 매우 적극적 관심을 보인 예외적 인물조차도 쉽게 속하기 어려웠다. 중인들을 동등하게 대하는 양반들은 소수였고, 그나마 그들조차도 수학의 영역 바깥에서 같은 태도를 일관되게 견지할 수 있었는지는 의문이다.

요컨대, 조선 후기에 나타난 양반 학자와 전문직 중인 사이의 "수렴"에 대해 과장해서는 안 될 것이다. 새로운 경향을 보인 인물들은 아직 소수에 불과했으며, 게다가 이러한 경향을 주자 성리학의 부정, 또는 그로부터의 탈피라고 볼 근거도 부족하다. 홍대용의 경우에서 볼 수 있듯, 그것은 일단 양반들의 학문이 중인들의 영역으로 그 범위를 확장해가는 양상으로 일어나고 있었다. 하지만 홍대용이 성리학의 범위를 확장해가는 과정은 동시에 계산과 관측이라는 서양 과학 또는 중인 수학의 요소를 받아들임으로써 성리학 자체의 성격도 변화하는 현상이었음에 주목할 필요가 있다. 그 변화가 어디로 향하고 있었는지 아직 잘 알 수 없지만, 성리학을 전근대적 또는 반(反)근대적 사유 체계라고 한정해놓고 그 변화의 가능성을 애초부터 닫아둘 이유 또한 없을 것이다.

水城

石欄門

木欄門

南

2장

성찰적 여행자의 과학—18세기 서양 과학의 유행과 홍대용의 『의산문답』

그렇다면 18세기 중후반 과학기술과 이를 둘러싼 학문 전반의 지형에서 나타난 이처럼 작지만 의미 있는 변화를 추동시킨 원인은 무엇인가? 일부 연구자들은 조선 후기에 나타난 새로운 지적 조류를 조선 사회 내부의 사회경제적 변동과 연결해 해석하려 한다. 예를 들어 17세기 이래 농업 생산력의 발전, 인구의 증가, 상품 및 화폐 유통의 활성화로 인해 사회 전반의 활력이 높아진 것이 사상과 문화에서 새로운 지향의 등장으로 반영되었다는 것이다. 특히 높아진 사회경제적 활력의 혜택은 왕조의 수도 서울로 집중되어 그때까지 주로 행정 도시의 성격이 강했던 서울은 18세기 중엽 인구 30만가량의 대규모 상업 도시로 변모했다고 한다. 그 결과 서울이 제공하는 경제적 기회를 좇아 모여든 다양한 성분의 도시민들에 의해 서울의 문화는 향촌과는 분리된 독자적 양상을 띠게 되면서 기존 성리학의 지향으로 제한되지 않는 다양한 면모를 지니게 되었다. 우리가 실학이라고 부르는 새로운 학풍도 그중 하나로서, 이는 일군의 서울 학자들이 조선 사회가 이제는 이기심성론 중심의 협애(狹隘)한 성리학으로는

관리될 수 없을 정도로 복잡화, 다양화되었음을 깊이 인식하고 있었음을 보여준다는 것이다.[1]

하지만 후기 조선의 사회경제적 변화를 인정한다고 하더라도 과연 그 폭과 깊이가 어느 정도였는지, 그리고 사회경제적 변화가 구체적으로 어떤 매개를 통해 지적, 문화적 변화를 추동했는지에 대해 우리는 아직 잘 알지 못한다. 18세기 조선 사회의 문화적 활력이 고양된 현상을 두고 영·정조 시기의 "르네상스"라는 표현이 곧잘 사용되곤 하지만, 도시화의 정도, 경제력의 규모, 물질문화의 세련 등의 측면에서 조선은 같은 시기 중국, 일본 사회와 비교하기 어려웠다. 그런 점에서 본다면, 18세기 조선 사회의 문화적 변화는 조선 사회 내부의 사회경제적 변화는 물론 일군의 조선 여행자들에 의해 경험된 중국, 일본 사회의 활력, 특히 조선과 두 이웃 나라 사이의 심대한 경제적·문화적 격차에 대한 반응으로 이해할 수도 있을 것이다. 물론 중국, 일본과의 격차에 대한 인식이 등장한 일 자체가 서울의 도시적 성장 등 조선이 겪고 있던 사회경제적 변화의 결과로 형성된 새로운 문화적 감수성의 표현일 것이다. 하지만 일단 이러한 인식을 가지게 된 이들에게는 조선 사회의 "작지만 의미 있는" 변화보다는 중국과 대비되는 조선 사회의 낙후함이 더 두드러지게 마련이었다.

18세기 중엽이 되면 조선의 엘리트들은 이미 임진·병자년의 두 전쟁 이후 100여 년 이상 지속되어오던 중국과 일본으로의 여행을 다른 방식으로 실천하고 있었다. 중국으로의 여행은 이미 고대로부터 새로운 지식과 기술이 한반도로 유입되는 주된 통로였고, 17세기 이래로도 서양의 수학과 천문학, 중국의 화약 제조 기술 등이 연행(燕行) 사절의 루트를 통해 조선에 계속 유입되고 있었다. 하지만 17세기 초 이래 100여 년은 임진, 병자년의 두 전란 이후 극단적으로 고양된 반청·반일 정서와 16세기 이후 주자 성리학의 발전에 따른 자신감이 결합되어 조선의 양반 학자들이

중국 및 일본과의 지적 교류에 극히 냉담했던 시기였다. 특히 명·청 왕
조 교체 이후로는 고대 주(周)나라로부터 명나라까지 이어진 중화의 문물
이 오직 조선에서만 보존되고 있다는 이른바 "조선 중화" 의식이 유행함
으로써, 이미 오래전부터 이적시(夷狄視)되어오던 일본뿐 아니라 청조(淸
朝) 중국 또한 양반 엘리트들의 배척·경멸의 대상이 되었다. 18세기 중엽
은 이렇듯 100여 년 동안 견지되어온 조선 엘리트의 문화적 자신감과 그
것을 뒷받침해온 세계관에 작지만 의미 있는 균열이 생기기 시작한 시점
이었다. 일군의 신세대 엘리트들은 그때까지 문화적 배척과 경멸의 대상
이었던 일본과 중국으로의 여행을 이전과는 다른 방식으로 실천함으로
써, 기성의 상식을 반성하고 대안의 사회문화적 지향에 대해 논의할 기회
로 자신의 여행을 이용하기 시작했다.

　이 책의 관심사인 과학기술은 17세기 이래 조선과 중국·일본 및 근대
초의 세계 사이에서 진행된 문화 교류의 주요 분야였을 뿐 아니라 18세
기 중엽 이후 소수의 여행자가 조선 사회에 도발한 문화적 전투의 주된
전장이기도 했다. 예수회의 선교 과정에서 천문학, 지리학, 수학 분야를
중심으로 중국에 유입된 근대 초 서구 과학은 17세기 초반 명나라의 개
력 사업에 채택되고 1644년 청나라가 이에 입각한 시헌력(時憲曆)을 반포
한 이후 동아시아 사회에서 공식적인 교두보를 확보하게 되었으며, 이는
청나라에 뒤이어 1653년 시헌력을 반포한 조선의 경우도 예외는 아니었
다. 그로부터 한 세기 지난 18세기 중엽이 되면 서양 천문학은 민간의 학
자 사회에도 널리 소개되어 이미 그 이전부터 조선 사회에 유행하고 있
던 성리학적 우주론과의 비교·경합·절충 작업이 활발히 진행되었다. 과
학기술 분야는 우주론, 자연관의 차원에서뿐 아니라 사물에 대한 측정,
계산, 손 조작 등 전문적·물질적 실행의 가치를 높이 사는 새로운 감수
성을 통해서도 18세기 서울 학계에 중요한 쟁점을 제공했다. 앞 장에서

살펴본 것처럼, 계산과 관측의 실천을 중시하는 수리과학의 전문가 그룹이 등장한 것이 그 중요한 사례이다. 나아가 1770-80년대 일군의 중국·일본 여행자들에 의해 제기되어 이후 서울의 지식 사회에 널리 유행한 북학론은 수학 분야를 넘어 기술, 산업, 교역 등 물질문화의 중요성에 대한 인식을 전반적 사회 개혁의 의제로까지 확대한 경우였다.

이 중 북학론(北學論)과 관계된 측면은 다음 장에서 살펴보도록 하고, 여기서는 서양 천문·지리학의 유입과 그것을 둘러싼 학계에서의 지적 논란에 초점을 맞추려 한다. 조선 후기 서양 과학의 수용에 대해서는 이미 여러 연구를 통해 그 면모가 밝혀졌으므로,[2] 여기서는 지금까지 비교적 주목받지 못한 측면, 즉 서양 과학의 유입과 조선인들의 여행 사이의 관계에 주목할 것이다. 이를 통해 서양 과학이 조선에 유입되어 학자들에 의해 해석된 양상이 중국을 향한 그들의 여행, 그리고 그 여행을 틀 지은 환경으로서 조선과 청조(淸朝) 중국의 관계에 크게 좌·우되었음을 보여줄 것이다. 서양 과학을 둘러싼 조선 학자들의 논의가 곧 자기 나라를 포함한 세계를 어떻게 이해할지를 두고 일어난 논란이었음을 생각한다면, 그 논란, 그리고 그 결과로 나타난 세계 이해 방식은 세계 제국 청나라의 수도를 향한 그들의 여행 방식과 무관할 수 없었다.

우주와 여행 사이의 긴밀한 연관을 보여주는 하나의 전형이면서도 당시 조선 사회의 기준으로는 예외적인 방식으로 연관을 만들어낸 사례로 이 장에서는 다시 홍대용의 실천과 사상에 주목할 것이다. 조선 후기 과학사의 기서(奇書) 『의산문답(毉山問答)』에 담긴 홍대용의 혁신적 우주론은 1765년 겨울에서 이듬해 봄 사이에 그가 실천한 혁신적인 북경 여행과 그것이 조선 사회에 불러일으킨 문화적 여파 속에 형성된 것으로서, 홍대용이 자기 사회에 대한 문화적 비평을 "무한 우주"와 "지구 자전" 등을 비롯한 우주론적 장치들을 빌려 수행한 결과물이었다. 이를테면 여행

방식의 혁신이 외래 과학에 대한 해석과 우주에 대한 이해 방식에 중대
한 변화를 초래한 것이다.

성찰적 여행:
18세기 북경 여행 방식의 변화

조선 후기 연행사와 통신사가 남긴 기록을 다룬 연구들은 대개 1760년대
에 조선 엘리트들이 일본과 중국을 여행하는 방식에 중대한 변화가 있었
다고 주장한다. 청조 중국과 도쿠가와 일본 사회의 장점, 그들이 이룩한
문화적 성취를 긍정적으로 파악하려는 경향이 이때 확연해졌다는 것이
다. 물론 18세기 초부터 이미 조선의 엘리트 사회를 100년간 지배해왔던
배타적 화이론(華夷論)이 완화되고 청나라와 일본을 대하는 달라진 태도
가 조금씩 나타나고 있었다. 하지만 1763년 일본으로 파견된 계미(癸未)
통신사와 1765년 홍대용의 북경 여행은 조선의 엘리트들이 이전과는 질
적으로 다른 방식으로 일본과 중국을 경험한 사례였을 뿐 아니라 여행
중의 견문을 담은 저작물을 통해 그들의 여행이 서울의 엘리트 사회에서
중대한 쟁점으로 비화했다는 점에서 그 이전과는 달랐다.

　　이 장에서는 통신사행과 비교해 훨씬 더 빈번하게 이루어졌고 서양 과
학 유입의 면에서도 압도적으로 중요한 통로였던 북경 여행에 초점을 맞
춰 논의할 것이다.[3] 하지만 1763년 계미 통신사행이 조선인들의 대외 인

식, 심지어 청조 중국에 대한 인식에까지 적잖은 영향을 끼쳤음을 여러 연구가 지적하고 있다. 도쿠가와 막부의 수도 에도(江湖)로 파견된 마지막 사절이었던 계미 통신사행은 일본 사회에 대해 이전보다 훨씬 풍부하고 개방적인 관찰을 담은 풍부한 여행 기록을 남겼고, 이를 통해 당시 조선 사회에 일본이 이룩한 학문적·사회경제적 성취에 대한 견문을 전달해주었다. 물론 조엄(趙曮, 1719-1777)을 비롯한 세 사신과 남옥(南玉, 1722-1770), 성대중(成大中, 1732-1812), 원중거(元重擧, 1719-1790)와 같은 서얼 출신의 수행원들이 남긴 기록은 여전히 일본을 이적시하고 당시 일본에서 유행하던 이토 진사이(伊藤仁齊, 1627-1705)와 오규 소라이(荻生徂徠, 1666-1728)의 고학(古學)을 정통 주자학의 기준에서 이단시하는 견해로 일관되어 있었다. 하지만 그 공식적인 비판의 이면에는 일본 사회의 경제적 풍요로움과 문화적 세련됨, 나아가 그들의 유학이 도달한 높은 학문적 수준에 대한 찬탄이 깔려 있었다. 원중거의 경우 일본의 여러 우수한 기술과 제도에 대해 "비록 오랑캐의 법이긴 하나 또한 취해서 실행할 만"하다는 견해를 밝혔다. 성대중도 비슷하게 남긴 이와 같은 발언은 이후 박제가에 의해 주로 청나라의 문물을 대상으로 공식화되는 북학론의 핵심 논리를 담은 것으로서, 계미 통신사행을 1780년대 북학론의 기원으로 보는 중요한 근거를 제공했다.[4]

하지만 중국과 그 문화를 대하는 조선 학자들의 달라진 태도를 좀 더 극적으로 반영할 뿐 아니라 그 변화를 본격적으로 추동한 사건은 1765년 홍대용의 연행이었다. 물론 그의 여행 기록에는 10여 년 뒤 박지원, 박제가 등이 주창한 북학(北學)의 의제가 분명한 형태로 등장하지 않고 따라서 그를 북학파에 포함하지 않는 연구자들도 있다.[5] 실제로 홍대용이 조선의 지식 사회에 던진 문화적 충격은 그의 구체적 사상이나 정책 의제를 통해서라기보다는 그가 개척한 독특한 여행의 방식에서 비롯되었다. 그는 개방적인 배움의 과정으로서 중국 여행의 새로운 모델을 창조해 냈고, 그것은 일군의 후대 학자들에 의해 계승됨으로써 조선 엘리트 사회의 문화와 학풍을 바꾼 중요한 문화적 실천으로 자리매김하였다.

앞서 언급했듯, 임진·병자년의 두 전쟁 이래 조선과 중국, 일본 사이에는 외교적·경제적 교류가 활발히 이루어지고 있었지만, 정작 조선의 엘리트들은 그 교류를 현실적인 필요에 따른 불가피한 양보로서만 인정했다. 즉, 중국, 일본과의 교류가 지닌 문화적 의의를 적극적으로 인정하지 않았던 것인데, 여기에는 청나라와 일본에 대한 적대감과 동시에 자신들이 이적(夷狄)인 그들보다 문화적으로 앞서 있고 따라서 그들에게 배울 것이 없다는 조선 양반들의 문화적 우월감이 작용했다.

조선인들은 공식적 사신 교류를 일본보다 더 빈번하게 진행한 청나라에 대해 한층 더 부정적이었다. 병자호란과 명·청 왕조 교체 이후 조선의 정치와 사상을 지배한 숭명반청(崇明反清) 이념 아래에서, 만주족 왕조와 맺고 유지해온 사대 관계는 치욕적인 일로 받아들여졌다. 청나라로의 조공 사절은 양반 관료들에게 되도록 피해야 할 임무였으며, 불가피하게 사행에 참여한 경우에도 이를 유익한 문화 교류의 장으로 활용할 생각은 좀처럼 품기 어려웠다.

중요한 것은 대청 사행(對清 使行)에 대한 부정적 태도가 양반 사회에 강력한 규범으로 작용하여 사신들의 행동과 여행 관련 글쓰기를 제약했다는 것이다.[6] 1653년 연행을 앞둔 김수항(金壽恒)에게 준 송서(送序)에서 이민서(李敏敍)는 과거 명나라 시기 중국의 성대한 문물과 의관, 예악과 법도가 사라진 야만의 도시로 사신 가는 "그대를 내가 부러워할 것이 있겠는가."라고 반문했다. 그로부터 반세기가 지난 1705년 연행한 이이명(李頤命)에게 김진규(金鎭圭)는 조선이 청나라에 굴복한 이후 오랜 시간이 흘러 이제는 오랑캐 나라에 사신 가는 일에도 익숙해져서 "사신들도 부끄

러운 줄을 모르고, 보내는 이도 갈수록 원한을 잊어간다."라고 한탄했다.[7]
이는 18세기 초 대청 사행에 대한 명분론적 거부감이 점차 완화되어간
상황을 반영하지만, 뒤에 살펴볼 홍대용의 사례에서 볼 수 있듯, 대청 사
행에 대한 부정적 태도는 18세기 후반까지도 여전히 강한 영향력을 발휘
하고 있었다.

　연행에 대한 부정적 태도를 지닌 채로, 또는 이를 강제하는 강력한 사
회적 검열의 분위기 하에서 사행을 떠난 이들이 여행을 통해 얻을 수 있
는 경험, 또는 그것이 연행록 등의 여행 기록에 반영되는 폭과 깊이는 크
게 제약될 수밖에 없었다. 이러한 상황은 병자호란과 명청 왕조 교체의
비극적 기억이 아직 선명하게 남아 있던 17세기 후반에 더욱 두드러졌다.
게다가 이 시기는 자신에 대한 조선 조정의 충심을 의심하고 있던 청나
라 측이 북경에서 조선 사신들의 행동을 엄격히 통제하던 때여서 이들이
연행을 통해 얻을 수 있는 경험은 더욱 제한될 수밖에 없었다.

　이 시기의 연행 및 연행 기록의 성격을 잘 보여주는 예로 현종 9년
(1668) 동지사의 서장관으로 북경에 간 박세당(朴世堂)의 경우를 들 수 있
다. "나라 강역을 벗어나는 원역(遠役)인 까닭에 의리상 감히 사양할 수
없어" 사행의 임무를 받아들였다는 "연보(年譜)"의 기록은 그에게 사행
참여가 그다지 기꺼운 일이 아니었음을 보여준다.[8] 연행 자체에 대한 소
극적 태도를 반영하듯 그가 남긴 기록도 18세기의 연행록에 비교할 때
내용이 극히 빈곤하다. 일기체 연행록인 『서계연록(西溪燕錄)』은 사행 도중
의 견문을 짧고 무미건조하게 기록하고 있는데, 그나마 북경에 도착한 이
후로는 공식 행사에 참여한 일을 제외하고는 별다른 기록을 남기지 않았
다.[9] 이는 우선 청나라 측의 엄격한 출입 통제로 인해 별달리 기록할 만
한 일이 없었기 때문이겠지만, 조선의 강경한 독자들이 문제시할 만한 기
록을 남기려 하지 않은 탓이기도 했다. 실제로 사행의 귀국 이후인 6월

박세당을 포함한 세 명의 사신이 정월 보름 북경에서 관등(觀燈)과 잡희(雜戲)를 구경했다는 이유로 대간(臺諫)의 공격을 받았지만, 정작 박세당은 연행록의 해당 날짜에 관련 기록을 남기지 않았다.[10] 이렇듯 내용이 빈곤하고 무미건조한 『서계연록』을 보완하려는 듯 박세당은 연행 중의 감회를 읊은 시(詩) 23수를 『사연록(使燕錄)』에 모았으나, 그 감회란 대개 명·청 왕조 교체에 대한 비분강개이거나 귀국 이후 자신의 은퇴 구상을 담은 개인적인 감상에 머물렀다.[11]

대청 사행 자체를 마뜩잖게 보는 사회적 분위기와 그것을 의식한 자기검열 상태에서 양반 출신의 여행자들이 적극적으로 청조 중국과의 문물 교류를 주도하기란 어려웠다. 따라서 실제 사행 중의 다양한 실무를 처리하고 청나라의 문물을 수입하는 일은 정치적 명분의 제약이 적고 북경에서의 행동도 더 자유로웠던 역관(譯官), 의원(醫員), 일관(日官) 등의 중인 전문가들에게 맡겨졌다. 시헌력의 도입 사업이 중인 천문학자와 역관의 노력으로 이루어진 것이 좋은 예이다.

양반 사신들이 문화 교류의 전면에 복귀하기 시작한 것은 청나라와 조선의 관계가 안정기에 접어든 18세기 초부터였다. 숭명반청 이념의 제약이 얼마간 완화되고 조선 사신의 행동에 대한 청나라 정부의 엄격한 통제도 완화되면서, 1712년의 북경 여행을 기록한 김창업(金昌業, 1658-1721)의 『노가재연행일기(老稼齋燕行日記)』와 같이 이전보다 훨씬 풍부한 경험과 깊이 있는 성찰을 담은 연행록이 나타나기 시작했다.[12] 연행 당시 50대 중반에 접어든 김창업이 청나라에 대해 이전과 크게 달라진 태도를 보인 것은 아니다. 달라진 것은 그가 숭명반청의 명분과 비분강개(悲憤慷慨)의 감상을 표현한 방식이었다. 그는 섬세한 문학적 감수성을 발휘하여 여행에서의 견문을 세밀하고 풍부하게 묘사함으로써 세월의 흐름에 따라 점차 희미해져가는 과거 왕조 교체의 쓰라린 기억과 날로 번성해가는 청조의 현실 사이의 모순을 부각했다. 이를 통해 그가 청조의 통치를 긍정하고자 한 것은 아니었다. 그는 도리어 과거 명나라의 기억이 잊혀가는 현실의 중국을 그 기억과 유교 사대부의 의관(衣冠)을 의연히 지켜가고 있는 자신의 모습과 대비시킴으로써, 중화 문명의 유일한 계승자로서 조선 사대부의 문화적 정체성을 확인하려 했다.[13]

얼마 지나지 않아 청조 중국의 문화에 대해 훨씬 개방적 태도를 보인 사례가 나타났다. 1720년 아버지 이이명(李頤命)의 수행원으로 북경에 갔던 이기지(李器之, 1690-1722)는 숭명반청의 옛 이념에 크게 구애받지 않는 신세대 여행자로서 청나라 사회에 대한 훨씬 더 개방적인 관찰자로 자임했다. 특히 그는 천주당의 서양인들이 지닌 천문학과 여러 실용적 기술을 비롯하여 중국 사회가 보유한 유익한 문물을 탐문하고 이를 조선에 도입하고자 했다. 하지만 훗날의 북학파를 연상시키는 이기지의 선구적 실천이 조선 사회에 곧바로 반향을 불러일으키지는 못했다. 그는 귀국 이듬해 신임옥사(辛壬獄事)에 연루되어 아버지와 함께 죽임을 당했고, 구사일생으로 목숨을 건진 그의 아들 이봉상(李鳳祥)이 아버지의 연행록 『일암연기(一庵燕記)』를 세상에 내놓은 것은 그로부터 수십 년이 지난 1759년이었다.[14] 흥미롭게도 그 뒤늦은 독자 중 하나가 바로 얼마 뒤 북경에 여행하게 될 홍대용과 박지원이었다.[15]

홍대용은 이기지가 반세기 전에 선보인 새로운 방식의 북경 여행을 훨씬 더 적극적·창의적인 방식으로 재현했으며 나아가 널리 읽힌 그의 연행 기록을 통해 새로운 여행 실천을 양반 학자들이 따라야 할 모범으로 만드는 데 성공했다. 홍대용은 이기지 만큼이나 호기심에 넘쳤고 이를 충족하기 위한 사소한 일탈을 서슴지 않았지만, 홍대용은 이를 통해 창조된 중국 사회에 대한 새로운 경험을 조선 사회에 대한 성찰의 재료로 심화시킨 면에서 이기지보다 더 성숙한 여행자였다.[16] 흥미진진한 그의 여행 경험 중에서 압권은 단연 북경에서 우연히 만난 강남 항주(杭州) 출신의 세 선비, 엄성(嚴誠), 반정균(潘庭筠), 육비(陸飛)와의 밀도 깊은 지적·인간적 교류였다.

홍대용이 연행사를 따라 중국에 여행한 중요한 목적 중 하나가 "서로 마음이 맞는 훌륭한 (중국) 선비를 만나 실컷 이야기해보려는 것"이었지만 좀처럼 만족스러운 상대를 만나지 못하다가.[17] 북경 체류 마지막 달인 영조 42년(1766) 2월 초 마침 과거 시험을 보러 북경 유리창(琉璃廠) 근처에 머물고 있던 세 선비를 만나게 되었다(그림 2-1). 이들은 홍대용이 3월 1일 북경을 떠날 때까지 총 일곱 차례 만나 폭넓은 주제에 관해 밀도 깊은 필담을 주고받았다. 주자 성리학에 대한 믿음, 숭명반청의 명분을 견지한 "유교적 근본주의자" 홍대용과 그에 비해 불교와 양명학에 대해 우호적인 태도를 지닌 엄성, 반정균, 육비 사이에 치열한 논란이 벌어졌을 뿐 아니라.[18] 홍대용의 도발로 인해 당시 중국인들에게는 금기시되던 청조 통치의 정당성을 둘러싼 정치적 문제로까지 논의가 번져갔다. 이는 그들 사이에 깊은 신뢰와 존중의 관계가 형성되었음을 보여준다. 학문적 이견과 정치적 입장의 차이에도 불구하고 서로의 성품과 학식에 매료된 이들은, 수천 리 떨어진 땅에서 온 말도 통하지 않는 여행자들 사이에 서로를 깊이 알아주는 친분[이를 "천애지기(天涯知己)"라고 표현했다]을 맺은 사실을 기이하게 여겼으며, 헤어지면 생전에는 다시 만날 수 없으리라는 사실에 슬퍼했다.[19]

이 우연한 사건은 두 가지 점에서 이후 홍대용 개인은 물론 조선의 지식 사회 전반에 의미심장한 변화를 불러일으켰다. 첫째, 홍대용과 강남 선비의 만남은 조선과 중국의 학자들 사이에 본격적인 지적 교류의 시대를 연 사건이었다. 조선 시기의 연행사와 통신사를 다룬 후마 스스무(夫馬進)의 연구에 따르면, 조선의 양반 학자와 한족 학자 사이의 깊이 있는

〈그림 2-1〉 홍대용이 항주의 세 선비를 만난 감정(甘井) 호동. 홍대용은 이 거리를 중국어로 발음이 같은 다른 글자를 써서 간정동(乾淨衙)이라 불렀다. (출처: "250년 전 홍대용은 중국서 무엇을 보았나", 「국제신문」 온라인판 2012년 4월 6일)

인간적, 학술적 교류로는 알려진 것으로만 보자면 조선 시대 들어 홍대용의 경우가 사실상 첫 사례였다고 한다. 고려와 원(元)나라가 밀접한 정치적 관계를 맺고 있던 14세기에는 고려의 학자들이 원나라에 자유롭게 유학하여 활발한 학술적 교류를 전개했지만, 명나라와 조선이 건국된 이후로는 양국 간의 정치·문화·경제 교류의 기회가 공식 사신단의 교환으로만 제한되었고, 이러한 상황은 청나라가 들어선 조선 후기까지 이어졌다. 조선 학자들이 중국에 여행할 기회가 고려 말의 시기에 비해 급격히 줄어들었고, 중국의 왕조가 조선 사신의 행동을 극도로 제약하면서 중국의 명사들과 깊은 지적 교류가 사실상 불가능해졌다. 게다가 17세기 중엽 이후 조선에 청나라를 야만시하는 풍조가 유행하게 되면서부터는 조선 사신들 스스로가 청조의 학자들과 적극적으로 접촉하려 하지 않게 되었다. 조선과 명·청 중국 왕조 사이에 빈번한 사신 교환이 있었음에도 조선의 학술계는 중국으로부터 대체로 단절되어 있었고, 후마는 조선에서 교조적인 주자학풍이 발전한 일이 바로 그러한 지적 고립의 산물이라고 보았다.[20] 그와 같은 "문화적인 쇄국 상태에 커다란 구멍을 뚫은 결정적 계기"가 바로 1765년 홍대용의 연행, 그리고 그와 항주 출신 선비들 사이의 교류였다는 것이다.[21]

물론 홍대용 이전에도 조선 사신과 중국 학자 사이에 만남과 교류의 사례가 없지 않았지만,[22] 그렇다 해도 홍대용이 자신의 북경 여행과 항주 선비들과 만남을 의도적으로 지식 사회의 쟁점으로 부각하려 했고 그것에 성공한 첫 사례라는 점은 달라지지 않는다. 홍대용은 중국에서 돌아오자마자 중국 벗들과의 필담 기록을 『간정동회우록(乾淨衕會友錄)』 3권으로 정리하여 주변의 친밀한 동료들에게 회람시켰다.[23] 박지원, 이덕무(李德懋), 박제가 등은 이를 읽고 깊이 감동했다. 박제가는 이 기록에 심취한 나머지 "밥상을 두고도 수저 드는 일을 잊어버리고 세숫대야 앞에서도 씻는 것을 잊을 정도"여서, 자신이 마치 조선이 아니라 강남 세 선비의 고향인 절강(浙江), 항주의 서호(西湖)에 있는 것처럼 느낄 정도였다고 술회했다. 그는 홍대용의 행위가 지닌 중대한 역사적 의의를 다음과 같이 지적했다.

> 우리 동국(東國)이 3백 년 동안 [중국으로 가는] 사신이 계속 이어졌으나 단 한 명의 명사(名士)도 만나지 못하고 돌아왔을 뿐인데, 지금 담헌 선생이 하루아침에 [중국의 고명한 선비들과] 천애지기(天涯知己)를 맺었으니, 그 풍류와 문묵(文墨)이 아름답게 빛난다.[24]

이덕무는 『간정동회우록』에서 홍대용과 강남 선비들이 주고받은 편지와 시문, 필담 기록을 발췌하여 『천애지기서(天涯知己書)』를 편찬한 뒤, "진지함과 해학이 섞여서 잇달아 나오니 참으로 기이한 책[奇書]이요 기이한 사

건[異事]"이라고 평했다.[25]

한 걸음 더 나아가 이 열렬한 지지자들은 강남 선비들과 홍대용의 교류를 자신들이 본받아야 할 모범으로 받아들였다. 이후 박제가, 이덕무 등을 비롯한 여러 사람이 홍대용의 선례를 따라 그가 만들어놓은 인맥에 의지하여 중국 여행을 떠났다. 이들은 강남의 세 선비 중 하나인 반정균을 만났으며, 나아가 당대 중국의 수준 높은 다른 관료 학인들과 교유하며 인적 교류망을 확장해갔다. 19세기 초가 되면 조선 학자들의 교유 범위는 기윤(紀昀), 완원(阮元), 옹방강(翁方綱) 등 당시 중국의 최고급 학자들을 포괄하는 수준으로 발전했다. 조선과 중국 학계 사이의 밀접한 학술 문화 교류망이 만들어지자, 이를 통해 청나라 전성기의 세련된 학술과 문화가 조선에 활발히 유입되었다.[26]

홍대용과 한족 지식인 사이의 교류가 미친 두 번째 효과는 그것이 홍대용과 그의 실천을 따랐던 이들에게 조선의 기성 학풍과 문화에 대한 비판적 성찰의 계기를 제공했고, 이를 통해 그때까지 혐오의 대상이었던 청조 중국이 진지한 교류와 배움의 대상이 되었다는 것이다. 북경에서 강남의 선비들과 필담을 나누고 귀국 이후 그들과 편지를 주고받는 과정에서 홍대용은 점차 조선 성리학의 편협함에 대한 인식을 강화해나갔다. 본래 항주 선비들과의 필담 중에서 홍대용은 강직한 주자학자로서 자신을 드러내 보였으며, 정통 주자학의 입장이나 숭명반청의 대의를 양보한 적은 없었다. 하지만 사소한 차이가 학파, 정파 사이의 극한 대립으로 이어진 조선 주자학의 편협하고 교조적인 학풍에 대해 이미 비판적 태도를 지니고 있던 홍대용에게는 비록 그들의 학문적 경향을 인정할 수는 없다 하더라도 중국의 벗들이 보인 대범한 학풍에 깊은 인상을 받았던 것으로 보인다.[27]

홍대용의 사후 그의 사촌 홍대응(洪大應)은 조선과 중국의 학풍에 대해 홍대용이 다음과 같이 비교했다고 적었는데, 연행 이후에 한 말일 것이다. "우리 동방은 [왕조의] 중엽 이후부터 편벽된 이론이 대두하면서 시비가 공정하게 되지 못하여 야사(野史)에 볼 만한 것이 없다. 비록 사문(斯文)에 관하여 말한다고 해도, 중국에서는 주자학을 반대하고 육상산(陸象山)과 왕양명(王陽明)을 숭봉하는 자들도 성대하여 다 인정을 받지, 그들이 사문에 죄를 얻었다는 말을 듣지 못하였다. 그것은 대개 그들의 범위가 넓어 공정하게 보고 어떤 것이나 다 받아들일 수 있어서[公觀並受] 좁은 견문에 구애된[拘墟] 편견이 없기 때문이다."[28] 조선 학계의 고루함과 중국 학계의 대범함을 극단적으로 대비시킨 이러한 태도가 연행 당시 바로 형성된 것 같지는 않다. 하지만 귀국 이후 홍대용의 지적 이력은 점차 조선 사회와 불화하는 방향으로 나아갔다.

외국 여행을 계기로 심화한 자기 사회와의 불화는 조선 후기 과학사의 독특한 성취를 대표하는 『의산문답』의 저술로 이어졌다. 마지막 절에서 살펴보겠지만, 홍대용의 『의산문답(毉山問答)』은 바로 성찰적 여행을 통해 변화한 홍대용이 여행 이후 조선 사회와 겪은 불화를 문화적 자양분으로 하여 저술되었다. 흥미로운 것은 이렇듯 과학과는 별 관계가 없어 보이는 동기로 저술된 책이 지구의 자전(自轉), 인력, 우주 체계 등과 같은 천문학적 내용으로 가득했다는 것이다. 그리고 그 과학적 학설의 상당 부분은 명나라 말 이래 중국에서 활동한 서양 예수회 선교사들에 의해 소개된 근대 초 서양 과학에서 비롯된 것이었다.

천문학의 학설이 "자연 지식"의 영역을 넘어 사회, 문화적 메시지와 중첩되는 현상은 『의산문답』의 사례에만 한정된 것이 아니다. 조선 후기에 중국을 매개로 유입된 서양 과학은 우주의 모습과 작동에 대한 새로운 지식을 담고 있었을 뿐 아니라 그 속에 살아가고 있는 "우리"가 누구인지를 둘러싼 쟁점 또한 예민하게 제기했다. 이 문제에 대한 홍대용의 해석이 지닌 독특함을 알기 위해서는 먼저 서양 과학을 둘러싸고 18세기 말까지 중국과 조선에서 진행된 논의의 지형과 특징에 대해 살펴볼 필요가 있다.

중국으로의 여행과 서양 과학

이웃 몇 나라를 제외하고는 외국과의 접촉이 거의 없던 조선 사회가 서유럽이 경제, 군사, 과학기술의 면에서 주도 세력으로 부상하던 근대 초 세계와 교류하게 된 것은 제한적이지만 외부 세계에 문호를 열어놓고 있던 중국과 일본을 통해서였다. 조선이 근대 초의 세계와 간접적으로 연결되어 있었던 것이지만, 중국과 일본을 통해 유입된 서양 문화가 조선 사회에 발휘한 영향은 적지 않았다. 18세기 중엽에 이르러 서양 과학을 중심으로 한 서학(西學)은 조선 지식 사회의 유행으로 번졌으며, 세기 후반으로 갈수록 서학 중 좀 더 불온한 요소로 여겨진 천주교 신앙 또한 확산하기 시작했다.

서학의 동아시아 유입은 유럽 가톨릭의 신생 수도회인 예수회가 벌인 공격적인 선교 사업으로 16세기 중반 일본과 중국에 기독교 선교 근거지가 확보되면서 시작되었다. 예수회의 핵심 목표는 당연히 선교에 있었지만, 토착 엘리트 사회에 기독교에 관한 관심을 불러일으키고 서양에 대한 우호적 이미지를 확립하기 위해 유럽의 세속 학문과 기술을 적극적으로 활용했다. 그 과정에서 정밀성과 효율성의 면에서 동아시아 사회에 앞서 있던 근대 초 서구의 수학, 천문학, 지도학, 기계 기술 등이 소개되어 지식 사회에 깊은 반향을 불러일으켰다. 중국보다 예수회 선교사들이 먼저 진입한 일본에서는 17세기 초 도쿠가와 막부의 기독교 금지령으로 인해 기독교와 서양 학문에 관한 관심이 지하로 잠복했지만, 같은 시기 중국에서는 서학이 상당히 성공적인 경로를 밟고 있었다. 서양의 천문학이 왕조의 공식 역법으로까지 인정받게 되었는데, 명나라 숭정제(崇禎帝)의 승인 아래, 기독교 개종자이자 고위 관료였던 서광계(徐光啓)의 주도로 서양 선교사들을 고용하여 1629년부터 서양 천문학을 이용한 개력(改曆) 작업이 진행되었다. 그 결과물은 1644년 북경을 장악하여 중원의 새 주인이 된 청나라에 의해 채택되어 시헌력(時憲曆)으로 반포되었다.[29]

중국이나 일본처럼 서양 선교사들이 직접 선교 활동을 전개하지 않았던 조선에 서학이 유입된 것은 주로 중국으로 파견된 사신들을 통해서였다.[30] 지금까지 알려진 바로 서학과의 접촉을 보고한 조선의 첫 번째 기록은 1603년 궁궐에서 마테오 리치(Matteo Ricci)의 세계지도 "곤여만국전도(坤輿萬國全圖)"를 보고 인상을 적은 이수광(李睟光, 1563-1628)의 기록인데, 이 지도는 그 전해에 북경으로 파견된 사신들이 가지고 온 것이다. 이 지도가 북경에서 판각된 것이 1602년이었으므로, 상당히 빨리 조선에 전해진 셈이다.[31] 이후로도 주로 연행사절을 통해 중국에서 선교사들이 한문으로 저술한 서학서, 지도, 기구들이 속속 조선에 도입되었다.

하지만 조선 사회에서 서학의 확산은 중국, 일본에 비교해 상당히 더뎠다. 17세기 조선에서는 중국에서처럼 서양 문헌의 대대적 번역 사업이 이루어지지 않았고, 일본에서처럼 기독교 세력의 확산에 위협을 느낀 막부(幕府)가 엄격한 금지령을 내리고 군사력을 동원해야 했던 정도의 일도 없었다. 조선에서 서학의 본격적 유행이 확인되는 것은 이수광의 첫 기록으로부터 한 세기 반이나 지난 18세기 중엽부터였다.

서학의 조선 도입이 지체된 데는 다른 무엇보다도 조선으로의 서학 유입 경로가 간접적이었다는 사정이 중요하게 작용했다. 18세기 말까지도 서학의 직접적 대변자로서 서양 선교사들이 조선에서 활동하지 않았으므로, 선교사와의 접촉이나 서학 문헌의 구입은 북경을 방문하는 사신에 의해 불규칙적으로 이루어질 수밖에 없었다. 그 결과 이기지와 홍대용 등 중국 여행 중에 선교사들을 직접 만난 소수의 사례를 제외하고는 한문으로 된 문헌을 통해 서학에 접할 수밖에 없었다.

조선에서 서학과의 접촉에서 나타나는 간접적 양상을 감안하면, 조선인들은 서양 세계와 그 학문을 중국이라는 렌즈를 통해서 보았다고 할 수 있다. 우선 조선인들에게 서학이란 중국에서 유입된 여러 문화적 산물의 하나였다. 물론 그들도 서학이 땅의 서쪽 끝, 마테오 리치의 세계지도에서 "구라파(歐羅巴)"라 불린 곳에서 온 것이라는 점을 잘 알고 있었지만, 동시에 그것은 명·청 세계 제국의 수도에서 경험하는 여러 이민족 문화의 하나이기도 했다. 1720년 연행하여 서양 선교사들과 교류했던 이기지는 자신의 "연행시(燕行詩)"에서 국제도시 북경의 문화적 다양성에 대해 다음과 같이 읊었다.

漢人淸人烏金超 한인, 청인, 오금초
西㺚西洋與豪古 서달인, 서양인, 몽고인
雜處華夷俗漸淆 중화와 이적이 함께 거하니 풍속도 점점 섞여
百年淂穢中原土 백년토록 중원 땅을 더럽히는군.[32]

여기서 서양은 청나라가 통치하는 북경에서 볼 수 있는 "국제적" 문화의 한 구성 요소로 언급되었다. 이 시에서 이기지는 중원을 어지럽히는 이적

의 문화에 대해 부정적인 태도를 피력했지만, 실제로는 천주당의 서양인들과 매우 우호적인 관계를 맺었다.[33]

조선인들이 서학의 내용을 한문으로 저술된 문헌을 통해서만 접할 수 있었던 사정 또한 서학의 "중국성"을 강화하는 요인이었을 것이다. 특히 조선인들이 접한 서학 관련 문헌에는 서양 선교사의 저술만이 아니라 중국의 학자들이 우호적이든 비판적이든 서학의 내용을 나름의 관점으로 해석한 것들도 많았다. 조선의 학자들은 서양 과학을 이해하고 평가하는 과정에서 중국 학자들의 해석을 적극적으로 참조했다.[34] 그런 점에서 조선인들이 서학을 접하게 된 통로였던 중국은 결코 서양 문명과 학술의 투명한 전달 매체가 아니었다. "중국"이라고 묶일 만한 요인들은 조선으로 서학이 도입된 시점, 도입된 분야와 내용, 나아가 그에 대한 조선인들의 이해 방향에 상당한 영향을 끼쳤다.

이는 서학 도입의 과정을 종래와 같이 "서구적 근대화"의 관점에서만 이해해서는 곤란하리라는 점을 시사한다. 20세기 한국의 사가(史家)들은 대개 조선 후기의 개혁적 학풍으로 실학(實學)과 서학(西學)을 거론한 뒤, 이를 중국의 "중세적" 영향에서 벗어나 "서구적 근대"로 나아가는 도정의 출발점으로 이해했다. 그에 따르면, 서양의 천문지리학을 받아들인 일군의 학자들은 서양 과학의 근대적 계몽을 받아들인 선각자로서, 그로 인해 중국 중심의 세계상에서 벗어나 근대적·민족주의적 세계상을 개척했다. 지구설과 지전설을 주장했던 홍대용이 서구적 근대를 향한 움직임의 대표적 인물로 주목받은 것은 당연했다.[35]

하지만 서양과 중국을 대립시키는 관점으로는 조선 후기 서학 도입을 제대로 설명하기 어렵다. 우선 조선 후기의 서학 수용은 조선과 명·청 중국 사이에 이루어진 정치적·문화적 교류의 맥락에서 이루어진 일로서, 한국 고대로부터 계속된 중국 문물 도입의 연장으로도 볼 수 있다. 실제

〈그림 2-2〉 정두원의 『朝天記地圖』 중 로드리게스를 만난 등주(登州)를 묘사한 부분. (성균관대학교 존경각 소장)

로 서학을 도입한 상당수 조선의 관료 학자들이 이를 중국의 문화와 대립하는 것으로 받아들이지 않았다.

17세기 초 서학과의 접촉 초기부터 그러했다. 1630-31년 정두원(鄭斗源)이 명나라로의 사행 중에 포르투갈 출신 선교사 로드리게스(João Rodrigues, 陸若漢, 1561-1633)를 만난 유명한 사건을 예로 들 수 있다. 당시 후금(後金)이 장악한 요동 지역을 피해 바닷길로 산동(山東)까지 간 뒤 다시 북경으로 향하는 행로를 선택한 정두원은 귀국 길에 산동에서 등래순무(登萊巡撫) 손원화(孫元化, 1589-1632) 밑에서 활동하고 있던 로드리게스를 만났다(그림 2-2). 이 만남에서 로드리게스는 훗날 조선 선교의 가능성을 염두에 두고 정두원에게 여러 값진 선물을 증정했다. 그중에는 『천문략(天問略)』, 『원경설(遠鏡說)』, 『직방외기(職方外紀)』와 같은 천문지리학 서적, 마테오 리치의 "곤여만국전도", 그리고 망원경, 해시계, 조총 등과 같은 관측기구와 무기가 포함되었다.[36]

주목할 것은 정두원이 자신과 로드리게스의 만남, 그리고 그가 준 선물에 대해 조선 조정에 보고한 방식이다. 그는 귀국 시에 임금에게 "서양국 기별 장계(西洋國奇別狀啓)"라는 보고서를 올렸는데, 낯선 서양인으로부터 받은 선물의 가치를 부각하려는 노력이 노골적으로 담겨 있었다.[37] 그에 따르면, 서양 천문학 서적은 당시 관상감이 추진하고 있던 역법 개정 사업에 쓰일 수 있으며, 조총은 조선군이 보유한 종류에 비해 발사 속도가 더 빠르므로 전력 향상에 도움이 될 것이었다. 사행에서 가져온 정보와 물건의 가치에 대한 정두원의 선전이 당시로서는 이상한 일은 아니었다. 중국에 파견된 사신들이 정치적, 전략적, 문화적으로 중요한 정보와 기술을 구해 오는 경우 관작(官爵)의 승진 등을 비롯한 포상이 조정으로부터 내려졌다. 즉, 정두원이 서학을 도입한 일은 조선 사신이 중국에서 행하던 일상적인 정보 탐문, 문화 교류 활동의 연장이었다.[38]

물론 정두원은 자신이 받아 온 선물이 중국이 아니라 서양이라는 낯선 지역에서 유래한 것임을 잘 알고 있었고, 그래서 보고서의 제목에도 "서양국 기별"이라는 표현이 들어갔다. 그는 자신이 접한 "서양"이 조선의 군주와 관료들에게는 낯설고 불온한 대상이며 따라서 일정한 문화적 정당화가 필요하다는 사실을 잘 알고 있었다. 자신에게 선물을 준 이가 중국의 고위 관료가 아니라 서양인 사제(司祭)라는 사실이 그 선물의 신뢰도를 떨어뜨리고, 사행에서 이룬 자신의 공적을 부각하는 데 불리하게 작용하리라고 생각한 것이다. 그래서 그는 보고서에서 로드리게스가 비록 서양인이지만 명나라 조정에서 중용되었고 중국의 고위 관료인 손원화도 그를 "빈사(賓師)"로 예우한다고 강조했다. 특히 그는 로드리게스가 명나라 군대에 종군하여 북쪽 오랑캐 후금의 군사적 위협을 막아내기 위해 노력하고 있고, 심지어는 후금과의 전쟁에서 큰 위력을 발휘하고 있던 "홍이포(紅夷砲)"의 제작 기술을 자신에게 전수해줄 수도 있으리라고 강조했다. 이를 통해 그는 로드리게스로 대표되는 서양 세력이 후금과의 전쟁에서 명나라와 조선의 동맹 세력이며 전쟁의 승리에 이바지할 유용한 기술의 원천이기도 하다는 점을 드러내려 했다. 결국 로드리게스라는 서양 신부와 그가 선사한 선물들은 손원화와 같은 중국 관료와의 관계, 그리고 중국의 정치적 대의에 기여하고 있다는 점을 입증함으로써만 조선 조정 내에서 정당화될 수 있었다.[39]

정두원의 사행 이후 일어난 병자호란과 대륙에서의 왕조 교체는 서학을 둘러싼 정치적, 문화적 지형이 한층 더 복잡해지는 계기가 되었다. 정두원의 사례만큼 유명한 소현세자(昭顯世子)와 아담 샬(Johann Adam Schall von Bell, 湯若望, 1591-1666)의 우호적 만남과 같은 사례가 있었음에도, 서학은 좀처럼 조선 엘리트 사회에서 너른 영향력을 확보하지 못했다. 우선 조선과 중국에서의 전란 등 군사적·정치적 불안이 계속되면서 두 나라 사이의 안정적인 교류가 어려워진 면이 있었다. 하지만 더 결정적인 요인은 서학을 대표하는 서양 천문학이 1644년 입관(入關)한 청나라의 공식 역법으로 채택된 일이었다. 북경의 예수회 선교사들을 대표하던 아담 샬은 명나라 숭정 연간에 편찬된 서양 천문학 총서 『숭정역서(崇禎曆書)』를 청나라 순치제(順治帝)에게 헌상했고, 이를 토대로 시헌력이 공포되었다.[40] 이 사건은 조선에서 서학의 이후 행로와 관련하여 긍정적이면서도 부정적인 이중의 영향력을 행사했다.

우선 청나라와의 조공 책봉 관계에 따라 청 황제의 정삭(正朔)을 받아야 했던 조선 조정은 청나라의 시헌력을 채택하지 않을 수 없었고, 그 결과 그 전까지 먼 서쪽 나라의 기이한 견문에 머물렀던 서학이 조선 사회에 제도적 교두보를 확보하게 되었다. 왕조의 시간 체계가 서양 천문학에 따라 규율되었으며, 역서 제작을 담당하는 관상감의 천문학자들은 공식적으로 서양 천문학의 전문가들이 되었다. 하지만 그 시헌력이 "오랑캐"

청나라의 역법이라는 점은 숭명반청의 정서가 팽배해 있던 조선에서 서학의 이미지를 크게 악화시키는 역효과도 낳았다. 먼 서양 나라의 이질적 문화가 조선 사회에서 정당화되기 위해서는 앞서 정두원의 사례에서처럼 그것이 고상한 중국 문화와 우호적인 방식으로 연결되어야 했으나, 1644년 이후의 상황은 정확히 그 반대의 방향으로 나아간 것이다.

서양 과학이 왕조의 공식 역법으로 제도화되면서도 문화적으로는 정당화되지 못하는 팽팽한 균형의 형국은 17세기 말까지 이어졌다. 김만중(金萬重), 남구만(南九萬), 최석정(崔錫鼎) 등 서양 천문학을 옹호한 양반 관료 학자들이 여럿 나타났지만, 이들의 노력에도 관상감의 시헌력 학습에 대한 조정의 지원은 1654년 중단된 이래 재개되지 못했다. 무엇보다도 김시진(金始振), 송형구(宋亨久) 등 전통 천문학과의 충돌을 이유로 시헌력 도입에 반대한 세력의 저항이 있었다.[41] 조선의 처지에서 시헌력의 채택은 정치적으로 불가피한 사안이었음에도 시헌력에 대한 이들의 "과학적" 비판이 세력을 얻을 수 있었던 것은 조야(朝野)에 팽배한 반청 정서 때문이었다. 비판자들의 눈에는 천하의 바람직한 질서를 뒤엎은 야만족 청나라가 "과학적으로도" 부조리한 천문학을 채용한 셈이었다. 뒤에서 보겠지만, 서양 천문학의 기본 모델로 채용된 지구(地球) 관념은 지면에서 중심과 주변, 위와 아래의 구분을 인정하지 않음으로써 조선의 학자-관료들이 견지한 중국 중심의 위계적 세계관과 충돌하는 면이 있었다. 과학적 쟁점과 정치적 쟁점이 깊이 연루되어 있었던 것이다.[42]

따라서 서양 천문학, 넓게는 서학 전반이 조선 사회에 유행하기 위해서는 이렇듯 적대적인 조청 관계, 그리고 청나라에 대한 조선인들의 적개심이 (사라질 수는 없다 해도) 완화되거나 이를 우회할 방도가 고안될 필요가 있었다. 그 조건이 형성된 것이 바로 17·18세기 전환기였다. "삼번(三藩)의 난"을 성공적으로 진압하고 청조의 중국 정복이 완료된 17세기 말부터 조선에 대한 청나라, 특히 강희제(康熙帝)의 태도가 우호적으로 변화하였으며, 조선에서도 북벌론(北伐論)과 같은 전투적 반청론(反淸論)이 약화하면서 청나라의 중원 지배를 현실로 인정하는 흐름이 강화된 것이다.[43] 앞서 김창업, 이기지의 연행 사례를 통해 살펴보았듯, 이제 양반 학자들도 과거와 비교해 이념적 검열이 상대적으로 완화된 환경에서 청조 치하의 중국 사회와 그 문화를 살필 수 있게 되었다.

청나라가 보유한 문화 중에서도 조청 관계 안정화의 가장 큰 수혜자가 바로 천주당과 서양 선교사 그리고 서학이었다. 앞서 언급했듯, 홍대용의 연행 이전까지 조선 학자와 중국 학자 사이의 교류는 본격화되지 않았고, 조선 학자들에게는 더 흥미로운 탐구의 대상이 되었을 법한 고증학 등 청나라 학술의 성취가 조선에 바로 전파되지는 못했다. 그 대신 조선인 여행자들은 북경에서 서양이라는 흥미로운 문화를 발견하고 그에 대한 기록을 남기기 시작했다. 현존 연행록에서 친주당 관련 기록을 발굴한 연구에 따르면, 알려진 것 중 천주당에 관한 가장 이른 기록은 1712년 김창업의 『노가재연행일기』에 담긴 것이다. 물론 더 이른 시기의 기록이 아직 발굴을 기다리고 있을 수 있지만, 조청 관계가 안정화되는 18세기 초 북경 천주당과 그것이 대변하는 문화에 대한 조선 여행자들의 관심 또한 함께 높아졌다는 점은 분명하다.[44]

바로 이 시기에 조선 조정은 관상감의 시헌력 학습에 대한 지원을 재개했다. 관상감이 계산한 숙종 31년(1705) 달력에서 월의 대소(大小)가 청나라 달력과 다르다는 사실이 발견되면서 50년 만에 재개된 관상감 관원의 북경 파견은 이후로도 필요에 따라 간헐적으로 이어지다가 청나라가 계속 역법을 개정하면서 1741년부터는 연례행사로 정례화되었다. 이는 이 시기 연행록에서 확인되는 천주당과 서학에 대한 양반 여행자들의 높아진 관심이 시헌력 학습에 대한 조정의 태도 전환에 영향을 받았을 수 있음을 시사한다.

하지만 조청 관계의 안정, 시헌력 학습에 대한 조정의 지원 재개, 서학에 대한 양반 학자들의 관심 고양이라는 사건이 단순한 인과의 사슬을 이루고 있었던 것은 아니다. 도리어 1705년 겨울 관상감 관원 허원(許遠)의 북경 파견은 명나라의 수도 북경이 함락되고 숭정제가 자결한 지 60주기(1704)를 맞이하여 조선 조정과 양반 사회에서 숭명반청의 이념이 극히 고조된 환경에서 이루어졌다. 임진왜란 때 원병을 파견해 조선에 "재조지은(再造之恩)"을 베풀었다는 명나라 만력제를 제사 지내기 위해 창덕궁에 대보단(大報壇)을 설치한 것이 바로 이때였다. 즉, 조청 관계의 안정이 곧 조선의 엘리트 사회에서 숭명반청의 정서가 사라졌음을 뜻하지 않았다. 명나라의 정치적 부흥이 불가능해지고 청나라의 천하 지배를 되돌릴 수 없게 된 현실 아래에서 그들은 이제 명나라를 기념과 계승의 대상으로 이념화하고 내면화했다.[45] 현실과 관념의 의도적 분리로 특징지을 수 있는 이 전략은 앞서 언급했듯 김창업이 『노가재연행일기』에서 시도한 것처럼 자신을 명나라 문화의 유일한 계승자이자 보호자로 규정하는 조선 양반 엘리트들의 정체성 전략과도 잘 부합했다.

이 시기 시헌력 학습에 대한 조정의 지원이 재개된 일도 당시 고양되고 있던 숭명 이념의 고양에 부응하는 방식으로 정당화되었다. 당시 조정이 시헌력 학습의 필요를 인정한 실제 이유는 그것이 조선이 사대(事大)하는 청나라의 역법이라는 정치적 현실 때문이었지만, 시헌력 학습이 궁극적으로 정당화된 방식은 그렇지 않았다. 시헌력은 멸망한 명나라가 남긴 고상한 문화적 유산으로 그 위상이 재정립되었다. 즉, 조선의 엘리트들은 숭명 이념의 우회로를 통해서만 청나라 역법을 사용해야 하는 현실을 승인할 수 있었다.

물론 시헌력이 명나라 말 숭정제의 후원 아래 서광계와 예수회 선교사들의 주도로 편찬된 『숭정역서』에 토대한 것이었으므로 시헌력을 명나라의 유산으로 볼 근거는 충분했다. 과거 효종 대에 김육이 이미 비슷한 논리로 시헌력의 도입을 옹호했다. 그는 "서양인 탕약망(湯若望, 아담 샬)이 만든 시헌력은 (명나라) 숭정 초년부터 비로소 사용되어 그 방법이 중국에 행용(行用)되었는데, 청나라 사람들이 그것을 이어서 사용했다."며,[46] 시헌력이 애초 명나라에서 채택된 역법이라고 주장했다. 물론 김육의 주장과는 달리 『숭정역서』가 명나라에 의해 공식 역법으로 채택되어 사용된 적은 없었다.[47]

시헌력을 명나라의 유산으로 간주하려는 18세기 초의 시도는 반 세기 전 김육에 비해 훨씬 더 이념적 색채를 띠었다. 1708년 숙종의 명령으로 이루어진 마테오 리치의 "곤여만국전도" 모사 사업에서 그 사례를 확인할 수 있다. 당시 예조판서 조상우(趙相愚, 1640-1718)가 강화도에 보관되어오던 "곤여만국전도"의 낡은 인본을 군주에게 바치자, 숙종은 다음과 같이 그 지도의 유래를 언급한 뒤, 이미 아담 샬의 천문도를 모사하고 있던 관상감에 세계지도까지 모사(模寫)할 것을 명령했다.

> 예조판서가 바친 "곤여만국전도"는 중국본[唐本]으로서 (명나라) 만력(萬曆, 1573-1620)·천계(天啓, 1621-1627) 연간에 들여와 강화도에 비치되어 있던 것으로 『서전(書傳)』의 "혼천의도(渾天儀圖)"와 같이 아주 상세히 갖추어져 있다. 다만 중국본이라 쉽게 상하여 손상된 부분이 아주 많다. 즉시 모사하지 않는다면 (후세에) 전해지지 못할 것 같으니 몹시 아깝다.[48]

숙종의 언급에서 "곤여만국전도"는 청나라 또는 서양과 연관되기보다는 명나라 "만력·천계" 연간에 조선에 들어와 병자호란 당시 청나라에 함락

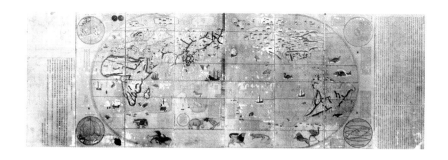

〈그림 2-3〉 마테오 리치, 『곤여만국전도』, 1708년 조선 관상감 모사본. (서울대학교 규장각한국학연구원 소장 사진본)

된 비극적 장소 강화도에 보관되어 내려온 유래가 전면에 내세워졌다. 그 지도가 상세하다는 이유와 함께, 그것이 전수되어온 범상치 않은 역사가 그 지도를 조선 조정이 모사하여 "후세에 전해야 할" 유산으로 보게 한 중요한 근거였던 것이다(그림 2-3).

그 직후 모사된 세계지도의 왼쪽 여백에는 당시 영의정 최석정의 서문이 붙어 있는데, 그는 서양 세계지도와 천문도를 노골적으로 숭명(崇明) 이념의 맥락에 위치시켰다. 최석정 또한 두 도상이 명나라에서 기원했음을 강조했다. 세계지도와 함께 모사된 천문도에 대해 "황명 숭정(崇禎) 초년에 서양인 탕약망(湯若望, 아담 샬)이 지은 것으로 그 인쇄본이 동방에 전해"졌다는 것이다.[49] 서문의 이어지는 내용을 보면, 최석정이 서양의 학설 모두에 동의한 것은 아니었다. 그는 서양 천문도에 관해서는 "천상(天象)의 진면(眞面)을 얻었다."고 극찬했지만, 중국을 천하의 중심이 아니라 아시아 대륙의 남쪽에 위치시킨 세계지도에 대해서는 "황당무계하고 불경스럽다[無稽不經]."며 부정적으로 평가했다. 다만 그것이 틀렸다는 증거 또한 없는 상황에서 경솔히 배척할 수는 없으므로 "기이한 견문을 넓히는" 차원에서 모사가 이루어졌다.[50] 이렇게 서양 천문지리학의 학설 자체에 대해서는 일부 유보적이었지만, 바로 이어지는 서문의 종결부에서 최석정의 논조는 서양 천문지리학에 대해 강력한 이념적 승인을 제공하는 쪽으로 급격히 기울었다.

> 아! 천문도에는 "숭정무진(崇禎戊辰)"[51]이라는 글자가 있고, 곤여도에는 "대명일통"(大明一統)이라는 글자가 있습니다. 이에 중국[中朝]을 회고해 보니 세상의 운수가 변화하여, 우(禹) 임금이 봉하신 강역과 주(周)나라의 역법[禹封周曆]은 그 본래의 모습을 회복할 수 없게 되었습니다. 지사(志士)와 충신(忠臣)들의 비풍하천(匪風下泉)[52]의 생각에 어찌 그침이 있겠습니까. 신은 이에 거듭 감동하였습니다.[53]

리치의 세계지도와 아담 샬의 천문도는 각각 고대 우(禹) 임금의 지리학, 주나라의 천문학을 상징하는 유산으로 규정되고 있었다. 최석정이 관상감의 강력한 후원자로서 시헌력 학습이 재개될 수 있도록 이미 오래전부터 큰 노력을 기울인 인물이라는 점을 생각하면, 그의 이 서문은 바로 아담 샬이 제작자로 참여한 시헌력에 명나라의 유산으로서 새로운 정체성을 부여하고 이를 통해 관상감의 시헌력 학습을 정당화한 행위로 이해할 수 있을 것이다. 바로 그해 겨울 관상감 관원 허원(許遠)이 아직 미진한 시헌력법의 학습을 위해 두 번째 북경 여행을 떠났고, 그 여행의 결실로 『현상신법세초류휘』라는 시헌력 계산 매뉴얼이 나올 수 있었다.

시헌력과 그 바탕의 서양 천문지리학이 "황명의 숭고한 유산"이라는 인식이 당시 양반 사회에 얼마나 널리 퍼진 생각이었는지 측정할 방법은 없다. 하지만 시헌력의 도입 사업이 18세기 초를 기점으로 관상감의 중인 관원을 넘어 일부 뜻을 같이하는 양반들도 참여하는 사업으로 확대되고 천주당과 서학에 대한 학자들의 관심도 함께 높아진 데는 "서양 과학이 명나라의 유산"이라는 이념적 정당화의 논리가 긍정적으로 작동했을 것이다. 실제로 비슷한 논리가 이후로도 시헌력을 옹호하는 데 자주 이용되었다. 두드러진 예로 영조 36년 12월 서명응(徐命膺)은 임금에게 성(省)별로 주야 시각의 차이를 반영한 청나라의 시헌력처럼 조선도 팔도의 위도 차이를 역서에 반영해야 한다는 유명한 제안을 올리면서, 다음과 같이 군주를 설득했다.

> 황명(皇明)은 본래 대통력법을 사용했었는데 숭정 연간에 이르러 내각 학사 서광계(徐光啟)가 역술(曆術)에 정통하여 신법(新法)으로 고쳐서 바로잡고 시행하려 하였으나 조정의 논의가 일치되지 않아 종국에는 실시하지 못했습니다. 우리나라의 역법은 세종 조에 창시한 이후로 거의 갖추어졌으나 이 방법[시헌법]만은 근세에 나왔기 때문에 아직 겨를이 없었습니다. 무릇 한 모퉁이 동방의 땅이지만 황명(皇明)의 예악 문물이 깃들어 있는데, 어찌 (백성에게) 경건히 시간을 내려주는[敬授] 한 가지 일만은 빠뜨리도록 내버려 둔다는 말입니까?[54]

서명응의 제안은 분명히 청나라 시헌력의 체제를 조선의 달력에도 적용하자는 것이었지만, 이를 명나라 문물의 계승으로 표방한 것이다.[55]

18세기 초의 이념적 승인 이후 조선 정부의 서양 천문학 도입 사업은 관상감과 그에 소속된 중인 천문학자들을 넘어 양반 계층으로 서학이 확산하는 중요한 동력이었다. 우선 양반 관료 학자 중에서 후원자, 조력자로 천문학 도입 사업에 관여하는 이들이 늘어났다. 최석정, 이이명은 숙종 대 후반 관상감 천문학 사업의 주요 후원자였으며, 그중 이이명의 경우는 1720년 연행에서 아들 이기지와 함께 흠천감의 예수회 선교사들과 접촉하여 천문학 서적과 관측기구를 얻어내려 했다. 1765-66년의 연행에서 홍대용이 이덕성의 천문학 학습 임무를 도운 사례도 양반 학자가 천문학 사업에 참여한 경우이다. 이렇듯 정부 주도로 진행된 시헌력 도입 과정에서 명나라 말 마테오 리치·서광계 번역의 『기하원본』으로부터 청나라의 공식 수리과학 총서인 『율력연원』에 이르기까지 서양 과학을 다룬 주요 서적이 공적·사적 경로로 조선에 유입되어 서울의 중인, 양반 수학자들 사이에 유통되고 연구되었다. 즉, 17세기 후반 청나라와의 관계 때문에 어쩔 수 없이 사용한 면이 있었던 시헌력이 18세기 전반기를 거치며 중인 천문학자는 물론 양반 학자들에게서도 진지한 탐구의 대상으로 변화한 것이다.

서학에 대해 양반 학자들이 보인 관심의 성격은 관상감의 중인 천문학자들과 두 가지 점에서 달랐다. 첫째, 청나라의 역법을 배워야 할 임무를 띠는 중인 천문학자들의 관심이 전문적 계산과 관측 기법에 있었다면, 양반 학자들은 이를 포함하여 너 폭넓은 문화와 사상의 영역으로 관심을 확대하였다. 이는 1720년 연행 당시 남당(南堂)의 선교사 수아레즈(蘇霖)와 쾨글러에게 보낸 이이명의 편지에서 확인할 수 있다. 이 편지에서 이이명은 서학에 관해 자신이 품고 있던 여러 질문을 제기했는데, 자명종과 천문역법에 관한 것은 물론, 땅이 둥글다는 지구설의 유래와 그로부터 파생되는 여러 우주론적인 난점, 나아가 천주교와 불교 사이의 유사성 문제 등 종교적 영역에까지 이르고 있다.[56]

이이명의 간략한 문목(問目)에 표현된 서학에 대한 폭넓은 관심은 그 한 세대 뒤의 학자인 이익(李瀷, 1681-1763)에 이르러 더욱 성숙한 모습으로 나타난다. 그는 중국에서 유입된 한역 서학서를 폭넓게 읽었는데, 그중에는 『천문략(天問略)』, 『직방외기(職方外紀)』와 같은 천문지리서뿐 아니라 『칠극(七克)』, 『천주실의(天主實義)』와 같은 윤리서, 교리서도 포함되었다. 그가 『성호사설』과 문집에 남긴 수많은 글에는 서학 전반에 걸친 쟁점에 관한 흥미롭고 깊이 있는 비평과 사색을 담고 있다. 그런 점에서 이익은 18세기 중엽 조선 서학의 성숙을 대변할 뿐 아니라 나아가 후대 학계에 끼친 그의 심대한 영향력으로 인해 서학이 조선 사회에 한층 더 퍼지는 데에도 이바지한 인물이었다.[57] 바로 이익의 제자로서 18세기 후반 동료 남인(南人) 학자들 사이에 진행되던 천주교의 확산을 깊이 우려했던 안정복(安鼎福)은 당시 서학이 조선 사회에 유행하는 모습을 다음과 같이 묘사했다.

> 서양의 글이 선조(宣祖) 말년부터 이미 동국(東國)에 들어와서 명경 석유(名卿碩儒)들이 보지 않은 사람이 없었으나, 제자(諸子)나 도가(道家)·불가(佛家)의 글 정도로 여겨서 서실(書室)의 구색으로 갖추었으며, 거기서 선택한 것은 단지 상위(象緯: 천문학)와 구고(句股: 수학)의 술법에 관한 것뿐이었다. 연래에 어떤 사인(士人)이 사행(使行)을 따라 연경(燕京)에 갔다가 그에 관한 책을 얻어 가지고 와서 계묘년(1783, 정조 7)과 갑진년 사이에 재기 있는 젊은이들이 천학(天學)에 관한 설을 제창하였는데, 마치 상제(上帝)가 친히 내려와서 일러주고 시키는 듯이 하였다.[58]

진지한 관심의 대상이 "상위(象緯)와 구고(句股)"의 전문적 기법에만 한정되었던 초기와는 달리 정조 시기에 이르러서는 북경 천주당에서 세례를 받은 이승훈(李承薰)을 비롯하여 천주교를 열렬히 신앙하는 이들이 집단으로 등장하는 등 보수적 인사들이 보기에 개탄스러운 지경까지 서학에 관한 관심이 깊어진 것이다.

양반 학자들이 서학에 보인 관심의 두 번째 특징은, 이렇듯 관심의 폭이 넓어짐에 따라 서학 지식의 이념적·문화적 정당성의 문제가 한층 더 첨예하게 인식되었다는 것이다. 시헌력이 명나라의 유산이라는 정당화 논리만으로는 서학 지식이 전통적 세계상과 충돌한다거나 심지어 그 속에 불교와 유사한 이단적 가르침이 담겨 있다는 문제점을 모두 가릴 수는 없었다. 서학에 대해 어떤 방식으로든 관심을 지닌 이들은 그 우주론적·이념적 불온함의 문제와 대면하지 않을 수 없었다.

새로운 자연 지식에 대한
조선 학자들의 해석

당시 유입된 서양 과학에는 중국의 고전에 근거를 둔 조선 학자들의 세계관과 충돌하는 학설이 많이 담겨 있었다. 대표적으로 "하늘은 둥글고 땅은 모나다."는 전통적인 천원지방(天圓地方)의 교의에 대해 서양 선교사들은 땅이 둥근 공 모양이라는 지구설을 제기했고, 그에 근거하여 제작된 서양의 르네상스식 세계지도를 선보였다.[59]

20세기의 역사학자들은 대개 17, 18세기에 일어난 전통적 세계관과 서양 과학의 만남을 근대와 전통의 충돌로 이해했고, 전자에서 후자로의 전환이 일어났었어야 했지만 (유교의 영향력으로) 실제로는 그러지 못했다고 아쉬워했다. 서구에서 중세 아리스토텔레스주의의 유기체적 세계관에서 뉴턴의 기계적 세계관으로의 전환이 이루어진 것처럼 동아시아에서도 그와 같은 혁명이 일어났어야 한다는 것이다. 하지만 이제 과학사학계는 세계관의 급격한 전환이라는 단순한 구도로 근대 초 서구 과학의 변화를 이해하지 않는다.[60] 외래 지식의 유입으로 촉발된 지적 변화를 이해하는 일도 크게 다르지 않다. 서양 과학의 전래와 같이 외부로부터 이질적 지식의 유입이 기성 질서의 전복으로 이어지는 경우는 역사적으로도 드문 일이다. 대개는 기성의 문화와 새로운 요소 간의 상호 전유를 통해 지적·문화적 절충이 이루어지는데, 그 복잡한 과정을 전근대·근대, 동양·서양과 같은 대립 범주로 포착하기는 어렵다.[61]

우선 16세기 말부터 예수회 선교사들을 매개로 동아시아 사회에 전해진 서양 과학을 "근대" 과학이라고 보기에는 어려운 면이 있음을 지적할 수 있다. 가톨릭의 반종교개혁(Counter Reformation) 운동의 일환으로 16세기 중반 설립된 예수회는 중세 이래 가톨릭 신학, 철학, 과학의 핵심을 이루고 있던 기독교-아리스토텔레스주의를 견지하고 있었다. 자연히 예수회는 천동설과 4원소설에 입각한 아리스토텔레스 자연철학을 옹호했고, 따라서 17세기 초 갈릴레오와 케플러와 같은 탁월한 수학자들의 지지로 유럽 지식 사회에 첨예한 쟁점으로 떠오르던 코페르니쿠스 천문학 체계를 받아들이지 않았다. 특히 1616년 코페르니쿠스 학설에 대한 교황청의 금지령 이후 예수회는 이를 공식적으로 지지하고 전파할 처지가 아니었다.[62]

물론 재중국 예수회가 낡은 과학만을 고집한 것은 아니다. 가톨릭의 공식 교의에 어긋나지 않는 한, 그리고 선교 사업에 필요한 경우 유럽의 최신 지식과 기법을 적극적으로 이용했다. 갈릴레오가 1610년 『별들의 소식(Sidereus Nuncius)』에서 망원경 관측으로 이루어낸 천문학적 발견을 소개한 것이 5년 만에 중국에서 디아스(Manuel Dias' Jr. 陽瑪諾)의 『천문략(天問略)』에 소개된 것이 좋은 예이다. 갈릴레오의 발견은 유럽에서 코페르니쿠스 우주 체계와 관련된 쟁점을 촉발했지만, 디아스는 그에 대한 조금의 암시도 없이 인간의 관측 능력을 크게 개선한 유럽 천문학의 우수함을 보여주는 증거로 이용했다. 재중국 예수회는 심지어 우주 체계에서도 전향적인 태도를 보였다. 비록 코페르니쿠스 체계를 받아들이지는 않았지만, 그럼에도 명나라 말 『숭정역서』의 편찬 작업에서는, 천동설을 버리지 않으면서도 지동설의 천문학적 장점을 반영한 튀코 브라헤(Tycho Brahe)의 절충 체계를 선택한 것이다.[63] 지리학 분야에서도, 전 세계에 걸쳐 선교와 교육의 거점을 갖춘 예수회는 자연스럽게 바스쿠 다가마(Vasco da Gama)와 콜럼버스(Cristoforo Colombo)의 항해 이래 누적된 새로운 지리 지식의 대변자로 자처했다. 마테오 리치(Matteo Ricci, 利瑪竇, 1552-1610)의 "곤여만국전도"(1602), 알레니(Giulio Aleni, 艾儒略, 1582-1649)의 "만국전도(萬國全圖)"(1623), 페르비스트(Ferdinand Verbiest, 南懷仁, 1623-1688)의 "곤여전도(坤輿全圖)"(1674)와 같은 일련의 르네상스식 세계지도와 알레니의 『직방외기(職方外紀)』(1623)와 같은 세계 지리지는 중국은 물론 이웃 조선과 일본에도 널리 향유되어 동아시아인들의 지리적 세계상에 변화를 불러 일으켰다. 그 때문에 예수회 선교사들은 동아시아에 다른 무엇보다도 여행자이자 지도 제작자로 널리 알려지게 되었다.[64]

이렇듯 예수회는 당시 복잡한 변화 과정에 있던 유럽 과학 지식 중에서 낡은 요소와 새로운 요소를 함께 버무린 절충적 과학을 동아시아 사회에 전달했다. 하지만 예수회의 과학에 신구(新舊)의 요소가 중첩되어 있었다는 말은 당시 유럽의 학술적 지형에 비추어 그런 것일 뿐이다. 유럽의 학술사에 대한 지식이 있을 리 없는 당시 동아시아인들에게는 코페르니쿠스의 천문학은 물론 고대 아리스토텔레스 철학 또한 새롭고 낯선 지식이었다. 서구에서 새로운 요소가 중국이나 조선에서도 새롭다고 받아들여져야 할 필연적 이유도 없었다. 교황청의 금지령에도 중국에 단편적으로 소개된 지동설은 동아시아 사회에 그다지 큰 충격을 불러일으키지 않았다. 땅이 "사유(四游) 승강(升降)"한다는 한나라 시기의 학설에서 알 수 있듯 중국인들은 땅이 어떤 방식으로든 운동할 가능성을 열어두고 있었다. 그에 비해 땅이 둥글다는 지구 관념은 서양에서는 고대 그리스로까지 거슬러 올라가는 오래된 지식이었지만 중국에서는 그 유래를 찾을 수 없었던 것으로서 열띤 논란을 일으켰다.[65]

서구 과학에 대한 조선 양반 학자들의 태도는 극단적 배척으로부터 적극적 승인과 수용에 이르기까지 폭넓은 스펙트럼을 보여준다. 대체로 보수적 학풍을 견지한 노론 호론(湖論) 및 영남 남인 계열의 학자들이 배척의 태도를 보였다면, 성호 이익의 지적 영향 아래 있던 기호 남인, 홍대용과 박지원을 배출한 노론 낙론(洛論), 정제두(鄭齊斗), 서명응(徐命膺) 등이 속한 소론 계열의 학자들이 서구 과학에 우호적인 편이었다.[66]

주의해야 할 것은 보수적 학풍을 견지한 이들은 일부 예외를 제외하면 서구 과학에 대해 적극적으로 비판하기보다는 무시하는 태도를 보였다는 것이다. 실제로 서양 과학의 적극적 비판자로는 소수만이 알려져 있는데, 효종·현종 대 시헌력 도입에 반대했던 김시진(金始振)과 송형구(宋亨久), 18세기 초 호서(湖西)의 성리학자들 사이에서 이른바 "육면세계설" 논쟁이 벌어졌을 때, 그 학설에 경도된 동료들을 비판했던 이간(李柬, 1677-1727) 정도를 들 수 있다.[67]

보수적 학자들이 서양 과학에 대해 적극적으로 논변하지 않은 중요한 이유는 서양 천문지리학이 제기하는 쟁점이 그들의 관점에서 그다지 긴요한 주제가 아니었기 때문이다. 예를 들어, 땅이 둥근지 아닌지의 문제는 학자 개인의 도덕적 완성과 세상의 바른 통치에 힘써야 할 유학자들이 우선하여 논의해야 할 주제가 아니었다. 심지어 지구설에 영향을 받은 동료들에 대해 예외적으로 적극적인 비판을 남긴 이간에게도 그러한 태도가 드러난다. 18세기 초 호서 노론의 젊은 학자 몇몇이 지구설의 대척지 학설에 영향을 받아 "땅이 육면체 모양이며 그 상하사방 모두에 사람 사는 세계가 있다."는 "무상하 육면세계설"을 주창하자, 그 학설을 비판하기 위해 이간은 "천지변(天地辨)"이라는 글을 짓게 되었다. 하지만 비판에 앞서 그는 "심신(心身)과 일용(日用)에 절실하지 않은" 주제를 변론한다는 사실 자체를 정당화해야 할 필요를 느꼈다. 그에 따르면, 자신이 동료들과 무익해 보이는 논란을 벌이는 이유는, 그들이 걸어온 논쟁에 성실히 응대하는 것이 붕우 간의 도리라는 점, 그리고 땅의 아래쪽에도 세계가 있다면서 상하 구분을 부정하는 그 학설에서 "참으로 뒤집어버리지 않는 것이 없는" 사회정치적 불온함을 인지했기 때문이었다. 물리적 상하 관념의 문제가 그 자체로 중요했다기보다는 그것이 윤리적, 정치적으로도 중대한 문제를 제기하고 있었기 때문에 논쟁에 참여했다는 것이다.[68]

서구 과학에 비판적인 이들이 적극적인 논변을 꺼렸기 때문에 18세기 서구 과학에 대한 논의로서 남아 있는 것은 대개 그에 우호적인 입장에서 이루어진 것들이다. 그 결과 남겨진 논의만으로 보면, 조선 지식 사회에 지구설을 비롯한 서구 과학 지식이 꽤 널리 받아들여진 듯한 인상을 받게 된다. 하지만 이는 서양 과학 옹호자들의 의견이 과잉 대표된 결과로서 당시의 상황을 제대로 반영하지 못한 것일 가능성이 크다. 문헌상 침묵하고 있는 거대한 반대 집단의 존재는 서구 과학을 적극적으로 수용한 이들이 그에 관한 논의에서 채택한 변호론으로부터 얼마간 짐작해볼 수 있다. 즉, 그들은 잠재적인 비판자들의 존재와 그들의 반론을 염두에 두고 서구 과학의 가치를 변호한 것이다. 흥미롭게도 서구 과학의 옹호자들이 채택한 변호의 수사(修辭)는 단지 논의 형식에만 영향을 미친 것이 아니라 서구 과학의 문화적 정체성은 물론 그 내용에도 중요한 변형을 불러일으켰다. 그 결과 조선 사회에 유통된 서구 지식은 애초 예수회 선교사의 저술에 담겨 있던 문화적 이질성이 상당히 탈각되었다.

서구 과학 변호론은 서로 연관된 두 층위에서 전개되었다. 첫 번째 층위는 역사학적·계보학적 접근이라고 부를 수 있는 것으로서, 서구 과학의 역사적 기원에 대한 새로운 서사를 통해 그 지적 계보를 재구성함으로써 문화적으로 안전한 정체성을 부여하려는 전략이었다. 그에 비해 두 번째 층위는 서구 과학이 제기하는 지적 문제에 직접 대면하는 것으로서, 서양 과학 지식 중에서 이해하기 어렵거나 이념적으로 불온한 내용을 상식에 맞게 조정함으로써 그 부조리를 해소하는 전략이었다.

1. 서양 과학의 계보

서양 과학에 대한 역사학적·계보학적 접근은 이질적인 서양 과학을 중국으로부터 기원하는 고상한 지적 계보에 접붙이는 전략으로 요약할 수 있다. 우선 서양 천문학과 그에 따라 제작된 청나라의 시헌력이 명나라의 유산이라는 앞서 살펴본 주장도 서양 과학을 계보학적으로 정당화하는 한 가지 방식이라 할 수 있다. 하지만 조선 학자들의 계보학적 접근은 대개 서구 과학의 기원을 그보다 더 오래된 과거로 거슬러 올라가 찾는 방식으로 이루어졌다. 그에 따르면, 서구 과학의 지식과 기법은 이미 고대 중국의 성현들도 알고 있던 것인데 그것이 후대에 어떤 이유에선가 망각되었고, 그렇다면 서구 과학을 받아들이는 일은 곧 잃어버린 고대 성인들의 지식을 회복하는 과업이라고도 볼 수 있었다.

서양 과학을 중국 고대의 성인과 연관 짓는 전형적인 논리는 홍대용에게서 찾을 수 있다. 그는 자신이 제작한 서양식 평면 의기 "측관의(測管儀)"의 구조와 작동을 다룬 글의 서두에서 다음과 같이 서양 기구의 유래를 논했다.

> 하늘에 칠요(七曜: 해, 달, 다섯 행성)가 있어 그 드리운 상이 아주 분명하지만, 땅으로부터 아주 멀리 떨어져 있고 사람의 시각에 한계가 있

으므로, 요순 임금과 같이 신명(神明)한 분들도 도리어 선기옥형의 기구와 구고(句股)의 술법에 의지해야 했다. 아쉽게도 그 법(法)과 상(象)이 실전(失傳)되어 측후에 근거할 바가 없게 되었다.… 대개 서양의 방법이 나오고 나서야 기구와 술법[機術]의 오묘함에서 요순 임금이 남긴 비결을 깊이 얻게 되었다.… 옛날 (공자께서) "천자가 관직에 관한 지식을 잃으니 그 학문이 사이(四夷)에 있다."라고 하신 말씀이 믿을 만하지 않은가.[69]

서양의 천문학을 중원에서는 잊힌 요순의 유산으로 보는 생각이 홍대용의 창안은 아니었다. 17세기 서양 과학의 유입 초기부터 이를 옹호했던 중국인 학자들이 비슷한 이야기를 했는데, "천자가 관직에 관한 지식을 잃으니 그 학문이 사이(四夷)에 있다."는, 『춘추좌씨전(春秋左氏傳)』에 공자(孔子)의 말로 기록된 구절 또한 그 맥락에서 널리 인용되던 것이었다. 이는 소공(昭公) 17년 노나라의 조정을 방문한 이웃 야만 나라의 담자(郯子)로부터 상고시대 중국 군주들이 설치한 관직명과 그 유래를 듣고 공자가 했다는 말이었다.[70] 이 고사를 인용함으로써 서양 과학의 옹호자들은 리치와 같은 선교사들이 중국에서는 잊힌 옛 성인들의 천문학을 공자의 후손인 자신들에게 알려준, 당대의 담자라고 인정해준 것이다.

서양 과학에 대한 역사적 정당화의 측면에서 훗날 중국과 조선 모두에 큰 영향을 미친 학설을 제시한 이는 기독교 개종자로서 마테오 리치와 함께 "곤여만국전도"(1602)를 제작한 것으로 유명한 이지조(李之藻, 1565-1630)였다. 그는 서양의 천문 관측기구인 아스트롤라베의 구조와 용법을 다룬 『혼개통헌도설(渾蓋通憲圖說)』의 서문(1607)에서 서양의 지구 관념이 고대 중국에도 알려져 있었다고 주장했다. 비슷한 주장은 1602년 "곤여만국전도"의 도설(圖說)에서 리치에 의해서도 이미 제기되었다. 그는 고대 중국의 우주론 학파로서 둥근 하늘이 땅을 감싸고 있다고 본 혼천가(渾天家)가 하늘과 땅을 각각 달걀과 노른자에 비유한 것을 근거로, 땅이 노른자처럼 둥글다는 사실을 고대 중국인들이 알고 있었다고 주장했다.[71]

하지만 이지조는 『혼개통헌도설』 서문에서 한나라 때에 혼천가들과 대립했던 학파인 개천가(蓋天家)의 문헌 『주비산경(周髀算經)』에서도 지구설의 증거를 찾아 제시했다. 이는 의외의 선택이었는데, 달걀과 노른자의 비유처럼 땅을 구형으로 간주했다고 볼 근거가 없지 않았던 혼천설과는 달리 평면의 하늘과 땅이 위아래로 놓여 있다고 본 개천설은 애초 지구설과는 거리가 멀어 보였기 때문이다.[72] 하지만 이지조는 천구를 평면에 투사하는 방식으로 제작된 서양의 아스트롤라베가 『주비산경』에서 제시된 평면 모델과 유사하다는 점에 착안하여, 후자가 실은 구형의 하늘·땅을 횡으로 자른 단면이라고 주장했다.[73]

이처럼 이지조는 서양 지구설과 아스트롤라베의 투영법에 입각하여 『주비산경』을 재해석함으로써, 이를 중국 우주론의 정전(正傳)으로 격상시켰다. 실제로 그 이전까지 『주비산경』은 우주론의 정통으로 인정받지 못하고 있었다. 장재(張載)와 주희(朱熹) 등 송대의 학자들이 혼천설의 손을 들어준 데다, 특히 주희는 중국이 아닌 북극을 우주의 중심에 놓은 개천설이 중국 바깥의 수미산(須彌山)을 세계의 중심이라고 본 불교의 세계상과 유사하다면서 이념적으로도 불온한 학설로 치부했다. 따라서 『주비산경』을 정통으로 격상한 이지조의 시도는 그 문헌 하나에 대한 재해석을 넘어 중국 고대 우주론의 역사를 새로 쓰는 일이기도 했다. 그에 따르면, 한대(漢代)에 우주를 구형으로 본 혼천가와 평면으로 본 개천가가 서로 대립하여 논쟁한 사실 자체가 바로 중국 우주론이 쇠퇴한 탓이었다. 중국 고대의 성인들은 개천 모델이 혼천 모델을 평면에 투사한 것이라고 정확히 알고 있었지만, 한나라 시기에 이르러 고대적 지혜가 잊히면서 천지에 대한 보완적인 표상이었던 두 학설이 이제는 대립하는 학설로 잘못 인식되었다는 것이다. 그가 아스트롤라베를 "혼개통헌의(渾蓋通憲儀)"라고 번역한 것은 그 서양 의기에 고대 중국의 혼천·개천 모델이 결합해 있다는 생각을 담은 것이다.

17세기 말 18세기 초에 제시되어 이후 청조의 정통 학설로 확립된 매문정(梅文鼎, 1633-1721)의 "서양 역법의 중국기원론[西曆中源論]"은 바로 이 지조의 생각을 중국과 서구 사이의 기원-파생 관계로 새로이 해석한 결과물이었다. 그는 고대의 성인 황제(黃帝)가 창안한 개천설이 중국에서는 잊혔지만, 서역 세계로 전파되어 인도, 아랍, 유럽의 천문학으로 발전했다고 보았다. 이를 뒷받침할 사료적 근거도 있었는데, 『상서(尙書)』 "요전(堯典)"에서 요 임금이 천문학자 희화(羲和)를 사방에 파견했다는 고사와 사마천(司馬遷)의 『사기(史記)』 "역서(曆書)"에서 주나라의 쇠퇴기에 천문학자들이 책과 기구를 들고 사방으로 흩어졌다는 언급이 그것이었다. 이러한 구도 하에서 서방 천문학의 중국 유입은 개천설에서 뻗어간 세계 천문학의 한 지파(支派)가 본향으로 귀환한 일이었으며, 따라서 서양 천문학을 받아들이는 일 또한 고대 성인의 천문학을 회복하는 일로 정당화될 수 있었다.[74]

매문정의 중국기원론은 중국 중심의 세계상과 서양 천문학을 동시에 정당화할 수 있는 그 수사학적 신축성으로 인해 18세기 중국의 여러 이해 세력들을 만족시켜줄 수 있었다. 즉, 매문정의 계보학은 야만 청조 치하에서 전통 역법마저 폐기되고 그 자리를 서양 천문학이 대신함으로써 이중의 굴욕을 경험한 한족 사대부를 위로하는 한편, 1705년 교황청과의 전례 논쟁을 겪은 이후 천문학에서 서양 선교사들에 대한 의존을 줄이고 한족·만주족 천문학자들을 육성하려 했던 강희제의 "독립" 노선과도 부합했다. 특히 강희제가 매문정의 학설을 승인해주고 이후 그의 손자 매각성(梅穀成)이 『율력연원(律曆淵源)』의 편찬 등 18세기 초 청조의 천문학을 주도하게 되면서, 매문정의 중국기원론은 청조의 공식 입장으로 승격되었다.[75]

이지조-매문정의 계보학은 조선에도 알려져, 일부 지지자들이 나타났다. 시헌력 도입 초기 서양 천문학의 적극적 옹호자였던 김만중(金萬重, 1637-1692)은 "개천설과 혼천설이 서로 통하지 못했으나 명나라 말 서양의 지구설이 나타나자 비로소 하나가 되었다."며 이지조의 아이디어를 반복했다.[76] 18세기 중엽의 이익(李瀷)은 고대 중국에서 혼천설과 개천설이 서로 보완적 모델이었다는 주장에 아예 "혼개(渾蓋)의 학설"이라는 별도의 명칭을 붙여주었다. "혼개의 학설을 잃어버린 지 오래되었는데,… 명나라 만력 연간에 이르러 비로소 혼천과 개천이 합하여 하나가 되니 이에 역법이 갖추어지게 되었다."는 것이다.[77]

하지만 조선의 서양 과학 옹호자들이 전개한 계보학적 논변에는 이지조-매문정의 접근과는 다른 특징들도 나타난다. 고증학이 학계의 새로운 흐름으로 부상함과 동시에 성리학을 중국 과학이 쇠퇴한 원인이나 결과로 간주하던 청조 중국의 학풍과는 달리 주자학이 강력한 권위를 떨치고 있던 조선의 환경에서 서양 과학을 옹호하려는 학자들은 자연히 주자학 전통에서 권위를 인정받는 문헌들을 원군으로 끌어오려 했다.

18세기 초 육면세계설을 주창한 호서의 노론 학자들이 바로 주자 성리학의 전통에 의지하여 서양 과학에 영향을 받은 자기 학설을 정당화했다. 비판자 이간(李柬)에 따르면, 그 학설의 창시자 신유(申愈, 1673-1706)는 마테오 리치의 "무상하(無上下)" 학설을 받아들여 "천지에 상하 구분이 없고, 땅은 육면체 모양이며, 그 여섯 면 모두가 사람 사는 세계"라고 주장했다. 서양인들처럼 땅이 둥글다고 말하지는 않았다고 해도 그 학설의 핵심 명제가 서양인에게서 나왔다는 사실은 비판적 동료들에게 크게 문제시될 수 있었다. 이를 염두에 둔 듯, 신유와 그의 추종자들은 자기 학설의 서구적 유래를 강조하기보다는 그것이 성인의 가르침과 부합함을 강조하려 했다. 그러한 전략에 대해 이간은 다음과 같이 묘사했다.

> 이에 [신유는] 복희(伏羲)의 "선천방원도", 『역대전(易大傳: 주역 계사전)』의 "천존지비(天尊地卑)"의 구절, 주돈이(周敦頤)의 태극 음양의 학설을 하나같이 활간(活看)에 욱여넣은 이후, 무릇 서적이 나타난 이래 뭇 성현들의 말이 하나도 무상하 육면세계설이 아님이 없는데, 오직 그들이 말하지 않는 묘리(妙理), 전하지 않은 비의(祕義)만을 실로 자신이 밝혔다고 말했다.[78]

신유는 고대 중국에서 역(易)을 창시한 복희, 그것을 해설한 공자(孔子), 송대(宋代)의 주돈이에 이르는 성리학적 우주론의 계보를 끌어와 자기 학설의 기원으로 제시한 것이다.

이처럼 주자 성리학에서 중시한 문헌들이 동원된 이유 중의 하나는 이 쟁점이 당시 호서 학계에서 진행된 이른바 "주자 정론(朱子 定論)" 논쟁과 연루되었기 때문이다. 주희는 이기심성론을 비롯한 다양한 쟁점에서 상충하는 언급들을 남긴 것으로 유명한데, 그중에서 어느 것이 그의 확정된 견해인지를 둘러싸고 논란이 일어난 것이다. 이 논쟁은 천지의 모양에 관한 주희의 언급들을 두고서도 벌어졌다. 육면세계설의 옹호자들은 바로 그것이 주자의 정론이라고 보았지만, 비판자들은 "평평한 모양의 땅이 물 위에 떠 있다."는 『주자어류』에 기록된 주희의 언급을 그의 정론으로 선택했다. 주희의 상충하는 언급들만으로는 두 진영 간의 우열을 판가름하기 어려운 상황에서 육면세계설의 지지자들이 들고 나온 강력한 증거는 바로 『중용(中庸)』의 26장이었다. 천지의 지극한 공업을 논하면서 "땅이 강과 바다를 담고 있어도 새지 않는다[振河海而不洩]."고 발언한 구절이었다. 이는 땅덩이의 윗면에만 사람이 살고 그 아래를 물이 받치고 있다는 『주자어류』의 구절과는 달리 땅덩이 표면을 바다와 강이 두르고 있다는 육면세계설을 뒷받침하는 듯했다.[79]

일견 기묘해 보이는 육면세계설이 호서의 진지한 노론 학자들 사이에 유행할 수 있었던 것도 바로 그 창시자와 지지자들이 『중용』을 비롯한 주자학의 핵심 문헌들을 원군으로 동원할 수 있었기 때문이었다. 비록 육면세계설 자체는 호서 학계의 일각을 넘어 퍼지지는 못했지만, 『중용』의 이 구절만큼은 서양의 천문지리학을 뒷받침하는 근거로 힘을 계속 발휘했다. 이익(李瀷)은 선교사 알레니의 세계지리서 『직방외기(職方外紀)』에 대한 발문에서 다음과 같이 이야기했다.

지사(子思)가 땅에 대해 말하기를, "강과 바다를 담고 있어도 새지 않는다."고 했으니, 바다가 땅을 지고 있는 것이 아니라 반대로 땅이 바다를 싣고 있으며, 명해(溟海)와 발해(渤海)의 바깥 (먼바다에도) 물에는 반드시 바닥이 있으며, 그 바닥은 모두 땅이다. 그러므로 이르기를 "(강과 바다를) 거두어 싣고 있으면서도 새지 않는다."라고 한 것이다. 자사가 충분히 설명했지만, 후인들이 이를 망각했다가 급기야 서양 선비들이 이를 상세히 말함으로써 자사의 말을 입증[左契]했다.[80]

서양 과학에 대한 주자학적 계보학이 우세하던 조선 학계에 이지조-매문정 류의 논변이 영향력을 미치기 시작한 것은 18세기 후반에 이르러서였다. 18세기 중엽 매문정의 "중국기원론"을 공식화한 『율력연원』이 관상감의 시헌력 학습 과정에서 수용되고 이에 대한 중인·양반 수학자들의 연구가 이루어진 결과로 보인다. 자신이 제작한 서양식 평면 의기를 소개하면서 서양의 의기가 "요순 임금이 남긴 비결을 깊이 얻었다."고 극찬한 홍대용의 언급은 아스트롤라베의 구조에 근거한 이지조와 매문정의 학설을 연상시킨다. 홍대용이 북경에서 『수리정온』을 구매했고 그 이후 자신의 "측관의"를 제작했음을 생각한다면, 서양 의기에 대한 홍대용의 평가는 이지조-매문정 학설의 영향으로 볼 여지가 있다.[81]

하지만 주자학에 경도된 조선의 학풍은 매문정의 학설을 이해하는 방식에도 영향을 끼쳤는데, 이미 18세기 중반에 매문정 학설을 조선에 소개한 서명응(徐命膺, 1716-1787)이 좋은 예이다. 뒤에서 다루겠지만, 그는 조선 주자학자들 사이에 널리 유행한 주역 상수학의 관점에서 서양의 천문지리학을 재해석했는데, 그의 이러한 학풍이 매문정의 학설을 수용하는 방식에도 영향을 끼쳤다. 이지조와 매문정은 천지에 대한 완벽한 지식의 기원을 황제(黃帝)로 비정했는데, 서명응은 이를 그보다 더 옛 시기의 성인인 복희씨(伏羲氏)에게까지 소급시켰다. 복희의 "선천방원도(先天方圓圖)"라는 도상에서 개천설, 혼천설을 비롯한 후대 성인들의 지식이 나왔다는 것이다. 그에 따르면, 중국에서는 사라진 복희와 황제의 유산이 자신의 시대에 이르러 모두 회복되었는데, 송나라 소옹(邵雍, 1011-1077)에 의해 복희의 선천학(先天學)이 부흥했고 명나라 말 서양 선교사들에 의해 『주비산경』의 우주론이 다시 고향 중국으로 돌아왔기 때문이었다.[82] 소옹의 상수학과 서양 과학을 종합하려 한 서명응의 기획은 그런 점에서 자신이 매문정과 그를 계승한 중국의 학자들보다 지식의 고대적 근원에 더 가까이 다가갈 수 있다는 조선 성리학자의 자신감을 담고 있었다고 볼 수 있다. 게다가 고대의 지식을 회복할 조건이 명나라 말에 갖추어졌지만, 그 실현이 중국인이 아닌 자신과 같은 조선 학자들에 의해서 이루어지고 있다는 서명응의 주장은 서양 천문학을 조선이 계승해야 할 명나라의 유산으로 본 그의 인식과도 맞물려 있다. 서명응의 관점에 따르면, 명나라 시기 유입된 서양 과학은 사실상 복희(伏羲), 황제(黃帝), 주공(周公)의 과학이었고, 명나라는 바로 그 고대 성인들의 문화적 유산을 이은 마지막 중국 왕조였다.

2. 우주론적 절충

서양 과학이 중국 고대 성인들의 지식과 일치하며 심지어는 그로부터 기원했다는 주장의 증거는 옛 문헌에서 발견되는, 서양 지식과 비슷한 내용의 단편들이었다. 하지만 이러한 단편들이 겉보기 유사함 이상으로 서양 과학의 지식과 얼마나 정확히 일치하는가? 서양 과학과 비슷한 단편들 외에 그와 명백히 모순되는 것들은 어떻게 이해해야 할까? 서양 과학이 중국 고대 과학과 일치한다는 믿음을 뒷받침하기 위해서는 앞서 다룬 계보학적 논의는 물론 다양한 쟁점에서 서로 충돌하고 있는 두 지식 체계를 비교하고 조정하는 일이 요청되었다.

  서양 과학을 중국적 계보에 편입하는 일이 그것을 고대 성인의 유산으로 이해하는 작업임과 동시에 반대로 중국 우주론의 역사를 서양 과학의 기준에 따라 새롭게 서술하는 과정이기도 했듯이, 서양 과학과 토착 우주론 지식 사이의 비교·조정 작업도 그 둘이 절충된 새로운 지식이 만들어지는 과정이었다. 즉, 그것은 낯선 외래의 지식을 토착 전통에 근거하여 해석함으로써 그 생경함을 완화하는 과정이면서도 토착 우주론 지식이 서양 지식에 부합되도록 변화하는 과정이기도 했다.

  기존 우주론을 서양 과학에 부합하도록 수정한 예는 지구설의 사례에서 두드러진다. 서양 지구설은 매력적이기는 했지만, 중국의 우주론 전통에서는 생경했기 때문에 이를 고대 성인들의 유산으로 간주하기 위해서는 그것과 충돌하는 다른 여러 명제를 재해석하거나 수정할 필요가 있었다. "천원지방(天圓地方)", 즉 "하늘은 둥글고 땅은 모나다."는 중국 우주론의 권위 있는 명제가 지구설과 충돌하는 대표적 사례였다.

지구설과 천원지방설 사이의 명백한 모순을 두고 17, 18세기 중국과 조선의 학자들이 취한 태도는 다양했지만, 그렇다고 천원지방의 교의를 대놓고 부정한 사례는 거의 발견되지 않는다. 스펙트럼의 한 극단에는 천원지방의 입장에서 지구설을 배척한 태도를 확인할 수 있는데, 당시 상당수의 학자가 이러한 입장이었을 것이다. 하지만 서양 학설에 얼마간이라도 우호적이었던 이들이 취할 수 있는 선택지는 그와 같은 양자택일의 구도가 아니라 그 둘이 양립할 수 있도록 조정하는 쪽이었다. 그중 18세기 초 조선의 육면세계설 지지자들은 대척지의 관념을 받아들였다는 점에서 서구 학설에 좀 더 우호적인 태도를 보였지만, 땅의 형태에 관해서는 "방정(方正)"한 육면체 모양을 고수한 경우였다. 즉, 서양 학설 중에서 천원지방의 명제에 부합하는 요소만 받아들인 것이다.

그에 비해 "지방(地方)"의 의미를 새롭게 해석하여 지구(地球) 관념과의 공존을 모색한 예도 있었다. 그 가장 이른 사례가 바로 마테오 리치였다. "곤여만국전도"의 도설에서 그는 옛 혼천설의 "달걀과 노른자" 비유가 바로 지구 관념을 뜻한다고 주장한 뒤, "땅이 모나다는 말"에 대해서는 "그 덕이 고요하여 움직이지 않는 성질을 말하는 것이지 형체를 말하는 것이 아니"라고 수정된 해석을 제시했다.[83] 하지만 그것 또한 리치의 창안은 아니었다. 천원지방이 굳건히 회전하는 하늘의 덕과 우주의 중심에 방정히 거하는 땅의 덕을 의미한다는 해석은 이미 전국시대부터 내려온 것이었다.[84]

지구설에 맞추기 위해 고전에 좀 더 과감한 수정을 가한 예도 있었는데, 서양 과학의 기원을 역(易)의 창시자 복희씨까지 끌어올린 서명응이 그러했다. 자신의 대표적 주역학 저술인 『선천사연(先天四演)』에서 그는 복희가 남긴 우주 도상으로 알려진 "선천64괘방원도(先天六十四卦方圓圖)"를 지구설에 부합하도록 변형시켰다.

서명응은 우주의 모든 진리가 복희의 선천방원도에 담겨 있다는 믿음을 가지고 있었지만, 전해져 내려오는 도상이 복희의 본래 도상이라고 보지는 않았다. 선천방원도는 송대(宋代)의 주희에 이르러서야 그 모양이 처음 제시되었는데, 서명응에 따르면, 그 도상에서 안쪽 64괘가 정사각형으로 배열된 것은 "땅이 모나다"는 잘못된 관념에 기초한 것으로서 후대의 오염된 지식을 반영한 것이었다. 이미 복희는 땅이 구형임을 알고 있었고 이는 그가 황하에서 얻었다는 도상 "하도(河圖)" 중궁(中宮)의 다섯 점이 십자형으로 "불룩하여 지극히 둥근" 모양인 데서 잘 드러났다.[85] 그리하여 서명응은 "선천방원도"의 안쪽 방도를 "하도" 중궁의 모양에 부합하도록 마름모꼴로 회전시킴으로써 둥근 땅을 표상하도록 했다(그림 2-4).[86]

서명응이 "선천방원도"를 수정한 일은 중국과 조선의 학자가 서양 과학을 수용하면서 그와 모순되는 전통적 요소의 오류를 인정하고 수정한 드문 예이다. 특히 주자학의 나라 조선에서 주희(朱熹)가 처음 제시한 도상을 서구 학설에 부합하도록 수정한 일은 상당히 과감한 행위로 볼 수 있다. 하지만 그렇다고 이것이 서구 과학으로 "전향"한 사례는 아니었고, 서명응 자신도 그렇게 해석하지 않았다. 그의 관점에서 선천방원도에 대한 자신의 수정은 서양 학설에 맞게 전통 도상을 바꾸는 행위가 아니라 복희(伏羲)로부터 내려온 서로 다른 두 도상(圖像), 즉 하도(河圖)와 방원도 사이의 충돌을 그중 전수(傳受)가 좀 더 확실한 쪽("하도")에 근거하여 해소하는 일이었다. 즉, 서구 학설과 전통 우주론 사이의 충돌이 전통 내부의 불일치 문제로 치환됨으로써, 우리가 서양 과학의 수용이라고 부르는

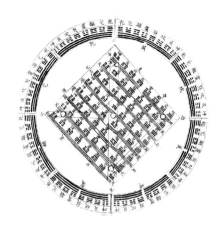

〈그림 2-4〉 서명응의 변형된 "선천 64괘 방원도." 본래 64괘가 정사각형으로 배열되어 있던 안쪽의 방도를 회전하여 마름모꼴로 바꾸어 둥근 땅의 모양을 표상하고자 했다. 서명응, "선천사연(先天四演)", 『보만재총서』 (규장각 한국학연구원, 2006), 제2책, 203쪽.

작업은 고전 우주론의 요소들 사이에서 옳고 그름을 선별하고 관계를 재조정하는 일이 된 것이다. 결국, 이 과정에서 서양 과학은 공자에게 고대 성인들의 지식을 알려준 담자(郯子)처럼 유학자들을 오랜 망각 상태에서 일깨워준 역할을 행한 뒤 배후로 퇴장하고, 고대 중국의 성인들과 그들이 남긴 권위 있는 전통이 논의의 전면에 등장했다. 서명응과 같이 서양 과학에 우호적인 학자들이 그것을 받아들여 재구성한 "동서(東西) 절충"의 과학은 그들 자신이 보기에는 고대 중국 과학의 진정한 재현이었다.

그에 따라 "서양 과학의 중국화" 현상은 앞서 살펴본 서양 지식에 중국 과학사의 시민권을 부여하는 계보학의 차원을 넘어 사상적 내용의 수준으로 심화했다. 조선 후기 서양 과학의 수용을 다룬 최근의 연구에서 문중양은 서양 과학과 전통 과학의 양자택일 구도로 당시를 바라보는 관점을 비판한 뒤, 조선 유학자의 대부분이 "19세기 말까지도 조선 과학의 패러다임 하에서, 즉 '그들의 방식'인 성리학적 자연 인식 체계로 서구 과학을 읽었"다고 지적했다. 이질적 서구 과학을 성리학의 체계 내로 포섭함으로써 그들은 "고전적 자연 인식 체계를 더욱 발전시키면서 자연에 대한 이해의 폭과 깊이를 더해갔다."는 것이다.[87]

3. 대척지와 기(氣)의 회전: 서구 과학의 문화적 함의

서구 과학의 내용을 전통적 세계상과 절충하는 작업을 추동한 동력은 일단 앞서 지구설의 예에서 보았듯이 서구 학설이 "천원지방" 등 전통적으로 권위를 지닌 지식, 모두가 자명하게 받아들이고 있던 상식과 충돌하는 면이 있었기 때문이다. 그중에서도 첨예한 논란을 불러일으킨 것이 바로 대척지(對蹠地) 관념이었다. 땅이 둥글고 그 표면 모두에 사람이 산다면, "우리 세상"의 반대편, 지구의 "아래쪽"에 우리와 발바닥을 마주하고[對蹠] 사는 사람들은 어떻게 아래로 떨어지지 않을 수 있을까? 물리적 상하 구분에 관한 이 단순한 의문은 자연학의 영역을 넘어서는 심오한 사회문화적 쟁점을 담고 있었다. 상하의 문제는 곧 "우리"(위)와 "남(아래)" 사이의 사회문화적 구분의 문제와 연결되었기 때문이다.

"자연"과 "사회" 사이의 긴밀한 연관은 애초 마테오 리치를 비롯한 예수회 선교사들이 지구설을 중국에 소개하면서부터 의도했던 바였다. 예를 들어 리치는 "곤여만국전도"에서 중국의 독자들에게 대척지 학설을 다음과 같이 도전적인 논조로 소개했다.

> 무릇 땅의 두께는 28,636리 36장(丈)으로 상하 사방이 모두 사람 사는 곳이며 크게 하나의 구(球)를 이루니 본래 상하가 없다[原無上下]. 무릇 하늘의 안에서 우러러보아 하늘이 아닌 곳이 어디인가. 육합(六合)의 안을 통틀어 발이 딛고 있는 곳이 아래이며 머리가 향하는 곳이 위이

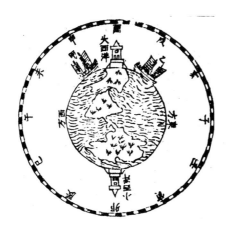

〈그림 2-5〉 우르시스(Sabbatino de Ursis 熊三拔)의 『표도설(表度說)』에 실린 지구와 대척지(對蹠地)의 관념. 李之藻 편, 『天學初函』. (臺北: 臺灣學生書局, 1965), 제5책, 2554쪽.

니, 오로지 자기 자신이 사는 곳을 기준으로 상하를 나누는 것은 옳지 않다.[88]

"자연학"의 차원에서 리치의 "무상하(無上下)" 명제는 아리스토텔레스의 구대칭적(球對稱的) 우주를 전제하고 있다. 그에 의하면, 우주의 중심이기도 한 지구 중심으로부터 달의 궤도까지의 "달 밑 세계"는 물, 불, 흙, 공기의 4원소로 이루어져 있는데, 무거운 원소인 흙과 물은 우주의 중심으로 모이고("떨어지고"), 가벼운 원소인 공기와 불은 바깥으로 멀어진다("올라간다"). 땅이 우주의 중심에 둥근 공 모양을 이룬 것도 무거운 원소인 흙과 물이 중심에 응집한 결과였다.[89] 그렇다면 허공 중의 지구 또는 지구의 "아래쪽" 사람이 "아래"로 떨어지지 않을지 걱정할 필요가 없었다. 애초에 떨어질 "아래"가 없는 것이다(그림 2-5). 이렇듯 구대칭의 우주를 소개한 뒤 리치는 이 문제가 단지 자연학의 쟁점에 그치는 것이 아님을, 나와 남 사이의 문화적 구분의 문제와도 연결되어 있음을 암시하고 있다.

　그에 비해, 위에서 아래로 직선을 그리며 내려오는 상하 구분의 관념을 지닌 동아시아인들에게는 애초부터 땅의 반대편에 인간 세계가 존립할 여지가 없었고, 따라서 우리가 사는 "지상"이 유일한 세계였다. 청나라 강희 연간 서학에 대한 공격의 선봉에 섰던 양광선(楊光先, 1597-1669)은 지구설을 두고 "사람은 하늘을 위쪽으로 하고 땅을 딛고 서 있는 것이지 옆으로 서 있다거나 거꾸로 서 있는 사람이 있다는 이야기는 들어본 적이 없다."며 비웃었다.[90] 이러한 상식적 세계상은 주희의 학설로도 뒷받침되었다. 그에 따르면, 인간의 세계는 땅덩이 "위쪽"에만 펼쳐져 있으며, 그 땅덩이가 아래로 떨어지지 않도록 물이 떠받치고 있었다.[91]

　바로 그 유일의 "지상" 세계에는 다시 중심과 주변을 나눌 수 있어서, 바로 그 중심에 옛 성인(聖人)들이 창시한 고상한 문명을 계속 이어온 중국이 자리잡고 있었다. 1631년 산동(山東)에서 선교사 로드리게스가 선사한 세계지도에 중국이 가운데 그려진 것을 보고 역관 이영후(李榮後)는 선교사에게 쓴 편지에서 중국 중심의 세계상을 다음처럼 피력했다. "중주(中州)의 땅은 하늘의 정중앙에 해당하여, 혼원(渾元)하고 맑은 기운이 꿈틀거리며 땅을 둘러싸고 부딪치고 쌓이는 일이 반드시 이곳에 일어납니다. 그러므로 예로부터 복희, 신농, 황제, 요·순·우·탕·문·무 임금, 주공, 공자 등의 성인이 모두 이곳에서 일어나셨습니다."[92]

　하지만 답장에서 로드리게스는 세계지도에 "대명국(大明國)을 중심으로 한 것은 관람하기 편하게 한 것일 뿐, 지구설에 따라 논한다면 나라마다 모두 중심이 될 수 있"다고 반박한 뒤, 중국인들이 "이 지도와 서양인을 보고서야 비로소 땅이 크고 나라가 많음을 알게 되었"다고 덧붙였다.[93] 비슷한 시기 중국 복건(福建) 지역에서 활동했던 선교사 알레니는 세계지리서『직방외기』에서 지구상에 중심과 주변의 구분이 불가능하다고 지적했다.

> 땅이 구형이라면 중심이 아닌 곳이 없다. 소위 동서남북의 구분이란
> 사람이 사는 곳을 기준으로 이름 지은 것에 불과하니, 애초부터 확정
> 된 기준이란 없는 것이다.[94]

즉, 예수회 선교사들은 지구와 대척지의 학설을 통해 중국 중심의 세계
상이 근거가 없음을 보여주었는데, 이는 그들의 기독교 선교 전략과도 깊
이 연동된 것이었다. 지구설과 대척지 설을 받아들이게 된다면, 중국인들
이 종국적으로는 중국 이외의 또 다른 고상한 문명으로 기독교 서양의
존재와 그 문화적 우수함을 좀 더 쉽게 받아들일 수 있으리라 기대한 것
이다.[95]

　지구설과 대척지 관념에 담긴 선교사들의 문화적 메시지를 알아챌 수
있었던 비판자들은 곧 그 불온함을 선교사들이 의도한 것 이상으로 증
폭했다. 이간이 "무상하 육면세계"의 학설에 대해 "참으로 뒤집어버리지
않는 것이 없다."고 지적했을 때, 그는 바로 대척지 학설의 사회정치적 위
험에 대해 깊은 우려를 표명한 셈이었다.[96] 양광선은 선교사 아담 샬의
세계지도에서 서양을 오궁(午宮), 중국을 축궁(丑宮)의 경도대에 배당한 데
대해, "오양(午陽)은 위에 있고 축음(丑陰)은 아래에 있으니 우리 중국을
저 서양인의 발바닥이 밟고 있는 나라"로 본 것이라며 분개했다. 그에 의
하면, 서양인들은 한 걸음 더 나아가 서양과 중국 사이의 실제 정치적 위
계도 전복시키려 했다. 선교사들이 발행한 청나라 달력의 표지에 인쇄된
"서양 신법에 따름[依西洋新法]"이라는 다섯 글자는 "우리 중국이 서양의
정삭(正朔)을 받든다고 말하는 것"으로서, 그들이 황제에 대해 "역심을 품
고 있음"을 알려주는 증거라는 것이다.[97]

이들과는 반대로 서구 대척지 학설의 문화적 함의를 긍정적으로 증폭한 예도 없지 않았다. 이간이 비판했던 "육면세계설"의 주창자들이 그 드문 사례이다. 이간의 글을 통해 그 내용을 엿볼 수 있는 육면세계설은 상당히 개방적인 세계관의 면모를 보여준다. 그 열렬한 추종자였던 한홍조(韓弘祚, 1682-1712)는 친한 벗이었던 이간에게 다음과 같이 말했다고 한다.

> 개울, 강, 바다가 본디 땅의 여섯 면을 가로지르며 둘러싸고 있다. 사람이 만약 오래 살고 강건히 돌아다닐 수 있다면 뱃길과 육로를 통해 모두가 이 세계와 저 세계를 왕래할 수 있을 것이다.[98]

"땅이 육면체 모양"이라거나 "물이 땅의 표면을 둘러 흐르고 있다."는 육면세계설의 지언학적 명제에는 서로 다른 세계 사이의 여행에 대한 호서 성리학자들의 기대가 담겨 있었다. 마테오 리치가 구만리 바닷길을 따라 "땅의 아래쪽" 구라파(歐羅巴)에서 중국으로 왔듯이, 이쪽 사람도 바다를 통해 저 세계에 도달할 수 있을 것이다. 세계 간 소통의 전망은 "아래쪽" 세계의 존재는 물론 그 세계 사람들도 우리와 동등한 존재라는 믿음을 전제로 한 것이다. 한홍조에 따르면, "육면세계의 인물이 비록 서로를 거꾸로 매달려 있다고 비웃지만, 각각 하늘을 이고 땅을 밟고 있다면 한가지로 통하는 데 지장이 없을 것이다."[99] 우리 눈에 저쪽 사람들은 거꾸로 서 있는 것처럼 보이지만 그들도 나름 바로 선 존재들이라는 것이다. 이들은 마테오 리치가 "무상하" 학설에 불어넣은 세계관적 주문을 마음 깊이 받아들였다.

하지만 이들은 거기서 머물지 않고 "무상하" 학설의 개방적 함의를 한층 더, 아마도 선교사들이 용납하기 어려울 정도로 증폭시켰다. 육면세계설의 옹호자들에 의해, 이쪽 세계와 저쪽 세계의 동등성을 주장하는 "무상하"의 교의는 사람과 동·식물이 선한 본성을 공유하고 있다는 이른바 "인물성동론(人物性同論)"의 윤리적 교의와 연결됨으로써 우주에서 인간의 특별한 지위에 대한 의문으로까지 심화한 것이다.[100]

육면세계설 논란을 벌인 호서의 젊은 성리학자들은 같은 시기에 인성과 물성이 같은지 다른지를 둘러싼, 조선 후기 성리학의 유명한 논쟁을 시작하고 있었다. 흥미롭게도 육면세계설을 지지한 이들의 일부가 사람과 동식물이 선한 본연지성(本然之性)을 공유하고 있음을 강조했다면, 그에 비판적인 이들은 대개 사람과 동식물이 부여받은 기질(氣質)의 편차에서 비롯되는 차이에 주목했다. 호서의 성리학자들이 육면세계설과 인성론을 드러내놓고 연결 짓지는 않았지만, 그 둘 사이의 유비(類比)를 의식하고 있었음을 보여주는 증거는 있다. 유비의 고리는 사람, 동물, 식물을 각각 "정립(正立), 횡행(橫行), 도립(倒立)"하는 존재들로 구분하는 주자학의 전통이었다.[101] 그에 따르면, 초목은 땅에 머리를 박고 거꾸로 서 있고[倒立], 짐승들은 엎드려 가로로 다니는[橫行] 데 비해, 오직 사람만이 바로 서서[正立] 위로는 하늘을 이고 아래로는 땅을 밟고 있다. 육면세계설은 바로 초목, 금수, 인간들 사이의 구획에 혼란을 일으켰는데, 그에 따르면 단적으로 땅의 반대편에서 "거꾸로 서 있는 이들"이 식물인지 인간인지 불분명했다. 실제로 육면세계설의 비판자이면서 인성과 물성의 차이를 강조했던 강규환(姜奎煥)이 이러한 의문을 표명했다. "만약 땅 아래쪽 사람은 모두 거꾸로 서 있고 사방의 사람들은 모두 가로로 다닌다면, 땅 아래쪽 사람은 곧 이 세계의 초목(草木)이며 사방의 사람은 곧 이 세계의 금수(禽獸)일 텐데, 이 무슨 이치란 말입니까?"[102] 즉, 지하 세계와 사방 세계의 존재를 인정한다면, 그것은 곧 사람과 식물, 동물 사이의 구분을 혼동시키는 일이 될 것이었다. 그에 비해 반대편 세계의 사람들도 나름으로는 "바로 서 있는" 존재들로 본 한홍조는 정립, 횡행, 도립 사이의 절대적 구분을 부정함으로써 인성(人性)과 물성(物性)의 차이도 함께 상대화시키는 태도를 보였다.[103]

육면세계설은 주자 성리학에 잠재된 개방적 세계관의 편린(片鱗)을 보여주지만, 그럼에도 조선 학계에서 그 가능성이 충분히 발현되지는 못했다. "심신(心身)과 일용(日用)"에 긴요하지 않다는 이유 때문인지 그 지지자든 비판자든 육면세계설에 대한 논의를 억제했고, 시간이 지남에 따라 추종 세력도 사라진 것으로 보인다. 전반적으로 보아 서구 대척지 학설의 개방적 함의를 이렇듯 긍정적으로 수용하고 증폭한 사례는 드물었다. 지구설과 대척지 관념을 받아들인 경우에도 대개는 중국 중심의 세계관에 대한 비판까지 수용하지는 않았다. 서양 과학을 받아들이면서도 그에 담긴 불온한 문화적 메시지를 적절히 제어하려 한 좋은 사례로 18세기 중엽 조선에서 서학(西學)의 학문적 성숙을 이끈 이익(李瀷)을 들 수 있다.

이익은 서양의 천문학, 수학, 지리학에 대해 깊이 신뢰했다. 지구와 대척지의 학설을 받아들였고, 특히 서양 천문학에 대해서는 "성인이 다시 태어난다 해도 이를 따를 것"이라는 유명한 칭송의 말을 남겼다.[104] 그의 지적 영향 아래 있던 남인 기호학파에서 서양 과학을 진지하게 탐구한 인물은 물론 천주교 신앙을 받아들인 이들까지 배출되었다.

하지만 서양 과학에 대한 이익의 이해 방식은 상당히 절충적이어서, 서양 과학과 전통적 세계관이 충돌하는 경우 양자택일의 급진적 방식이 아니라 그 둘을 조정하는 온건한 방식으로 해결하려 했다. 조정은 대개 서양 과학에서 이념적으로 문제시되는 요소를 기존 세계상에 부합하게끔 조정하는 방식으로 이루어졌다. 이를 통해 서양 과학 지식을 받아들이면서도, 그것이 기성의 상식과 질서를 뒤흔들 가능성은 방지하려 한 것이다.

단적으로 이익은 지구와 대척지의 관념은 받아들였지만, 그와 연동된 "무상하"의 공간 관념은 받아들이지 않았다. 하지만 이익이 그것을 의식적으로 거부했다기보다는 서양 지구설에 전제된 아리스토텔레스적 공간 관념을 충분히 이해하지 못한 결과로 보인다. 이는 그가 우주의 중심에 있는 지구가 "왜 아래로 떨어지지 않는지" 굳이 고민한 데서 잘 드러난다. 그는 하늘 대신 땅이 하루 한 번 자전(自轉)할 가능성에 대해 진지하게 검토하다 결국 반대로 돌아섰는데, 그 이유는 『주역』에서 말한 것처럼 "하늘이 굳건히 회전"[天行健]하지 않는다면 우주의 중심에 있는 땅이 아래로 떨어질 수밖에 없다는 판단 때문이었다.[105] 즉, 이익은 비록 지구 관념을 받아들였지만, 우주에 상하가 있다는 상식은 버리지 않았다.

실제로 지구설을 받아들인 대다수 학자들이 비슷한 문제를 제기하고 비슷한 대답을 내놓았다.[106] 이와 같은 집단적 일치는 이들이 지구설과 관련된 쟁점을 한나라 시기 이래 혼천설(渾天說)을 둘러싸고 이루어진 논의의 맥락에서 이해했기 때문에 벌어진 것이다. 둥근 하늘 가운데 땅덩이가 위치한다고 본 혼천설에 대해 비판자들은 "어떻게 땅이 허공 중에 떠 있을 수 있는지" 의문을 제기했다. 혼천가를 대표하는 한나라의 장형(張衡)은 이에 대해 "물과 기(氣)가 받치고 있다."고 답했다. 고대 의학 서적인 『황제내경소문(黃帝內經素問)』에도 비슷한 문제가 다루어졌다. 허공 중의 땅이 무엇에 의지해 있는지 묻는 황제(黃帝)에 대해 기백(岐伯)은 "대기가 받치고 있다[大氣擧之]."고 응수한 것이다.[107] 17세기 이후의 논의에서 달라진 점이라면, 대기의 회전이 이제는 대척지 문제, 즉 땅의 아래쪽 사람들이 아래로 떨어지지 않는 문제에까지 적용되었다는 것이다. 이익은 서양의 세계지리서 『직방외기』에 대한 발문에서 예의 "천행건(天行健)"에 관한 논의를 이용하여 이 문제를 해결하려 했다.

하늘이 왼쪽으로 하루에 한 바퀴 돈다. 하늘의 둘레는 그 크기가 얼마인가! 그런데도 12시간 안에 다시 돌아올 수 있다. 그 굳건함이 이와 같으므로, 하늘의 안에 있는 것은 그 세력이 중심을 향하여 바큇살처럼 모이지 않음이 없다. 지금 둥근 그릇 안에 어떤 물체를 놓고 기틀을 사용하여 회전시킨다면, 그 물건은 반드시 떠밀려 흔들리다가 [그릇의] 정 중앙에 도달한 뒤에야 정지할 것이다.[108]

이익과 같이 서구 과학의 가장 적극적 옹호자들이라 할 수 있는 이들도 선교사들의 "무상하" 관념을 충분히 받아들이지 못했다. 상하 구분의 관념과 대척지 관념 사이의 충돌을 조정하기 위해 이익은 "기(氣)의 회전"이라는 전통적 기제를 소환해야 했다.

지구설의 옹호자들이 물리적 상하 관념을 버리지 못했다는 사실은 예수회 선교사들이 그와 연동하여 비판했던 사회문화적 구분에 대한 믿음도 버리지 않았을 것임을 시사한다. 둥근 땅 위에는 상하와 동서남북을 절대적으로 정의할 수 없다는 선교사들의 주장에는 곧 중국이 세계의 중심이라는 믿음을 비판하고 기독교 유럽을 그 대안으로 제시하려는 의도가 있었다. 하지만 지구설을 받아들인 이들이 그러한 불온한 메시지까지 받아들이지는 않았다. 그들이 물리적 무상하의 명제를 받아들이지 않은 것은 서구의 공간 관념을 오해한 탓이었지만, 무상하 명제에 담긴 문화적 메시지에 대한 거부는 다분히 의식적이었다.

지구설을 받아들였지만, 중국을 여전히 중심이라고 생각했던 이들은 지구 위에 질적인 구분을 새로이 도입함으로써 중국이 세계의 문화적 중심이 될 수밖에 없는 이유를 밝히려 했다. 예를 들어 청나라 초의 천문학자 매문정은 "땅이 실로 둥글면서도 배면(背面)을 구분할 수 있음을 논함"이라는 흥미로운 제목의 글에서 지구상에서 차지하는 중국의 입지가 사람으로 치자면 "한몸의 정신이 모이는 얼굴"과 같다고 주장했다. 그 증거로 그는 오직 중국에만 오륜(五倫)의 가르침이 전해 내려오며, 중국어의 어순이 "동사-목적어"의 "바른 순서"를 가지고 있어 범어, 라틴어, 일본어가 "거꾸로"인 것과 다르다는 점 등을 들었다.[109] 그는 왜 중국어의 어순만이 바르다고 볼 수 있는지 설명하지는 않았다.

이익은 이 문제에 대해서도 상당히 정교하고 적극적인 논의를 전개했다. 그는 "중국이란 대지 중의 한 조각 땅에 불과하다."는 유명한 언급을 남겼고, 현대의 역사학자들은 이를 그가 중국 중심의 세계상을 극복한 증거로 이해했지만, 사실 그의 이 발언은 "대지 중의 한 조각 땅에 불과한" 중국이 어째서 여전히 상서로운 문명의 중심지일 수 있는지 질문하는 맥락에서 제기되었다. 실제로 그는 왜 중국이 지구상에서 "얼굴", "위", "양(陽)"이라는 독특한 우주적 입지를 지니게 되었는지를 여러 논리를 동원해서 증명하려 했고, 그 증거로 심지어 서양 과학 지식도 이용했다. 이익은 특히 명나라 말의 선교사 우르시스(Sabbathino de Ursis, 1575-1620)가 보고한 "지남침의 편이" 현상에 주목했다. 그가 유럽에서 중국으로 항해하며 남침의 편이가 어떻게 변화하는지 기록한 내용을 보고, 이익은 그것이 바로 지구 이면(裏面)에 존재하는 기(氣)의 변화를 반영한다고 판단했다. 그 보고에 따르면, 아프리카 희망봉을 기점으로 서쪽에서는 남침이 서쪽으로 기울지만, 동쪽에서는 남침이 동쪽으로 기울어 중국에 이르러 편이가 최대가 된다. 이를 근거로 이익은 지구가 음과 양의 두 반구로 나뉘며, 희망봉이 그 둘을 이어주는 솔기 위의 한 지점이라고 추론했다. 유럽이 속한 음의 반구에서는 남침이 서쪽으로 기울고, 중국이 속한 양의 반구에서는 동쪽으로 기운다는 것이다. 요컨대 이익의 구도에 의하면 중국은 양의 반구의 중심에 있었다.[110] 중국의 상서로운 입지를 보여주려 했다는 점에서 이익의 구도는 중국을 땅의 "윗부분"에 놓으려 했던 중국의 전투적 반서학론자 양광선의 시도와 크게 다르지 않았다.

　이상이 홍대용이 북경에 여행할 즈음, 조선 학자들 사이에서 서양 과학이 받아들여지고 논의된 방식이었다. 서구 과학은 고대 성인으로부터 명나라까지 이어진 중국의 지적 계보에 편입되었고, 기성의 상식과 이념에 비판적인 함의는 순치되었다. 서양 천문학이 요순 임금의 유산이라는 홍대용의 언급을 보면, 그 또한 일찍부터 서양 과학을 둘러싼 이상의 논의에 대해 잘 알고 있었고, 서양 과학에 대해 우호적이었던 다른 사람들과 비슷한 입장이었으리라 추측된다. 하지만 만년의 저술 『의산문답』에서 볼 수 있듯, 그가 북경에서 돌아온 뒤에 표방한 관점은 그로부터 상당히 달라져 있었다. 서양 과학의 "중국화"가 그것의 불온한 정치적, 문화적 함의를 해소하기 위해 일어났듯, 홍대용의 과학에서 일어난 변화도 단지 천문지리학이나 우주론 내의 문제만으로는 설명하기 어렵다. 이를 위해서는 홍대용의 중국 여행과 그로 인해 귀국 이후 조선 사회에서 겪었던 일을 살펴볼 필요가 있다.

『의산문답(毉山問答)』,
여행자의 우주론

북경에서 홍대용이 강남의 학자들과 교류한 사건이 불러일으킨 변화는 얼핏 과학과 큰 관련이 없어 보이지만, 실제로는 이후 조선 과학기술 지형의 변화와 관련해서 그의 천주당 방문보다도 더 중대한 의미를 지닌다. 이는 홍대용 개인의 사상 차원에서 일어난 변화, 그리고 홍대용의 실천에 감화 받은 후배 학자들을 통해 일어난 변화로 나눠 살펴볼 수 있다. 여기서는 먼저 앞 측면을 살펴보고, 후자에 관해서는 박지원과 박제가의 북학론(北學論)을 다루는 다음 장에서 살펴볼 것이다.

홍대용 개인 차원에서 일어난 변화는 그의 대표적 저술 『의산문답』의 출현으로 집약될 수 있다. 널리 알려져 있듯, 홍대용의 만년 저술인 이 책에는 땅이 둥근 공 모양이라는 지구설, 그 지구가 하루에 한 번 자전한다는 지전설, 우주가 무한하다는 무한우주설, 다른 별에도 지구의 인간과는 다른 몸과 생활 방식을 지닌 존재들이 살고 있다는 다세계설(多世界說) 등 자유분방하고 창의적인 우주론 학설이 담겨 있다.[111]

그의 문집 『담헌서(湛軒書)』가 홍대용의 삶에 대해 그다지 풍부한 정보를 담고 있지 않으므로 우리는 언제 어떤 경로로 홍대용이 그런 파격적인 학설을 가지게 되었는지 잘 알지 못한다. 지구설은 중국과 조선 정부가 공인한 시헌력의 기본 우주 모델로서 이미 조선 학자 중에서도 지지자가 상당했으므로, 홍대용도 천문학에 깊은 관심을 두게 된 젊은 시절부터 이를 받아들였을 것이다.[112] 그에 비해 지구 자전의 관념에 도달한 것은 나이가 더 들어서였던 것 같다. 20대의 저술로 보이는 "주역변의(周易辨疑)"라는 글에서 "하늘의 운행에 한시라도 쉼이 있다면 오행이 어지러워지고 사유(四維)가 무너질 것"이라고 말한 것을 보면, 애초 그는 지구가 아닌 하늘의 회전을 받아들이고 있었음을 알 수 있다.[113] 홍대용이 지전, 무한우주, 다세계(多世界)의 관념에 도달한 분명한 증거는 그가 중국 여행에서 돌아온 뒤로도 꽤 시간이 흐른 1770년대 말 이후 그의 동료들의 기록에서 나타난다. 각각 1778년과 1780년 중국 여행을 떠난 이덕무(李德懋)와 박지원이 그곳에서 만난 학자들과 홍대용의 학설에 관해 이야기한 것이다. 이덕무는 홍대용이 북경에서 친분을 맺은 반정균을 포함한 중국의 명사들과 만나 홍대용의 다세계설에서 대해 논의했고, 박지원은 열하(熱河)의 태학(太學)에서 만난 학자에게 홍대용의 지전설을 자랑스레 소개했다.[114] 그렇다면 홍대용이 그들에게 자신의 학설에 대해 말해준 것은 이덕무의 연행 이전, 1770년대 중반 무렵이 될 것이다. 당시 홍대용은 서울에 살면서 박지원 그룹의 인물들과 교유하고 있었다.[115]

하지만 『의산문답』은 단지 지전설, 우주무한설 등의 학설을 믿고 있었다고 해서 나올 수 있는 책이 아니다. 홍대용은 이 책에서 자신의 자연관과 우주론을 체계적으로 논술하기보다는 그에 기대어 조선 사회의 학풍과 문화에 대해 근본적인 비판을 제기하려 했다. 따라서 『의산문답』의 저술은 연행 이후 깊어진 홍대용과 조선 사회의 불화, 그에 따른 그의 사상적 변화 과정의 산물로 보아야 한다. 홍대용이 중국에서 돌아온 이후 겪은 사건과 내적 변화는 두 가지로 요약할 수 있다. 첫째는 귀국 직후 홍대용이 북경에서 항주의 선비들과 사귄 일에 대해 비판 여론이 일고 특히 이 문제로 동문수학한 김종후(金鍾厚, 1721-1780)와 논쟁한 일이며, 둘째는 엄성, 반정균, 육비 등과의 편지 교류를 거치며 홍대용이 이전의 교조적인 주자학자로서의 면모를 벗고 사상적으로 좀 더 유연한 입장을 가지게 된 일이다. 이 두 사건은 긴밀히 연관된 것으로서, 김종후와의 논쟁이 홍대용과 조선 사회의 불화를 심화시켰다면 중국의 친구들은 그에게 조선의 편협한 지적 풍토를 넘어서는 대범하고 관용적인 학문의 방향을 제시해주었다.

자신이 지금껏 익숙하게 살아왔던 조선 사회에 대한 홍대용의 반성적 사유는 귀국 이후 북경에서 그의 행적, 특히 강남 선비와의 교류에 대한 일부 동료들의 강력한 비난에 접하면서 깊어졌다. 앞서 보았듯 홍대용의 행적에 대해 열띤 칭송이 있었던 반면 그에 대한 가혹한 비판도 제기되었는데, 스승 김원행(金元行)의 문하에서 함께 공부한 김종후가 그런 경우였다. 김종후는 애초 홍대용의 연행 자체에 대해서 부정적인 태도를 보인 이였다. 1765년 겨울 홍대용이 여행을 떠나기 전에 준 편지에서 그는 견문을 넓히기 위해 북경에 간다는 홍대용에게, 단지 눈으로 보는 견문을 얻기 위해 "비린내 나는 원수의 나라"에 갈 필요가 있는지, 눈의 견문을 키우는 것이 아니라 마음을 키우는 것이 더 중요한 것은 아닌지 질문했다.[116] 이렇듯 연행 자체를 부정적으로 보고 있던 김종후는 홍대용이 북경에서 강남 선비들과 사귀고 필담을 주고받았으며 심지어는 귀국 후 그 기록을 정리하여 주변에 자랑스레 회람하고 있다는 소식에 경악했다. 그는 곧 홍대용의 행위를 나무라는 편지를 보냈고, 홍대용이 이를 반박하는 답신을 보내면서 둘 사이에 날 선 공방이 시작되었다.[117]

김종후가 홍대용에게 제기한 비판의 요지는 오랑캐 만주족 황제 밑에서 벼슬을 얻으려 과거 시험을 보러 온 지조 없는 한족 학자들을 홍대용이 도리어 높이 평가하고 그들과 경솔히 교류했다는 것이다. 자신을 변호해야 했던 홍대용은 자연스레 청나라 치하에서 강남 선비들의 처지, 그들이 변발하고 과거에 응시하는 행위를 함께 변호하게 되었다. 학문적 입장의 차이에도 불구하고 중국 벗들의 성품과 학문에 깊이 매료되어 "천애지기"를 맺은 홍대용의 관점에서 항주 선비들에 대한 김종후의 명분론적 비난은 지나치게 편협했다.

중국 벗들의 처지에 대한 홍대용의 이해는 청조 중국의 정치와 사회에 대한 일면 긍정적 평가로까지 이어졌다. "강희(康熙) 이후로는 (청나라가) 백성과 더불어 편히 쉬면서 다스리는 도를 간단하게 함으로써 한 시대를 진압하고 복종할 수 있었습니다."[118] 연행 이전, 병자호란 당시 청나라와의 화친을 주장했던 주화파(主和派)를 강력히 비판했을 정도로 강경한 노론 성리학자의 면모를 지녔던 홍대용이 이제는 청조에 대해 전향적인 태도를 보인 것이다.[119] "강희 이후" 청조의 통치를 긍정적으로 평가한 홍대용의 발언으로 인해 둘 사이의 논쟁은 병자호란 이후 조선의 국시(國是)로 견지되어온 숭명반청, 존주대의(尊周大義)의 문제로 확대되었다. 김종후의 눈에 홍대용은 효종 임금과 송시열(宋時烈) 이래 노론이 견지해온 존주대의에 대해 의심하고 있는 것으로 비쳤다. 홍대용은 숭명반청의 의리 자체를 부정하지 않으면서도 이적(夷狄)에 대한 김종후의 비난이 극단적이라고 비판하면서, 이러한 강경한 명분론이 조선의 편협하고 고루한 풍속을 반영한 것이라고 반박했다.

우리 동방이 오랑캐가 된 것은 지계(地界)가 그러하기 때문인데, 또한 어찌 꺼릴 필요가 있겠습니까? 이적(夷狄)에 처하여 이적으로 살아간다고 하더라도 진실로 성인이 될 수 있고 대현(大賢)이 될 수도 있는데,

우리가 만족스럽지 않게 생각할 것이 무엇이겠습니까? 우리 동방이 중국을 본받아서 이적임을 잊은 지는 오래되었습니다. 비록 그러하나 중국과 비교하면 그 등분이 자연히 있는 것입니다. 그런데 오직 자만하여 작은 지식에 국한된 자로서는 이런 말을 갑자기 들으면 대개 노여워하고 부끄럽게 생각하면서 마음에 달게 여기려 하지 않는 이가 많습니다. 이것은 동방의 풍속이 편협하기 때문입니다.[120]

위의 인용문에서 주목해야 할 것은 그가 이제 북경에서 자신의 행적을 비난하는 "편협한 동방" 사회와 거리를 두기 시작했다는 것이다. 홍대용에게 조선은 이제 명나라의 멸망 이후 주나라의 고상한 문명을 보존하고 있는 문명사회가 아니라, 동방에 치우친 지세로든 편협한 풍속으로든 여전히 이적(夷狄)이면서도 그 사실을 망각하고 자만에 빠져 있는 기이한 사회였다. 북경 여행을 계기로 홍대용은 자신이 익숙하게 살아왔던 조선 사회에서 낯선 생각을 하는 이가 되었고 김종후로 대변되는 주류 학풍과 불화하기 시작했다.

이렇듯 귀국 직후 그의 행적에 대해 비판적인 조류와 갈등하고 있던 홍대용은 북경에서 사귄 항주의 선비를 비롯한 중국의 벗들과 계속 편지를 교환하고 있었다. 홍대용의 연행 및 그 이후의 기록에 관해 연구한 후마 쓰스무(夫馬進)는 『의산문답』의 집필을 1766년 연행에서 돌아온 이후 홍대용이 겪은 사상적 전회(轉回)의 결과물로 이해했는데, 특히 부친의 상 중이었던 1768년 여름에서 이듬해 여름 사이에 그에게 전달된 엄성과 육비의 편지를 그 전회의 중요한 계기라고 주장했다.[121]

엄성과 육비의 편지는 홍대용이 북경에서 돌아온 직후 그들에게 보낸 편지에 대한 답장이었다. 홍대용의 편지는 양명학과 불교의 가르침에 우호적인 그들의 관점을 비판하는 내용이었는데, 답장에서 그들은 이 조선인 친구의 편협한 태도를 나무라며 좀 더 관용적인 관점을 권고했다. 엄성은 자신의 편지에서 노자와 장자를 변호하면서, 그들이 "천부(天賦)의 자질은 뛰어난 사람들"로서 "쇠퇴하는 시대에 태어나 과장되고 근거 없는 말을 발설했으나, 그 태반은 당시의 풍속에 분노하는 마음에 격동되어 말한 것에 불과했다."며 그들의 동기를 이해했다. 육비의 답장 역시 주자학과 양명학의 차이를 절대화하는 데 반대하고, "번뇌를 제거하고 생사를 공(空)과 같이 보고자 한다면" 장자(莊子) 제물(齊物)의 관점을 채택할 수 있으리라고 주장했으며, 심지어 자신은 "유가에서 벗어나 (이단인) 묵가에 들어가려 한다[逃儒而入墨]."고까지 말했다. 특히 엄성은 학질에 걸려 고열에 시달리면서 쓴 긴 답장에서 간곡한 어조로 홍대용의 편협함을 교정해주려 했다. 엄성이 죽은 이듬해 부음(訃音)과 함께 유언처럼 전해진 편지에 홍대용은 깊은 충격을 받았다. 이에 대해 후마는 엄성과 육비의 편지가 홍대용의 "후반생(後半生)을 결정할 정도의 커다란 영향"을 주었으며, 특히 홍대용이 그때까지 견지해온 "주자학에서 벗어나게 되는 결정적 계기로 작용"했다고 보았다.[122]

실제로 엄성과 육비의 편지에 등장하는 몇몇 핵심 구절과 모티프가 이후 홍대용의 글에 반복적으로 등장한다. 예를 들어, 1769년 여름 이후에 쓰인 것으로 보이는 편지에서 홍대용은 김종후에게 다음과 같이 선언했다.

> 아아! [공자의 제자] 칠십자(七十子)가 죽은 뒤 대의(大義)가 어그러지자, 장주(莊周)는 세상에 분노하여 양생(養生)과 제물(齊物)을 도모했습니다. 주자 문하의 말학(末學)들이 그 스승의 학설을 어지럽히자, 왕양명(王陽明)은 습속을 미워하여 치양지(致良知)를 주장했습니다. 이 두분의 현명함으로 보건대 어찌 일부러 문호를 갈라 이단으로 귀착되는

일을 달게 여겼겠습니까? 다만 그들이 세상에 분노하고 습속을 미워함이 지극하여 굽은 것을 바로잡는 데 지나쳤던 때문입니다.… 요즘은 때때로 분노하고 미워하는 마음이 있어, 망령되이 생각하기를, "이 두 분이 제멋대로 한 의론이 실로 내 마음과 같다"하며, 세상을 돌아보고 슬퍼하면서 거의 유가를 떠나 묵가로 들어가고자[逃儒而入墨] 할 정도가 되었습니다.[123]

이 편지에서 홍대용은 엄성과 육비의 표현을 써서 쇠퇴한 학술과 풍속에 분노한 장주(莊周), 왕수인(王守仁)과 자신을 동일시하고 있다. 조선의 편협하고 치우친 풍속에 분노한 나머지 육비가 말했듯 "유가를 떠나 묵가로 들어가려는" 과격한 마음이 들 정도라고 술회한 것이다.

홍대용의 사상적 전회 과정에 대한 후마의 재구성은 상당히 설득력이 있지만, 그럼에도 두 가지 문제를 제기할 수 있다. 우선, 1768년 엄성과 육비의 편지가 홍대용의 생각에 큰 영향을 끼쳤다고 해도, 강경한 주자학자에서 관용적 관점으로의 전환은 그 이전, 특히 연행 시기로부터 연속적으로 이루어진 면이 있다. 특히 조선 사회의 편협함에 대한 홍대용의 분노는 앞서 보았듯 북경에서의 행적을 두고 김종후와 논란을 벌이던 때부터 나타났다. 좀 더 중요한 문제는, 홍대용이 겪은 사상적 변화를 "주자학으로부터의 탈각(脫却)"이라고까지 볼 근거가 분명치 않다는 것이다. 홍대용이 귀국 이후 보인 변화의 궤적은 마치 하나의 주의(主義)에서 다른 주의로 전향하는 것과 같은 종류의 변화로 이해하기 어렵다. 우선 홍대용이 주희라는 학자에 대한 존경을 거두고 그의 학설 체계 전반을 부정했다는 증거가 없다. 단지 "주자의 말학(末學)", 즉 조선의 교조화된 주자학풍의 문제를 지적했을 뿐이다.[124] 홍대용이 겪은 변화는 조선의 주자학자들이 이단이라고 배척한 경향에 대해 좀 더 관용적이며 심지어 심정적으로 공감하는 태도를 지니게 된 것으로 볼 수 있다. 즉, 홍대용은 주자학이라는 특정 사상에서 벗어났다기보다는 학설과 주의(主義)들이 치열하게 옳고 그름을 다투는 세계 자체에서 벗어난 것이다.

홍대용이 조선 사회의 편협함을 넘어서 도달한, 좀 더 관용적 세계관의 경지를 표출한 책이 『의산문답』이다. 그렇다면 『의산문답』은 북경 여행, 강남 선비들과의 교류, 귀국 이후 조선 사회와의 불화를 겪는 과정에서 홍대용에게 일어난 세계관적 변화의 종착점이라 할 수 있을 것이다. 홍대용의 독특함은 자신이 겪은 변화를 우주에 대한 사유에 기대어 표현했다는 데 있었고, 그런 점에서 『의산문답』은 홍대용이 조선 학계에 던진 과학적 우언(寓言, allegory)이라고 볼 수 있다.[125]

『의산문답』을 집필하게 된 홍대용의 "비과학적" 동기는 『의산문답』의 도입부에서 잘 드러난다. 조선의 고루한 양반 학자를 대변하는 허자(虛子)는 중국 여행 중에 의무려산(醫巫閭山)에서 우연히 현자 실옹(實翁)과 만났고 이어지는 그와의 대화를 통해 그동안 견지해온 자기중심적 사유를 교정해나갔다. 이미 여러 연구자가 지적한 것처럼 『의산문답』의 허자라는 인물은 연행 이후 홍대용이 비판적으로 대면했던 고루한 조선 학자뿐 아니라 여행 이전 강직한 주자학자였던 자신을 상징하는 인물로도 볼 수 있다.[126] 그렇다면 허자를 깨우쳐준 실옹은 북경 유리창에서의 필담과 이후 서신 교환을 통해 주자학에 경도된 홍대용의 편협한 생각을 교정해주려 했던 중국인 친구, 특히 엄성을 상징하는 인물일 수 있다.

『의산문답』의 서두에 의하면, 조선에서 자기를 알아주는 이를 찾지 못한 허자는 "서쪽으로 연도(燕都)에 들어가 진신(搢紳)들과 어울려 담론하며 여관에 60일 동안 거하면서도 끝내 자기를 알아주는 이를 만나지 못했다[無所遇]."[127] 흥미롭게도 이러한 표현은 엄성이 홍대용과 함께 만난 조선 학자 김재행(金在行)에게 준 "양허당기(養虛堂記)"에 비슷하게 등장한다. 이 글에서 엄성은 홍대용과 김재행에 대해 "이 두 사람은 조선 사람이다. 이들은 한 번 중국의 선비와 사귀기를 생각하고 조공(朝貢)하는 사신을 따라와 경사에 머무른 지 3개월이 지났으나 자기를 알아주는 이를 만나지 못했는데[無所遇]," 자신과 만나게 되자 "즐겁기가 옛날부터 서로 아는 사이 같았다."라고 소개했다.[128] 엄성의 기문에 나타나는 "3개월 동안… 만나지 못했다."는 표현은 분명 홍대용이나 김재행의 입에서 나왔을 것이며, 따라서 "양허당기"와 유사한 『의산문답』 도입부의 구도는 홍대용 자신의 경험에 근거했을 가능성이 크다. 게다가 죽음을 앞두고 쓴 엄성의 편지가 홍대용의 내면적 변화를 불러일으켰으리라는 후마의 지적을 받아들인다면, 실제로 홍대용에게 엄성은 『의산문답』에서의 실옹과 같은 계몽자의 구실을 한 셈이 된다.

『의산문답』에서 실옹이 깨우쳐주고자 했던 것이 바로 허자의 "자긍심"으로서, 그 바탕에는 자기중심적 관점을 정당화하는 "도술(道術)의 미혹"이 전제되어 있었다. 숭명반청 이념에 따라 청나라를 야만족이라고 비웃고 자신을 중국의 계승자로 자부한 조선의 주자학자들이 바로 "도술의 미혹"에 빠진 이들이었다. 『의산문답』의 실옹은 그러한 문화적 자긍심의 근원에는 결국 인간이 금수(禽獸)보다 도덕적으로 우월하다는 관념이 깔려 있다고 지적한다. 이는 사람이 자신의 관점에서 금수를 본 것으로, 만약 사람도 아니고 금수도 아닌 "하늘의 시각"에서 보자면 그 둘은 동등할 것이었다.

> 너는 진실로 사람이로군. 오륜(五倫)과 오사(五事)는 사람의 예의(禮義)이고, 떼를 지어 다니면서 서로 불러 먹이는 것은 금수의 예의이며, 떨기로 나서 무성한 것은 초목의 예의이다. 사람을 기준으로 물(物)을 보면 사람이 귀하고 물이 천하며, 물을 기준으로 사람을 보면 물이 귀하

고 사람이 천하지만, 하늘에서 보면 사람이나 물이 마찬가지다.… 대개 대도(大道)를 해치는 것으로는 자랑하는 마음보다 더 심한 것이 없다. 사람이 사람을 귀하게 여기고 물을 천하게 여김이 자랑하는 마음의 근본이다.[129]

홍대용이 『의산문답』을 통해 전달하고자 했던 핵심 메시지는 이후 실 옹의 입을 통해 개진된 지구 자전과 무한우주의 학설로 구체화되었다. 『의산문답』의 우주론에 대해서는 이미 여러 연구를 통해 상당히 밝혀졌다. 그 핵심은 어디가 중심인지를 정할 수 없을 정도로 우주가 광활하며, 지구는 그중의 한 평범한 별로서 다른 별들과 마찬가지로 구형이라는 것이었다. 중심과 상하 사방을 절대적으로 정의할 수 없으므로, 지구는 물론 지구 둘레에 사는 사람들이 "아래로" 떨어져야 할 이유도 없게 된다. 지구 주위에서 그 중심으로 향하는 인력이 형성된 이유는 지구가 하루에 한 번 자전하면서 그와 함께 회전하는 주위의 기(氣)가 그 바깥의 허기와 마찰하여 지구 중심을 향하는 소용돌이 세력이 만들어지기 때문이다. 즉, 오늘날 홍대용의 상징처럼 간주하는 지전설은 무한우주의 관념을 전제한 뒤 지구 주위에 형성된 인력을 설명하기 위해 도입된 장치였다.[130] 『의산문답』의 문맥에서 이러한 우주론 학설들은 조선의 양반 학자들이 굳게 신봉해온 숭명반청의 이념과 이를 철학적으로 뒷받침한 주자 성리학의 명분론이 자기중심적 사유에 불과함을 드러내주는 장치들로 사용되었다. 둥근 공 모양의 땅 위에서는 중심을 정의할 수 없으므로 중국이나 서양은 물론 지상 세계 어느 곳도 자기 땅을 중심이라고 주장할 수 없다(지구설). 이는 시야를 넓혀 우주 차원에서 보아도 마찬가지로서, 무한히 펼쳐진 우주 공간에서 지구, 태양을 비롯해 어떤 별도 자신을 중심이라고 주장할 수 없다(우주무한설). 우리 입장에는 지구가 정지해 있고 온 세계가 자기 주위를 도는 것 같지만 사실 돌고 있는 것은 우주가 아니라 지구이며, 우리가 절대적이라고 생각하는 상하의 인력이란 회전하는 지구 주위에 국지적으로 나타나는 효과일 뿐이다(지전설). 인간은 자신을 만물의 영장인 듯 자랑하지만 해, 달, 별의 다른 세계에는 우리와 전혀 다른 모습을 지닌 존재들이 살고 있고, 그들이 지구인보다 지적·도덕적으로 우월하다(다세계설). 하늘의 별자리 또한 지구 위 인간의 눈에 비친 별들의 배열을 임의로 엮은 것에 불과하므로 그것들에 이름을 붙여주고 인간사의 전조로 해석하는 점성술에는 합리적 근거가 없다. 『의산문답』의 실옹은 이 모든 개별적 메시지를 "자기 관점에서 보지 말고 하늘의 관점에서 보라[自天而觀之]"는 하나의 주문으로 집약했는데, 이는 궁극적으로 청나라를 야만시하고 명나라와 그 문화를 계승한 조선을 중화로 보는 조선 엘리트들의 화이론(華夷論)을 향하고 있다.

오늘날 『의산문답』은 우주론과 문화적 메시지의 측면 모두에서 당시 조선 성리학의 상식을 넘어서는 급진적 학설을 담은 책으로 이해되고 있다. 그리고 예수회 선교사에 의해 소개된 서양 과학이 그 급진적 사유의 중요한 원천이라는 점도 널리 인정받고 있다. 실제로 『의산문답』에 등장하는 지구와 지전의 관념, 튀코 브라헤(Tycho Brahe)의 우주 체계 등은 홍대용이 서학서를 통해 접한 지식이었다.[131] 하지만 연구자들이 홍대용의 사유에 미친 서양 과학의 영향을 강조한 것은, 서구 근대와 동아시아 전통의 대립 구도 하에서 그의 사상이 지닌 탈주자학적, 근대적 성격을 부각하려는 의도에서 비롯된 것이었다. 그러나 『의산문답』의 급진성이 과연 전적으로 서양 과학에서 비롯된 것인지, 그것이 주자 성리학과는 정말로 양립 불가능한 것인지에 대해서는 좀 더 생각해볼 여지가 있다.

우선 『의산문답』의 우주론에 급진적 성격을 부여한 핵심 요소인 우주 무한의 관념과 다세계의 상상은 서양 과학에서 유래한 것이 아니라 동아시아의 지적 전통, 특히『장자(莊子)』의 우언(寓言)에서 비롯된 것임을 지적할 수 있다. 일찍이 송영배가『의산문답』과『장자』"추수(秋水)"편의 유사함에 대해 지적했듯, 홍대용은 시공간의 외연을 크게 확장해서 얻은 새로운 견지에서 기성의 상식이 지닌 제한성이나 임의성을 드러내는 전략을 취했다. "무한히 펼쳐진 하늘에 근거해서 보면" 사람과 동식물, 문명인과 야만인이 동등하다는 홍대용의 논법은 그런 점에서 드넓은 바다의 관점에서 황하(黃河)의 자긍심과 편견을 교정하려 한『장자』"추수"편의 전략과 같다.[132] 홍대용이 북경에서 돌아온 이후 김종후와의 논쟁, 엄성 등과의 편지 교환을 거치며『장자』의 사상에 경도된 면이 있었다는 사실을 염두에 둔다면, 그가『의산문답』의 저술에서『장자』의 원천을 적극적으로 이용한 것이 그리 이상한 일은 아닐 것이다.

그 외에 홍대용은 조선의 성리학자들이 우주론적 논의에서 자주 이용하던 요소들도 적극적으로 활용하고 있다. 예를 들어『의산문답』에서 지전설에 대해 논의하며 홍대용은 전통적인 기(氣)의 회전 기제를 이용하고 있는데, 이는 이익(李瀷) 등의 절충적 접근법에서 크게 벗어난 것이 아니다. 물론 홍대용은 우주 전체에 상하로 내려오는 인력의 세력이 있다는 믿음을 버렸다는 점에서 이전 학자들과는 달랐다. 이익이 상하 구분의 상식을 유지한 채로 지구 주위의 인력을 설명하기 위해 기의 회전을 도입했다면, 홍대용은 상하 관념 자체를 부정했고, 나아가 지구를 여전히 우주의 독특한 중심에 놓은 유럽 천문학의 구도마저 인정하지 않았다. 이런 상황에서 지구 주위에 국지적으로 형성된 인력을 설명하기 위한 장치가 바로 지전과 그에 따른 기의 회전이었다. 즉, 이익이 서양 지구설에 전제된 아리스토텔레스적 공간 관념을 충분히 받아들이지 못했다면, 홍대용은 서양의 공간 관념을 선교사들이 원하지 않던 수준으로 증폭시킨 면이 있었다.[133] 홍대용이 자신의 급진적 우주론을 "기의 회전"이라는 그때까지 성리학자들이 즐겨 사용해오던 기제를 통해 표현했다는 점은, 성리학의 우주론적 유산이 그 자체로 보수적이어야 할 이유가 없음을, 그것을 사용하는 이의 의도와 방식에 따라 혁신적 관념을 담는 그릇이 될 수도 있었음을 시사한다.

주자학의 학설이 홍대용에 의해 명백하게 급진적으로 이용된 다른 예로 그가 이른바 "인물성동론(人物性同論)"의 인성론(人性論)을 이용하는 방식을 들 수 있다. 앞서 언급했듯 『의산문답』의 서두에서 실옹은 "하늘의 관점에서 보면, 사람과 동물이 동등하다."는 인물균(人物均)의 명제를 제시했는데, 이는 조선 후기 인성·물성 논쟁에서 사람과 동식물의 본성이 동등함을 강조했던 인물성동론의 입장과 유사하다. 실제로 홍대용의 스승이었던 김원행(金元行)이 노론 학계에서 "인물성동론"을 지지했던 소위 "낙론(洛論)"의 거두 중 한 명이었다. 역사학자 유봉학은 홍대용의 "인물균"에서 노론 낙론의 영향을 발견하고 이를 조선 후기 북학사상의 철학적 토대로 이해했다. 사람과 동식물의 본성이 동등하다고 주장한 낙론에서 사물의 세계에 대한 긍정적 태도와 적극적 관심의 대두를 읽어냄으로써, 이전 조선 후기 사상사 연구에서 뿌리 깊게 내려온 주자학과 실학의 대립 구도를 넘어 주자학 또한 실학의 토대가 될 수 있음을 보여주려 한 것이다.[134] 하지만 주자 성리학의 인물성동론이 금수와 초목의 본성을 인의예지(仁義禮智)와 같은 인간의 윤리적 본성과 동일시함으로써 여전히 인간 중심적 사유를 견지하고 있는 데 반해, 홍대용의 "인물균" 학설은 바로 그 인간의 윤리를 상대화시켰다는 점에서 낙론의 입장과 근본적으로 다르다는 견해도 제기되었다.[135]

이러한 비판은 타당하지만, 그럼에도 홍대용이 『의산문답』에서 인물균 명제와 여러 우주론적 구도 사이에 앞서 언급한 육면세계설의 지지자들과 비슷한 종류의 유비(類比)를 시도했음을 부인하기는 어렵다. 실제로 홍대용은 지구설을 이용하여 중심-주변, 위와 아래의 구분을 비판하는 과정에서 인성물성론의 용어를 그대로 빌려왔다.

> 중국은 서양에 대해서 경도의 차이가 180도에 이르는데, 중국 사람은 중국을 바로 선 세계[正界]라고 생각하고 서양을 거꾸로 선 세계[倒界]라고 간주하는 데 대하여, 서양 사람은 서양을 바로 선 세계라고 생각하고 중국을 거꾸로 선 세계라고 간주한다. 그러나 사실상 하늘을 이고 땅을 밟은 사람은 모두 자기 세계에 따라 그와 같이 생각한다. 가로로 누운 세계[橫界]도 없고 거꾸로 선 세계도 없으니, 모두 바로 선 세계[正界]인 것이다.[136]

바로 선 세계, 거꾸로 선 세계라는 용어는 바로 정립, 횡행, 도립을 인간, 금수, 초목의 구분 기준으로 본 인성물성론의 용어이다. 마치 반세기 전 육면세계설 논자들처럼 홍대용 또한 정립, 횡행, 도립 사이의 구분을 상대화시키는 논변을 통해 인간과 동식물, 나아가 문명과 야만 사이의 절대적 구분을 부정하는 견해를 표현했다. 물론 여전히 인간 중심적인 육면세계설과 인간 윤리의 보편성에 회의하는 『의산문답』의 차이를 부정할 수는 없지만, 둘 다 동형의 유비라는 점, 그리고 나와 남, 중심과 주변의 구분을 넘어서는 개방적 세계상을 표현하고 있다는 공통점을 무시할 수는 없다. 그런 점에서 보자면, 홍대용의 "인물균" 학설을 "인물성동론"의 주자학과 단절된 것으로 보기는 어려울 것이다. 앞서 전통적인 "기의 회전" 관념을 지전설과 결합한 경우와 마찬가지로 이 또한 주자학의 인성론이 지닌 급진적 가능성을 현실화한 사례로 볼 여지가 있는 것이다.

결론적으로 홍대용이 『의산문답』에 개진한 우주론과 세계상에는 장자(莊子)의 개방적 상상력, 기의 회전이라는 우주론적 기제, 인물성동론의 철학과 그에 포함된 문화적 메시지가 예수회 선교사들에 의해 소개된 서양 천문 지리학 지식과 중첩되었다. 그는 이를 통해 궁극적으로는 조선 지식인들의 명분론에 전제된 중심과 주변, 중화와 이적 사이의 구분이 임의적임을 드러내려 했다. 그것이 『의산문답』에 전제된 홍대용의 메시지였다면, 그것을 주자와 탈주자, 전통과 근대, 동양과 서양의 이분 구도로 포착하려 했던 오늘날 학자들의 시도 또한 애초부터 길을 잘못 잡은 것이다.

이에 더해 필자는 『의산문답』을 일관하는 관점의 자유로운 이동이 곧 수학자이자 여행자의 시각임을 강조하고 싶다. 그것이 수학자의 시각인 이유는 관측 시점의 차이에 따라 관측되는 현상이 어떻게 달라지는지 계산하는, 『주해수용(籌解需用)』에서의 수학적 실천과 근본적으로 다르지 않기 때문이다. 『주해수용』의 "측량설"에서 관측과 계산의 실천을 통해 천지의 "체상(體狀)"에 대해 탐구해야 한다고 주장한 뒤, 홍대용은 별의 직경, 지구에서 별까지의 거리 등을 측정, 계산하는 일련의 문제를 제시했다. 이 문제 풀이 과정에서 중요한 것은 지구 위의 관측자에게 보이는 현상을 그 자체로 천지의 체상(體狀)이라고 받아들여서는 안 된다는 것이었다. 예를 들어, 지구에서 특정 행성까지의 거리를 구하기 위해서는, 관측자가 지구의 중심이 아닌 지표면에서 측량함으로써 생기는 오차인 "지반경차(地半經差)"를 보정해야 했고, 이는 지표면에서의 관측을 지구 중심에서의 관점으로 변환하는 수학적 절차였다. 그렇게 지구로부터 천체까지의 거리를 알게 되면, 지구에서 보이는 뭇 천체들의 배열과 운동 또한 그 자체로 천지의 참된 체상이 아님을 알게 될 것이었다. 『농수각 의기지』에서 "혼상의"에 대해 설명하며 홍대용은, 지구 중심의 관점에서 벗어나 무한한 우주의 시각에서 보면 지구를 포함한 무수히 많은 별이 광활한 우주에 흩어져 있는 사태를 상상할 수 있을 것이고, 그렇다면 지구에서의 관점에 따라 별들을 분류하여 별자리를 만들고 그에 멋대로 이름을 붙인 뒤 인간사의 사건과 연관 짓는 점성술에 아무런 근거가 없음을 알 수 있다고 주장했다.[137]

관측 시점 간의 수학적 변환의 방법을 이용한 점성술 비판은 『의산문답』에서 좀 더 명료하게 제기되었다.

> 또 지구의 세계에서 보면, 많은 별이 잇달아 있는 것이 묘수(昴宿)가 다닥다닥 모여 있는 것처럼 끼리끼리 떼를 지어 모여 있다. 그러나 실제로는 (묘수를 구성하는) 그 십수 개 점들 사이의 고하와 원근이 천 리, 만 리도 넘는다. 만약 저들의 세계에서 보면, 해와 달과 지구의 세 점이 꿴 구슬처럼 반짝일 텐데, 이제 해와 달과 지구를 합하여 하나로 만들고 삼성(三星)이라고 명명해도 되겠는가?[138]

지구에서의 관점에서 벗어나 묘수(昴宿) 중의 어느 별에서 사태를 본다면, 지구, 해, 달이 아주 가까운 하나의 별자리처럼 보일 것이며, 반대로 지구 위의 관측자들이 하나로 묶어 특정한 이름과 점성술적 의미를 부여한 묘수의 천체들은 실제로는 서로 아주 멀리 떨어져서 하나의 별자리로 묶일 수 없음을 깨닫게 되리라는 것이다.[139] 이와 같은 시점의 이동이 바로 열하(熱河)에서 만난 중국인 학자 왕민호에게 홍대용의 학설을 소개하면서 박지원이 설파한 내용이었는데, 아마 그는 지전설뿐 아니라 이러한 방법론도 홍대용에게서 배웠을 것이다. 그는 달 세계에 가서 보면 지구도 하나의 별로서 태양 빛을 받아 빛나며 달처럼 차고 기우는 모습을 볼 수 있으리라고 하면서, 이러한 통찰은 바로 관찰자의 시점을 지구에서 다른 천체로 옮김으로써 얻을 수 있는 것이라고 이야기했다.

제가 달 세계[月中世界]라고 한 것은 정말 그런 세계가 있다는 말이 아니라, 본래 지구의 빛[地光]에 대해 논변하려고 하지만 그것을 관측할 수 있는 곳이 없으므로 가설적으로 달 세계를 설정한 것입니다. 이를테면 입지를 바꾸어 처해 보자는 것[易地而處]으로, 만약 우리가 장소를 바꾸어 달 가운데 있으면서 지구[地輪]를 우러러본다면 지상에서 달을 바라보는 것과 같을 것이라는 말입니다.[140]

문학에 능한 박지원은 서로 다른 관측 시점 사이의 수학적 변환의 기법을 지구에서 달 세계로 입지를 바꾸는 일종의 가상 여행으로 이해했다. 여행이란 여행자가 장소의 이동을 통해 자신이 처한 문화적 시점을 바꾸는 행위라는 점에서 서로 다른 관측 시점 간의 수학적 변환의 기법과 통하는 면이 있다.

중요한 것은 박지원과 왕민호, 허자와 실옹, 홍대용과 엄성의 대화가 모두 여행을 계기로 이루어졌다는 것이다. 자신에게서 남으로, 그리고 궁극적으로는 자아와 타자의 구분을 넘어서는 무한 우주의 관점으로 시각의 자유로운 이동을 주문한 『의산문답』의 메시지는 허자와 홍대용의 실제 여행 궤적, 즉 조선에서 중국으로, 그리고 궁극적으로 홍대용이 문명과 야만의 경계 지역이라고 묘사한 의무려산(醫無閭山)으로의 구체적 여정과도 상응한다. 그렇다면 조선 후기의 대표적 과학 문헌 『의산문답』이 지닌 창의성은 홍대용이 개척한 두 가지 새로운 문화적 요소, 즉 그의 수학적 탐구와 자기 성찰의 실천으로서 개방적 북경 여행이 결합함으로써 획득되었다고 볼 수 있을 것이다.

홍대용은 연행 이후 머문 조선 사회에서 자아와 타자의 구분을 넘어서는 장소로서 『의산문답』의 의무려산에 상응하는 사회적 입지를 찾지 못했던 것으로 보인다. 홍대용이 죽기 전에 『의산문답』을 박지원 등의 동료들에게 회람시킨 증거는 없다. 다만 훗날 박지원의 손자 박규수(朴珪壽)가 지구설, 지전설을 주장하면서 『의산문답』의 이본(異本)으로 보이는 『의산 실언(鬠山實言)』이라는 책을 인용한 것이 『의산문답』의 유통을 보여주는 현재까지로는 유일한 증거이다.[141] 이는 『의산문답』이 홍대용과 박지원의 후손들에게 가학으로 전수되고 있었음을 시사하지만, 조선의 지식 사회에 이 책이 널리 읽힌 증거는 없다. 홍대용이 일구어낸 북경 여행과 과학적 탐구 사이의 독특한 결합도 이후 조선 사회에서 강력한 흐름으로 계승되지 못한 것 같다. 다음 장에서 살펴보겠지만, 박지원, 박제가 등 홍대용의 친밀한 동료들이 주창하여 18세기 말 학계의 주요 의제로 부상한 북학론은 홍대용이 『의산문답』에서 표명한 지향을 일부 계승하면서도 다른 한편으로는 부정한 면이 있다.

3장

여행과 국가의 개혁─북학의 과학기술 정책과 그 실천

강남 선비와의 교유로 대표되는 홍대용의 여행은 앞서 보았듯 이를 문화적 교류의 모범으로 받아들인 일군의 후배 학자들에 의해 계승되었고, 그 결과 조선과 중국 사이의 본격적 문화 교류의 시대가 열리게 되었다. 이들에 의해 당시 조선 과학기술의 지형에도 큰 영향을 끼친 새로운 지향이 등장했는데, 홍대용이 죽기 몇 해 전인 1780년을 전후하여 본격적으로 제기된 북학론이 그것이다. 잘 알려져 있듯, 북학론은 청조(淸朝) 중국의 발전된 기술과 상공업, 이를 뒷받침하는 효율적 사회 제도를 도입하자는 정책 의제로서, 이를 통해 물질문명에서 낙후한 조선을 부유하며 강력한 나라로 탈바꿈하려 했다. 북학론자들은 당시의 주류 성리학풍이 부차시해온 기술적 정교함과 세련된 물질문화를 중시하는 문명의 새로운 표준을 제기했으며, 그 기준에 의하면 조선은 문명의 온전한 담지자라기보다는 적어도 사회의 일부분에 관한 한 외부의 모델에 따라 개선되어야 할 나라로 재규정되었다.

정교한 기술과 발전된 산업이 만들어내는 풍요로운 물질문화를 중시하고 그 기대에 미치지 못하는 조선 사회의 낙후함을 비판하는 태도는 홍대용에게서도 실마리가 발견되며, 그런 이유로 역사가들은 대개 홍대용의 사상도 북학론에 포함시켰다. 그는 관측과 계산이라는 물질적 실천을 유학자가 추구해야 할 학문적 프로그램의 핵심으로 승격시켰으며, 마치 훗날 박제가의 『북학의』에서와 같이 수레, 선박 등 청나라 사회에서 목격한 기술에 대해 우호적인 묘사를 연행록에 남겼다.[1] 또한, 청나라를 이적으로 멸시하던 대다수 양반 엘리트들과 달리 그는 도리어 조선 사회의 문화적 낙후함에 대한 부끄러운 감정을 지녔으며,[2] 종국적으로는 『의산문답』에서 볼 수 있듯 양반들의 자기중심적 사유에 대한 근본적 비판을 제기했다.

하지만 이와 같은 공통점에도 불구하고, 박제가, 박지원, 홍양호 등에 의해 제기된 북학론을 홍대용이 추구한 지적·문화적 프로그램의 자연스러운 연장이나 발전으로 이해하기에는 어려운 면이 있다. 우선 북학론자들은 오늘날 우리가 "기술"이라고 부르는 영역에 대해 적극적 관심을 표명하고 심지어는 이를 자신들이 표방한 북학론의 핵심 의제로 격상시켰다는 점에서, 자신의 지적 관심을 천문학과 수학 영역 너머로 크게 확대하지 않았던 홍대용과는 달랐다. 즉, 북학론자들은 수레, 벽돌, 종이, 도자기 등을 제작하는 수공업 기술의 개선을 주장함으로써, 홍대용의 기획을 통해 중인 전문 분야로 넓어진 양반 학자들의 지적 영지(領地)를 그보다 더 하층의 사람들이 담당하던 공장(工匠) 기술로까지 확장했다. 이를 통해, 비록 소수이지만 상층 엘리트 학자들이 수행하는 지적 실천의 영역에 이기음양(理氣陰陽)의 우주론, 측량과 계산의 전문 과학, 벽돌과 자기를 굽는 장인 기술이 함께 포함되어 서로 밀접하게 영향을 주고받는 진기한 현상이 나타나게 되었다. 한마디로 오늘날 "과학기술"이라는 말로 포괄되는 지식과 실천의 영역이 양반 엘리트들의 경세(經世) 담론에서 핵심 의제로 등장한 것이다.

하지만 북학론자들은 학자의 우주론, 전문 과학, 공장 기술이 교류하는 "융합"의 지적 공간을 창출하면서도 동시에 그 공간을 극단적인 이분법의 구획으로 갈라치고 있었고, 이것이 홍대용의 지향과 북학론이 분기하는 또 하나의 지점이었다. 홍대용이 자신을 문명이라 믿는 조선의 양반들에게 문명과 야만의 구분 자체가 정당한지 다시 생각해보기를 권했다면, 북학론자들은 반대로 조선을 야만이라고 재규정함으로써 문명과 야만의 이분법을 다시 불러들였다. 이 구도에 따라 덩달아 야만의 영역에 편입된 조선의 장인들은 나름의 기술적 능력을 지니지 못한, 그래서 "선진적"인 중국 기술에 의해 전적으로 계몽되어야 할 존재들로 그려졌다. 이덕성, 문광도, 이상혁과 같이 양반 수학자들의 동료로 제한적으로나마 인정받은 기술직 중인과는 달리 장인들은 북학론자들이 만들어내고 있던 "과학기술"에 대등한 동료로서 참여하고 이바지할 자격을 부여받지 못했다. 이 장에서는 박지원, 박제가 등이 북학론을 통해 창출한 "과학기술"이 어떻게 융합과 분리의 이중적 질서로 틀 지어졌는지 살펴보려한다.

정책 의제로서 북학론의 등장

1930년대 초 최남선(崔南善)이 연암 일파의 인물들을 "북학파"라고 명명한 이래 최근까지 많은 역사가들이 북학사상의 정의, 북학파의 구성과 범위, 그리고 그것이 조선 후기 실학에서 차지하는 위치에 대해 서로 다른 의견을 내놓았다.

애초 최남선의 단계에서 청나라의 모델을 받아들여 조선의 상공업을 진흥하자는 취지의 정책 의제로 비교적 좁게 이해되던 북학론은, 이후 노론 낙론(洛論)이 주창한 "인물성동론(人物性同論)"의 성리학(또는 그 "변용"), 또는 성리학의 윤리적·형이상학적 강조와는 결을 달리하는 도시풍의 문화적 감수성까지 포괄하는 개념으로 그 의미가 확장되었다.[3] 그와 함께 애초 박지원(朴趾源), 홍대용(洪大容), 박제가, 이덕무(李德懋) 등 연암 일파의 인물로 한정되었던 북학파의 외연도 넓어졌으며, 그에 대한 반동으로 일부 연구자들은 북학파라는 용어 대신 "연암 일파의 북학 사상"과 같이 그 의미와 외연이 더 분명한 대안 개념을 제시하기도 했다.[4]

북학 또는 북학파라는 개념의 모호함은 18세기 말 비교적 분명히 정의

될 수 있는 학문적 기획을 공유하면서 집단적 결속력을 지닌 하나의 학파로서 "북학파"가 존재하지 않았음을 생각하면 당연한 일이다. 『맹자(孟子)』 등문공(滕文公) 편에 전거를 둔 북학 개념은 중국을 모델로 한 외이(外夷)의 자발적 문명화(즉, 用夏變夷)의 시도를 칭송하고 장려하는 의미로 전근대 동아시아 유자(儒者)들 사이에 널리 알려진 표현이었다. 그렇다면 삼국시대 이래 중국으로부터 선진 문물을 수용해온 한국인들의 노력 모두를 북학이라고 부를 수 있을 것이다.[5] 조선 시기의 경우, 명청(明淸) 왕조의 수도가 마침 "북경(北京)"이었던 만큼, 부경사(赴京使) 등의 경로를 통해 그곳의 문물을 배워 오는 행위를 북학(北學)으로 부르는 것이 좀 더 자연스러워졌을 수도 있다.[6]

오늘날 우리에게 친숙한 북학의 의제가 완정한 형태로 제안된 것은 1778년 박제가의 『북학의(北學議)』에서였다. 그해 가을 초고가 완성된 『북학의』에서 그는 고전적 의미의 북학 개념에 몇 가지 새로운 이념적·정책적 요소를 덧붙여, 20세기 역사학자들이 북학사상이라고 부르게 된 독특한 국가 개혁안을 제안했다. 물론 북학의 의제를 구성하는 여러 요소를 박제가가 처음 고안한 것은 아니다. 『북학의』에 붙인 박지원의 서문에 따르면, 북학론은 이미 이들의 연행 이전부터 연암 일파 인물들에 의해 함께 논의되던 것이었다.[7] 그보다 더 일찍이 홍대용은 1765년의 연행과 이후 지식 사회에서 열띤 논란을 불러일으킨 연행 관련 저술을 통해, 북경으로의 여행을 조선 엘리트 지식인의 주요한 문화적 실천으로 부각시켰으며 청조와 그 문화에 대한 경직된 태도의 전환을 촉구한 바 있고, 그 가운데에는, 앞서 언급했듯, 청나라 사회의 여러 효율적 기술도 포함되었다. 성대중의 경우는 1776년 연행하는 서호수(徐浩修)에게 준 편지에서 천문역법, 토지와 성곽의 제도 등 청나라에 남아 있는 중화의 유제를 배워와서 자강(自强)의 술법으로 삼아야 한다고 주장함으로써, 이후 박제가의

『북학의』에서 전면화되는 "학중국(學中國)"의 의제를 분명한 형태로 처음 제안했다.[8]

박제가의 『북학의』 집필 이후 몇 년 사이에 그와 정책 의제를 공유하는 저술, 유사한 정책 제안이 여러 사람에 의해 제출되었다. 1780년의 사행을 토대로 저술된 박지원의 『열하일기(熱河日記)』, 그리고 1782년 사행 경험에 근거하여 저술된 홍양호(洪良浩)의 연행록 『요연잡기(遼燕雜記)』와 그가 이듬해 7월 정조에게 올린 북학상소 "진육조소(陳六條疏)"가 대표적이다.[9] 특히 당시 고위 관료였던 홍양호의 상소는 수레와 벽돌 기술의 도입 등 북학론의 핵심 의제를 군주에게 건의하여 승인받음으로써 이후 몇 년간 북학이 정부의 실제 정책으로 추진되는 계기가 되었다. 북학의 의제를 제기하고 실천한 사례는 정조 사후 19세기 초에도 산발적으로 나타났는데, 정약용이 『경세유표(經世遺表)』에서 북학 전담 기관으로 이용감(利用監)의 설치를 제안하고 서유구(徐有榘)가 중국의 선진 농법을 도입하자고 주장한 일 등이 대표적인 사례이다.[10]

물론 이상의 인물들을 하나의 학파로 묶어 "북학파"라고 부르기는 어렵다. 각각의 논자들이 북학의 의제에 헌신하는 정도, 그들의 학문과 경세론에서 북학의 의제가 차지하는 위치와 중요성, 나아가 북학론의 구성 요소 중 각 인물마다의 강조점 등이 달랐기 때문이다. 예를 들어 박제가의 경우 북학론이 그의 경세 사상의 핵심을 구성한다고 볼 수 있지만, 정약용의 경우는 그의 방대한 경세론 및 사상 체계의 일부를 점하고 있을 뿐이었다. 청조 중국과 그 문화에 대한 태도에서도 북학론자들은 상당한 편차를 보여서, 중국 문화의 전면적 수용을 주장한 이와 비판적 취사를 주장하는 이들로 갈라졌다.[11]

하지만 이와 같은 사상적 차이에도 불구하고 정책 의제로서의 북학과 그것을 뒷받침하는 논리는 상당히 안정적인 형태로 논자들 사이에 확산

공유되었다. 북학론자들의 여러 저술에는 구체적 정책 의제와 그에 대한 정당화 논리에서 비슷한 내용이 심지어는 비슷한 표현으로 반복되어 나타난다. 그 공유점은 크게 문화적 정향의 차원과 구체적 정책 의제의 차원으로 나누어 볼 수 있다.

우선 문화적 정향의 차원에서 보자면, 북학론은 『맹자』 "등문공"에서 제시된 고전적 의미와 마찬가지로 ⑴ 중국 문화의 학습을 통한 자기 사회의 문명화[用夏變夷]라는 목표, 그리고 이를 이루기 위한 수단으로서 ⑵ 북쪽에 존재하는 것으로 상정되는 문명의 장소로의 여행[北學於中國]을 핵심적 모티프로 삼고 있다. 박제가에 의해 정식화된 북학론은 이 두 고전적 모티프를 18세기 말 조선의 상황을 염두에 두고 독특하게 해석한 것이라고 볼 수 있다. 그 핵심은 문명 또는 그 소재지로서 "중국"에 대한 새로운 해석에 있을 것이다. 그는 조선의 양반들이 야만시하던 청나라와 그 수도 북경을 (문명 그 자체가 아니라면) 적어도 문명의 소재지로 보았으며, "이용(利用)과 후생(厚生)", 즉 나라의 부강과 백성의 풍요로움을 가져다줄 세련된 기술과 발전된 산업을 조선이 갖추어야 할 문명의 핵심 요소로 승격시켰다. 이와 같은 "중국"의 재정의는 주자 성리학이 주도하는 조선 양반 사회의 풍토에서 파격적이었던 만큼, 이에 대한 정당화 논리도 제시될 필요가 있었다. 기술, 산업, 무역과 같은 물질문화에 대한 강조를 뒷받침하기 위해, 북학론자들은 이용과 후생을 도학(道學)의 고상한 목표인 정덕(正德)의 이상을 이루기 위한 선결 조건으로 위치시켰다. 반청 정서와의 직접적 대결을 피하기 위해서는 당시 청나라에서 목격할 수 있는 문화가 바로 고대 이래 중국의 고상한 유산임을 강조했다.

둘째, 구체적인 정책 의제와 그 실행 방식에서도 박제가로부터 정약용에 이르는 북학론자들 사이에 상당한 유사성이 발견된다. 이들은 공통으로 수레와 벽돌의 제작, 목축 기술을 중국으로부터 도입하자고 주장했으며, 특히 수레의 제작 보급을 통한 전국적 물류의 혁신은 북학론을 상징하는 의제로 부각되었다. 나아가 이들은 기술 도입의 방식, 도입의 주체, 도입 기술 확산의 방식에서도 비슷한 주장을 개진했다. 이들은 모두 중국 기술의 도입에 연행사절의 루트를 이용해야 한다고 보았으며, 국내의 토착 기술을 개선하여 활용하기보다는 오늘날 "리버스 엔지니어링(reverse engineering)"으로 불리는 것과 비슷한 방식을 통해 우수한 중국 기술을 그대로 모방·재현해야 한다고 주장했고, 중앙정부의 주도하에 기술을 도입한 뒤 관료제의 네트워크를 이용하여 지방 관청과 민간에까지 확산시켜야 한다는 정부 중심의 기술 도입 및 확산 방식을 제안했다.

기술 진흥의 의제를 조선 사회 개혁의 핵심 과제로 삼은 북학론의 특징은 당시 북학론을 상징하는 정책으로 자타가 인정했던 수레 도입론을 통해 구체적으로 살펴볼 수 있다. 수레의 보급은 북학론자들이 자신의 개혁 과제 중에서 가장 중시했고, 실제로 북학론의 지향과 그 개혁 방안이 집약된 의제였다. 박제가와 홍양호는『북학의』와 "진육조소"에서 수레의 도입을 첫 번째 항목으로 배치하여 그 중요성을 강조했으며, 박지원의 『열하일기』, 이희경(李喜經, 1745-1805 이후)의『설수외사(雪岫外史)』, 정약용의『경세유표』등 북학을 논한 기타 모든 저술에 수레 도입을 강조하는 비슷한 논의가 중요한 비중으로 포함되었다.

북학론자들의 수레 도입론은, 먼저 수레를 중국의 선진성과 조선의 후진성을 집약해서 대비해주는 사례로 제시한 뒤 낙후한 조선 사회의 개선을 위해 중국에서 사용되는 것과 같은 모델의 수레를 적극적으로 도입해야 한다는 주장으로 요약할 수 있다. 이들의 논의는 대개 중국에서 사용되고 있는 수레의 종류, 구조, 이점을 소개하는 데서 시작하는데, 이들이 수레의 이점으로 가장 먼저 주목한 것은 물론 그 편리함과 기술적 효율성이었다. 예를 들어, 홍양호는 국왕 정조에게 올린 북학 상소에서 다음과 같이 말했다.

> 지금 (중국에서) 사용하고 있는 상인들의 수레를 보건대 수레 한 대를
> 메는 것이 노새 대여섯 마리에 지나지 않는데도 적재(積載)하는 짐은
> 수십 필(匹)의 힘을 감당하며, 심지어 나귀 한 마리가 끄는 가벼운 수
> 레도 세 사람이 함께 타고 다니고, 바퀴가 하나인 작은 원(輓)은 한 명
> 의 인부가 뒤에서 밀고 다니니, 참으로 일은 절반이지만 공효(功效)는
> 배나 됨을 볼 수 있었습니다. 대개 수레라는 것은 먹이지 않아도 되는
> 말, 길로 다니는 집이어서, 백성들에게 크게 쓰이고 나라를 다스리는
> 데 이로운 기구로 이보다 더 중대한 것은 없습니다.[12]

사람들이 안락하게 이동할 수 있는 교통수단("길로 다니는 집")이자 화물
운반에 소모되는 인력과 축력(畜力)을 크게 절감하는("먹이지 않아도 되는
말") 능력으로 요약되는 수레의 기술적 효율성에 대해서는 박제가와 박지
원도 비슷한 표현을 쓰며 강조했다.[13]

　하지만 북학론자들에게 좀 더 중요했던 것은 수레라는 효율적 기구가
도입되어 조선 사회 전반에 불러일으킬 거시적인 파급 효과였고, 수레의
도입이 북학론의 핵심 의제로 제시된 이유도 바로 거기에 있었다. 즉, 북
학론자들은 수레 도입의 의제를 단순히 편리한 교통수단을 도입한다는
차원을 넘어 조선의 사회·경제·문화 전체를 "이용후생(利用厚生)"의 기치
아래 재편하기 위한 지렛대로 삼고자 했다.

　북학론자들은 무엇보다도 수레가 사회의 경제적 활력과 부를 증대시
키는 효과를 가져오리라고 보았다. 수레의 전국적 보급으로 교통과 물류
의 혁신이 일어난다면 그동안 상업적 교류가 없던 지역 사이에 재화의
유통이 활발해져서 상인들의 사업이 번창하고 백성들의 삶이 풍족해질

것이었다. 반대로 보자면 수레의 부재(不在)는 현실의 조선 사회가 중국보다 물질적으로 낙후하고 가난한 이유이기도 했다. 박제가는 "영동에서는 꿀이 많이 나지만 소금이 없고, 함경도에서는 삼이 잘 되지만 면포가 귀하며, 산골에서는 팥이 지천이지만 바다에서는 젓갈을 물리게 먹는" 지역 간의 편차를 지적하고는, "자기가 사는 지역에서 많이 나는 물건으로 다른 데서 산출되는 필요한 물건을 교환하여 풍족하게 살려는 백성이 많으나, 힘이 미치지 못한다."고 한탄했다.[14] 박지원은 『열하일기』에서 비슷한 주장을 좀 더 선명히 제기했다.

> 그러나 이 지방에서는 천한 것이 저 지방에서는 귀하고 이름만 들었을 뿐 물건을 볼 수 없는 까닭은 대체 무엇 때문인가? 이는 곧 가져올 힘이 없는 까닭이다. 사방 수천 리밖에 되지 않는 좁은 강토에서 백성의 살림살이가 이토록 가난한 까닭은, 한마디로 말하자면 국내에 수레가 다니지 않기 때문이다.[15]

북학론자들이 수레라는 기물(器物)에서 발견한 잠재력은 경제의 영역을 넘어 문화라고 불릴 만한 영역으로까지 확장되었다. 이들에게 수레의 보급과 확산은 곧 조선 사회에 강고하게 이어지고 있던 신분 사이의 구분과 차별에 도전하는 일이기도 했다. 그들에 따르면 신분·계층에 관계없이 누구나 수레를 교통수단이나 운송수단으로 이용하여 그 혜택을 누리고 있던 중국 사회와는 달리, 조선에서는 신분 사이의 강고한 위계질서가 수레 사용의 확산을 가로막고 있었다. 박제가는 중국에 파견된 조선 사신단 중에서 소수에 불과한 정식 관원만 말을 타고 수행원 대부분이 "죄수처럼 봉두난발을 한 채 마른 땅 진창을 가리지 않고 마구 다니는" 모습을 부끄러워했다. 고위 관리만 타도록 허락된 가마인 초헌은 한 사람을 태우기 위해 여섯 사람을 걷게 하는 불합리한 제도였다. 그렇다면 수레를 도입하여 많은 백성이 그 혜택을 누리도록 만드는 일은 조선 사회의 기존 신분 질서에도 중대한 변화를 초래하는 일이 될 것이었다. 그런 점에서 북학론자들에게 수레는 "진보적" 기술이었다.[16]

북학론에서 수레 도입론이 차지하는 중요성을 반영하듯 그에 대한 반대론도 만만치 않았던 것으로 보이는데, 북학론자들은 그에 대한 반박에도 큰 노력을 기울였다. 수레 도입을 반대하는 논거 중 가장 강력했던 것은 수레가 조선의 자연환경, 사회적 조건에 그리 적합하지 않다는 것이었다. 홍양호에 따르면, 반대론은 조선의 "산천이 험준해서" 수레가 다니기 어렵다거나 수레를 끌 우마(牛馬)가 조선에 희소하다는 논리로 요약할 수 있었다. 이에 대해 북학론자들은 우선 중국에서는 자신들의 연행 노정에 있던 요동의 마천령(摩天嶺), 청석령(靑石嶺)과 같이 아주 험준한 지형에서도 수레가 문제없이 다녔다는 경험적 근거를 비롯하여 중국사와 한국사에서 수레가 사용된 여러 사례를 찾아 제시하는 방식으로 응수했다. 소와 말이 희소한 문제에 대해서는 그것들이 조선에서 잘 번식되지 않아서가 아니라 제대로 된 목축 기술이 없고 우마를 부릴 때 그들의 본성에 따르지 않기 때문이라고 반박했다.[17] 결국, 북학론자들에게 관건은 수레를 사용하겠다는 적극적 의지가 있느냐의 문제였고, "수레가 다니면 길은 자연스럽게 만들어질" 것이라는 박제가의 일견 순진한 발언 또한 수레 보급 정책을 우선 과제로 추진한 뒤 그에 수반되는 문제들을 해결해나가야 한다는 취지로 해석할 수 있을 것이다.[18] 수레가 다닐 도로를 만들면 농지가 줄어들 것이라는 반론도 있었는데, 이에 대해 박제가는 수레로 얻는 이익이 그 손실을 넉넉히 보상하고 남으리라는 홍대용의 말로 응수했다.[19]

그렇다면 이들의 수레 도입론은 18세기 후반의 시점에서 실제로 얼마나 새로운 정책 의제였을까? 흥미롭게도 북학론자들은 수레 도입론을 제기하면서 그것의 역사적 선례를 거의 언급하지 않았으며 또 당시 조선 엘리트 사회의 통념이나 지향과 크게 어긋나는 혁신적 정책처럼 강조했다. 하지만 윤용출의 연구에 의하면, 수레의 도입은 그것의 기술적 효율성을 인지한 군주와 관료들에 의해 이미 조선 초부터 반복적으로 추진되어온 유서 깊은 정책으로서 그 자체로 새롭다고 보기 어려웠다. 대부분의 시도는 물자 운송에 소모되는 노동력의 절감을 위한 것으로서, 강축(杠軸)이라 불리는 운반용 손수레를 보급하려 했던 태종과 세종의 노력, 서북 지방의 사행로에 수레를 도입하여 물자 운반에 쓰려 했던 17세기 김육(金堉)의 제안과 남구만(南九萬)의 시도, 전주성과 수원 화성의 수축(修築)에 수레를 적극적으로 이용했던 18세기 조현명(趙顯命)과 정약용의 사례가 그런 범주에 속한다. 한쪽이 조선의 불리한 지형을 들어 수레의 도입을 반대하고 반대쪽이 중국에서는 힘지에서도 수레를 사용한다고 반박하는 것도 이미 오랜 역사를 지닌 정형화된 논변이었다. 역사학자 윤용출의 연구는 이러한 사례를 통해, 북학론자들의 수레 도입론이 그리 새로운 제안이 아니었으며 성곽의 수축과 같은 제한된 용도로 수레가 상당히 활발히 도입되고 있었다는 점을 보여줌으로써, 수레를 사례로 삼아 조선의 기술적·사회문화적 후진성을 과장하는 북학론자들의 논변을 교정해주는 효과를 내고 있다.[20]

하지만 그렇다고 북학론에 아예 새로운 요소가 없었다고 단정할 수는 없을 것이다. 박제가, 박지원의 수레 도입론은 단순히 노동력 및 공사비 절감이라는 좁은 의미의 기술적 효율성에 대한 추구를 넘어 수레의 보급을 통해 상업을 촉진하고 사회 전반의 경제적 활력을 높이려는 포괄적 개혁의 구상과 연결되었다. 물론 유사한 개혁안을 약 반세기 전 유수원(柳壽垣, 1694-1755)이 『우서(迂書)』라는 경세서에 제기한 적이 있었지만, 그의 돌출성은 차치하고라도 그가 역모죄로 비참하게 죽음으로써 그의 저술과 사상이 이후에 큰 영향을 끼치지는 못했다.[21] 요컨대 18세기 말 북학론자들이 제기한 수레 도입론과 사회 개혁론이 상당 부분 그들의 독창적 발명은 아니었지만, 적어도 그들이 파편화된 선례들로서 학자 관료 사회에 복류(伏流)하고 있던 흐름을 모아 사회 전반의 개혁을 추구하는 정책 의제로 체계화하여 엘리트 사회의 공식 쟁점으로 제기하는 데 성공했다는 점은 분명해 보인다.

그렇다면 이렇듯 다양한 선례와 기원들을 가진 북학론이 어떻게 1780년을 전후한 시점에 공식적으로 부상할 수 있었을까? 지금까지 북학론의 기원에 대한 학계의 논의는 대개 서울의 도시적 성장, 양반 사족 층의 경향(京鄕) 분기와 경화세족(京華世族)의 등장, 조청 외교 관계의 안정화 등 18세기 내내 진행된 거시적이고 장기적인 변화를 그 요인이나 배경으로 지적하는 데 그친 감이 있다. 물론 이러한 요인들이 훗날 북학론으로 합류하는 여러 사상적 요소들과 정책적 시도들을 낳는 데 작용한 것은 맞겠지만, 이와 같은 선례와 저류(底流)가 어떻게 1780년을 전후한 시점에 완정한 정책 의제로 모습을 갖추고 공적 영역으로 과감하게 진입하여 조정과 학자 관료 사회의 상당한 호응을 끌어낼 수 있었는지는 충분히 설명해주지 못한다.

이와 관련하여 1776년 영조의 사망과 정조의 등극으로 인해 일어난 대청 정책의 기조 변화를 고려해볼 수 있을 것이다. 정책 의제로서 북학론이, 조선인들이 이적(夷狄)이라고 멸시하던 청나라의 문물을 긍정적으로 평가하고 적극적으로 학습해야 한다고 주장한 것이라면, 이러한 지향이 숭명반청의 이념을 강력히 표방한 것으로 유명한 영조의 치세 하에서 공식적으로 제기되기는 어려웠을 것이다. 그에 비해 정조는 숭명반청의 이념을 부정하지는 않았지만 과거의 유산으로 간주하는 경향이 강했으며,

현실의 청나라에 대한 사대 외교에서는 극진한 정성을 쏟았다. 이는 그가 1780년 청나라 건륭제(乾隆帝)의 칠순 성절(聖節)에 맞춰 관례상 굳이 파견할 의무가 없던 진하사(進賀使)를 전격 파견한 데서 잘 드러난다. 1780년의 진하 특사에 박지원이 참여하여 북학론을 대표하는 여행기 『열하일기』가 나왔다는 사실은 정조의 전향적인 대청 외교 정책과 북학론의 부상 사이에 나름 긴밀한 연관이 있었음을 시사한다. 1780년의 진하사에 관한 최근의 연구에서 역사학자 구범진은 "정조 연간 조정의 이러한 대청 외교 자세가 한편으로 박제가나 박지원과 같은 북학파 지식인들이 새로운 목소리를 내는 데 우호적인 환경을 조성하였음은 새삼 강조할 필요가 없을 것"이라고 지적했다.[22] 실제로 18세기 후반 북학론의 대표적 문헌 중 상당수가 국왕 정조에게 바쳐진 것이다. 1783년 홍양호가 북학 상소 "진육조소"를 정조에게 제출했고, 박제가는 1786년 북학론의 주요 의제를 담은 "병오년 정월에 올린 소회"를 정조에게 바쳤으며 1798년에는 "농정(農政)을 권하고 농서(農書)를 구하는" 정조의 윤음(綸音)에 화답하여 그 주제에 맞게 수정한 『북학의』를 올렸다. 요컨대, 정조 대의 새로운 정치적 환경의 도래가 박지원, 박제가, 홍양호에게 청나라의 문화를 조선이 추구해야 할 새로운 문명의 표준으로 제시하는, 이전에는 감히 공개적으로 제기하기 어려웠던 지향을, 심지어는 군주에게까지 공공연히 제안할 수 있게끔 한 중요한 이유일 수 있는 것이다.

박제가 『북학의』의 수사 전략

북학론의 새로움이 그것을 구성하는 구체적 정책 의제들의 수준에서보다는 1780년을 전후한 시점의 우호적인 환경 아래 이루어진 의제의 체계화와 이념적 "과장"에서 찾을 수 있다는 필자의 주장이 북학론의 새로움을 과소평가하려는 것은 아니다. 북학론자들이 자신의 의제를 청중들에게 제시하고 설득하는 과정에서 행한 과장은 기존 양반 엘리트와는 지적·사회적 권위의 원천을 근본적으로 달리하는 새로운 유형의 엘리트 공동체를 창출하려는 수사학적 시도의 반영이었다. 북학론자들의 이러한 전략을 잘 집약한 문헌이 바로 박제가의 『북학의』였다. 잘 알려져 있듯, 박제가는 북학론을 공식적으로 제기한 첫 인물로서 자신의 의제에 "북학"이라는 이름을 부여했을 뿐 아니라, 평생에 걸쳐 그에 대한 가장 적극적·비타협적 옹호자로 살았다. 그런 점에서 박제가의 북학론은 그 의제의 내용에서나 그것이 제기한 방식에서나 조선 후기 북학론의 순수하고 극단적인 표현으로 볼 수 있으며, 긍정적인 의미로서든 부정적인 의미로서든 당대인들에게도 그렇게 비쳤다.[23]

글쓰기 방식에서 박제가의 『북학의』가 지닌 독특함은 그것이 자신의 연행 경험에 근거해서 조선 사회의 개혁 방안을 제시한 작품, 즉 연행록(燕行錄)과 경세서(經世書)라는 두 문헌 장르의 혼합물이라는 점에 있다.[24] 그 이전 『북학의』와 유사한 시도를 담은 사례로는 약 200년 전 조헌(趙憲, 1544-1592)이 쓴 『동환봉사(東還封事)』 정도를 언급할 수 있을 것이다. 선조(宣祖) 7년(1574) 성절사(聖節使)의 질정관(質正官)으로 북경에 다녀온 조헌은 자신이 견문한 명나라 제도의 장점에 조선 사회의 상응하는 문제점을 대비하는 방식으로 자신의 개혁 구상을 정리하여 선조에게 올렸다. 바로 그 이유로 박제가는 조헌을 자신이 주창하는 북학론의 선구자로 꼽았는데, 비슷한 구도를 택한 『북학의』의 글쓰기 또한 『동환봉사』를 의식적으로 참조한 것일 수 있다.[25] 다만 조헌의 상소는 선조 임금에 의해 "풍기와 습속의 차이를 헤아리지 않고 (중국의 제도를) 억지로 본받아 행하려 했다."는 이유로 받아들여지지 않은 이후 너 이상의 유사한 시노가 이어지지 않았던 데 비해,[26] 박제가의 『북학의』는 그것의 저술 직후 홍양호의 『요연잡기(遼燕雜記)』, 이희경의 『설수외사(雪岫外史)』와 같은 유사한 후속 시도가 이어짐으로써 북학론에 입각한 "연행록·경세서"의 유행을 선도했다.[27]

경세서와 연행록의 결합으로서 『북학의』의 글쓰기는 기존의 경세서와 연행록 전통 모두와 중요한 차이점을 보인다. 우선 『북학의』는 구체적 여행 서사를 극도로 억제하고 대신 사회 개혁 의제를 전면에 부각했다는 점에서 기존 연행록과 달랐다. 18세기의 연행록 저자들이 그것을 통해 자신의 사회문화적 메시지를 전달한 경우는 많았지만, 대개는 여행 중의 구체적 일화에 관한 서술 가운데 그것을 담는 방식이었다. 하지만 『북학의』에서는 연행 일정, 그 가운데 일어난 사건에 관한 구체적 서술을 거의 찾아볼 수 없다. 대신 청나라 사회의 특정 측면들을 대상으로 한 항목별 서술 방식을 채택하고는, 각각의 항목에서 자신이 관찰한 청나라 사회의 우수한 면에 대해 상세히 묘사한 뒤 이를 낙후한 조선 사회와 비교하고 있다. 이때 여행과 관계된 일화는 청나라 문물에 대해 자기가 제공하고 있는 묘사의 신뢰성을 뒷받침하기 위한 맥락에서 간혹 짧게 삽입되는 정도였다.

다른 한편, 경세서의 전통에서 보아도 『북학의』는 중요한 일탈을 보인다. 유형원(柳馨遠)의 『반계수록(磻溪隨錄)』, 정약용의 『경세유표』와 같은 조선 후기의 대표적 경세서는 저자의 독특한 개혁적 의제를 『주례(周禮)』와 같은 고전적 전거에 대한 해석, 과거 역사의 선례에 대한 분석을 통해 제기하고 또 정당화했다.[28] 물론 박제가 또한 『관자(管子)』, 『주례』, 『상서(尙書)』 등의 전거를 필요에 따라 적절히 이용한 것은 사실이지만, 그럼에도 자신의 개혁 의제를 뒷받침하는 주된 근거는 연행의 과정에서 얻는 경험적 관찰에서 끌고 왔으며, 그에 비해 경전과 역사적 선례를 이용한 논의는 상당히 억제되어 있다.[29] 경세문과 연행록이 혼합된 박제가의 새로운 글쓰기 방식은 그의 독특한 신념, 즉 조선 사회의 개혁은 역사적 선례, 옛 성인의 가르침, 인간의 도덕적 본성에 입각해서 이루어질 성질의 것이라기보다는 조선 사회 바깥에 구체적으로 실재하며 자신이 직접 목격한 선진 문화의 모델에 입각해야 한다는 신념을 반영한 것으로 보인다.

박제가가 경세서와 연행록을 혼합한 새로운 장르를 시험한 것은 여행가와 경세가를 결합시킨 새로운 유형의 엘리트를 창출하려는 시도이기도 했다. 『북학의』의 자서에서 그는 신라의 최치원(崔致遠), 조선 중기의 조헌(趙憲), 그리고 자신으로 이어지는 "여행가·경세가"의 계보를 만들어내고 있다.

나는 어릴 적부터 고운 최치원과 중봉 조헌의 사람됨을 사모하여 비록 사는 시대는 다르나 말을 끄는 마부가 되어 그분들을 모시고 싶다는 간절한 소망을 지니고 있었다. 당나라에서 진사(進士)가 된 최치원은 동쪽으로 돌아온 뒤로 신라의 풍속을 혁신하여 중국의 수준으로 나아갈[進乎中國] 방도를 고민했다.… 조헌은 질정관(質正官)의 자격으로 연경에 들어갔는데, 그가 동쪽으로 돌아와 [임금께] 올린 "봉사(封事)"[東還封事]에는 남을 통해 자신을 깨닫고 좋은 것을 보면 그와 같이 되려고 애쓰는 적극적이고 간절한 정성을 담았으니, 중국의 문화를 받아들여 이적의 풍속을 변화시키고자[用夏變夷] 애쓰는 정성이 아닌 것이 없었다. 압록강 동쪽 땅에서 천여 년을 지내오면서 규모가 작고 외진 [이 나라를] 한번 개혁하여 중국의 수준에 도달하게 하고자[至中國] 노력한 사람은 오로지 이 두 분밖에 없었다.[30]

1778년 진주사(陳奏使) 편에 연행하여 중국 문물을 관찰하고 그중에서 조선에 채택하여 이용후생에 도움이 될 만한 것을 기록한 자신의 행위는 바로 최치원, 조헌의 선례를 계승한 것이었다(그림 3-1). 박제가는 이 계보를 고대 중국의 인물로까지 소급시켰는데, 그 인물은 공자·맹자와 같은 성인이 아니라 『맹자』 등문공(滕文公) 편에서 "북쪽으로 여행하여 중국에서 공부했다"고 칭송받은 모범적 야만인 진량(陳良)이었다. 앞서 언급했듯, 그가 자신의 연행록·경세서를 『북학의』라고 이름 지은 것은 바로 이 고사에서 따온 것이었다.

박제가가 진량에서 최치원, 조헌을 거쳐 자신에게로 이어지는 여행가·경세가의 계보를 구성해낸 것은 당시 조선 주자학의 도통(道統) 관념을 비판적으로 염두에 둔 것으로도 해석할 수 있을 것이다. 중국 고대의 성인에서 주희(朱熹)를 거쳐 이황(李滉), 이이(李珥), 송시열(宋時烈) 등으로 이어지는 조선 주자학의 도통 관념은 이미 문명화된 존재로서, 또는 청조가

〈그림 3-1〉 1790년 박제가의 두 번째 연행 중에 북경에서 만난 중국의 화가 나빙(羅聘)이 그려준 박제가의 초상.
(사진. 10.4 x 12.2 cm. 과천시추사박물관 소장)

지배하는 천하에서 중국 문명의 유일한 계승자로서 자부한 조선 양반 엘리트의 자기 정체성 전략을 뒷받침하는 장치였다.[31] 박제가의 새로운 계보는 바로 이러한 전략에 대한 부정을 뜻했다. 조선은 아직 중국이 아니며, 바깥에 존재하는 문명 소재지로의 여행을 통해 그 문명을 학습해야 할 나라였다. 그리고 이러한 자기 문명화의 사명은 진량, 최치원, 조헌 그리고 박제가 자신과 같이 중국으로의 순례를 통해 그 문명을 체화한 새로운 유형의 엘리트에 의해 주도되어야 할 것이었다.

한국사에서 자신의 선례가 최치원, 조헌밖에 없다고 한 데서 드러나듯, 박제가는 여행가·경세가로서의 새로운 엘리트가 조선 사회에서 소수이자 예외적 존재들임을 강조했다. 그는 연행을 통해 선진적인 중국의 문물과 비교하여 자기 사회의 후진성을 깨닫고 중국과 대등한 경지로 나아가고자 하는[因彼而悟己, 見善而思齊] 욕망을 갖게 된 선각자로 자신을 제시하고는, 그렇지 못한 대다수 양반 엘리트와 자신을 구분 지었다.[32] 이러한 예외성의 전략은 자신을 낙후한 사회의 계몽자로서 부각하는 효과를 노리고 있지만, 이는 동시에 그 사회로부터 자신을 고립시키는 행위일 수도 있었다.

사회적 고립의 위험은 사회 전반의 개혁을 위한 정책 의제를 자신의 독특한 여행 경험을 통해 제시하려는 여행가·경세가의 전략 자체가 지닌 인식론적 취약성에서 비롯된다. 경험이란 본성상 주관적이며 단편적이기 때문에, 사회 개혁 의제가 일반적으로 타당함을 입증할 수 없을 뿐 아니라, 특정 여행자의 주관적 경험을 사회 구성원 모두가 신뢰해야 할 필연적 근거도 없다.[33] 실제로 1778년 초고 집필 이후 수년 사이에 덧붙여진 논설 "북학변(北學辨)"에서 박제가는 자신의 연행 경험이 조선 사회에서 전혀 신뢰받지 못하고 있음을 다음과 같이 토로했다.[34]

> 내가 북경에서 돌아왔더니 나라 안의 인사들이 문이 닳도록 찾아와서 "저들의 풍속이 어떠한지 알고 싶다"라고 물었다. 나는 벌떡 일어나 이렇게 말했다. "…그들이 평상시 내뱉는 말이 곧 문자이고, 그들이 사는 집은 휘황찬란합니다. 다닐 때는 수레를 타고, 몸에서는 향내가 풍깁니다. 도읍과 성곽, 음악은 번화하고 화려하며, 무지개다리가 놓이고 푸른 가로수가 늘어진 거리를 덜컹덜컹 지나는 수레와 왁자지껄 오가는 인파는 그림 속 풍경입니다.…" (이렇게 말하자) 모두들 망연자실하여 곧이 믿으려 하지 않았다. 실망하고 떠나며 내가 오랑캐를 편든다는 눈치였다.[35]

자신의 증언에 대한 타인들의 불신을 박제가는 청나라를 이적시하는 조선 사람들의 선입견 탓으로 돌렸다. "지금 우리나라 사람들은 '오랑캐'[胡]라는 글자 하나로 천하의 모든 것을 말살하고 있다. 반면에 나만은 '중국의 풍속은 이렇기 때문에 너무나 좋다'고 말한다."는 것이다.[36]

이렇듯 박제가는 자신과 사회 사이의 소통 단절을 선진 문물을 경험한 자신과 잘못된 선입견에 사로잡힌 대다수 조선인의 대립 구도로 그리고 있지만, "북학변"에 기록된 다른 사례는 그것이 단순히 객관적 경험과 주관적 선입견 사이의 대립으로 볼 수 없음을 보여준다. 박제가가 보기에, 조선 사람들에게는 청나라 사회에 대해 그들이 선호하는 경험, 신뢰하는 정보원이 따로 있었다.

[청나라에 대해] 백성의 성씨를 황제가 낙점한다는 낭설도, 책을 진흙판으로 찍는다는 낭설도 떠돈다.… 아주 친해서 나를 신뢰하는 사람일지라도 이 안건만은 나를 믿지 않고 저들의 말을 믿는다.… 내가 예전에 사람들에게 "내 눈으로 직접 확인하고 왔는데 그런 일이 전혀 없다"고 힘주어 주장한 적이 있다. 그들은 끝내 석연치 않은 표정을 지으며 "아무개 역관(譯官)이 그렇게 말했다"고 했다. 그래서 내가 "자네가 아무개 역관과 친분이 깊다고 하지만 나보다 더 친하단 말인가?"라고 물었다. 그 말에 그 사람은 "그 역관과 친분이 깊지는 않지만 거짓말을 할 사람은 아닐세"라고 답했다. 나는 이렇게 대꾸하고 말았다. "그렇다면 내가 거짓말을 했구려."[37]

청나라가 통치하는 북경으로의 사행(使行)이 이미 한 세기 넘게 이루어진 상황에서 청조 중국에 대한 조선인들의 경험도 오랫동안 누적되어왔음을 생각한다면, 박제가와 박지원이 한 일은 이전의 익숙한 경험과 충돌하는 새로운 경험을 만들어 제시한 일이었다고 볼 수 있다. 하지만 두 가지 충돌하는 경험 중에서 어느 것을 신뢰해야 할 것인가? 박제가의 것인가? 아니면 인용문에 언급된 어느 역관(譯官)의 것인가? 문제는 박제가가 이러한 공약 불가능한 상황을 해결해야 할 현실로 받아들이고, 자신의 경험과 그에 입각한 문화적 의제를 사회에 설득할 전략이나 기법을 고안하는 데 큰 관심이 없어 보인다는 것이다. "어느 역관"과의 신뢰도 경쟁에서 어이없이 패배한 일화를 기록한 뒤, 박제가는 다음과 같이 덧붙였다. "어짊을 추구하는 자는 모든 것을 어짊의 관점에서 보고, 지혜를 추구하는 자는 모든 것을 지혜의 기준으로 잰다고 한다. 정말 맞는 말이다. 내가 여러 번 남들과 논쟁을 했는데 나를 비방하는 자가 제법 많았다. 그래서 이 글을 써서 내 자신을 경계하고자 한다."[38] 박제가는 청중들이 자신의 경험과 경륜을 이해할 소양이 부족하다고 단정하고, 대화와 설득의 노력을 중단하는 듯한 입장을 취한 것이다.

이러한 태도는 비슷한 시기에 저술된 『북학의』 서문에서 박지원이 충고한 것이기도 했다. 중국 여행에서 돌아온 박지원은 박제가의 『북학의』를 읽고 난 뒤, 중국 사회에 대한 박제가의 관찰이 자신이 『열하일기』에 기록한 것과 "조금도 어긋나는 것이 없어 마치 한 사람의 손에서 나온 듯" 하다고 평했다. 하지만 박지원에 따르면, 그러한 일치의 원인은 그 둘이 연행의 경험을 공유한 때문만은 아니었다.

아! 이것이 한갓 두 사람이 눈으로 직접 본 것이라서 그렇겠는가? 일찍이 비 내리는 지붕 아래, 눈 오는 처마 밑에서 연구한 내용과 술기운이 거나하고 등불 심지가 가물거릴 때 맞장구를 치면서 토론한 내용을 눈으로 한번 확인해 본 것이기 때문이다.[39]

요컨대, 그들은 이미 공동의 논의를 통해서 이미 알고 있던 것들을 각자의 연행에서 사후적으로 확인한 데 불과했다.[40] 경험이 경쟁하는 관점 사이의 중립적 중재자가 될 수 없고 특정 의견을 공유하는 공동체 바깥의 사람들과는 애초에 소통이 이루어질 가능성이 없다면, 대화와 소통을 위한 노력은 불필요할 뿐 아니라 위험하기까지 했다. 박지원은 박제가에게 다음과 같이 충고했다.

> 중요한 것은 남에게 말해서는 안 된다는 점이다. 남들은 당연히 믿지 않을 것이기 때문이다. 믿지 않으므로 우리에게 화를 내리라. 화를 내는 본성은 편벽된 기(氣)에서 비롯되고, [우리를] 믿지 못하는 단서는 [중국의] 산천을 [여진족 땅이라고] 죄악시하는 데 있다.[41]

박제가의 "북학변", 박지원의 "북학의서"에 담긴 수사 전략은 『북학의』가 저자의 개혁 의제를 양반 사족 청중에게 설득하기 위해 저술된 책이라고 본다면 쉽게 이해하기 어려운 전략이다. 왜 그들은 『북학의』의 예상 독자인 조선 엘리트 사회를 대화와 설득의 상대로 인정하지 않는 일종의 수사학적 자살처럼 보이는 선택을 했을까? 북학론자들이 자신의 의제를 설득하고자 염두에 둔 청중이 누구인지 현재로서는 확정하기가 어렵지만, 적어도 1780년을 전후한 시점에서 그것이 조선의 양반 사족 전체는 아니었던 것 같다. 자신들을 이해하지 못하는 양반들을 향한 박제가와 박지원의 날 선 발언에서 볼 수 있듯, 그들은 그 대신 자신의 지향을 공유하고 이해해줄 수 있는 소규모 공동체만을 청중으로 상정하고 있는 것으로 보인다.

북학론자들이 양반 사족 전체를 설득해야 할 청중으로 보고 있지 않다는 것은 그들이 공통적으로 조선 사회가 처한 가난과 낙후함의 가장 큰 원인으로 "놀고먹는[遊食]" 양반들의 존재를 지목한 데서도 드러난다. 1786년 정조에게 올린 글에서 박제가는 당시 조선이 겪고 있던 가난을 극복하는 방안으로 중국과의 통상, 중국 기술의 도입과 함께, 놀고먹는 사대부들에게 생업을 부여하는 일을 꼽았다. 그는 나라가 빈곤해지는 이

유가 무위도식하는 양반 사족들이 날로 늘어나는 데 있다면서 이들을 "나라의 큰 좀 벌레"라고 불렀다.[42] 이와 같은 문제의식은 북학론을 계승한 19세기 초의 서유구(徐有榘)에게서도 찾을 수 있다.

> 그러나 우리 동국(東國)의 사대부들은… 십 대조 이상의 조상 중의 한 명이라도 벼슬아치가 있었다면 눈으로는 어(魚) 자와 노(魯) 자도 분변하지 못하면서도 손으로는 쟁기를 잡지 않고, 그저 문벌에만 의지하면서 공업과 상업에 대해 말하는 것을 부끄러워한다.… 향촌에서 백 가구 정도 모여 사는 곳을 보면 이 같은 부류가 거의 절반이 넘는다. 곡식을 생산하는 사람은 적지만 먹어 대는 사람은 많고, 물건을 생산하는 데는 빠르지 않고 소비하는 데는 느리지 않으니, [우리나라가] 천하의 가난한 나라가 된 것은 필연적인 일이다.[43]

북학론자들의 글에는 그들이 "좀 벌레나 메뚜기처럼" 일하지 않고 사회의 자원을 축낸다고 비판한 양반들과 대화하겠다는 의지가 크게 보이지 않는다. 북학론자들에게 양반 사족들은 함께 경세(經世)를 논할 동료가 아니라 자신들과 같은 선각자들에 의해 계몽되어 농업, 상업, 공업에 종사하도록 유도해야 할 대상이었다. 그런 점에서 그들의 관심은 광범한 양반 엘리트 집단과 대화하여 그 가운데서 자신들의 의제에 대한 폭넓은 지지층을 획득하는 것보다는, 자신들의 주된 비판 대상인 대다수 양반과는 차별화되는 소수의 여행가·경세가 공동체를 건설하는 데 있었던 것이 아닌가 한다.

그와 함께 북학론자들은 아예 조선 엘리트 사회를 넘어서는 더 높은 정치적, 문화적 권위에 호소하려는 전략도 가지고 있었던 것 같다. 18세기 말 북학론자들은 그들의 군주인 정조를 중요한 설득의 대상으로 삼았다. 앞서 언급했듯 홍양호는 1783년 정조에게 북학 상소를 올렸으며, 박제가도 1786년 정조의 요청에 응하여 올린 "소회(所懷)"를 통해 북학론에 입각한 개혁의 시급성을 설득하려 했다. 박제가는 "천지를 경륜할 위대하고도 놀라운 학문을 소유하고 예악을 제정하는 재능을 겸비한" 군주 정조가 재위 10년 동안 자신의 능력과 포부를 발휘하지 않고 "현재의 풍속을 따라 나라를 다스려 미봉책으로 메꿔나가는" 데 만족하고 있는 것은 아닌지 비판하며, 좀 더 근본적인 개혁을 과단성 있게 추진해야 한다고 촉구했다.[44]

그에 비해 19세기 초 현실 정치에서 밀려나 재야에서 농사를 지으며 살고 있던 서유구에게는 소수의 깨어 있는 선각자들을 모으는 일이 좀 더 중요했던 것으로 보인다. 앞서 놀고먹는 양반을 비판한 인용문에 이어 서유구는 다음과 같이 말했다.

> 풍속을 바꿔서 공업을 통하게 하고 상업에 혜택을 주는 일은 진실로 나처럼 재야에 있는 사람이 끼어들어 도모할 일은 아니다. 그러나 나는 세상 사람 중에 하는 일 없이 녹봉만 축내는 일을 경계하고 부끄러워할 줄 아는[戒素餐, 知慙愧] 군자들이 도구를 편리하게 하여 쓰임을 이롭게 하는 방법[便器利用之道]에 조금이라도 마음을 두기를 바란다.[45]

서유구에게는 아마도 전라도 관찰사 시절 자신에게 자승차(自升車)라는 수차의 제작을 건의한 화순의 하백원(河百源, 1781-1845)이 이상적인 엘리트 상에 부합하는 인물이었을 것이다.[46] 이들의 노력으로 기술이 발전하고 백성의 일용이 풍족해지면, 한 지방을 선도하는 것을 넘어 나라 전체의 경영[論道經邦]에도 도움이 될 것이었다.

북학론의 기술관과
중국 기술 도입 정책

앞서 언급했듯, 정조 초년에 제기된 북학론은 그 핵심 의제로서 청조 중국의 세련되고 효율적인 기술, 기물(器物)의 도입을 주장했다. 박제가의 『북학의』에서 다루는 항목의 압도적 다수가 바로 청나라의 기술과 기물로서, 앞서 간략히 살펴본 수레를 비롯하여 선박, 성제(城制), 주택, 벽돌, 교량, 종이, 무기, 가축 등을 포함한 40여 항목에 관한 논의가 이루어지고 있다. 이러한 내용이 『북학의』 내편(內篇) 전체, 그리고 외편(外篇)의 앞부분을 차지하고 있다면, 외편의 나머지는 북학의 필요에 대한 논설, 과거제도의 개혁, 중국과의 통상 진흥 등과 같은 제도적 개혁에 관한 논의를 싣고 있다.

북학론을 다룬 이전 연구가 대개는 『북학의』 외편에 실린 제도 개혁론을 주된 분석 대상으로 삼았지만, 필자가 보기에 『북학의』의 핵심은 내편 전체와 외편의 앞부분을 차지하고 있는 구체적 기술, 기물에 대한 논의에 있다. 자신이 중국에서 경험한 참된 장관(壯觀)은 깨진 기와 조각과 냄새나는 똥거름이었다는 박지원의 선언에서 드러나듯,[47] 박제가, 박지원 등은 기술과 산업의 발전을 핵심 의제로 하는 자신의 경세론과 문화적 지향을 구체적 사물과 기술에 대한 관찰에 근거해서 제시하고 있기 때문이다.

북학론의 이러한 구체성이야말로 북학론이 기술을 중시한다는 연구자들의 폭넓은 합의에도 불구하고 정작 그것의 기술관, 기술 정책에 관한 본격적인 연구가 많지 않은 이유이기도 하다.[48] 산업과 기술에 대한 일반론 대신 개별 기술과 사물에 대한 구체적인 논변으로 이루어진 북학 담론에 접한 연구자들은 곧잘 그것이 "사상적"으로 빈곤하다고 판단했다. 예를 들어, 과학사학자 박성래는 박제가가 수레, 벽돌 등 개별 기술에 관한 관심을 넘어 기술에 대한 일반적, 추상적 논의를 발전시키지 못했다고 비평했는데, 이러한 부정적 평가에는 추상화된 과학 "이론"에 높은 가치를 부여하는 20세기 후반 과학기술사 학계의 경향이 전제되어 있었다.[49] 하지만 북학론의 의제가 추상화 정도가 낮은 개별적이고 구체적인 경험의 형태로 제시된 것은, 앞서 살펴본 것처럼 자기의 사회 개혁 구상을 구체적 여행 경험을 통해 제시하고 뒷받침하려는 이들의 독특한 수사 전략에서 비롯된 선택이었을 가능성이 크다. 그리고 구체적 기술에 대한 그들의 논의에는 기술의 본성, 기술과 사회의 관계에 대한 이해로부터, 중국 기술 도입의 필요와 방법에 이르기까지 상당히 일관된, 필요하다면 곧 살펴볼 정약용의 "기예론(技藝論)"처럼 본격적인 논고의 형태로도 충분히 체계화될 수 있는 흥미로운 통찰이 담겨 있었다.

1. 중국과 조선의 비교

개별 기술, 기물에 대한 박제가의 논의는 대개 극도로 단순하고 정형화된 방식을 따른다. 그 핵심은 중국과 조선 사회의 비교에 있다. 그는 먼저 청나라의 사례에 대한 이상화된 서술을 통해 그 효율성과 세련됨을 부각하고는 그에 이어 조선 사회의 해당 기술과 기물에 대한 부정적인 서술을 통해 그 어리석음과 구차함을 강조한다. 이러한 대조는 각각에 다른 문체를 적용함으로써 극대화된다. 청나라에 관한 서술에서는 마치 도가적(道家的) 이상향, 아름다운 산수(山水)를 묘사하는 것 같은 문체를, 그에 비해 조선 사회에 대해서는 그 비루함을 풍자하는 문체를 쓰고 있다.

선박의 제도에 대한 박제가의 서술이 좋은 예이다. 박제가는 그가 중국에서 목격한 배의 효율적 구조를 건조하게 묘사하면서 논의를 시작한다. "중국의 배는 내부가 깨끗하여 물이 한 방울도 없다. 곡식을 실을 때는 곧바로 배의 바닥에 쏟아붓는다. 그 위에는 반드시 가로로 갑판을 가설하여 사람이나 말을 포함하여 물을 건너는 모든 것이 그 위에 앉는다. 빗물과 말 오줌 따위가 배 안에 전혀 고이지 않는다."[50] 하지만 중국 배에 대한 박제가의 찬탄은 곧 효율성을 넘어 고아함과 세련됨을 강조하는 방향으로 전개되는데, 이를 위해 그는 통주(通州)에서 직접 올라본 산동(山東) 독무(督撫)의 배를 예로 들었다.

> 그가 탄 배는 크고도 아름다웠다. 사신과 나는 무관(懋官, 이덕무)과 함께 그 배에 올라가 보았다. 배는 길이가 10여 길이었다. 무늬를 꾸민 창이 달려 있고, 색칠한 다락집이 높다랗게 솟아 있었다.… (내부를 들여다보니) 서화와 패액, 휘장과 금침이 있었고, 향기가 자욱하여 깊고 아늑한 느낌을 주었다. 구불구불 가로막혀 있어 얼마나 깊숙한지 짐작하기가 어려웠다.… 내가 머무는 곳이 물 위라는 사실을 까마득하게 잊고 마치 숲속에 몸이 놓여 있고, 그림을 두리번거리며 구경하는 느낌이었다.[51]

중국의 배에 대한 이상화된 서술에 이어 조선의 배에 대한 신랄한 풍
자가 등장한다.

배는 물에 빠지는 것을 모면하자는 수단이다. 그러나 나무를 정밀하게
깎지 못하여 틈으로 새어드는 물이 언제나 (배에) 가득하므로 배를 탄
사람의 정강이는 냇물을 건너는 것처럼 (젖어 있다). (배 안에 고인 물을)
퍼내는 일에 매일 한 사람의 힘을 허비한다.… (배에) 앉을 때는 싸리나
무로 엮은 똬리를 사용하지만 울퉁불퉁하여 편치가 않다. 하루 동안
에 배를 타고 여행하면 꽁무니가 여러 날 동안 아프다.… 고생스럽기가
천태만상이라서 배를 타는 즐거움이 전혀 없다.[52]

김대중은 박제가의 『북학의』에 담긴 중국과 조선 사이의 단순화된 대
비를, 그와 같이 연행했던 이덕무의 좀 더 사려 깊은 비교와 비판적으로
대비시키고 있지만,[53] 박지원이 "3일을 읽어도 싫증나지 않았다."고 찬탄
한 『북학의』의 재미는 조선과 중국의 이러한 극적인 대비에 기인한 것이
라 해도 과언은 아닐 것이다.[54] 유려한 문장, 논의의 단계마다 표변하는
문체, 해학이 넘치는 풍자로 인해 『북학의』는 진지한 경세서로서보다는
즐겁게 읽을 수 있는 문화 비평 모음의 느낌을 더 강하게 준다.

하지만 중국과 조선의 극단적 대비는 세련된 문학적 장치의 기능을 넘
어 논리적으로도 『북학의』의 경세론에서 중요한 역할을 담당한다. 즉, 중
국에 대비한 조선의 극단적 후진성은 그 필연적 요청의 형태로 북학론의
핵심 의제인 "중국 배우기[學中國]"를 끌어낸다.

2. 중국 배우기

중국과 조선의 비교가 극단적인 만큼, 박제가에게서 "중국 배우기"는 조선이 무조건 실천해야 할 정언명령에 가까운 지위를 지니게 된다. 『북학의』 서문에서 박지원은 "중국 배우기"의 의제를 "어린 종이 나보다 한 글자라도 더 안다면" 그에게 배우는 태도, 즉 남이 지닌 장점을 기꺼이 인정하는 여유로운 태도의 차원에서 제시했지만, 『북학의』에서 박제가의 실제 논조는 그보다는 자기 사회의 잠재력과 가능성에 대한 철저한 자기부정에 가까웠다. 『북학의』의 기사들에서 박제가가 보여주려는 것은 수레, 벽돌 제조 등 특정 기술에서 조선이 중국에 뒤처져 있다는 데 그치지 않는다. 개별 기술의 낙후함은 근본적인 차원에서 조선 사회 전반이 처한 문화적 후진성이 표출된 사례들일 뿐이다. 조선의 주택 건설 기술의 낙후함을 다룬 뒤, 박제가는 다음과 같이 조선의 절망적 상황에 대해 언급했다.

> 백성들은 살아오면서 눈으로는 반듯한 것을 보지 못했고, 손으로는 정교한 기술을 익히지 못했다. 온갖 분야의 장인과 기술자들 또한 모두가 이 가운데에서 배출되었으므로 모든 일이 형편없고 거칠어, 번갈아들며 그 풍습에 전염되었다. 이런 상태에서는 아무리 훌륭한 재간과 고매한 지혜를 소유한 자가 나타나도 이렇게 이미 굳어진 풍속을 타개할 방도가 없다. 그렇다면 어떻게 해야 하나? 중국을 배우는 것[學中國] 외에는 방법이 없다.[55]

즉, 박제가에게 "중국 배우기"란 기술적 정교함과 효율성의 문화가 전무(全無)하여 개선을 위한 내적 잠재력을 지니지 못한 조선이 택할 수 있는 유일한 방도로 제시되고 있다.

이로부터 박제가의 기술 도입론이 지닌 한 가지 중요한 특징이 드러난다. 그는 토착 기술의 개선과 개량보다는 외국(즉, 중국) 기술의 전면적 도입과 모방을 옹호했다. 그는 조선 장인들의 능력, 토착 기술의 가능성을 전혀 인정하지 않았다. 조선 사회는 문화적 불모지로서 자신을 개선할 수 있는 잠재력을 그 안에 가지고 있지 않았다. 박제가는 조선에서 이미 사용되고 있는 수레의 채용을 주장하는 견해를 비판하면서, 수레의 크기, 무게, 속도 등에 대해 세심하게 시험하고 연구한 결과물인 중국 모델을 그대로 모방해야 한다고 주장했다.[56]

조선 사회의 기술적 능력을 부정하고 중국 기술의 모방을 강조하는 논지는 박제가는 물론 18세기 말, 19세기 초 북학론자들 사이에 공유된 입장이었다. 그들은 중국 기술에 대해 토착 기술이 적어도 특정 측면에서는 장점을 지닐 수 있을 가능성을 인정하지 않았다. 『경세유표』에서 정약용은 수레에 대해 "새 제도를 창안하지 말고 오직 중국 제도를 모방해서 털끝만큼도 어긋남이 없게 하여야 운행하는 데 결점이 없을 것"이라고 박제가의 주장을 반복하면서, 그 이유 또한 중국은 고대 헌원씨(軒轅氏) 이후로 수레의 제도를 연구한 유래가 깊기 때문이라고 주장했다.[57]

하지만 정약용의 논의가 이전 북학론의 반복만은 아니었다. 그는 "기예론(技藝論)"이라는 유명한 논설에서 토착 기술의 장려보다 중국 기술의 도입에 주력해야 할 이유를 기술의 본성에 관한 일반적 통찰을 근거로 뒷받침했다. 그런 점에서 정약용은 앞 세대 북학론자들과 비교하면 좀 더 이론적이고 체계적인 면이 있다. 그의 "기예론"은 기술이 인류의 집단적 활동으로서 누적적으로 발전한다는 일종의 (서구적·근대적) "기술 진보론"을 개진한 글로 알려졌지만,[58] 이 글에서 정약용의 진정한 의도는 북학론의 중국 기술 도입 정책을 정당화하려는 데 있었다. 정약용이 소위 "기술 진보론"을 정식화했다고 알려진 구절은 다음과 같다.

[사람의] 지려(智慮)를 미루어 운용(運用)하는 데는 한계가 있고, 정교한 생각으로 천착하는 것도 점진적이므로, 비록 성인(聖人)이라 하더라도 천 명, 만 명의 사람이 함께 의논한 것을 당해낼 수 없고, 비록 성인이라 하더라도 하루아침에 그 아름다움을 다할 수 없는 것이다. 그러므로 사람이 많이 모일수록 그 기예가 정교하게 되고, 세대가 아래로 내려올수록 그 기예가 더욱 공교하게 되니, 이는 사세가 그렇지 않을 수 없는 것이다. 그러므로 촌리(村里)에 사는 사람은 현읍(縣邑)에 사는 사람에게 공작(工作)이 있음만 못하고, 현읍(縣邑)에 사는 사람은 명성(名城)과 대도(大都)에 사는 사람에게 기교가 있음만 못하며, 명성이나 대도에서 사는 사람은 경사(京師)에 사는 사람에게 신식묘제(新式妙制)가 있음만 못하다.[59] (강주는 필자)

위의 글에서 드러나듯 "기예는 사람이 많이 모일수록, 세대가 아래로 내려올수록 더 정교해진다."는 정약용의 통찰은 진보하는 기술의 본성을 강조하려는 것이라기보다는 그 결과로 기술의 "지정학적 분포"에 항구적 불균형이 생긴다는 주장을 뒷받침하기 위한 것이었다. 즉, 기술의 수준에는 중심부와 주변부의 구분이 있다는 것이다. 이는 다시 북학의 필요성, 즉 주변부는 필연적으로 중심부[京師]의 기술을 배우기 위해 노력해야 한다는 주장으로 이어진다. 게다가 경사에서는 "신식묘제"가 끊임없이 새로 개발되고 있으므로, 주변부 사람들의 중심부 기술 학습은 일회성의 사업으로 그쳐서는 안 되며 항시적인 프로젝트가 되어야 했다. 여기서 정약용이 말하는 기술의 중심부, "경사(京師)"가 실질적으로 중국을 의미한다는 점은 어렵지 않게 알 수 있다.

우리나라에 있는 백공(百工)의 기예는 모두 옛날에 배웠던 중국의 법인데, 수백 년 이후로 딱 잘라 끊듯이 다시는 중국에 가서 배워 올 계획을 세우지 않고 있다. 그런데 중국의 신식묘제(新式妙制)는 날로 증가하고 달로 많아져서 다시 수백 년 이전의 중국이 아닌데도 우리는 멍하니 그들에게 묻지도 않고 오직 예전의 것만 만족하게 여기고 있으니, 어찌 그리도 게으르단 말인가.[60]

경사와 촌리, 중심부와 주변부 사이에 존재하는 기술의 불균형은 기술 자체가 지니는 누적적 본성에 의해 조건 지워진 "사세(事勢)의 필연"으로서 그것이 역전되거나 주변부가 중심부를 추격해서 따라잡는 일이 일어날 가능성은 없었다. 그렇다면 정약용의 소위 "기술 진보론"은 18세기 유럽의 계몽 사상가들처럼 인류 기술 진보의 낙관적 전망을 제시한다거나 조선과 같은 주변부 나라도 그러한 인류 공동의 사업에 참여하고 이바지할 수 있다는 희망의 논리로 제시된 것이 아니다. 정약용이 보기에 주변부 조선의 사람들은 영구적으로 중심부 중국의 기술을 배워 와야 할 운명에 처해 있었다. 조선인들에게 북학은 지정학적으로 결정된 숙명과도 같았다.[61]

3. 사회 개혁의 동력으로서 선진 기술의 도입

조선 사회가 지닌 기술적 능력을 인정하지 않고 중국 기술의 도입을 강조한 북학론자들의 논리에는 기술의 도입에서 조선 사회의 자연적·사회 문화적 환경에 대한 고려가 들어설 여지 또한 별로 없었다. 가령 그들은 중국에서 도입된 기술이 조선의 사회문화적 맥락, 자연적 환경과 부합하지 않을 수 있으므로 도입 기술을 그러한 요인에 맞게 조정할 필요가 있다고 생각하지 않았다. 요컨대 그들은 기술에서의 "신토불이(身土不貳)"를 인정하지 않았다. 기술이 촌리, 현읍, 명성(名城)과 대도(大都), 경사(京師)로 이어지는 선형적 위계를 이루고 있다는 생각을 지닌 정약용은 "촌리"의 사회문화적·자연적 특수성에 적합한 기술을 추구해야 한다는 주장에 대해 다음과 같이 일갈했다.

> 수레에 대해 말하는 자가 있으면 우리나라는 산천이 험하다고 하고, 양을 기르자고 말하는 자가 있으면 조선에는 양이 없다고 하며, 말에는 죽을 (먹여서는) 안 된다고 말하는 자가 있으면 풍토가 각각 다르다고 말하니, 이와 같은 사람들에 대해 장차 어찌할 것인가!"[62]

토착 기술의 가치를 부정하고 이를 중국 기술로 대체하려는 북학론자들의 견해는 심지어 지역성과 의토성(宜土性)이 가장 높은 기술로 알려진 농법 분야에도 그대로 관철되었다. 정조 22년(1798-99) "농정을 권하고 농서를 구하는" 정조의 윤음(綸音)에 대한 응답으로 제출된 농서들을 분석한 연구에서 안승택은 그 속에서 서로 대립하는 두 가지 기술적 지향을 분별했다. 향촌에서 직접 농업에 종사하거나 지역 농업 관행의 가치를 인정하던 "향촌 지식인"들의 지향과 이를 부정하고 중국 선진 농법의 채택을 주장한 이른바 "실학자(實學者)"들의 지향이 그것이었다.[63] 예를 들어 전자를 대표하는 인물로서 수원 지역의 향촌 양반이었던 우하영(禹夏永, 1741-1812)은 윤음에 응답하여 정조에게 바친 글을 발전시킨 『천일록(千一錄)』이라는 경세서에서 토성(土性)과 기후 등 지역의 독특한 자연환경, 지역 농민들의 성향과 풍속, 재배하고자 하는 작물의 성질을 세심하게 반영한 농법을 추구했다.[64]

그에 비해 안승택이 "실학자"라고 부른 인물들에게 지역적으로 분화된 농법은 도리어 "'후진적'인 조선 농업의 표상이었고, 따라서 극복되어야 할 대상"에 불과했다.[65] 정조에게 올린 『북학의』에서 "농기구"에 대해 논하며, 박제가는 시대와 지역에 따라 적합한 농기구가 다르다는 주장에 대해, 농업 기술에서의 급선무는 지역적 차이를 따지는 것이 아니라 효율적인 농기구를 보급하여 농법을 표준화하는 데 있다고 주장했다.

> 오늘날 농기구를 말하는 자들은 "옛날과 지금 사이에 적당한 것이 다르다"라거나 "남쪽과 북쪽의 제도가 다르다"라고 말한다. 한마디로 개괄하자면 우리나라에는 [제대로 된] 농기구가 없으니, 옛날과 지금, 남쪽과 북쪽의 [차이를] 따질 필요조차 없다. 대체로 보습의 너비가 정해진 연후에 두둑과 고랑이 이루어질 수 있고 김을 매고 덮는 일이 수월해지는 법이다. 지금 산골에서 겨리(소 두 마리가 끄는 쟁기)를 사용하고 벌판에서 호리(소 한 마리가 끄는 쟁기)를 사용하는 것은 모두 이로써 흙을 갈아 일으키는 것인데, 흙을 일으킨 후에는 다시 별다른 도구를 쓰지 않는다. 산골의 쟁기들이 모두 서로 다르고 벌판의 쟁기들도 각자 서로 달라, 도랑과 두렁, 고랑과 두둑이 모두 억측으로 만들어지고 있다. 혹은 세 번 쟁기질해서 한 두둑을 만들고, 혹은 다섯 번 쟁기질해서 한 두둑을 만드는데, 두둑이 넓으므로 흩뿌려 파종하고, 흩뿌려 파종하므로 곡식이 자라는 줄이 어지러워 김매기를 할 때 힘이 열 배로 더 든다.[66]

기구의 효율성과 표준화를 강조하는 박제가의 결론은 결국 중국의 선진적인 농기구를 도입해야 한다는 것이었다. 글의 결론부에서 박제가는 서광계(徐光啓)의 『농정전서(農政全書)』에 담긴 "도식(圖式)"을 참고해서 농기구를 선택하고, 이를 국영 시범농장이라 할 수 있는 둔전(屯田)에 시범 도입하여 그 효과를 사람들 앞에서 입증함으로써 불합리한 지역적 관행을 고집하는 농민들을 계몽해야 한다고 주장했다.[67]

북학론자들이 보기에 기술의 도입에서 그것을 둘러싼 사회적, 자연적 환경을 고려해야 한다는 논리는 조선의 낙후한 기술과 후진적 문화가 서로를 조건 짓는 악순환의 고리를 지속시키겠다는 몽매한 생각이었다. 그들에게도 기술과 그것을 둘러싼 사회문화적 환경이 긴밀한 상호 영향을 주고받는다는 통찰이 있었지만, 기술사학자가 아니라 사회 개혁가들인 그들에게 기술과 사회의 연관이 흥미롭고 긍정적인 현상이어야 할 이유는 없었다. 가령, 박제가에 의하면, 중국과 조선 사회에서의 기술은 모두 각 사회의 문화적 수준을 체화하고 있었지만, 중국의 수레, 벽돌, 성곽, 다리, 가옥이 중국 사회 제도의 효율성, 모든 것을 법식에 맞게 실천하는 중국인들의 문화적 세련됨을 반영하는 물건들이었던 반면, 조선의 물건들은 "아침저녁의 일조차 걱정하지 않고 일정한 의지가 없는" 백성, "변치 않고 유지되는 법령이 없는" 나라의 문화를 반영했다.[68]

조선 사회에서 기술과 문화가 서로를 부정적인 방향으로 조건 지우는 관계를, 박제가는 특정 기술의 저열함이 풍속으로 확산되어 굳어지는 과정으로 묘사하고 있다.

처음에 장인이 (물건을) 거칠게 만들자 그것에 젖어든 백성들이 거칠게 (일하고), 처음에 그릇이 거칠게 (만들어지자) 그것에 길들어 마음이 거칠어졌다. (그런 태도가) 이리저리 확산되어 풍속으로 굳어졌다. 자기(瓷器) 하나를 제대로 만들지 못하자 나라의 온갖 일들이 모두 그것을 본받으니, 물건 하나라도 작은 것이라고 무시하여 소홀히 다루면 안 되는 것이 이와 같다.[69]

인용문의 마지막에서 강조되고 있는 것처럼, 조선 사회의 문제는 "사소해 보이는 기술과 물건을 무시하고 소홀히 하는 사람들의 태도"에 기인했다. 따라서 사회 전반의 문제를 해결할 수 있는 정책적 개입 지점이 어디인지도 분명했다. 사회 문화와 기술 사이의 밀접한 상호 영향을 주장했다는 점에서 박제가가 기술 결정론자는 아니었지만, 그럼에도 낙후한 조선 사회를 변화시키기 위한 정책적 개입의 관건이 문화와 기술이 만나는 접점, 그중에서도 선진 기술의 도입을 통해 좀 더 쉽게 변화를 일으킬 수 있는 기술 영역에 있다고 생각한 것으로 보인다. 조선의 지세가 험하고 소와 말의 수효가 적어 수레를 쓸 수 없다는 반대론에 대한 홍양호와 박제가의 반론에서 볼 수 있듯, 그들은 수레의 도입을 선결 과제로 우선 추진한 뒤, 이를 지렛대로 삼아 도로와 우마(牛馬)의 문제도 함께 해결하겠다는 생각이었다. 수레의 도입이 도로망, 목축 기술의 개선, 상업과 산업의 발전, 사회의 문화적 활력의 증가로 이어질 변화의 시발점으로 제시된 것이다.

그런 점에서 그들은 사회적 환경이 기술을 제약하거나 구성하는 측면보다 선진 기술의 도입이 사회적 환경의 변화를 촉진하는 측면에 좀 더 주목했다고 볼 수 있다.[70] 북학론에서 선진 기술 도입론은 말하자면 낙후한 기술과 무기력한 문화가 서로를 조건 지우고 있는 악순환의 고리를 끊고 조선 사회를 "도약(take-off)"시킬 방안으로 제기되었다.[71] 효율적 제도와 세련된 문화의 산물인 중국의 기술과 물건은 무력한 조선 사회를 깨울 문화적 계몽자의 역할을 담당하게 될 것이었다. 그렇다면 토착 기술을 개선하자거나 중국과는 다른 조선의 현실을 고려하자는 주장이 용납될수는 없었다. 정약용이 수레 도입 문제에서 강조했듯, 중국의 제도를 도입하여 "털끝만큼도 어긋남이 없게" 모방하는 일이 중요했는데, 이는 단지 그것이 더 효율적인 기술이어서만이 아니라, 중국 기술의 모방을 통해 조선 사람들이 그에 체현된 세련된 문화를 배울 수 있을 것이기 때문이었다. 중심부의 기술은 주변부 사회의 문화적 개혁을 불러일으킬 주된 동력이었다.

4. 정부 주도의 기술 도입론

선진 기술의 계몽적 힘에 대한 북학론자들의 믿음은 정책 의제로서 북학론이 지닌 한 가지 중요한 특징을 설명해준다. 그들은 중국 기술의 도입과 확산이 국가(정부)의 주도하에 이루어져야 한다고 생각했다. 정부가 다양한 경로를 통해 중국의 기술, 물건을 도입해 오고, 리버스 엔지니어링의 방식을 통해 그것을 시험 제작하고 일부 지역에 적용한 뒤, 전국으로 확산시켜야 한다는 것이었다.

민간 영역의 주도권을 인정하지 않는 이러한 정책 방향은 우선 현실적으로 청조 중국과의 교류를 정부가 독점하고 있던 당시의 상황을 반영한 것이다. 실제로 북학론자들은 기술 도입의 주된 방식으로 연행사절 편에 재능이 있는 장인을 파견하여 기술을 배우고 물건을 구매해 오는 방식을 권장했다. 『북학의』 외편에 실린 "재부론(財賦論)"이라는 글에서 박제가는 "경륜이 있고 재능과 기술을 가진 선비를 선발하여, 한 해에 열 명씩 중국으로 가는 사신 행렬의 비장과 역관들 틈에 섞어 보내자"라고 제안했다. 이 "기술 탐문단"은 중국에서 기계를 구입하거나 기술을 배워 온 뒤 조선 사회에 전파하게 될 것인데, 이를 원활하게 하도록 정부 내에 전담 부서를 세워 기술의 교육과 시험을 담당하게 하자고 했다.[72] 훗날 정조에게 올린 "소회"에서는, 앞서 제1장에서 언급했듯, 아예 중국에서 기술자를 초빙해 오자고 제안했다. 중국 흠천감에서 역서를 만드는 서양 선교사들이 초빙 대상으로서, 박제가는 이들이 "기하학에 밝고 이용후생의 학문과 기술에 정통하므로" 관상감의 예산으로 이들을 초빙하여 관상감에 고용하게 한 뒤, 나라의 우수한 인재들을 그들에게 보내, 천문학과 수학뿐 아니라, 농상, 의약, 벽돌 제조, 교량의 건축, 광물의 채광, 유리 굽기, 화포 제작, 수레와 배의 제조 등 다양한 기술을 배우게 하자고 제안했다.[73]

19세기 초 정약용이 제안한 이용감(利用監)은 박제가의 구상을 좀 더 체계적인 정책 구상으로 발전시킨 것이었다.[74] 신유박해 이후의 상황에서 정약용은 서양 선교사 초빙안보다는 연행사절 편에 기술자를 파견하는 박제가의 첫 번째 구상에 집중했다. 공조(工曹) 아래에 북학을 전담할 기구로 설치될 이용감은 사역원(司譯院)과 관상감(觀象監)에서 2명씩 선발된 중국어와 수학의 전문가들이 핵심 역할을 담당할 것이었다. 학관(學官)이라고 불린 이들은 매년 중국에 들어가서 "구들 놓기, 벽돌 굽기, 수레 만들기, 그릇 만들기, 쇠 불리기" 등의 기술을 배워 온 뒤, 이를 다시 솜씨 있는 장인들에게 전수하여 시제품을 제조하게 한다.[75] 이런 과정을 거쳐 성공적으로 습득된 기술은 공조에 소속된 다른 전문 기술 관서들, 즉 성을 수축하는 수성사(修城司), 화폐를 주조하는 전환서(典圜署), 수레를 제작하는 전궤사(典軌司), 기와를 만드는 견와서(甄瓦署), 종이를 제작하는 조지서(造紙署) 등에 공급하여 실용화한 뒤, 전국에 보급하게 한다.

이상의 구도에서 정부에게는 단지 기술 도입의 루트를 제공하는 것을 넘어 백성에 대한 계몽자의 역할이 부여되고 있음에 유의할 필요가 있다. 선진 기술의 도입과 모방은 애초부터 "살아오면서 한 번도 반듯한 것을 경험해보지 못한" 조선의 기술자, 양반 사족, 일반 백성들이 할 수 있는 일이 아니었다. 중국 기술의 도입이란 몽매한 백성을 계몽하는 사업이었으며, 따라서 백성보다 먼저 계몽된 존재로서 국가가 주도적으로 나서야 했다. 이러한 계몽자로서의 역할은 실천적 차원에서 볼 때, 중국으로부터 도입된 기술의 표준이 채택·유지되도록 강제하는 일, 그것이 전국적으로 확산될 수 있도록 장려하는 일 등을 의미했다. 예를 들어, 정약용은 수레의 사사로운 제작을 엄금하고, 중국에서 도입한 수레의 모델을 "전궤사(典軌司)"라는 관청에서 독점 제작하여 전국에 공급해야 한다고 주장했다. 우수한 중국의 모델로 전국의 수레를 통일하고 그것에 맞게 도로의 폭도 규격화함으로써 "거동궤(車同軌)"의 이상을 실현하자는 것이었다.[76] 벽돌의 제조를 민간의 자율에 맡기자는 주장을 비판하면서 박제가는 정부가 벽돌을 후한 값으로 구매해주는 "시장 개입" 정책 없이는 초기에 벽돌 제조업에 뛰어든 장인들이 적당한 이익을 남길 수 없을 것이라고 진단했다.[77]

북학 정책의 실천과 성취

북학론을 포함한 조선 후기의 실학(實學)이 권력에서 소외된 재야 학자들의 개혁안으로서 실제 정책에 반영되지 못했다는 20세기 실학 서술의 통설이 최근 상당히 수정되기는 했지만, 그럼에도 북학론의 기술 도입 정책에 관한 한 상황이 크게 바뀐 것 같지는 않다. 하지만 정조, 순조(純祖) 대에 수레, 벽돌, 수차의 제작과 보급과 같은 북학의 의제가 정부의 실제 정책이나 일부 양반 관료들의 사적 프로젝트로 추진된 사례가 적지 않게 발견된다.

사실 구체적이고 개별적인 정책 의제의 차원에서만 보자면 북학론이 보수적인 인물들의 거부감을 불러일으킬 이유는 많지 않았다. 조선 사회의 낙후한 현실에 대해 북학론자들이 제기한 비판의 과격함에 비해 그들이 기술의 도입과 확산을 위해 제시한 구체적 방책은, 다른 이들보다 좀 더 체계화된 정책안을 내세운 정약용의 경우조차도, 그리 혁신적이라고 보기 어려웠다. 예를 들어 대중국 사행 편에 사람을 파견하여 기술을 배워 오자는 발상은 이미 한국사에서 그 유래가 오래된 관행이었고, 가까운 예로 청나라의 시헌력이나 염초 제조법을 그와 같은 방식으로 배워 온 바가 있었다. 앞서 언급했듯 북학론의 상징과도 같았던 수레의 도입도 이미 그 유래가 오래된 의제였고 다양한 시도가 이루어진 바 있었다. 정약용의 이용감(利用監)에서 기술 도입의 핵심 역할을 맡은 학관이 관상감의 일관(日官)과 사역원의 역관(譯官)으로 구성된 것 또한 시헌력 도입 프로젝트에서 17세기 중반부터 채택되어오던 방식을 좀 더 체계화, 공식화한 것이었다.[78] 북학론이 많은 이들에 의해 그 필요성을 인정받는 특정 기술의 도입 정책으로 제안되는 한 그것이 거부되어야 할 이유는 없었다.

정조 7년(1783) 7월 홍양호가 올린 북학 상소의 사례는 북학의 의제가 어떻게 실제 정부 정책으로 전환되는지의 과정을 잘 보여준다. 서얼 출신의 하급 관료였던 박제가와는 달리 홍양호는 정부의 고위 관료로서 자신의 제안을 정부 정책에 반영할 영향력을 지닌 인물이었다. 당시 동지사행의 부사(副使)로 연행하고 돌아온 홍양호는 정조에게 이른바 "신육소소"로 알려진 상소를 올렸다. 당시 대사헌(大司憲)의 직위에 있던 그는 이 상소에서, 박지원, 박제가와 유사한 논법을 쓰면서 정부 주도로 청나라 문물을 적극적으로 도입하자고 주장한 뒤, 수레와 벽돌의 제도 도입을 포함한 여섯 조목의 구체적 정책 제안을 개진했다.[79] 이 사건은 북학의 의제가 조선 정부 고위 관료에 의해 국왕에게 올리는 상소의 형태로 공식 개진된 최초의 사례라 할 수 있을 것이다.

이에 대한 조정의 반응은 우호적이었다. 정조로부터 홍양호의 제안을 검토하라는 명령을 받은 비변사(備邊司)는 여섯 가지 제안 중에서 수레와 벽돌 제조법 도입, 당나귀와 양의 도입, 중국어 학습의 강화 등 네 항목에 대해 추진해야 한다는 의견을 개진했다. 연행사절 편에 군문(軍門)에서 기교 있는 자를 차출하여 중국에 보내어 수레의 제도와 벽돌 제조법을 배워 오게 하고, 의주부에 명하여 당나귀와 양을 무역해 온 뒤 번식

시키자는 것이었다.[80] 그해 9월 동지사의 파견을 앞두고, 수레와 벽돌 기술 도입을 위한 세부 방안이 조정에서 논의되고 있는 것으로 보아, 홍양호의 제안은 실제 추진 단계에 들어간 것으로 보인다.[81]

하지만 연대기 기록에서 관련 사안이 다시 등장하는 것은 그로부터 7년이 지난 정조 14년(1790) 3월이었는데, 그에 따르면 적어도 수레의 도입에 관한 한 별다른 진전이 없었음을 알 수 있다. 이날 수레 도입 정책에 대한 부정적 견해가 강력히 제기되었고, 정조도 그 비관론에 동조했다. 흥미롭게도 이날 제기된 반론은 이미 7년 전의 "진육조소"에서 홍양호가 하나하나 반박했던 것이었다.

이날 수레 도입론의 강력한 반대자로 나선 것은 당시 좌의정이었던 채제공(蔡濟恭)이었다. 그는 산지가 많은 조선의 지세상 수레가 통행하기 어렵다는 수레 사용에 대한 일반적 반론에 덧붙여, "만약 수레를 사용하고자 한다면, 우리 국가의 전세(田稅)가 많이 줄어들 것"이라는 반대 논리를 제시했다. 수레를 통행시키려면 농경지 가운데로 도로를 닦고 확장해야 하므로 경작지 면적이 줄고 그만큼 세수(稅收)가 줄 것이라는 논리였다. 수레가 "이용후생의 도구라고 하지만 도리어 국용(國用)과 민식(民食)에 손해를 끼친다."는 것이다.[82] 이에 대한 홍양호의 반론은 굳이 경작지를 줄여 도로를 만들지 않아도 된다는 것이었다. "말로 수레를 끌게 하여 조선의 좁은 도로에 맞게 운용한다면 무방"할 것이었다.[83] 이에 정조는 화제를 말의 사용 문제로 전환시켰다. 왜 말 등에 짐을 직접 싣지 않고 수레를 끌게 하느냐는 것이었다. 이 문제에서도 채제공이 홍양호의 비판자로 나섰다. 중국은 당나귀와 말이 잘 번식하여 사용하는 데 어려움이 없지만, 마정(馬政)이 발달하지 못한 조선의 경우는 수레를 끄는 데 말이 아니라 소를 사용해오고 있다는 것이다. 이에 대해 홍양호는 "우리나라에서 말이 귀한 것은 말을 짐 싣는 데[駄ㅣ] 쓰고 수레를 끌게 하지 않아서" 생긴 일이라고 반박했다. 말이 피곤하여 병약해져서 번식하지 못한다는 것이다.[84] 하지만 정조는 홍양호에게 전혀 설득당하지 않았다. 그는 홍양호가 "문인(文人)이어서 종내 소활(疎闊)함을 면치 못했다."고 꼬집은 뒤 수레 도입 정책을 일단 중지하라고 명령했다."[85] 요컨대, 채제공과 정조는 수레의 도입이라는 북학의 대표적 의제에 대해 조선 사회의 여러 현실적 요소를 고려하지 않은 문인(文人)의 순진한 주장이라고 판단한 것이다.

물론 이상의 자료만으로는 1783년의 홍양호의 북학 상소로부터 시작된 수레 도입 계획의 전말을 자세히 알기 어렵다. 당시의 계획이 구체적으로 어떤 목표 아래, 어떤 방식으로, 얼마나 적극적으로 추진되었는지 알려주는 자료는 없다. 물론 이날의 논의로만 보자면 홍양호의 구상에 관해 군주와 조정의 반응은 회의적이었고, 그래서 그 계획도 실패했으리라는 인상을 받게 된다. 하지만 애초에 무엇을 기준으로 북학 정책의 성공과 실패를 판정할 것인지부터가 불분명한 면이 있다. 북학론이 그 개별 의제나 구체적인 추진 방법론의 수준에서 그리 새로울 것이 없었다는 측면에서 보자면, 홍양호의 상소로부터 시작된 수레, 벽돌, 목축 기술의 도입 계획은 그 이전 오래전부터 시도되고 있던 유사한 기획이 다시 추진된 사례였다. 그리고 각각의 기술을 도입하고자 했던 제한적인 목적을 충족하지 못했으리라고 단정할 근거도 불분명하다. 앞서 살펴보았듯 축성 공사에 들어갈 노동력을 절감하려는 목적에서 수레 도입이 그 이전부터 활발히 시도되어 나름의 실효를 거두고 있었으므로,[86] 위의 기록만으로 수레 도입 정책이 실패했다고 볼 수는 없다.

수레와 함께 북학론의 양대(兩大) 의제를 구성했던 벽돌 도입에 대해서도 비슷한 이야기를 할 수 있다.[87] 중국에서와 같이 성곽이나 건물의 건축에 흙이나 돌보다 더 견고하고 경제적인 벽돌을 쓰자는 주장도 18세기 후반 북학파가 처음 제기한 것은 아니었다. 임진왜란을 계기로 명나라의 벽돌 축성술 지식이 도입되고 그에 관한 조선 관료들의 관심이 높아지면서 실제로 벽돌을 부분적으로 활용하는 사례가 늘어났다. 수레의 경우와 마찬가지로 정부의 공역에 부역 노동을 사용하기 어려워져 노동력을 절감해야 할 필요가 높아진 것도 석재보다 제작과 운반이 간편한 벽돌의 이점에 주목하게 된 중요한 이유였다. 급기야 1742년 강화유수 김시혁(金始㷱, 1676-1750)은 강화 외성(外城) 전체를 벽돌 성으로 제작하기에 이르렀는데, 공사가 끝나자 우의정 조현명(趙顯命)은 "벽돌 굽는 방법은 중국에서 배워 온 것인데, 일은 반으로 줄고 공은 배로 늘어 그 이익이 무궁하니, 앞으로 각 군문(軍門)과 와서(瓦署)에 명하여 그 방법에 따라 구워 만들게" 하자고 영조에게 제안했다.[88] 물론 강화 외성이 부실 공사로 인해 완공 직후 무너지면서 벽돌 성에 대한 회의론도 비등했지만, 벽돌의 장점을 옹호하는 흐름은 약해지지 않았고, 축성은 물론 각종 건축 사업에서 벽돌을 적어도 부분적으로 활용하는 사례는 늘어났다.[89]

홍양호의 수레 도입론에 대한 조정의 부정적 논의로부터 얼마 뒤에 이루어진 수원 화성의 건설 공역(1794-1796)은, 이날 논의의 부정적 기류와는 달리 수레와 벽돌을 도입하자는 북학론자들의 평소 주장이 실제 사업에서 상당히 적극적으로 반영되고 있었음을 보여주는 사례이다. 이것이 홍양호 등의 주장에 직접 영향을 받은 것인지는 불분명하지만, 적어도 북학론자들의 적극적인 주창 덕분에 수레, 벽돌의 도입에 관한 조야(朝野)의 관심이 상당히 고양되어 있었을 가능성이 크다.

북학 의제가 상당히 반영된 화성 건설 기본 계획을 세운 이가 바로 정약용이었다. 그는 1792-93년 사이에 "성설(城說)"을 비롯하여 화성 건설의 청사진을 제시한 글을 집필했는데, 여기서 노동력을 절감하고 공사의 효율을 높이기 위하여 유형거(游衡車), 거중기(擧重機)와 같은 기계 장치의 설계를 제공하면서 이를 공사에 사용하자고 건의했다. 이때 유형거의 설

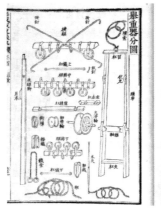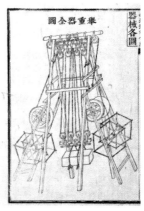

〈그림 3-2〉 거중기(擧重機), 『화성성역의궤』(서울대학교규장각, 1994), 상권, 164-165

계에는 명나라 말의 군사 백과사전 『무비지(武備志)』를, 거중기의 경우는 정조가 내려준 예수회 선교사 테렌츠(Joannes Terrenz 鄧玉函, 1576-1630)의 서양 기계학 서적 『기기도설(奇器圖說)』을 참고했다(그림 3-2).[90] 중국과 서양의 서적을 이용하여 효율적 기계를 제작하려는 시도 자체가 이미 북학론에 부합하는 실천인 데다가, 정조가 직접 참고할 중국 서적을 권한 것을 보면 그 또한 그러한 실천에 큰 거리낌이 없었음을 알 수 있다.

화성 건설에서 정약용이 북학론자들과 의견을 달리했던 것은 건축 재료로 벽돌 대신 돌을 선호했다는 것이다. 그가 벽돌의 장점을 몰랐던 것 같지는 않지만, 조선 사람들이 "벽돌 굽기에 능숙하지 못한 데다 땔감을 공급하는 것도 어려워서 좋은 계책이 아니"라는 현실적인 이유 때문이었다.[91] 하지만 실제 화성 건설에는 벽돌이 적어도 보조 재료로는 상당히 적극적으로 이용되었는데, "옹성, 문루, 홍예문, 성가퀴의 덮개돌, 공심돈, 적대, 포루 등 기능과 미관을 중히 여긴 부분에" 69만여 장의 벽돌이 사용되었다고 한다(그림 3-3).[92]

〈그림 3-3〉 화성 건설에 도입된 중국식 벽돌 굽는 가마. 『화성성역의궤』(서울대학교규장각, 1994), 상권, 159.

하지만 박제가와 북학론자들에게 조선 사회의 현실을 고려하여 벽돌을 부분적으로만 사용한 타협책은 북학론의 제대로 된 구현이라고 보기 어려웠을 것이다. 이러한 비판적 태도는 흥미롭게도 19세기 초의 정약용 자신에게서 찾을 수 있다. 화성 건설 당시 벽돌의 부분적 사용 이상으로는 나아가지 않았던 정약용의 생각은 『경세유표』를 저술할 당시가 되면 많이 달라져 있었다. 화성을 설계한 이후 어느 시점에서 그는 박제가의 『북학의』와 박지원의 『열하일기』를 읽고 "거기에 기록된 중국 기용(器用)의 제도가 보통 사람의 생각으로는 헤아리지 못할 것이 많음을 알게 되었다."[93] 아마도 이러한 깨달음으로 인해 그는 확고한 북학론자로 전향한 것 같은데, 이는 벽돌에 관한 그의 견해가 근본적으로 달라진 데서 잘 드러난다. 『경세유표』 중에 성곽의 수축을 담당하는 "수성사(修城司)"라는 기구를 다룬 조목에서 그는 성곽 건축에는 전적으로 벽돌을 써야 한다는 주장을 다음과 같이 제기했다.

신이 삼가 살피건대, 중국에서는 성을 쌓을 때 모두 벽돌로 하므로 견고하여 깨뜨리기 어렵고, 또 평지에 있는 성은 모두 안팎으로 겹쳐 쌓았습니다[夾築]. 그에 비해 우리 동국의 성은 모두 돌을 깎고 벼랑에 기대어 쌓아서 한 꺼풀 안쪽은 푸슬푸슬한 흙이어서 한 사람이 긁어당겨도 손을 따라서 무너질 지경이니, 이런 것을 어디에 쓰겠습니까? 이용감부터 빨리 벽돌 굽는 법에 통달하게 하여, 각 도의 변성(邊城)을 100년 기한으로 차례로 고쳐 쌓는데, 예전에 쓰인 돌은 헐어 땅바닥에 펴서 기초를 만들고는 (그 위에) 벽돌로 쌓고 치첩(雉堞)도 방법대로 설치하는 일을 그만두어서는 안 됩니다.[94]

여기서 정약용은 돌로 지어진 기존 성곽을 모두 허물고 벽돌로 다시 쌓자는 급진적인 안을 제시했다. 중국과 조선의 성제(城制)를 극단적으로 내비한 뒤 선진적인 중국 기술을 배워 조선에 일괄 적용해야 한다는 전형적인 북학론의 논법이었다. 그리고 이렇게 다시 설정된 엄정한 기준에 따른다면, 그 이전에 북학론을 실천에 옮기고자 했던 여러 시도는 성공했다고 보기 어려울 것이다. 자신이 관여한 화성의 성역(城役)을 비롯하여 수레와 벽돌의 도입과 사용은 제한적으로, 조선 사회가 부과한 여러 기술적·사회적 한계 내에서 이루어진 것이다. 하지만 이러한 타협책으로는 낙후한 사회를 근저에서 바꿀 수 있는 선진 중국 기술의 잠재력이 제대로 발휘될 수 없었다.

조선 후기의 기술, 장인(匠人), 그리고 북학론

기준을 어떻게 정하느냐에 따라 1780년대 북학 정책의 성공과 실패를 달리 판단할 수 있다는 앞 절의 결론은 단순히 북학론의 성취를 가늠하는 문제를 넘어 후기 조선 사회에서 기술의 상황이 어떠했으며 그것과 북학론이 어떤 관계를 맺고 있었는지에 대한 더 근본적인 의문으로 우리를 이끈다. 예를 들어 우리는 다음과 같은 질문을 던져볼 수 있을 것이다. 과연 1780년대의 북학론이 조선의 산업과 기술에 대해 내린 진단과 처방은 얼마나 정확하고 적절했는가? 물론 사회 내 한 그룹의 견해가 사회 전체의 상황을 정확히, 객관적으로 대변해줄 수 없다는 자명한 사실을 생각한다면, 이는 역사학적으로 순진하거나 부적절한 질문일 것이다. 하지만 조선 후기 북학론자들을 민족이 나아가야 할 미래를 선취한 당대의 선각자로 간주해온 20세기 역사학자들의 군건한 믿음을 생각해볼 때 역사서술학(historiography)의 차원에서는 충분히 의미 있는 문제 제기이다.

흥미롭게도 일부 역사학자들은 북학론에 대한 20세기 실학의 역사 서술에 대해 문제 제기하는 과정에서 조선 후기 기술의 상황에 대한 북학론자들의 견해를 직접 비판하는 태도를 보인다. 즉, 그들은 앞의 순진한 질문에 대해 명백히 부정적인 견해를 제시했다. 이들은 조선 사회의 기술에 대한 북학론자들의 진단에서 과장, 왜곡, 오류, 자기모순을 찾아냈다. 수레와 벽돌에 관한 윤용출의 연구에 의하면 조선 후기에 수레와 벽돌의 도입과 사용이 점차 확대되고 있었지만, 북학론자들은 이와 같은 성과를 거의 인정하지 않았고 마치 자신들이 처음 그 의제를 제기하듯이 글을 썼다.[95] 정약용이 좋은 예로서, 화성 건설 공사의 기획자로서 유형거와 거중기 등 노동력 절감을 위한 기술 도입을 추진했던 그가 수십 년 뒤『경세유표』에서는 마치 그러한 성취 자체가 아예 없었던 것처럼 중국의 수레 제도와 축성법을 전적으로 도입해야 한다고 강조한 것이다. 조선의 종이에 대한 북학론자들의 부정적 태도를 다룬 연구에서, 이정은 그들의 견해가 부정확할 뿐 아니라 정직하지 못하기까지 하다고 지적했다. 그들은 조선의 특산품 종이에 대해 "서적을 인출(印出)히거니 글씨를 쓰기에 좋지 못하며 그림을 그리기에도 좋지 못하다."고 평가 절하했지만, 그 근거로 제시한 명나라 서화가(書畵家) 서위(徐渭)의 글은 원문의 뜻을 심각하게 왜곡한 인용이었다. 그들은 종이의 질에 대해 그렇게 자신 있게 평가할 만큼 제지 기술에 대해 잘 알지 못한 데다가, 정작 자신들은 중국 사행에서 조선산 종이를 중국인들에게 줄 선물로 즐겨 사용하는 모순적 태도를 보였다.[96]

북학론자들의 현실 진단과 처방에서 오류와 모순을 찾는 이상의 시도는 그 바탕에 당시 조선 사회에서 기술의 수준과 처지에 대한, 북학론자들의 시각과는 상당히 다른 평가를 전제하고 있다. 즉, 북학론자들의 비관적 시각과는 반대로 당시 조선 사회가 지닌 기술적 활력과 역동적 변화에 더 주목해야 한다고 본 것이다. 예를 들어 윤용출은 조선 후기에 이르러 국가가 공역(工役)에 부릴 노동력을 확보하는 방식이 인신 지배에 기반한 부역 노동 체제에서 삯을 주고 노동력을 고용하는 "모립(募立)" 체제로 전환하고 있었고, 바로 이러한 사회적 변화가 노동력 고용의 비용을 절감하는 기술로서 수레와 벽돌의 도입을 촉진했다고 보았다.[97] 이정은 조선산 종이에 대한 국내·국제 시장의 거대한 수요를 바탕으로 송상(松商) 등의 민간 상업 세력과 연대함으로써 국가가 부과하는 예속에서 벗어났을 뿐 아니라 자신들이 수행하는 기술 노동의 가치를 부각하는 데 성공한 제지 장인들의 적극적인 정치를 복원하고 있다.[98] 조선 후기에 사회적 진보와 기술의 발전이 서로 상승 작용하고 있었고, 그 과정에서 장인들이 적극적으로 활약하고 있었다는 이상의 시각은 낙후한 조선 사회와 몽매한 조선 장인 기술 사이의 악순환을 강조한 북학론의 현실 진단과 정확히 대척점에 있다.

윤용출과 이정의 연구는 조선 사회의 기술과 그 담당자였던 장인들의 실천에 대해 좀 더 긍정적으로 평가하려는, 그러나 역사 서술의 관심과 결을 달리하는 두 가지 역사학적 시도를 대변한다. 전자가 조선 후기 사회의 태내에서 일어난 진보적 변화를 확인하고자 했던 20세기 후반 역사학계의 "내재적 발전론" 기획의 연장이라면,[99] 후자는 관찬 사료나 엘리트들의 문헌에서 제대로 포착되지 않았거나 심지어는 왜곡되어 표상된 조선 장인들의 기술적·사회적 실천을 복원하려는 예술사와 과학기술사 분야의 최근 움직임을 보여준다. 이 둘은 모두 북학론자들에 의해 낙후하고 스스로 변화의 가망이 없다고 비판받은 조선 사회 내에서 활력과 변화의 잠재력을 찾으려 했다는 공통점을 지니면서도, 장인 수공업에서 주목한 측면과 그들이 복원시키고자 했던 활력의 성질에 대해서는 견해를 달리했다.

잘 알려져 있듯이, "내재적 발전론"은 일제 식민사학이 만들어낸 부정적인 한국사관을 극복하려는 민족주의 사학의 기획으로 1960년대 등장하여 1970년대를 거치며 조선 후기 역사 서술의 주된 관점으로 부상했다. 조선 사회가 스스로 근대화할 잠재력이 없다는 이른바 "정체성론(停滯性論)"을 통해, 조선의 "문명화"를 표방하며 이루어진 일본 제국의 조선 침략과 식민 통치를 정당화했던 식민사관에 대항하여, 1960년대 이후 한국사학자들은 조선 사회 내부에서 자생적으로 일어나고 있던 진보적 변화의 동학을 찾고자 했다. 대표적으로 농업사학자 김용섭(金容燮, 1931-2020)은 효율적 농법의 도입과 확산으로 농업 생산력이 발전함에 따라 농민층의 분해가 진행되었고 그 가운데 대규모 토지를 경영하며 상업적 농업을 추구하는 이른바 "경영형 부농층"이 대두하고 있었음을 보여주려 하였다. 요컨대 초보적 형태로나마 자본주의적 생산 양식이 농업에서 등장했다는 것이다.[100] 비슷한 시도가 상업, 수공업, 광업 등 사회경제사의 다른 분야에서도 이루어짐으로써 조선 후기 사회에서 봉건적 사회경제 체제의 제약을 뚫고 자본주의적 요소들이 성장하는 과정이 폭넓게 탐구되었다.[101] 북학론의 논의와 직접 관련되는 장인 수공업의 경우, 내재적 발전론의 기획은 국가가 장인들을 직접 장악하고 통제하는 조선 초기의 관영 수공업 체제가 점차 붕괴하고 그 자리를 민간의 수공업이 대신하는 과정에 초점을 맞추었다.[102]

내재적 발전론이 묘사하는 조선 수공업의 변화는 달리 보자면 정부가 필요한 기술을 자급자족하는 체제에서 민간 수공업의 생산품을 구매하여 관청의 필요를 충족하는 체제로 바뀌는 과정이라 할 수 있다. 국초부터 수공업 기술에 대한 조선 조정의 주된 관심은 무기, 종이, 그릇, 옷감 등 조정과 왕실의 운영에 필요한 물품을 안정적으로 공급하는 체제를 마련하는 데 있었다. 조선 초기에는 이러한 수요의 충족을 시장에 의존하지 않고, 중앙과 지방 관청 아래 설치된 다양한 종류의 작업장에 장인들을 직접 동원하여 그들의 부역 노동을 통해 필요한 물건을 생산하게 하는 관영 수공업 체제를 발전시켰다. 이 체제 아래에서 전국의 장인은 장적(匠籍)에 등록되어 국가에 장세(匠稅)를 냈으며, 그들 중 숙련된 장인들은 일 년에 일정 기간 관청의 작업장에 직접 동원되어 작업해야 했다. 『경국대전(經國大典)』의 규정에 따르면, 조선 정부의 관영 수공업은 130종 2,800명으로 구성된 중앙정부 소속 경공장(京工匠)과 27종 3,800명에 달하는 지방 관청 소속 외공장(外工匠)을 보유한 거대한 규모를 자랑했다. 이 중 무기를 제작하는 군기시(軍器寺)가 644명, 왕족의 의복을 비롯하여 궁중에 쓰이는 일용품을 생산하던 상의원(尙衣院)이 579명의 장인을 보유하여 전체 경공장의 약 44%를 차지한 것을 보면, 조선 왕조가 관영 수공업 체제를 통해 군수품과 왕실 및 귀족의 생활용품을 자체 수급하는 데 가장 큰 관심을 두었음을 알 수 있다.[103]

하지만 장인들에 대한 국가의 강제적 동원과 통제의 방식으로 운영되었던 자급자족적 관영 수공업 체제는 그리 오래 유지되지 못했다. 이는 무엇보다도 정부 재정의 부족으로 동원된 장인들에 대한 처우가 나빠지고 국가 체제의 이완으로 장인들에 대한 관료층의 사사로운 착취가 가중되면서, 장인들이 장역(匠役)을 적극적으로 기피(忌避)했기 때문이었다. 이미 16세기부터 정부 내 수공업장 중에서 장인을 보유하지 못하여 제대로 운영되지 않은 곳이 많았으며, 계속 운영된 작업장도 이전처럼 장인들을 일정 기간 번갈아 동원하는 것이 아니라 전속장인을 고용하고 나머지 장인들에게는 장포(匠布)를 바치게 하는 방식으로 바뀌었다.[104] 역사가들은, 그 결과 조선 후기에 이르러 무기·종이·도자기 제작과 같은 일부 분야를 제외하고는 관영 수공업이 전반적으로 붕괴하고 정부의 수요는 민간 수공업 제품을 구매하여 충족시키는 방향으로 변화했다고 보았다. 정조 대에 편찬된 『대전통편(大典通編)』(1785)을 보면, 『경국대전』 체제에서 경공장이 소속되었던 30개의 기관 중 5곳이 혁파되었고, 10개 기관에는 소속된 장인이 없었다. 그와 함께 장인들을 등록하는 제도였던 공장성적

법(工匠成籍法)도 혁파됨으로써 장인 집단 전체를 국가가 관리하고 통제하는 체제가 종식되었다. 관영 수공업이 유지되고 있던 조지서(造紙署)와 광주(廣州) 분원(分院)도 장인들에게 사사로운 제작과 영업을 허용하거나 상인 자본이 침투하여 장인들의 생산을 통제하는 등 상당한 정도의 민영화가 진행되고 있었다고 한다.[105] 김영호에 따르면, 장인을 국가가 강제로 동원하여 근무하게 함으로써 장인들의 생산 의욕이 높을 수 없었던 관영 수공업이 기술의 발전과 생산성 향상에서 민간의 수공업을 능가하기 어려웠다는 점에서 전자에서 후자로의 이행은 자연스러운 발전의 과정이었다. 직접 장인의 노동을 조직하고 관리하는 것보다는 시장에서 필요한 물건을 조달하는 편이 더 유리하다는 사실을 깨달은 조선 정부는 자신을 대신해서 물품을 구매·공급해주는 어용상인인 공인(貢人) 집단에 의존하게 되었다.[106]

관청 수공업의 붕괴와 민간 수공업의 성장을 조선 후기 수공업사의 주된 흐름으로 보았으므로 사가들의 관심은 자연히 관영 수공업 부문이 아니라 민간에서 발달하고 있던 수공업에 맞추어졌다. 연구자들은 조선 후기에 "점(店)" 또는 "점촌(店村)"으로 불리던 민간 수공업장이 "봉건적 외압에 항거하거나 이를 회피하면서 시장발달=민간수요의 증대에 대응하여 점차 성장·발전해가는 과정"을 살펴보았다.[107] 민간 수공업자들의 성장은 비록 그 상당수가 대규모 상인 자본의 선대제적(先貸制的) 지배 아래에서 이루어졌지만, 수공업자들 스스로가 상인의 역할을 담당하여 자기 생산품을 시장에 판매하면서 초보적인 형태의 기업가로 발전하는 예도 있었고, 그중 광업, 금속 가공, 유기 제조 등 일부 수공업에서는 산업 자본주의의 전 단계라 할 수 있는 공장제수공업(매뉴팩처)의 수준으로 나아가고 있었다고 한다.[108]

하지만 조선 후기 수공업의 활력과 발전을 확인하고자 했던 경제사 분야의 연구에는 한 가지 중요한 맹점(盲點)이 있는데, 정작 그 주인공인 장인들의 기술 활동에 대해서는 충분한 관심을 기울이지 않은 것이다. 이는 무엇보다도 조선 후기 수공업에서 산업 자본주의로 나아갈 전망을 찾으려 했던 경제사 학자들이 조선 후기 장인(匠人) 집단을 공예와 기술의 실행자로서보다는 잠재적 산업 자본가인 수공업 경영자로 보았기 때문이다. 경제 현상의 핵심 요소의 하나인 기술에 대한 무관심도 문제이지만, 중요한 것은 그 무관심이 "내재적 발전론"의 목적론에 의해 한층 더 강화되었다는 것이다. 산업 자본주의를 조선의 경제가 나아갈 목표로 삼은 내재적 발전론의 전제에 부합하도록 조선 후기 수공업의 역사를 쓰는 과정에서 경제사 학자들은 극복해야 할 대상으로서 간주한 관영 수공업의 기술적 활력과 소속 장인들의 능동성을 지나치게 축소한 면이 있다. 관영 수공업의 제도적 폐해와 기술적 비능률이 강조되었고, 장인들은 국가의 봉건적 인신 지배, 양반 관료들의 천시와 착취에 노출된 피해자로만 묘사되었다.[109] 그 결과, 뒤에서 다루겠지만, 18세기에 조선 사회의 기술에서 여전히 중요한 비중을 차지하며 활력을 유지하고 있던 정부 영역의 수공업이 제대로 조망되지 못했다. 그에 비해 국가의 통제에서 상대적으로 벗어나 있던 민간 수공업은 대규모 자본제 공업으로 발전할 요소로 중시되면서 당시 조선 산업에서 차지하는 실제 비중 이상으로 강조되었다. 예를 들어, 북한의 경제사 학자 홍희유는 조선 후기의 수공업 마을로서 형성된 "점촌(店村)"들이 이익을 노리는 지방 관료들의 보호를 받거나 아예 국가의 통제가 잘 닿지 않는 두메산골에 자리를 잡음으로써 "봉건적 억압과 착취를 도피하여 모여드는 인민들의 피난처" 역할을 했다고 보았다. "지방적 유제나 폐쇄성에서 현저하게 해방"된 이들 지역은 "봉건 제도의 공고한 보루의 한구석에 뚫려진 하나의 파렬구"였다는 것이다.[110] 이는 달리 말해 문화적·경제적으로 진보적 활력을 보유한 수공업 구역이 조선 후기 사회에서 예외적인 장소에 불과했다는 뜻이다. 그렇다면 내재적 발전론에 입각한 수공업사 서사는 조선 사회의 예외적 영역에서 드물게 확인되는 활력에 주목함으로써, 조선 사회 전반에 대해서는 도리어 부정적으로 묘사했고, 그 점에서 박제가(또는 일제 식민사학)의 관점과 근본적인 차원에서 대립한다고 보기 어렵다.

흥미롭게도 조선 후기 장인들의 기술적 실천을 살펴보려는 과학기술사와 예술사 분야의 최근 시도는 그 전략적 연구 대상으로 경제사 학자들이 부정적으로 묘사한 정부 부문 수공업을 선택하고 있다. 예를 들어 조선 후기의 왕실 공예에 관해 연구한 공예사학자 장경희는 관영 수공업의 장기적 쇠퇴와 붕괴를 강조한 경제사 연구와는 달리 18세기 중엽까지도 관공장(官工匠) 체제가 활발히 작동하고 있었다고 보았다. 그에 따르면, 관영 수공업이 쇠퇴하고 정부가 민간 수공업에 의존하게 된 것은 18세기 말 이후의 일이었다.[111] 특히 그는 영·징조 대에 관공장 체제가 도리어 더 공고해져 왕실의 위엄을 드러낼 예기(禮器)와 의물(儀物)을 제작하는 경공장의 장색(匠色)이 더욱 세분되는 경향을 보였으며, 현존하는 옥보(玉寶)와 옥책(玉冊) 유물의 수준을 보면 "봉건국가로부터 자유로운" 19세기 후반 사장(私匠)들보다 18세기 관공장(官工匠)들의 제작품이 기술적으로 더 정교하다고 지적했다.[112]

조선 후기 왕실 공예와 관공장의 기술적 활기를 확인하게 된 데는 적절한 사료의 확보가 중요했다. 이전 경제사 학자들이 의존했던 사료는 『경국대전(經國大典)』과 같은 법전류, 『조선왕조실록』, 『비변사등록(備邊司謄錄)』, 『승정원일기(承政院日記)』와 같은 관찬 연대기 자료로서, 국가를 통치하는 양반 엘리트의 제도적 구상과 국가 운영상의 당면한 쟁점에 대한 그들의 의견을 주로 담고 있는 이러한 사료들을 통해서는 관영 수공업의 법적·제도적 측면을 넘어 장인들의 일상과 기술적 실천에 대해 잘 알기 어렵다. 이러한 자료의 더 큰 문제는 장인들에 대한 묘사가 상당히 왜곡되어 있다는 것이다. 즉, 장인들을 불합리한 제도나 그것의 파행적 운영의 피해를 감수하는 수동적 희생자로 그리거나, 그와는 정반대로 게으르고 무능하고 부정부패를 일삼아서 적절한 관리와 통제가 필요한 존재들로 묘사한 것이다.[113]

기존 사료의 문제를 극복할 대안으로 예술사와 과학기술사의 연구자들은 왕실과 정부 관서의 행사, 업무에 관한 세부적 기록을 담은 의궤(儀軌)와 등록(謄錄)에 주목했다. 물론 이것들 또한 관료들의 관심을 반영한 점에서 본질적인 차이는 없으나, "훗날의 참고"를 염두에 두고 업무와 행사의 진행 절차가 상세히 기록되었다는 점에서 관료 기구 내에서 일상적으로 실천되고 있던 행정 실무와 기술적 활동을 재구성할 수 있도록 해준다. 장경희는 특히 국가와 왕실의 주요 행사, 의례, 공역(工役)의 과정을 꼼꼼히 기록해놓은 의궤(儀軌)의 사료적 가치에 주목했다. 의궤의 상당수가 해당 행사나 공역에 드는 물자, 기술 그리고 그 일을 담당한 장인들의 명단과 맡은 임무, 그 행사를 담당하는 임시 기구인 도감(都監)의 행정에 대한 상세한 정보를 그림과 문헌의 형태로 담고 있다. 이를 통해 왕실과 정부의 각종 사업에서 다양한 기술을 보유한 장인들, 그들이 사용하는 도구와 재료, 기술적 작업이 조직되고 실천되는 방식은 물론 시대에 따라 그것이 변화하는 양상에 이르기까지를 추적할 수 있었다.[114]

흥미롭게도 의궤와 등록에 실린 공문서에는 간혹 기술적 활동과 관련된 장인들의 적극적 목소리가 기록되기도 했다. 그 흥미로운 순간이 조선후기 제지 장인들을 다룬 이정의 연구에서 포착되었는데, 그가 주목한 문헌은 1744년 창덕궁의 화재로 소실된 『승정원일기』를 1746-47년 사이에 개수(改修)하는 과정을 정리한 『개수일기등록(改修日記謄錄)』이다. 그 가운데에는 이 사업에 대량으로 쓰일 종이를 제작하는 지장(紙匠)들이 종이 제작의 필수적 공정인 "도침(搗砧)" 작업에 대해 정당한 급료를 지급해 달라고 요구하여 그것이 결국에는 받아들여지는 과정이 기록되어 있다. 도침이란 닥종이를 반복하여 두드림으로써 종이의 밀도를 높이고 표면을 더 매끄럽게 하는 공정으로서, 질긴 것으로 유명한 조선 종이의 특성을 발휘하는 데 필수적이었지만, 숙련이 필요 없는 단순하고 고된 노동으로 간주되어 죄수들을 비롯한 비숙련 노동자들에게 맡겨져왔다. 하지만 『승정원일기』의 개수 작업에서 지장(紙匠)들은 "일기청(日記廳)의 당상(堂上)"으로 사업을 책임지고 있던 홍계희(洪啓禧, 1703-1771)에게 도침이 실제로는 숙련이 필요한 기술적으로 중요한 공정임을 설득했고, 그 점을 이해한 홍계희가 도침 작업에 급료를 준 전례가 없다고 거부하는 호조(戶曹)를 다시 설득하여 지장들의 요구를 들어주게 된 것이다. 아마도 이 사례에서 드러나는 것과 같은 장인들의 적극적 정치가 누적됨으로써 도침은 이후 서서히 제지 기술의 핵심으로 인정받게 되었고, 19세기 중업의 『육전조례(六典條例)』에 이르러 도침 장인은 가장 높은 수준의 급료를 받는 장인으로 그 지위가 상승했다.[115] 자신이 실천하는 기술적 노동의 가치를 고위 양반 관료에게 직접 호소하여 설득하는 장인들의 적극적 면모는 관찬 연대기 사료에서 그려져왔던 수동적인 장인의 이미지와 아주 다르다.

조선 군영(軍營) 작업장의 기술 활동을 분석한 강혁훤의 최근 연구는 한 걸음 더 나아가 정부 부문 수공업과 장인들의 사회적·기술적 활력의 바탕이 되는 작업장 문화와 그들의 기술 활동 바탕에 깔린 인식론에 관해 탐구했다. 앞의 사례와 마찬가지로 이 연구도 군영의 활동과 사업에 관한 세밀한 기록을 담은 "군영등록(軍營謄錄)"에서 소속 장인들의 기술적 실천에 관한 정보를 얻었다. 조선 후기 서울과 그 외곽 지역을 방어하기 위해 창설된 훈련도감(訓鍊都監), 어영청(御營廳), 총융청(摠戎廳), 수어청(守禦廳), 금위영(禁衛營)의 다섯 군영(軍營)은 임진왜란을 전후로 조선에 알려진 명나라의 군사 조직에 조선 특유의 임시 행정 기구인 도감(都監) 체제가 결합하여 형성된 것으로서, 군사 기능은 물론 다양한 행정 기능을 함께 수행하도록 조직되었다. 바로 군영의 행정 기능 가운데 각종 병기(兵器)를 비롯하여 군영이 필요로 하는 물품을 생산, 공급하는 일이 포함되었고, 그에 따라 조선의 오군영(五軍營)은 각색의 장인들을 보유한 작업장을 갖추고 있었다. 마치 국가의 운영에 필요한 모든 물품을 시장에 의존하지 않고 스스로 생산해내고자 했던 조선 초 관영 수공업의 축소판처럼 조선 후기의 군영은 기술적 자급자족을 추구했고, 그 결과 단지 병기제작뿐 아니라 그 외 다양한 기술적 활동을 그 조직 안에 포괄하게 되었다. 군영 작업장들은 다양한 품종을 소규모로 생산해서 군영에 공급하는 한편 심지어는 군사적 필요를 넘어 농기구 제작이나 인쇄 등 자신이 보유한 우수한 기술을 이용한 수익 사업도 진행하게 되었다. 그 결과 군영의 작업장들은 조선 사회에서 "가장 활발한 기술 생산의 중심"이 되었다고 한다.[116]

군영 작업장의 장인들은 기술적 지식을 생산, 시험, 교류하는 독특한 문화를 발전시켜왔는데, 강혁훤에 의하면, 그 핵심에는 바로 그들이 "겨냥[見樣]"이라고 부른 실천이 있었다. 이미 조선 초 관영 수공업에서 활발히 이용되고 있던 "겨냥"이란, 관심의 대상이 되는 기술을 도면과 같은 2차원 도면, 견본이나 주형과 같은 3차원 모델, 글로 된 처방전 등과 같은 다양한 방식으로 표상하는 행위를 말한다. 요컨대 겨냥이란 조선의 장인들이 자신의 기술 지식을 물화한 것으로서, 새로 개발되었거나 외부에서 도입된 기술을 동료 장인들에게 전달하여 그것을 시험, 개량하고 다른 사회적 환경에 적응하게 하며, 또 그렇게 확립된 기술을 후대의 장인들에게 전승하는 등의 여러 기술적 과정에서 핵심적 역할을 담당했다.[117]

이미 조선 초기부터 활발히 작동해오던 조선 장인들의 기술 문화는 조선 후기에 이르러 사회 상층부의 문화와 접촉하게 되었는데, 강혁훤에 의하면, 그것은 군영에 근무하는 중인(中人) 집단인 하급 장교들의 매개를 거쳐서 이루어졌다. 17, 18세기를 거치며 소속 장인들의 작업을 감독하는 군영의 장교 중에서 우수한 기술적 능력을 지닌 이들이 적지 않게 나타나기 시작했는데, 대표적 예로 18세기 전반 숙종과 영조 대에 걸쳐 조각, 금속, 기계 제작을 비롯한 다양한 분야의 기술자로서 이름을 날린 최천약(崔天若)을 들 수 있다. 동래부의 무인(武人) 출신이었던 그는 총융청(摠戎廳)의 교련관(敎鍊官)과 같은 군문의 장교로 근무하며 정부와 왕실의 다양한 기술 사업에 참여하였다.[118]

　제1장에서 살펴본 기술직 중인의 한 부류로서 장교-관리자 집단은 자신의 아래로는 장인들, 위로는 양반 학자-관료 모두와 구분되는 자의식과 지적·기술적 지향을 견지했다. 그들이 자신의 기술적 능력을 획득하게 된 중요한 원천은 그들이 감독했던 군영 소속의 장인들이었겠지만, 그들은 사회적으로 천시받는 장인들과 자신을 지적·문화적으로 구분하려 했다. 군영 내에서 자기 관할 하에 있는 장인들의 작업 전반을 숙지하고 관리해야 하는 이들의 직무를 반영하여 이들은 장인의 기법과 지식을 종합적으로 파악하고 표상할 수 있는 능력을 발전시켰다. 이들은 이러한 이해를 기술 지침서나 상세한 보고서로 정리했고 기술적 공정과 그에 필요한 요소들을 일목요연하게 그림으로 옮기는 제도(製圖)의 기법 또한 발전시켰다. 그러나 장인적 실천의 합리화·체계화로서 장교-관리자들의 지적 실천은 여전히 장인의 기술에 깊이 뿌리를 둔 것으로서, 바로 그 이유로 인해 형이상학, 윤리, 나라의 통치를 담론하는 양반 학자들의 경향과도 구분되었다.[119] 이는 마치 제1장에서 살펴보았던 천문학자 허원(許遠)의 역법 매뉴얼 『현상신법세초류휘』, 의관 이수기(李壽祺)의 의안 『역시만필(歷試漫筆)』에서 역일(曆日)을 정확히 예측하는 천문학자의 계산 능력과 고방

(古方)을 상황에 맞게 자유자재로 적용하는 의관의 임상 능력을 강조했던 태도와 비슷하다.

이렇듯 다양한 종류의 수준급 장인들, 이들의 관리자로서 자신도 뛰어난 기술적 능력을 지닌 장교들을 보유한 군영의 작업장은 "조선 후기 과학기술 사업의 중추"라 해도 과언이 아니었고, 조선 왕실과 조정의 기술 사업에 핵심 인력을 제공했다.[120] 최천약과 같은 군영 소속의 기술 인력이 조선 후기 도감(都監)의 여러 공예 및 기술 관련 사업에 참여했을 것임은 쉽게 추측할 수 있다. 우리의 논의에서 좀 더 중요한 사실은 바로 군영이 조선 후기 "북학(北學)" 기획의 실질적 추진 기관이었다는 점이다. 즉, 중국에서 우수한 기술을 도입해야 할 필요가 있을 때 조선 조정은 거의 예외 없이 "군문(軍門)의 솜씨 좋은" 기술자에 의지해서 일을 추진했다.

군영의 기술자들이 "북학" 사업에 관여하는 방식은 다양했다. 그중 하나는 기술이 뛰어난 군문의 장교가 연행사 편에 직접 중국에 파견되어 필요한 기술을 배워 오는 방식이었다. 앞서 잠시 논의했던 벽돌 제조 기술이 대표적인 사례로서, 17세기 이래 벽돌의 기술적 이점에 대한 조선 학자 관료들의 인식이 높아지면서 군영의 기술자를 북경에 파견하여 중국식 벽돌 제조법을 배워 오려는 시도가 이어졌다. 최천약도 그렇게 파견된 기술자 중 하나였다.[121] 군영의 기술진은 중국에서 도입된 기술을 리버스 엔지니어링의 방식을 써서 구현해내는 일도 담당했다. 1723년의 연행에서 관상감의 천문학자 허원(許遠)이 화재 진압용 서양식 "수총(水銃)"을 도입해 오자, 훈련도감의 장교 정필한(鄭弼漢)이 허원과 함께 시제품을 제작한 것이 좋은 예이다.[122] 1783년 7월 서호수(徐浩修)는 서양식 수차인 용미차(龍尾車)의 제작과 보급을 건의했는데, 정조가 그 제안을 승인하자 "군문에서 생각이 정교한 사람을 초치(招致)하여" 시제품을 제조하게 했다. 이때 그 작업은 용미차의 구조에 대한 설명을 담고 있는 "농서의 기

록에 근거해서" 이루어졌다.[123]

　서호수의 용미차 제작 시도가 있은 지 열흘 남짓 지나 홍양호가 "진육조소"를 정조에게 올렸다. 이 북학 상소에서 홍양호는 중국의 발전된 수레와 벽돌 제작 기술을 도입하기 위해 "군문"의 기술자들을 중국에 파견해 배워 오자고 제안했다.[124] 이 상소에 대한 조정의 대응도 이전의 관행에서 크게 벗어나지 않았다. 정조로부터 검토 지시를 받은 비변사(備邊司)는 다음과 같은 실행안을 제시했고 정조도 이에 따랐다.

　　　수레 제도를 창시하여 시행하는 일에 대해서는, 수레 사용은 진실로 민생과 국가에 관계가 있는 것이니, 각 군문(軍門)이 따로 기교(技巧) 있는 사람을 선발하여 절사(節使)가 연경(燕京)에 갈 때 데리고 가도록 하여, 갖가지 수레 제도를 하나하나 모사(摸寫)해다가 그대로 본받아 시행하게 하기 바랍니다. 벽돌을 구워내는 일에 대해서는, 벽돌을 굽자는 논의가 전부터 있었지만, 요령을 얻지 못해 뜻은 있어도 시험해 보지 못했습니다. 청컨대 군문이 연경에서 제도를 가져오되 구워내는 방법을 자세히 탐지해 오도록 하여, 수용(需用)하게 될 수 있게 하기를 바랍니다.[125]

이는 박제가, 박지원, 홍양호의 북학론이 17, 18세기 군영의 작업장을 중심으로 활발히 진행되어오던 중국 기술 도입 사업을 배경으로 했으며, 홍양호의 상소와 그 이후에 진행된 기획은 실제로도 그 연장선에 있었음을 뜻한다.[126]

　다시 본래의 문제로 돌아가 보자. 이미 군문을 중심으로 진행되고 있던 북학의 두드러진 선례들을 모르지 않았을 북학론자들은 왜 자신들의 저술에서 그에 대해 어떤 형태로든 인정해주지 않고 자기들의 제안을 아주 새로운 것처럼 제기했을까? 한 가지 가능한 해답은 그들이 군문을 비롯한 조선 장인들의 기술적 능력을 그리 신뢰하지 않았기 때문이라는 것이다. 앞서 살펴보았듯 조선 장인들의 기술적 잠재력을 조금도 인정하지 않고 중국 제도의 정확한 모방만을 강조했던 북학론자들의 주장이 그 증거이다. 중국의 기술을 배워 오고 구현해내는 것이 17, 18세기 군영의 기술자들이 빈번히 해오던 일이었지만, 북학론자들은 그 성과를 그리 높이 평가하지 않았던 것으로 보인다. 군영이 중심이 되어 진행한 이전의 북학 사업에 대한 북학론자들의 부정적 평가를 시사하는 한 가지 증거로 북학론자들이 어느 시점부터 북학의 기술적 중추로서 군영이 아닌 다른 기구를 제안하기 시작했다는 사실을 들 수 있다. 앞서 살펴보았듯, 그 대안적 중추로 박제가는 관상감을 거론했고 정약용은 이용감(利用監)이라는 새로운 기구의 설립을 제안했다.

박제가와 정약용이 군영의 대안으로 제안한 구체적 기구는 달랐지만, 그 대안적 기구의 핵심을 수학적 능력에 두었다는 점에서는 같았다. 본래『북학의』의 "재부론"에서 박제가가 제기한 북학의 방법은 "재능과 기술을 가진 선비를 선발하여" 중국에 파견하는 것으로서, 비록 군영의 선례를 언급하지는 않았지만 사실 그것과 본질적인 차이는 없었다.[127] 하지만 1786년 정조에게 올린 "소회"에서 박제가는 "기하학에 밝고 이용후생의 학문과 기술에 정통한" 서양 선교사들을 초빙하여 나라의 인재들에게 다양한 기술을 교육하게 하자고 제안하면서, 이 기획을 관상감의 예산으로 추진하고, 나아가 초빙된 선교사들을 관상감에 소속시키자고 제안했다.[128]

정약용은 북학의 기구로 아예 이용감이라는 새로운 기구를 설치하자고 했는데, 그 기구의 핵심 요원들은 수학적 소양을 지닌 이들로 채워질 것이었다. 그 기구를 책임질 제조(提調)와 첨정(僉正)은 "수리에 정통한 이

들[精於數理者]'을 임명하고 이들이 그 아래 "눈썰미와 손재주가 있는 자
[有目巧手巧者]" 중에 임명된 별제(別提) 2인을 지휘하게 했다. 기술을 배우
기 위해 중국으로 파견될 북학의 핵심 관원 "학관(學官)"의 직책은 통역
과 교섭을 담당할 역관(譯官)과 함께 수리(數理)에 능한 관상감의 관원들
이 담당할 것이었다. 앞서 제1장에서 인용했던 부분이지만, 왜 북학의 실
천이 수리에 정통한 이에 의해 주도되어야 하는지에 대한 정약용의 생각
을 다시 한번 들어보자.

> 온갖 공장(工匠)의 교묘한 기예는 모두 수리(數理)에 근본한 것으로서
> 반드시 구(句)·고(股)·현(弦)의 예각·둔각이 서로 들어맞고 서로 어긋
> 나는 본리(本理)에 밝은 다음이라야 그 법을 깨칠 수 있을 것이니, 진
> 실로 스승이 전수하고 제자들이 배워 많은 세월을 쌓지 않으면 끝내
> 습취(襲取)힐 수 없을 것이다.[129]

제1장에서 지적했듯, 이는 조선 후기에 이르러 수학(특히 서양 수학)이
여러 기술의 기초가 된다는 인식, 그 결과 수학에 능한 관상감의 관원
이 천문역법의 영역을 넘어 "과학기술"의 전 영역을 담당할 수 있다는 인
식이 생겨나고 있었음을 보여주는 증거로 이해할 수 있다. 하지만 한 가
지 더 강조해야 할 것은 수학의 근본성과 범용성에 관한 믿음이 곧 수학
과 장인 기술 사이의 위계 관계에 관한 생각으로 이어졌다는 것이다. 즉,
그들은 수학자, 또는 수학자들의 기구가 장인 또는 장인들의 조직 상위
에 위치하여 그들을 교육하고 감독해야 한다고 본 것이다. 박제가는 기
하학에 정통한 서양 선교사들이 조선의 인재들에게 기술을 가르쳐야 한
다고 주장했으며, 정약용은 수학자들의 조직인 이용감이 기타 기술 관서
를 선도해야 한다고 보았다. 앞서 강혁훤은 18세기 조선 군영의 장교-감

독자들이 동시대 프랑스의 장교-기술자들처럼 수학을 기술에 적극적으로 적용하려 시도하지는 않았지만, 그들이 감독하는 하층의 장인과는 구분되는, 기술에 대한 좀 더 체계적이고 합리적인 접근법을 견지했다는 점에서 "공학(engineering)"의 기본적 특징을 보여준다고 평가했다.[130] 하지만 박제가나 정약용에게는 군영의 장인과 장교에게서 나타나는 수학적 소양의 결여가 중요한 결함으로 받아들여졌을 수 있을 것이다. 그리고 아마도 그것이 북학의 핵심 기구를 군영에서 관상감, 또는 수학적 능력을 확보한 다른 기관으로 옮기려 했던 이유였을 것으로 보인다. 즉, 그들은 『기하원본(幾何原本)』이나 『수리정온(數理精蘊)』으로 대표되는 서양-청나라 수학에 깊은 소양을 지닌 "엔지니어"들이 선두에 서서 군문을 비롯한 조선 정부 각 기관에 소속된 장인들을 지휘하며 북학의 기획을 추진하는 위계적 구도를 염두에 두고 있었을 수 있다는 것이다.

북학의 새로운 중추 기관을 수리과학의 전문가들이 주도해야 한다는 구상은 단지 중국 기술 도입 사업을 군영(軍營)에서 해 오던 기존 북학 사업보다 좀 더 체계적·효율적으로 수행할 방안의 차원에만 그치지 않는다. 그것은 관영 수공업과 민간 수공업 모두를 포함한 전국의 기술 체제를 이 새로운 북학 기구를 정점으로 하는 위계적 체제로 전면 재편하려는 시도이기도 했다. 정약용의 이용감 구상에서 드러나듯, 학관으로 선발된 관상감 관원에 의해 도입된 중국 기술은 일단 이용감에서 충분히 연구하여 시험적으로 제작한 뒤, 수성사(修城司), 전환서(典圜署), 전궤사(典軌司), 견와서(甄瓦署), 직염국(織染局), 조지서(造紙署) 등 전문 기술을 담당하는 부서에 전수되고, 그것이 다시 전국의 장인들에게 보급될 것이었다. 이는 일단 조선 후기 민간 수공업의 성장으로 인해 상대적으로 쇠퇴하고 있던 관영 수공업 체제를 더욱 강화하자는 주장으로 들리기도 한다. 하지만 그것이 장인들의 부역으로 운영되던 조선 초의 자급자족적 관영 수공업 체제로의 회귀를 뜻하지는 않았다. 중앙의 북학 기구에 의해 선도되는 관영 수공업은 조정과 왕실의 내적 수요를 충족시키는 기능을 넘어 중국의 선진 기술을 도입하여 민간 영역으로 확산시킴으로써 사회 전체의 기술적 향상을 선도하는 역할을 담당할 것이었다.[131]

 그런 점에서 박제가와 정약용의 북학은 군영 작업장의 북학과 현격히 다른 기술적·사회적 지향을 전제하고 있었다. 기술의 자급자족을 목표로 운영된 군영의 작업장은 그때그때 군영과 조정에서 필요로 하는 기술을 공급하는 역할을 담당했고, 그곳에서 진행된 북학 사업도 기본적으로는 정부 내의 특정 수요들에 대한 임시방편적 대응의 수준을 넘어서지 않았다. 그에 비해 박제가와 정약용이 구상했던 기구들은 오로지 북학 사업만을 항시적·체계적으로 수행할 기구였으며, 이와 같은 중국 기술의 항시적 도입은 특정 수요자의 특정 필요를 넘어서는 매우 추상적인 목표, 즉 나라 전체 기술 수준의 향상을 목표로 해서 진행될 것이었다. 나라 전체의 기술을 진보시키겠다는 다분히 맹목적으로 보이는 이 목표는, 기술을 국가 개혁의 지렛대로 삼으려 한 북학론자들의 구도에 따르면, 궁극적으로는 조선 사회 전반의 경제적 부와 문화적 활력을 향상하려는 목표로 수렴되었다. 박제가는 『북학의』의 "재부론(財賦論)"에서, 자신이 제안한 북학의 정책을 제대로 시행한다면 "10년 이내에 중국의 기술을 모조리 습득할 수 있을 것"이라고 단언한 뒤, 그 결과 낙후했던 조선 사회는 다음과 같이 바뀔 것이라고 예언했다.

 그러면 예전의 1천 리의 땅을 이제는 1만 리의 땅으로 탈바꿈시키고, 예전에 3년 또는 4년에야 얻을 곡식을 이제는 1년 안에 얻을 수 있다. 이렇게 하고도 재부(財富)가 부족하다거나 국가 재정이 넉넉하지 않은 경우는 발생할 수 없다. 그렇게 한 뒤에 사람마다 비단옷을 입고 집마다 금벽(金碧)으로 휘황찬란하게 꾸민다면 백성들과 더불어 행복을 즐기기에도 바쁜데 백성들이 사치할까 염려할 겨를이 있겠는가?[132]

박제가는 『북학의』 내편의 "시정(市井)"이라는 글에서 고급의 물건을 효율적으로 생산하고, 그것을 상업적으로 활발히 유통하여 백성의 풍요로운 소비로 이어지게 하려는 그의 사회경제적 이상을 제시하며, 그것을 실현하기 위해서는 사치를 도덕적으로 죄악시하고 검약을 숭상하는 당시 조선 엘리트 사회의 문화를 개혁할 필요가 있다고 주장했다.

중국이 사치로 망한다고 할 것 같으면 우리나라는 반드시 검소함 탓에 쇠퇴할 것이다. 왜 그러한가? 물건이 있음에도 불구하고 쓰지 않는 것을 검소함이라고 일컫지, 자기에게 물건이 없어 쓰지 못하는 것을 검소함이라고 일컫지는 않는다. 현재 우리나라에는 진주를 캐는 집이 없고 시장에는 산호의 물건 값이 매겨져 있지 않다. 금이나 은을 가지고 점포에 들어가서는 떡과 엿을 사 먹지 못한다. 이런 우리 풍속이 정녕 검소함을 좋아하여 그렇겠는가? 단지 물건을 사용할 방법을 모르는 것에 불과하다. 물건을 사용할 방법을 모르기에 물건을 만들어 낼 방법을 모르고, 물건을 만들어 낼 방법을 모르기에 백성들이 생활은 날이 갈수록 궁핍해 간다. 물건은 비유하자면 우물이다. 우물에서 물어 퍼내면 물이 가득 차지만 길어 내지 않으면 물이 말라 버린다. 마찬가지로 비단옷을 입지 않으므로 나라에는 비단을 짜는 사람이 없고, 그 결과로 여성의 기술[女紅, 길쌈]이 피폐해졌다. 조잡한 그릇을 트집 잡지 않고 물건을 만드는 기교를 숭상하지 않기에 나라에는 공장과 도공, 대장장이가 할 일이 사라졌고, 그 결과 기술이 사라졌다.… 나라 안에 보물이 있어도 강토 안에서는 용납되지 않으므로 다른 나라

로 흘러간다. 남들은 날마다 부유해지건만 우리는 날마다 가난해지니 이것은 자연스러운 추세이다.[133]

세련된 중국 선진 기술의 도입을 피폐한 조선의 경제와 물질문화를 개혁하여 부강과 풍요의 새로운 사회를 건설할 출발점으로 생각했던 박제가의 구상을 염두에 둔다면, 최근 과학기술사, 예술사 연구자들이 보여준 조선 후기 사회의 기술적 활력과 그것에 크게 이바지한 군영(軍營)의 북학 사업에 대해 그가 무시로 일관한 것은 이해할 만한 일이다. 군영의 장인들이 실천한 기술과 그 바탕의 사회정치적 질서는 박제가에게는 도리어 극복해야 할 "구체제"에 속하는 것으로서, 선진적 중국에 대해 낙후한 조선 사회의 특징을 대표하는 사례였다. 하지만 그와 동시에 북학론자들의 수레 도입론을 정조와 채제공(蔡濟恭)이 전적으로 받아들이기 힘들었으리라는 점도 충분히 예견할 수 있다. 그 둘의 대립에는 수레의 이용 가능성과 이점에 관한 현실적 판단의 문제를 넘어 국가 운영의 기본 방향과 그 속에서 기술의 위치에 관한 한층 더 근본적인 관점의 차이가 가로놓여 있었다. 정조가 수레의 도입을 고집하는 홍양호를 "세상 물정을 모르는" 문인이라고 비판했을 때, 그가 거부한 것은 수레의 도입 그 자체는 아니었다. 북학론자들에게 수레란 재화의 생산과 유통을 성장시킴으로써 궁극적으로 나라 전체의 부강을 촉진할 기술이었다면, 정조에게 수레는 공역(工役)에 들어갈 비용을 절감할 수 있는 절약의 기술이었다.[134] 따라서 정조가 거부한 것은 수레 자체가 아니라 바로 북학의 수레도입론에 전제된 사회기술적 이상, 즉 상품의 질과 양 모두에서 일상의 구체적 필요 이상으로 물건을 생산, 유통, 소비하는 사회에 대한 지향, 그리고 정약용의 이용감(利用監)이 잘 대변하듯 그러한 사회를 선도할 주체로서 강력하고 개입적인 국가의 이상이었을 것이다.

맺음말

지금까지 1765년 홍대용의 북경 여행과 그 여파로서 1780년 전후에 등장한 북학론을 소재로 하여 당시 조선 과학기술의 지형과 그 변화의 추이를 살펴보았다. 그 결론은 북경으로의 여행을 핵심적인 모티프로 삼은 이들의 사유와 실천을 통해 양반 사대부의 우주론, 기술직 중인들의 전문 지식, 장인들의 수공업 기술 등 이전까지 조선 사회에서 별개로 존재하던 영역들이 서로 연관을 맺기 시작했으며, 이를 통해 오늘날 우리가 "과학기술"이라고 부르는 것과 유사한 지식·실천의 영역들이 모습을 드러내기 시작했다는 것이다.

물론 이들이 마치 기적처럼 무(無)에서 "근대 과학기술의 맹아"를 창출했다는 것은 아니다. 그것은 17·18세기를 거치며 중인의 전문 지식, 장인의 기술, 양반의 학술에서 일어난 변화를 구성하는 한 가지 흐름이었다. 의학, 수학, 천문학 분야를 담당하는 기술직 중인 집단이 형성되었고 그와 함께 자신의 전문적 소양과 실천이 지닌 지적·사회적 가치를 자각하고 선양(宣揚)하려는 중인 전문가들의 움직임이 가시화되었다. 양란 이후 통치 체제가 안정되고, 대동법의 실시, 대외 무역의 증가 등의 요인에 의해 조선 사회의 상업화가 진전되며, 사회 전반의 기술 수요가 증가함에 따라 관영·민영 수공업이 활기를 띠고 있었고, 특히 중앙의 여러 군영(軍營)이 당시 조선 사회의 기술적 중추로 부상하고 있었다. 일부 양반 엘리트 학자들은 형이상학적·윤리적 추구에 몰두하는 조선 학계의 편향을 반성하고 국가 통치에 유용한 지식을 추구하기 시작했으며, 그 과정에서 중인들의 전문 지식과 장인들의 기술을 자신들이 적극적으로 개입하여 탐구해야 할 주제로 인정했다.

이렇게 각각 활기를 띠어가고 또 일부 양반들에 의해 연결이 모색되고 있던 중인의 전문 지식, 장인의 기술, 양반 학자의 실학(實學)이 단순히 "경세" 또는 "학문"과 같은 폭넓은 영역이 아니라 "과학기술"이라고 좀 더 분명히 한정할 수 있는 영역으로 모일 수 있었던 것은, 연결을 그러한 방향으로 촉신해준 특별한 매개 고리가 있었기 때문인데, 근대 초 서구에서 비롯되어 명·청(明淸) 중국에 정착한 수리과학이 그중 하나였다. 기하학과 산수를 중심으로 천문학, 항해술, 지도학, 기계학, 축성술 등의 여러 응용 분야를 포괄했던 근대 초기 수리과학은 명나라 말 서광계(徐光啓)가 주도한 개력(改曆) 사업을 기점으로 중국의 민간 학계와 정부에 의해 본격적으로 받아들여졌고, 18세기 초 청나라 강희제(康熙帝)의 후원을 받아 편찬된 『역상고성(曆象考成)』, 『수리정온(數理精蘊)』, 『율려정의(律呂正義)』의 3부작 수리과학 총서로 집대성되었다. 명나라·청나라의 황제와 학자 관료들이 그 가치를 인정한 실용적 지식으로서 서양의 수리과학은 청나라의 시헌력(時憲曆)을 학습하려는 관상감의 기획을 통해 17세기 중엽부터 조선에 도입되었으며, 18세기 중엽에 이르러서는 황윤석(黃胤錫), 홍대용(洪大容), 서호수(徐浩修), 이가환(李家煥) 등과 같이 양반 학자 중에서도 그에 대해 전문적인 소양을 지닌 인물들이 상당수 나타났다. 바로 이 서양-청나라 수리과학을 주된 매개체로 하여, 양반의 학문, 중인의 전문 지식, 장인의 기술, 세 영역 사이의 상호 작용이 촉진되었다. 홍대용과 이덕성(李德星), 서호수와 문광도(文光道), 남병길(南秉吉)과 이상혁(李尙爀) 등의 사례와 같이 양반과 중인 수학자 사이에 동료 관계라고 불러도 될 만한 대등한 지적 협력의 관계가 맺어졌다. 수리과학이 다양한 기술 영역에 적용되는 근본성과 범용성을 지닌다는 생각은 장인들의 기술적 실천이 수학의 전문가에 의해 지도받아야 한다는 생각으로 이어져, 박제가와 정약용은 서양 선교사-수학자, 또는 관상감의 천문학자를 정점으로 하는 북학(北學) 전담 기구의 설치를 제안했다.

물론 18세기 중·후반 조선에서 일어나고 있던 일을 과장해서는 안 될 것이다. 양반 학자, 중인 전문가, 장인 기술자 사이에 맺어지고 있던 연관은 아직 미미했고, 게다가 세 집단 사이의 상호 작용이 대등하게 이루어진 것도 아니었다. 홍대용과 이덕성의 협력으로 대표되는 양반 학자와 중인 천문학자 사이의 연대는 양반과 중인 사이의 계층적 분리와 위계적 질서가 강고하게 유지되던 조선 사회에서 예외적인 사례였다. 그래서 양반 수학자 황윤석은 당대 조선 수학의 실력자 문광도를 그가 중인이라는 이유만으로 직접 찾아가 만나기를 꺼렸다. 다른 한편, 최천약과 같은 군문(軍門)의 장교-관리자들을 매개로 장인들의 기술 지식과 실천이 사회의 상층으로 전달되고 있었고 제반 기예와 그것에 통달한 이들에 대한 긍정적 관심이 일부 양반들 사이에도 나타났지만, 그 또한 엘리트 사회 전반의 두드러진 지적·문화적 흐름으로 확대된 것 같지는 않다. 북학론자들의 경우에서 드러나듯, 양반 엘리트들은 장인 기술이 나라의 통치에 중요하다고 높이 평가하는 경우라도 실제 조선 장인들의 기술적 활력과 수준을 선뜻 인정하려 하지 않았다.

이런 상황을 반영하듯, 18세기 중·후반 조선에서 양반의 학문, 중인의 전문 분야, 장인의 기술이 "과학기술"이라고 부를 만한 밀접한 연관을 맺은 것은 현실의 제도적 영역에서라기보다는 몇몇 양반 엘리트들의 개인적 실천, 그들의 경세론과 정책 구상 속에서였다. 홍대용과 북학론자들이 바로 그런 인물들로서, 그들의 독특한 북경 여행으로 널리 알려진 이들이었다. 그들이 조선 사회를 향해 제기한 핵심적 의제가 북경 여행과 관계된 것이었으므로, 그들이 창출해낸 "과학기술"의 내부 질서도 그 여행으로부터 영향을 받지 않을 수 없었다. 흥미롭게도, 홍대용의 실천에 자극을 받아 박제가와 박지원의 북경 여행이 이루어졌고 그 결과로 북학론이 제기되었지만, 홍대용과 북학론자들이 만들어내고 있던 "과학기술"은 그 이념적, 문화적 결이 상당히 달랐고, 이후 한국사에서 맞이한 운명도 엇갈렸다.

홍대용은 중인의 전문 지식이었던 수리과학을 천지(天地)의 도(道)를 추구하는 유학(儒學)의 핵심적 실천으로 승격함으로써 중인의 전문 지식과 양반 엘리트의 학문 사이의 융합을 추구한 인물이었다. 그는 수학서 『주해수용』에서 수학적 계산과 기구를 통한 관측을 통해 천지의 형체를 탐구하겠다는 기획을 표방했는데, 그 탐구 방법과 이를 통해 얻은 천지에 대한 새로운 지식은 『의산문답』에서 볼 수 있듯 조선 사회의 문화적 편협함에 대한 급진적 비평의 토대를 제공했다. 홍대용은 서로 다른 관측 시점(視點) 사이를 번역해주는 수학적 변환의 기법을 고정된 장소에 얽매인 관점을 상대화하는 성찰적 여행자의 시점과 연결 지었다. 그런 점에서 수학과 여행은 모두 역지사지(易地思之)를 연습하는 방법으로서 조선 양반 엘리트들이 자기중심적 세계상을 반추하도록 유도하기 위한 선구적 실천이었다. 『의산문답(醫山問答)』에서 제시된 중심이 없고 무한한 우주는 서로 다른 시점 간 수학적 변환의 기법을 써서 얻어낸 세계상으로서, 인간의 문화가 인위적으로 만들어낸 이분법들의 임의성을 드러내주는 장소였다. 하지만 홍대용은 현실의 조선 사회에서 그와 같은 과학적·문화적 실천을 위한 제도적 공간을 창출해내는 데는 실패했고, 그에 따라 그가 조선 사회의 명분론과 투쟁하는 과정에서 구상하고 실천한 개방적 여행자의 과학기술도 이후 조선 엘리트 사회의 지적 지형에 두드러진 흔적을 남기지 못했다.

홍대용의 여행에 깊은 감명을 받아 스스로 여행자가 되고 또 그 여행에 힘입어 북학론이라는 사회 개혁 의제를 제시했던 이들은 도리어 홍대용과는 상반되는 방식으로 여행을 실천하고 이용했다. 즉, 홍대용이 비판했던 이분법적 비교의 구도를 조선의 양반 엘리트들과는 정반대의 방식으로 다시 불러들인 것이다. 그들은 조선을 문명으로 간주하고 청나라를 야만으로 멸시하던 당시 양반들의 믿음과는 반대로 조선을 낙후한 사회, 청조(淸朝) 중국을 본받아 문명화되어야 할 대상이라고 간주했다.

그들이 자신의 여행 경험으로 뒷받침한 선진 중국과 후진 조선의 비교는 이들의 북학 담론을 통해 구성되고 있던 "과학기술"의 질서도 단순화시켰다. 그들에 의해 양반의 학문과 중인의 전문 지식은 물론 장인 기술의 영역까지 포괄하는 연관의 망이 만들어지고 있었지만, 그렇게 해서 만들어지고 있던 조선 "과학기술"의 초대(初代) 의회에 정작 당시 조선 사회의 기술적 활력에 크게 이바지하고 있던 장인(匠人) 집단은 대표자를 파견할 권리를 얻지 못했다. 중국 기술의 도입과 확산을 통한 조선 사회의 문명화를 추구했던 북학론자들에게, 조선의 장인들은 낙후한 조선의 문화를 체현한 존재들로서, 중국의 우수한 기술을 배우고 모방할 능력을 지닌 상위의 수학자가 관리하고 계몽해야 할 대상이었다. 요컨대 북학 담론 상에서 만들어지고 있던 "과학기술"에는 군영(軍營)의 작업장과 민간의 수공업장을 중심으로 활력이 높아가던 당시 장인 기술의 현실이 반영될 여지가 없었다. 북학론자들의 이분법적 비교의 구도는, 그 구도에 맞지 않고 그래서 그들이 보고 싶어 하지 않았던 사회문화적 영역을 아예 시야에서 배제해버림으로써 일종의 사회문화적 사각지대(死角地帶)를 만들어냈다. 그리고 그 사각지대는 그들을 계승하겠다고 표방했던 근대 한국의 엘리트들에게도 이어졌다.

북학파의 극단적 개혁 프로그램은 서구적 근대화에 매진하던 20세기 한국 엘리트들의 정서에 잘 부합했고, 이러한 이해는 북학파를 조선 후기 실학(實學)의 대표로 부각한 민족주의 사학(史學)을 통해 뒷받침되었다. 한 역사가가 박제가(朴齊家)를 "기적의 선각자"라고 부른 데서 잘 드러나듯,[1] 북학파는 성리학이 만연하던 조선 사회에서 상공업과 과학기술 중심의 근대 사회를 예견한 예외적 선각자들로 평가받았다. 북학론에 대한 20세기 역사가들의 높은 평가는 최근 비판자들에 의해 근대주의적 목적론의 소치라고 비판받곤 하지만, 장기적인 관점에서 본다면 역사가들을 포함한 20세기 한국의 엘리트들과 18세기 말 북학론자들이 처한 공통의 사회문화적 조건 그리고 그에 대한 두 집단의 유사한 인식과 대응에 기인한 면이 있다. 18세기 후반 박제가, 박지원 등은 자신의 실천을 통해 선진 사회로의 여행을 한국 엘리트들의 문화적 정체성과 그들의 정치적, 문화적 의제를 구성하는 핵심적 요소로 제기했다. 박제가에 따르면 조선은 신라의 최치원 이래로 중국의 문화를 계속해서 받아들여 자신을 문명화해야 할 나라였고, 그런 점에서 그가 제기한 북학이란 병자호란 이후 그의 시대까지 100여 년 이어진 비정상적 상황, 즉 조선이 자신을 문명이라고 자부해온 일탈을 바로잡는 일이었다. 이러한 지향은 18세기 후반에는 소수의 입장이었지만 19세기 말을 거치면서 점차 한국 엘리트 사회의 주된 지향으로 자리잡았다. 이들은 모두 중심부 물질문명의 주변부에 처한 존재로 자신을 인식하고 있었으며 그 문명의 도입을 통한 자기 사회의 문명화를 추구했다. 바뀐 것이라면 조선인 엘리트의 여행 목적지, 따라서 조선 사회가 따라가야 할 문명의 모델이 중국에서 일본과 서구로 달라졌다는 것뿐이었다.

하지만 북학론자에서 근대적 엘리트로 이어지는 계보를 통해 만들어진 지적·문화적 연속성은 달리 보자면 북학론자들이 장인들의 기술적 실천과 활력을 시야에서 배제하며 만들어낸 왜곡된 "과학기술"의 지속을 뜻하기도 했다. 선진적인 중국, 일본, 구미(歐美) 사회와 낙후한 한국 사회의 대립 구도가 18세기 북학론자에서 20세기 민족주의 엘리트로 이어지면서, 그 이분법적 비교가 만들어낸 사각지대 또한 이어졌다. 1980년, 한국의 현대 과학기술이 제도적 영역에 본격적으로 등장하고 있을 당시 과학사학자 박성래는 조선 후기 이래 한국 과학기술의 실패를 다음과 같이 비판적으로 묘사했다.

> 1880년대 이후 개화를 위해 서양의 과학기술을 배워야 한다는 의식은 해마다 높아졌다. 그러나 이처럼 높아가는 과학기술의 필요에 대한 인식과는 정반대로 과학기술의 실제 수용 정도는 그에 훨씬 못 미치고 있었다. 1890년대 이후 1910년 나라가 망하기까지 서양의 과학기술에 대한 인식과 성취 정도 사이의 격차는 해마다 벌어졌다. 이처럼 벌어져만 가는 격차는 1900년 전후 한국문화의 중요한 특성을 이루게 되었고 과학기술에 대한 무조건적이고 맹목적인 숭배 같은 것을 낳게 되었다. 과학의 맹목적 숭배를 '과학주의'라고 부를 때 1900년을 전후하여 한국의 지식층에는 과학만 배우면 모든 것이 해결되리라는 믿음이 뿌리를 내리기 시작했고 이런 과학주의는 그 후의 한국 지식층에 연면히 이어져 온 전통이 되었다고 생각한다.[2]

전문적 과학이 부재한 가운데 과학이 중요하다는 맹목적 믿음이 조선 말에 등장하여 그의 당대까지 한국 사회에 만연해 있었다는 것이다. 이 글에서 박성래는 스스로 과학기술의 전문적 소양을 키우기 위해 노력하기보다는 그것이 중요하다는 "교양적" 인식만 키워온 한국 엘리트들의 행태를 비판하며, 바로 그 때문에 전문적 과학기술 없이 과학만능주의만 유행한 20세기 한국 과학기술의 병리적 상태가 초래되었다고 보았다. 하지만 박성래는 그가 비판한 조선-한국의 엘리트들과 중요한 전제 하나를 공유하고 있는데, 바로 한국에 (근대적) 과학기술이 없(었)고 그것은 서구로부터 새로이 도입되(었)어야 한(했)다고 본 것이다.[3] 필자는 그 부재(不在)와 단절의 감각이 박제가 등의 북학론이 만들어낸 사각지대의 효과일 수 있다고 생각한다.

이 사각지대의 존재와 그 역사적 기원이 완전히 베일에 가려져 있었던 것만은 아니다. 그것은 박성래와 함께 한국과학사 분야를 개척한 역사학자 전상운(全相運, 1932-2018)에 의해 이미 비판적으로 인지되었다. 그의 성숙한 사관(史觀)이 집약된 『한국과학기술사』 개정판의 "서장"에서, 그는 조선 후기에 이르러 그때까지 분리되어 있던 학자와 장인 전통의 결합이 시도되었지만, 결국 르네상스 유럽과 같은 성공을 거두지 못했다고 보았는데, 그 책임을 "이용후생학파"의 학자들의 과도한 중국·서양 추종에서 찾았다. 비록 실학자들이 그때까지 천시받아오던 공장(工匠)의 기술에 처음으로 진지한 학문적 관심을 기울이기는 했지만, 그들의 주된 관심은 과학기술 자체가 아니라 국가 개혁에 있었고 그 개혁의 모델로서 "서구와 신흥 청국(淸國)의 문물제도에 지나치리만큼 몰두"함으로써 정작 목전의 장인 기술에 관해서는 충분히 탐구하고 정리하지 못했다는 것이다. 그의 한국과학기술사 연구는 바로 외세 추종적 실학자들의 "이상론적 개혁 사상"에 의해 사각지대에 방치된 조선 장인들의 기법과 실천을 되살려 현대 한국 과학기술의 정수(精髓)로 복권하고자 한 시도였다.[4]

하지만 천시받던 장인의 입장에 서서 실학자들의 기획을 비판적으로 본 전상운의 시도는 과학기술사 연구에서 주된 흐름이 되지 못했고, 그에 따라 서양 근대 과학기술의 수용이라는 좁은 관심사 바깥의 넓은 영역은 한국의 근세·현대 과학기술사에서 제대로 조명받지 못했다. 지난 200여 년 사이에 천지(天地)의 도를 추구하던 양반 학자들, 시헌력으로 일월 오성의 운행을 예측하던 관상감의 관원들, 국가와 백성이 필요로 하는 다양한 물건을 만들어내던 장인들의 실천으로 이루어져 있던 조선의 과학기술이 어느새 서구에서 유래한 과학기술로 바뀌었는데, 그 전환의 과정에 대해서는 마치 의식을 잃은 것처럼 기억에 남은 것이 없다. 18세기 조선 사회에서 점차 높아지고 있던 과학기술적 활력을 대변하고 있던 북학론자들이 그 활력의 중요한 근원이었던 장인들의 실천을 자신들의 개혁 구상에서 배제함으로써 집단적 기억상실의 출발점이 되었다는 사실은 역사의 아이러니이다. 그들이 중국 여행을 통해 만들어낸 선진 중국과 후진 조선의 이분법이, 그것에 의해 만들어진 사각지대와 함께 그대로 20세기 엘리트들의 근대·전근대의 구획으로 이어졌다. 만약 우리가 느끼는 단절의 감각이 18세기 말에 만들어져 오늘날까지 이어진 사각지대의 효과에 불과하다면, 지금까지 보지 못했거나 보려 하지 않았던 것을 복원하기 위한 시도를 이제부터라도 시작해야 하지 않을까? 18세기에 양반, 중인, 장인들에게서 확인되는 과학기술적 활력과 그 사이에서 점차 활발해지기 시작했던 상호 작용은 이후 어떻게 이어졌을까? 이른바 근대화, 서구화의 과정에서 외래의 지식과 실천에 자리를 물려주고 완전히 소멸한 것일까? 아니면 흥미로운 혼종의 형태로 지금까지 우리의 주위에 살아남아 있는 것은 아닐까?

서론

1. 홍대용, 소재영·조규익·장경남·최인황 주해,『을병연행록』(태학사, 1997), 17-19쪽.

2. 홍대용의 여행과 귀국 직후의 상황에 대해서는 김태준,『홍대용』(한길사, 1998), 제7장-제10장 참고.

3. 박성래,『지구자전설과 우주무한론을 주장한 홍대용』(민속원, 2012); 김문용,『홍대용의 실학과 18세기 북학사상』(예문서원, 2005).

4. 홍대용,『국역 담헌서』외집 권2 "항전척독─간정동필담", 2월 5일; 2월 24일 (한국고전종합DB).

5. 박지원, 김혈조 역,『열하일기』전3책 (돌베개, 2009), 제2책, "곡정필담." 378-398쪽.

6. 이는 당시 서구 사회의 경우도 근본적으로는 다르지 않았다. 자연을 실험과 수학의 방법으로 탐구하는 전문 분야로서 "science"의 관념과 용어는 19세기 중반에야 등장했고, 그것이 일본에 전해져 우리가 오늘날 사용하는 "과학(科學)"이라는 말로 번역되었다. Andrew Cunningham and Perry Williams, "De-centering the 'Big Picture': The Origins of Modern Science and the Modern Origins of Science," *BJHS* 26 (1993), pp. 407-432; 김성근, "일본의 메이지 사상계와 '과학'이라는 용어의 성립과정",『한국과학사학회지』25(2) (2003), 131-146쪽.

7. 예를 들어, 조선 후기의 "기술직 중인"의 범주에는 관상감(觀象監)의 천문학자, 내의원(內醫院)의 의관, 호조의 산원(算員) 등 오늘날의 과학기술자에 해당하는 이들뿐 아니라 통역과 외교 업무를 담당하던 사역원(司譯院)의 역관도 포함되었다. 정옥자, "朝鮮 後期의 技術職中人",『진단학보』61 (1986), 45-63쪽; 한영우, "조선시대 중인의 신분 계급적 성격",『한국문화』9 (1988), 179-209쪽.

8. 조선 후기 조청 관계의 정치, 경제, 문화적 측면에 대해서는 Jongtae Lim, "Tributary Relations between the Chosŏn and Ch'ing Courts to 1800," in *The Cambridge History*

of China, Vol. 9: The Ch'ing Empire to 1800. Part II, Edited by Willard J. Peterson (Cambridge: Cambridge University Press, 2016), pp. 146-196.

9. 정약용의 과학기술에 관해서는 김영식, 『정약용 사상 속의 과학기술』 (서울대학교 출판부, 2006); 『정약용의 문제들』 (혜안, 2014), 박제가의 경우는 임종태, "조선 후기 북학론의 수사 전략과 중국 기술도입론", 『한국문화』 90 (2020), 163-195쪽. 유형원과 유수원 개혁 사상 속의 과학기술에 대해서는 아직 본격적인 연구가 없다. James B. Palais, Confucian Statecraft and Korean Institutions: Yu Hyŏngwŏn and the Late Chosŏn Dynasty (Seattle: University of Washington Press, 1996); 실시학사 편, 『농암 유수원 연구』 (사람의 무늬, 2014).

10. 조선 후기 북학론에 관련된 연구사적 쟁점에 관해서는 이 책의 3장에서 좀 더 자세히 다룰 것이다. 북학론 관련 연구의 역사와 현황에 대해서는 허태용, "'북학사상'을 연구하는 시각의 전개와 재검토", 『오늘의 동양사상』 14 (2006), 315-354쪽; 같은 저자, "근·현대 지성사의 전개와 조선 후기 '북학'", 『한국사상사학』 64 (2020), 73-109쪽을 참고할 수 있다.

11. 실학, 특히 그중에서도 북학 사상을 소외된 재야 지식인이 아닌 경화사족(京華士族)의 사상으로 본 연구로는 유봉학, 『연암일파 북학사상 연구』 (일지사, 1995).

12. 물론 그는 이렇게 등장하고 있던 "신과학사상의 맹아"가 18세기 말 본격화된 천주교 탄압으로 더 발전하지 못했다고 아쉬워했다. 홍이섭, 『조선과학사』 (정음사, 1946), 재수록: 『홍이섭전집 1: 과학사 해양사』 (연세대학교 출판부, 1994), 259, 265-266쪽.

13. 박성래, "한국근세의 서구과학수용", 『동방학지』 20(1978), 257-292쪽. 이후 박성래는 개별 실학자들의 서양 과학 수용 문제를 다룬 것을 비롯한 일련의 연구를 발표하여, 조선 후기 과학사 분야의 초석을 닦았다.

14. 朴星來, "韓國科學史의 時代區分", 『한국학연구』 1집 (1994), 277-302쪽; "조선시대 과학사를 어떻게 볼 것인가", 『韓國史市民講座』 16 (1995), 145-166쪽.

15. 박성래의 역사 서술에 대한 논의는 졸고, "과학사 학계는 왜 실학을 저평가해 왔는가", 『한국실학연구』 36 (2018), 677-699쪽 중 686-691쪽에 근거한 것이다.

16. 유명한 사례로, 박성래는 세종대에 발명된 측우기에 대해, 이를 근대 기상학의 도구로 파악해서는 안 되며, 그것이 속한 "유기체적 세계관"의 맥락에서 왕의 정치의 득실을 재는 기구로 이해해야 한다고 주장했다. 박성래, 『한국과학사』 (한국방송사업단, 1982), 137-141쪽.

17. 박성래, "조선시대 과학사를 어떻게 볼 것인가", 152쪽.

18. 문중양,『조선후기 과학사상사: 서구 우주론과 조선 천지관의 만남』(들녘, 2016). 비
    슷한 입장을 개진한 필자의 연구로는 임종태, "지구, 상식, 중화주의: 李瀷과 洪大容
    의 사유를 통해서 본 서양 地理學說과 조선후기 實學의 세계관", 延世大學校 國學
    研究院 편,『韓國實學思想研究 4 ― 科學技術篇』(혜안, 2005), 171-220쪽.

19. 문중양,『조선후기 과학사상사: 서구 우주론과 조선 천지관의 만남』, 33쪽. 이에 비해
    구만옥은 조선 후기 사회의 변동과 서양 과학의 유입 등으로 인해 촉발된 과학기술
    의 탈주자학적 변화에 좀 더 주목했다. 구만옥,『조선후기 과학사상사연구 1―주자
    학적 우주론의 변동』(혜안, 2005).

20. 이 문제는 조선 후기 과학사만이 아니라 비슷한 시기의 중국 과학사를 개관한
    Benjamin Elman, *On Their Own Terms: Science in China, 1550-1900* (Cambridge, MA:
    Harvard University Press, 2005)에도 적용된다.

21. 이는 서구에 대한 대응을 중심으로 중국 근대사를 서술한 20세기 미국의 중국
    사 연구 경향과 유사한 면이 있다. 그에 대한 비판으로 Paul A. Cohen, *Discovering
    History in China: American Historical Writing on the Recent Chinese Past* (New York:
    Columbia University Press, 1985; 2010) 참고.

22. 지성사적 과학혁명 서술과 그에 대한 비판에 대해서는 David C. Lindberg,
    "Conceptions of the Scientific Revolution from Bacon to Butterfield," in D. C. Lindberg
    and Robert S. Westman, eds., *Reappraisals of the Scientific Revolution* (Cambridge:
    Cambridge University Press, 1990), pp. 1-26; Cunningham and Williams, "De-centering
    the 'Big Picture': The Origins of Modern Science and the Modern Origins of Science."

23. 물론 그 일차적 이유는 천문학이 당시 예수회 선교사에 의해 중국에 소개된 서구
    지식 중 중국과 조선의 학자 관료 사회에 가장 큰 영향을 끼쳤기 때문이다.

24. 예를 들어, 조선 시기 장인 기술을 다룬 연구들은 수공업에 관한 경제사 연구의 일
    환으로 이루어졌고, 그 주된 관심은 조선 후기 수공업이 어떻게(또는 얼마나) 관영
    수공업의 질곡에서 벗어나 자본주의적 생산양식으로 나아갔는지를 확인하는 데 있
    었다. 강만길,『朝鮮時代商工業史研究』(한길사, 1984); 홍희유,『조선 중세 수공업사
    연구』(지양사, 1989); 김영호, "수공업의 발달", 국사편찬위원회 편,『한국사 33: 조선
    후기의 경제』(국사편찬위원회, 2003), 159-187쪽.

25. 이러한 방향성을 채택한 최근의 시도로 구만옥,『영조 대 과학의 발전』(한국학중앙
    연구원출판부, 2015)을 들 수 있다.

26. 제지 기술에 대한 이정의 연구가 대표적이다. Jung Lee, "Socially Skilling Toil: New Artisanship in Papermaking in Late Chosŏn Korea," *History of Science* 57(2) (2018), pp. 167-193; 이정, "조선 후기 제지 기술의 실용성: 제지 관련 지식을 통해 본 실학", 『한국과학사학회지』 42(1) (2020), 125-161쪽. 최근 강혁훤도 조선 후기 군영(軍營) 장인들의 기술 문화를 다룬 그의 학위논문에서 유사한 관점을 제기했다. Hyeok Hweon Kang, "Crafting Knowledge: Artisan, Officer, and the Culture of Making in Chosŏn Korea, 1392–1910," PhD Dissertation (Harvard University, 2020).

27. Edgar Zilsel, "The Origins of William Gilbert's Scientific Method," *Journal of the History of Ideas* 2 (1941), pp. 1-32; Alexander Keller, "Mathematics, Mechanics, and the Origins of the Culture of Mechanical Invention," *Minerva* 23(1985), pp. 348-361; J.A. Bennett, "The Mechanics' Philosophy and the Mechanical Philosophy," *History of Science* 24 (1986), pp. 1-28. 이 주제에 대한 한국어로 된 좋은 소개로는 김영식, 『과학혁명: 전통적 관점과 새로운 관점』 (아르케, 2001), 83-105, 209-223쪽.

28. Benjamin Elman, *On Their Own Terms: Science in China, 1550-1900; Catherine Jami, The Emperor's New Mathematics: Western Learning and Imperial Authority During the Kangxi Reign (1662-1722)* (Oxford: Oxford University Press, 2011); 전용훈, 『한국 천문학사』 (들녘, 2017).

29. 분석 범주로서의 과학기술이란 예를 들어 자연 세계에 대한 합리적 지식과 그것의 이용으로 정의한 것으로서, 이처럼 정의된 과학기술은 대개 동서고금의 인류 사회가 공유하는 것으로 이해된다. 조셉 니덤이 중국의 전근대 과학기술을 살펴볼 때도 인류의 보편적 사업으로서 과학기술을 이해했다. 실제로 니덤은 역사적 기원과 파생 등의 실제적 연관 관계와는 무관한 과학기술의 "이상적 역사(ideal history)"를 쓸 수 있다고 보았다. Joseph Needham, "Poverties and Triumphs of the Chinese Scientific Tradition," Needham, *The Grand Titration: Science and Society in East and West* (London: Allen and Unwin, 1969), pp. 14-54 중에서 p. 53. 이 글은 "중국 과학전통의 결함과 성취," 김영식 편역, 『중국 전통문화와 과학』 (창작사, 1986) 30-73쪽으로 번역되었다. 과학과 기술을 모든 사회에 적용될 수 있는 분석 범주로 정의하려는 최근의 좀 더 세련된 시도로는 Francesca Bray, "Science, Technique, Technology: Passages between Matter and Knowledge in Imperial Chinese Agriculture," *British Journal for the History of Science* 41 (2008), pp. 319-344.

30. 김성근, "일본의 메이지 사상계와 '과학'이라는 용어의 성립과정." "과학기술"이

라는 용어는 1930-40년대 일본의 기술관료들에 의해 창안된 개념이라고 한다. Hiromi Mizuno, *Science for the Empire: Scientific Nationalism in Modern Japan* (Stanford: Stanford University Press, 2009), pp. 43-68.

31. 이는 과학기술의 영역뿐 아니라 그것을 포함하여 근대적 문화 전반을 지향한 지적 운동으로 이해되어온 실학(實學)의 계보가 형성되는 과정이기도 했다. 19세기 말 개화파, 그리고 20세기 민족주의 엘리트들은 자신을 18세기 조선 "선각자"들의 후계자로 간주했고, 최종적으로 1970년대 민족주의 사학의 실학 서술에 의해, 17-18세기의 실학자, 19세기 말 20세기 초의 개화파와 애국계몽운동, 1930년대의 민족주의 엘리트, 20세기 후반 민족주의 사학을 잇는 계보가 만들어졌다. 이와 같은 계보학을 통해 실학 개념을 정당화한 대표적 시도로는 천관우, "이조 후기 실학의 개념 재검토", 『한국사의 반성』(1969): (재수록)『韓國實學思想論文選集: 實學槪念 1』(불함문화사, 1991), 161-168쪽 참조.

제1장 중인의 과학과 양반의 과학

1. 예를 들어, 강재언, 『조선의 서학사』(한길사, 1990), 123-132쪽.

2. 18-19세기 조선인들의 천주당 방문 기록을 발굴하여 번역한 신익철 편역, 『연행사와 북경 천주당』(보고사, 2013)에는 홍대용 이전 연행사절에 의한 천주당 방문 기록이 15건 포함되어 있다.

3. 뒤에서 다루겠지만, 북경 여행 이전에 홍대용은 서양식 방법을 참고한 혼천의를 제작했다.

4. 홍대용, 『담헌서』 외집 권7 연기(燕記) "유포문답(劉鮑問答)" (한국고전종합DB): 僉知李德星, 日官也, 略通曆法. 是行也, 以朝令將問五星行度于二人, 兼質曆法微奧, 且求買觀天諸器, 余約與同事.

5. 『승정원일기』 영조 25년(1749) 3월 11일.

6. 『승정원일기』 영조 42년(1766) 6월 27일: 上年節行, 本監官員李德星, 與同行驛官高瑞雲, 往來於欽天監, 厚遺面幣, 求見西洋人等. 竭誠殫慮, 一一講究後, 新法儀象考成十二冊及日食算, 購得以來. 而疑晦之文, 推算之法, 別爲解釋傳習, 諸官各令融會. 從今以往, 七政有象可驗, 交食無疑易解, 實爲本監之大幸矣... 李德星, 施以加資之賞, 高瑞雲, 令本院稟處, 實合事宜.

7. 조선 후기 과학기술 분야에서 보인 중인들의 활약상을 그린 김양수는 홍대용과 이덕성의 사례에 대해, 이덕성이 "홍대용을 도와서" 예수회 선교사를 만남으로써 "유포문답'을 남기는 데 공헌"했다며 이덕성을 조연으로 묘사하고 있다. 김양수, "조선 후기 전문직 중인의 과학기술 활동", 『역사와 실학』 27 (2004), 33-97쪽 중 85쪽.

8. 홍대용, "유포문답(劉鮑問答)" (한국고전종합DB): 二月初二日, … 與德星略問星曆諸法, 不能盡記. 劉言五星行度多違錯, 方奏聞修理, 工夫浩大, 猝難成書云. 德星願見其推算草本, 劉出示一冊, 皆西洋諺字.

9. "제한적 수렴"이라는 표현은 전근대 중국 학자들의 전문 과학기술에 대한 태도를 다룬 김영식의 글에서 차용한 표현이다. 김영식, "전통 시대 중국 사회의 학자들과 전문 과학기술 지식", 김영식 편, 『유가 전통과 과학』 (예문서원, 2013), 239-272쪽 중 256-265쪽.

10. 이덕성이 합격한 과거는 을묘년(1735)에 열린 음양과의 식년시(式年試: 4년에 한 번, 즉 자·오·묘·유년에 정기적으로 개설한 과거)였다. 이덕성의 가계와 경력에 대해서는 안영숙·민병희·서윤경·이기원, "조선 후기 천문학자 이덕성의 생애와 천문활동", 『천문학논총』 32(2) (2017), 367-381쪽; 雲觀先生案-상", 31쪽 [황원구·이종영 편, 『조선후기역산가보·색인』 (한국문화사, 1991), 702쪽]; "雲科榜目", 17쪽 [황원구·이종영 편, 같은 책, 807쪽].

11. "기술직 중인"이라는 용어의 사용에 이견이 없는 것은 아니다. 예를 들어, "기술"이라는 용어에 담긴 근대주의적 경향에 대한 비판으로는 정다함, "조선 전기 양반 잡학 검수관 연구" (고려대학교 박사학위 논문, 2008). 그렇다고 "기술직"이라는 말의 사용을 정당화할 수 없는 것은 아니다. 예를 들어 이성무는 "기술"이라는 말이 조선 시기에도 "예능"에 가까운 의미로 사용되고 있었음을 들어 "기술관"이라는 명칭을 당대의 관념을 반영하는 용어로 사용할 수 있다고 보았다. 이성무, "조선 초기의 기술관과 그 지위―중인층의 성립문제를 중심으로", 『유홍렬박사화갑기념논총』 (탐구당, 1971), 193-229쪽 중에서 195쪽.

12. 기술직 중인의 의미와 그 기원 등에 관한 고전적이지만 아직도 유용한 논의로는 이성무, "조선 초기의 기술관과 그 지위"; 한영우, "조선시대 중인의 신분·계급적 성격", 『한국문화』 9 (1988), 179-209쪽 등 참고. 이성무와 한영우는 기술직 중인의 성립 시기를 각각 조선 초기(15세기), 후기(17세기)로 달리 보고 있다.

13. 잡과 중인의 개념에 대해서는 이남희, 『조선후기 잡과중인 연구』 (이회문화사, 1999).

14. 삼력관을 비롯한 관상감의 조직에 대해서는 허윤섭, "조선후기 觀象監 天文學 부문

의 조직과 업무: 18세기 후반 이후를 중심으로" (서울대학교 석사학위 논문, 2000), 특히 12-19쪽 참조. 박권수에 의하면 삼력관과 같은 관원 집단을 19세기에 들어 "산원직(散員職)"이라고 불렀다고 한다. 박권수, "조선 후기 관상감 散員職의 설치와 확대: 三曆官을 중심으로",『한국과학사학회지』41(3) (2019), 353-385쪽.

15. 이덕성은 그의 두 번째 연행인 홍대용과의 여행 이후에도, 1768-69년, 1772-73년 두 차례 더 북경을 다녀왔다. 안영숙 외, "조선 후기 천문학자 이덕성의 생애와 천문활동", 375-376쪽. 안영숙 등에 따르면, 이덕성은 영조 19년(1743) 역서부터 편찬자의 명단에 실렸으며, 따라서 늦어도 그 전해인 1742년부터 삼력관으로 활동했음을 알 수 있다. 같은 글, 377쪽.

16. 이남희, "잡과의 전개와 중인층의 동향",『한국사 시민강좌』48 (일조각, 2010), 154-168쪽 중 156쪽.

17. 같은 글, 165-166쪽.

18. 김두헌,『조선시대 기술직 중인 신분 연구』(경인문화사, 2013), 25-33, 189-274쪽; 정옥자, "朝鮮 後期의 技術職中人",『진단학보』61 (1986), 45-63쪽 중 56-58쪽.

19. 산원들의 족보인『주학팔세보』에 수록된 443명 중 67명이 별도로 과거 시험에 합격하였나. 이 중 역과와 의과를 통과한 이들이 각각 32명, 20명으로 압도적으로 많았으며, 음양과와 율과에 합격한 경우는 5명과 1명에 불과했다. 잡과가 아닌 문과, 무과, 진사시를 통과한 경우도 소수 확인된다. 이남희, "조선후기 籌學八世譜의 자료적 특성과 의미",『고문서연구』39 (2011), 187-212쪽 중 200-202쪽.

20. 이남희, "잡과의 전개와 중인층의 동향".

21. 예를 들어 이성무는 기술직 중인을 "신분"으로, 그에 비해 한영우는 "계급"으로 이해했다. 이성무, "조선 초기의 기술관과 그 지위"; 한영우, "조선시대 중인의 신분·계급적 성격." 하지만 두 용어 모두 아직 그것이 정당화될 만큼의 연구가 이루어지지 않았다고 생각되며, 따라서 이 글에서는 "(중인) 집단"이라는 좀 더 중립적인 표현을 사용하고자 한다.

22. 중국에서 과학기술 분야를 포함한 전문가 집단의 지위에 관해 충분한 연구가 이루어진 것은 아니다. Joseph Needham, "Poverties and Triumphs of the Chinese Scientific Tradition"; 김영식, "전통 시대 중국 사회의 학자들과 전문 과학기술 지식" 등 참고.

23.『고려사』권73 選擧一 "序": 光宗, 用雙冀言, 以科擧選士, 自此文風始興. 大抵其法, 頗用唐制. 其學校, 有國子·大學·四門, 又有九齋學堂, 而律·書·算學, 皆隷國子: 其科擧, 有製述·明經二業, 而醫·卜·地理·律·書·算·三禮·三傳·何論等雜業, 各以其業

試之而賜出身.

24. 삼례는 예를 다룬 세 가지 경전. 예기(禮記), 주례(周禮), 의례(儀禮)를, 삼전은 『춘추』에 대한 세 가지 주석. 『좌씨전(左氏傳)』, 『공양전(公羊傳)』, 『곡량전(穀梁傳)』을 뜻한다.

25. 박성래, "조선 유교 사회의 중인 기술교육", 『대동문화연구』 17 (1983), 267-290쪽 중 270-271쪽; 『고려사』 권105 列傳, "安珦": 初名裕, 興州人, 父孚, 本州吏, 業醫出身, 官至密直副使致仕; 같은 책, 권108 열전, "崔誠之".

26. 십학(十學)은 고려 공양왕 원년(1389)에 조선 건국 세력에 의해 설치되었던 것을 태종이 다시 확립한 것이다. 『경국대전』에는 이 중 이학과 자학이 빠지고 도학(道學)과 화학(畵學)이 첨가된 채로 편입되었다. 이성무, "조선 초기 기술관과 그 지위", 195-201쪽.

27. 『태종실록』 7년(1407) 11월 25일: 自儒學諸科, 以至樂工之賤, 群聚禮曹, 試其才藝, 以爲遷資之法, 其奬勸之道, 可謂至矣. 然某等俱以不才, 再中國試, 對策殿庭, 視諸雜科, 固有異矣. 更與樂工之賤等而取才然後敍用, 則於國家尊儒待士之義, 似有慊焉.

28. 이남희, "잡과의 전개와 중인층의 동향", 157-158쪽.

29. 『태종실록』 1년(1401) 6월 4일: 伏覩禮曹受判, 醫譯律陰陽等科入格之人, 亦依文科放榜, 仍給紅牌. 竊謂雜科小藝, 固非文科譬也. 잡과 입격자에게는 예조에서 백패(白牌)를 수여했다. 이남희, "잡과의 전개와 중인층의 동향", 158쪽.

30. 『맹자』 "滕文公" 편에 나오는 "노심자(勞心者)"와 "노력자(勞力者)"의 위계도 유교가 육체노동보다 정신노동을 우위에 놓았다는 주장의 주요 근거이다. 박성래, "조선 유교 사회의 중인 기술교육", 272쪽 이하.

31. 과거 중국사 연구에도 비슷한 경향이 발견되는데, 명나라 관료층의 아마추어적 이상을 강조한 레벤슨의 연구를 예로 들 수 있다. Joseph Levenson, *Confucian China and Its Modern Fate: A Trilogy* (Berkeley: University of California Press, 1965), vol.1, pp. 15-43.

32. 전문 지식에 대한 유가 지식인들의 양가적 태도에 대해서는 김영식, "전통시대 중국 사회의 학자들과 전문 과학기술지식", 김영식 편, 『유가전통과 과학』 (예문서원, 2013), 239-272쪽. 르네상스 시기 서구에서 일어난 장인 기술자 집단과 학자 집단 사이의 "수렴" 현상에 관한 최근의 연구로는 Pamela O. Long, *Artisan/Practitioners and the Rise of the New Sciences, 1400-1600* (Corvallis, OR: Oregon State University Press, 2011); Pamela H. Smith, *The Body of the Artisan* (Chicago: University of Chicago Press,

2004) 참조. 보다 고전적 논의로는 Edgar Zilsel, "The Origins of William Gilbert's Scientific Method"; 같은 저자, "The Sociological Roots of Science" 참고.

33. 정다함, "조선 전기 양반 잡학 겸수관 연구" (고려대학교 박사학위 논문, 2008); 구만옥, 『세종 시대의 과학기술』 (들녘, 2016), 94-101, 134-165쪽.

34. 정다함, 앞의 논문, 85-87쪽.

35. 이성무, "조선 초기의 기술관과 그 지위", 특히 225-227쪽.

36. 같은 글, 223쪽; 김두헌, 『조선시대 기술직 중인 신분 연구』 (경인문화사, 2013), 18, 71-72쪽.

37. 성종 13년 3월에는 양반 고위 관료의 양첩(良妾)은 물론 천첩(賤妾)의 자손까지 사역원, 전의감, 관상감에 속하게 한 것에 대해, 소속 관원들이 천첩의 자손들과 함께 하는 것을 부끄러워한다며 이를 시정해달라고 요청하였다. 『성종실록』 13년(1482) 3월 11일. 이에 대해 조정 관료들은 『경국대전』의 해당 조항에 양첩, 천첩 자손의 구분이 없다는 이유로 이들의 요청을 받아들이지 않았다.

38. 김두헌, 『조선시대 기술직 중인 신분 연구』, 41-73쪽.

39. 인용은 『성종실록』 3년(1472) 6월 3일. 그 외에도 성종이 환관과 의관을 가자한 데 대해 간관(諫官)들이 강력히 반대한 사건을 들 수 있다. 『성종실록』 25년 3월 1일; 3월 5일; 3월 7일. 성종은 이들의 간언을 듣지 않았다.

40. 『성종실록』 13년 4월 13일: 夫東西兩班, 皆三韓世族. 其間或有微者, 皆由科目而進, 豈可使舌人醫人雜處於其間, 卑朝廷而辱君子乎. 夫舌人醫人藥師之類, 國之所不可無者, 而所任則各當其分可也. 豈必使薰蕕同處, 貴賤相混, 然後爲勸勵乎.

41. 한영우, "조선 초기 사회계층 연구에 대한 재론—이성무 교수의 〈조선초기 신분사 연구의 문제점〉 및 송준호 교수의 〈조선양반고〉에 답함", 『한국사론』 12 (1985), 305-358쪽 중 338-343쪽.

42. 『성종실록』 24년 9월 1일: 臣意以爲, 天文地理卜筮醫藥譯語一切雜術, 莫不有補於治道, 闕一不可. 自祖宗朝以諸學爲東班之職, 至設科第, 所以重其任也. 世宗旣重文敎, 又致意於雜藝, 當時人材輩出, 或拔其尤而擢用之.

43. 조선 조정에 기술직 관료에 대한 차별과 함께 이들을 우대하려는 경향도 병존했음에 대해서는 이남희, 『조선 후기 잡과 중인 연구』, 254-270쪽의 논의를 통해서도 확인할 수 있다.

44. 한영우, "조선 시대 중인의 신분·계급적 성격", 200-205쪽.

45. 김두헌, 『조선시대 기술직 중인 신분 연구』, 160-174쪽. 이러한 주장은 16세기 기술

직에 진출한 양반의 서얼들이 18세기 이후 기술 관직을 세전한 중인 가문들의 조상이 아니라는 흥미로운 결론으로 이어진다.

46. 이남희, 『조선 후기 잡과 중인 연구』, 110쪽. 물론 이들 수치는 현존하는 개별 잡과 시험의 방목에 근거한 것이므로, 당시 모든 잡과 시험 입격자의 지역별 분포를 보여주는 것은 아니다.

47. 같은 책, 161-177, 183-192쪽.

48. 김두헌, 『조선시대 기술직 중인 신분 연구』, 171-174쪽.

49. 같은 책, 173-174쪽.

50. 역관 무역에 대해서는 유승주·이철성, 『조선후기 중국과의 무역사』(경인문화사, 2002) 참고. 조선 후기 의료화, 그리고 의관에게 주어진 기회에 대해서는 허재혜, "18세기 의관의 경제적 활동 양상", 『한국사연구』 71 (1990), 85-127쪽; 신동원, "조선 후기 의원의 존재 양태", 『한국과학사학회지』 26 (2004), 197-246쪽 참고. 정부 내 산원들의 직무와 조선 후기 산원의 수요 증가에 관해서는 조익순·정석우, "조선시대의 산원(산사·계사·회사)제도에 관한 연구", 『회계저널』 9(4) (2000), 95-128쪽; 최은아, "산학취재를 중심으로 본 조선의 산학교육", 『교육사학연구』 22(2) (2012), 85-112쪽 참고.

51. 이남희, "잡과의 전개와 중인층의 동향", 168쪽. 그 외에 김양수, "조선 후기 전문직 중인의 과학기술 활동", 『역사와 실학』 27 (2004), 33-97쪽도 유사한 입장이다. 기술직 중인을 근대적 세력으로 보는 관점에 대한 비판은 정다함, "'한국사' 상의 조선시대상─조선 전기를 중심으로", 『사이間SAI』 8 (2010), 9-61쪽 중 28-32쪽.

52. 박성래, "조선 유교사회의 중인 기술교육", 288쪽; 박성래, 『한국사에도 과학이 있는가』(교보문고, 1998), 300-302쪽; 김영식, "한국 과학의 특성과 반성", 김영식 편, 『동아시아 과학의 차이─서양과학, 동양과학, 그리고 한국 과학』(사이언스북스, 2013), 223-242쪽 중 230쪽. 이 글은 Yung Sik Kim, "Some Reflections on Science and Technology in Contemporary Korean Society," *Korea Journal* 28(8) (1988), 342-363쪽을 번역한 것이다. "중인 의식" 개념에 대한 필자의 비판은 임종태, "한국적 두 문화의 현대적 기원", 홍성욱 편, 『융합이란 무엇인가』(사이언스북스, 2012), 195-218쪽.

53. 한영우, "조선 시대 중인의 신분·계급적 성격", 187-190쪽. 한영우에 따르면 17세기에 '중인'이 사용된 사례는 중앙정부의 기술직 관료가 아니라 지방의 서리배를 지칭하는 경우였다.

54. 『정조실록』 23년(1799) 5월 5일: 所謂中人之名, 進不得爲士夫, 退不得爲常賤, 自分

落拓, 無意於實地. 間或有薄有才藝之人, 不堪伬倆之所使, 輒生妄想, 專尙好新. 所與
學習者, 非從事於經學之人也. 중인 기독교인으로는 정조 9년(1785) 자기 집에서 남
인 학자들과 예배를 보다 적발되어 문초를 받고 이듬해 유배지에서 죽은 역관 김범
우(金範禹)를 들 수 있다. 위의 기사에서 정조가 중인들을 언급한 이유는 천주교 확
산의 책임을 중인들에게 돌림으로써 남인(南人) 이가환(李家煥)에게 쏠린 비판자들
의 초점을 분산시키려는 것이었다. 특히 정조는 당시 양반 사족들 사이에 소위 패관
소품문이 유행하고 있는 풍조를 비판함으로써 당시의 사상적 문제가 남인뿐 아니라
노·소론을 포함한 엘리트 사회 전반에 퍼져 있다고 주장했다.

55. 예를 들어, 사농공상(士農工商)의 네 사회적 집단을 적어도 이념형의 차원에서 확고
한 사회문화적 정체성을 부여받은 집단으로 볼 수 있을 것이다.

56. 조선 후기 여항 문학의 전개 과정에 대해서는 강명관, 『조선 후기 여항문학 연구』
(창작과비평사, 1997), 제2장 참조.

57. 강명관, 『조선 후기 여항문학 연구』, 9-12쪽. 강명관은 여항 문학을 근대 문학이라고
단정하는 데는 반대했지만, 18세기의 대표적 여항 시인의 작품에 중세적 세계관의
해체를 지향하는 근대의 맹아가 담겨 있다고 보았다. 하지만 19세기에 접어들어서
는 여항인들의 현실 비판 의식이 둔화되고 보수화되었다고 지적했다. 같은 책, 409-
420쪽. 여항 문학을 둘러싼 학자들의 극단적 대립은 이언진의 시에 담긴 세계상을
둘러싼 김명호와 박희병의 최근 논쟁을 예로 들 수 있다. 이에 대한 비판적 리뷰로는
김영민, "국문학 논쟁을 통해서 본 조선 후기의 국가, 사회, 행위자", 『일본비평』 19
(2018), 194-255쪽 중 209-222, 242-248쪽.

58. 같은 글, 222쪽.

59. 김경문의 서문이 작성된 연대에 대해서는 혼란이 있는데, 정조 2년 이전의 판본에
서는 모두 무오년(1708)으로 되어 있으나 그 이후는 초간본의 간행 연도인 경자년
(1720)으로 되어 있다. 하지만 서문의 내용으로 보면 1708년에 작성되었다고 보는 편
이 옳은 것 같다. 김윤제, "통문관지 해제", 『통문관지』 전2책 (서울대학교 규장각 한
국학연구원, 2006), 상책, 10쪽.

60. 『통문관지』 "서" (규장각한국학연구원, 2006), 상책, 5쪽: 竊自惟念, 譯者, 有國之不
可無者也, 其人雖微, 爲任則重. 惟其所以事大交隣者, 必有其道, 而其行之, 又必有章
程品式之具. 爲是事者, 苟不有記而存之, 則將何所取法也哉.

61. 박훈평·안상우, "혜민서 관청지 『혜국지』의 편제와 내용 연구", 『한국의사학회지』 27
권 1호 (2014), 119-133쪽.

62. 흥미롭게도 『서운관지』의 서문을 쓴 양반 관료 박종훈(朴宗薰)은 천문학에서 고인 (古人)의 옛 역법을 후대의 세련된 역법보다 더 높이 평가했다는 점에서 중인 천문 학자들의 전문성보다 양반들의 영역인 도(道)의 우선성을 강조했다. 중인 천문학자들의 주도로 저술된 관서지에 중인들의 전문성을 폄하하는 내용의 서문이 실린 것이다. 성주덕(成周悳) 편, 이면우·허윤섭·박권수 옮김, 『서운관지(書雲觀志)』(소명, 2003), 15-19쪽.

63. 홍정하와 최석정의 수학 스타일 비교를 포함한 이 문단의 논의는 오영숙, "조선 후기 산학(算學)의 일면: 최석정(崔錫鼎)의 산(算) 읽기", 『한국실학연구』 24 (2012), 329-366쪽에 근거한 것이다. 그는 최근 중인과 양반 수학의 비교를 조선 후기 전체로 확대한 연구를 제출했다. 오영숙, "조선 후기 천원술과 산목 계산법의 변화"(서울대학교 박사학위 논문, 2021).

64. 이기복, "18세기 의관 이수기(李壽祺)의 자기 인식: 기술직 중인의 전문가 의식을 중심으로", 『의사학』 22(2) (2013), 483-527쪽; 이수귀(李壽龜) 지음, 신동원·오재근·이기복·전종욱 편역, 『역시만필(歷是漫筆)』(들녘, 2015).

65. 김슬기, "숙종 대 관상감의 시헌력 학습: 을유년(1705) 역서 사건과 그에 대한 관상감의 대응을 중심으로", 『한국과학사학회지』 39(3) (2017), 435-463쪽; Lim Jongtae, "Journey of the Modest Astronomers: Korean Astronomers' Missions to Beijing in the Seventeenth and Eighteenth Centuries," *Extrême-Orient Extrême-Occident* 36 (2014), pp. 81-108; 許遠, 『玄象新法細草類彙』, 한국과학사학회 편, 『韓國科學技術史資料大系』 제9책 (여강출판사, 1986), 1-198쪽.

66. 허원, "현상신법세초류휘 서", 한국과학사학회 편, 앞의 책, 3-5쪽: 茲故粤在我廟朝, 乃命觀象監官員僉知金尙范, 北學多年, 其法所得者, 惟日躔月離之梗槩而已. 至於七政行度之法, 二曜交食之術, 未之有得. 十年去來, 委骨異域. … 歲乙酉冬, 朝廷特令臣遠以踵尙范故事, 臣遠受命而往燕京, 從欽天曆官何君錫, 盡得兩曆法推步之術, 多種文法書冊, 貿覓無遺. … 莫重改曆之擧, 經營六十餘年, 今幸完了. 여기서 "양 역법"이란 일과력(日課曆)과 칠정력(七政曆)의 계산법을 가리키는 것으로 보인다.

67. 같은 글: 今星翁曆官執籌而臨之, 無茫然自失之弊, 開卷卽得瞭如指掌. 從今以往二百年之間, 庶不復曆日交食之詿誤, 而與天行纖忽不爽矣, 其於欽若敬授之政, 所補豈淺淺哉.

68. 박권수, "조선 후기의 역서(曆書) 간행에 참여한 관상감 중인 연구", 『한국과학사학회지』 37(1) (2015), 119-145쪽 중 124-129쪽. 일과력 및 칠정력의 계산을 담당하는

관원을 각각 삼력수술관(三曆修術官), 칠정추보관(七政推步官)이라 불렀다. 성주덕(成周悳) 편, 이면우 외 옮김, 『서운관지(書雲觀志)』 (소명, 2003), 권2 "치력", 100-105쪽.

69. 『승정원일기』 영조 18(1742)년 4월 19일. 박권수, "조선 후기의 역서(曆書) 간행에 참여한 관상감 중인 연구", 127쪽에서 재인용.

70. 『續大典』 권3 禮典, 雜令, 『朝鮮王朝法典集』 제3책 (경인문화사, 1972), 256-257쪽.

71. 『승정원일기』 영조 28(1752)년 2월 16일: 在魯曰, 觀象監官員一人, 亦有每行入去之例, 載在續典, 蓋以彼國曆法, 漸益精密, 與我國推算不相合故也. 今年則曆書有差誤之端, 依前入送, 詳覈以來, 此後則間年入送, 何如. 上曰, 今年則依前入送, 此後則每式年一次入送, 可也.

72. 구만옥, "肅宗代(1674-1720) 天文曆算學의 정비", 『한국실학연구』 24 (2012), 279-327쪽.

73. 같은 글. 1688년 관상감 청사의 신축에 대해서는 성주덕 편, 이면우 외 옮김, 『서운관지』 (소명, 2003), 35쪽.

74. 김슬기, "숙종 대 관상감의 시헌력 학습", 444-449쪽. 17-18세기 시헌력 도입과 반청 정서의 변화 추이의 관계에 관해서는 Lim Jongtae, "Learning Western Astronomy from China: Another Look at the Introduction of the *Shixian li* Calendrical System into Late Joseon Korea," *The Korean Journal for the History of Science* 34(2) (2012), pp. 197-225 중 pp. 219-223 참조.

75. 『영조실록』 30년(1754) 8월 18일: "然此非老少論之朝鮮, 卽予朝鮮." 구만옥, 『영조 대 과학의 발전』 (한국학중앙연구원출판부, 2015), 21쪽에서 재인용.

76. 같은 책, 17-23, 33-51쪽.

77. 같은 책, 107-131쪽.

78. 정조 시대의 천문학에 대해서는 전용훈, "정조 시대 다시 보기: 천문학사의 관점에서", 『역사비평』 115 (2016), 185-209쪽 중 특히 191-198쪽; 문중양, "18세기 후반 조선 과학기술의 추이와 성격: 정조대 정부 부문의 천문역산 활동을 중심으로", 『역사와 현실』 39 (2001), 199-231쪽.

79. 『承政院日記』 숙종 13년(1687) 9월 13일: "崔錫鼎曰, 臣方管璿璣玉衡修改之役, 進往本監, 則非但房舍頹毀, 只有本監官員數人, 不成貌樣"; 구만옥, "肅宗代 天文曆算學의 정비", 308쪽에서 재인용.

80. 『승정원일기』 숙종 31년(1705) 6월 10일: 右議政李濡曰, 近來曆官, 善算者絶無, 故曆

書之欠精, 蓋由於此 … 上曰, 曾於國恤望祭時, 予適仰觀, 則有月食之變, 而觀象監則曚然不知.

81. 같은 곳: 觀象監, 乃司天臺也, 何等重地, 而以其涼薄, 所謂官員, 不成貌樣, 且測候處有瞻星臺, 而只樹風旗, 未嘗有輪回登臺, 仰觀天象之事, 誠爲寒心. 小臣於今番雜科時見之, 則得參初試者, 率皆庸碌無識之類, 十人中一人, 僅得參榜, 本監凡事, 推此可知矣.

82. 경석현, "조선후기 천문학겸교수의 활동과 그 의미", 『동방학지』 176 (2016), 121-152쪽; 이정림, "문신 측후관 파견을 중심으로 본 17-18세기 관상감 천문 측후관의 위치", 전국역사학대회 과학사 분과 발표문 (2020년 10월 31일).

83. 허원, "현상신법세초류휘 서(序)."

84. 경석현, "조선 영조 대 천문학 겸교수의 운용과 활동 양상", 『조선시대사학보』 91 (2019), 113-153쪽; 이정림, "문신 측후관 파견을 중심으로 본 17-18세기 관상감 천문 측후관의 위치".

85. 의관과 역관의 품계가 올라간 사례는 이남희, 『조선후기 잡과중인 연구』 (이회문화사, 1999), 257-260쪽. 유후성의 사례는 257쪽. 공을 세운 의관에게 높은 품계를 수여한 것은 대개 국왕의 주도로 이루어진 일로서 조정의 격렬한 반대를 거스르며 한 일이었다.

86. 박권수, "조선 후기의 역서(曆書) 간행에 참여한 관상감 중인 연구", 138-142쪽.

87. 김영식, "1735년 역서(曆書)의 윤달 결정과 간행에 관한 조선 조정의 논의", 『한국과학사학회지』 36(1) (2014), 1-27쪽 중 21-22쪽. 당시 조정의 논의에서도 앞서 언급한 중인 천문학자에 대한 뿌리 깊은 불신이 그대로 관찰된다.

88. 관상감 관원과 군주가 직접 만나 대화를 나누게 된 사실에 대해서는 김슬기, "18세기 중 후반 조선 천문학자의 전문성 제고: 안국빈을 중심으로", 전국역사학대회 과학사 분과 발표 (2020년 10월 31일) 참고. 김태서와의 대화는 『승정원일기』 영조 27년 5월 1일. 안국빈에게 상을 내린 일은 『영조실록』 45년(1769) 5월 1일. 안국빈, 김태서, 문광도 등에 대한 임금과 조정 관료의 대화는 『승정원일기』 영조 45년 5월 2일. 『승정원일기』의 다음 날(5월 3일) 기사에도 문광도의 능력에 대한 임금과 신하들 사이의 대화가 이어졌다.

89. 『승정원일기』 영조 49년(1773), 윤3월 25일: 上曰, 堯典云曆象日月星辰敬授人時, 備考時亦下敎 … 雖然今番乃覺陰陽科居三, 豈備考時下敎之意乎, 此後陰陽科爲先事, 奉承傳施行.

90. 『대전통편』 권3 禮典, 諸科, 陰陽科覆試, "試官": 雜科次第, 今以陰陽科爲首. 이남희,
『조선 후기 잡과 중인 연구』, 53쪽에도 이 사실이 간단히 언급되어 있다.

91. 서호수·성주덕·김영 편, 이은희·문중양 역주, 『국조역상고』 (소명출판, 2004), "해
제", 7-13쪽; "서(序)", 17-26쪽. 인용은 7쪽.

92. 정민, 『18세기 조선 지식인의 발견―조선후기 지식 패러다임의 변화와 문화변동』
(휴머니스트, 2007), 특히 85-109쪽.

93. 박제가, "百花譜序"; 박제가, 정민·이승수·박수밀 외 역, 『정유각집(貞蕤閣集)』 전3
권 (돌베개, 2010), 하권, 146쪽: 人無癖焉, 棄人也已. 夫癖之爲字, 從疾從癖, 病之偏
也. 雖然其獨往之神, 習專門之藝者, 逴逴惟癖者能之.

94. 정철조에 관한 간단한 소개로는 안대회, "조선의 다빈치―조각가, 정철조", 『조선의
프로페셔널』 (휴머니스트, 2007), 141-177쪽.

95. 황윤석의 일기에서 드러나는 서울의 수학자 네트워크에 대해서는 구만옥, "이재 황
윤석(黃胤錫)의 산학(算學) 연구", 『한국사상사학』 33 (2009), 215-252쪽; "마테오 리
치(利瑪竇) 이후 서양 수학에 대한 조선 지식인의 반응", 『한국실학연구』 20 (2010),
301-355쪽. 이하 황윤석의 『이재난고』에 담긴 내용의 서술은 대개 구만옥의 연구에
근거한 것이다.

96. 안대회, "조선의 다빈치―조각가, 정철조", 『조선의 프로페셔널』, 141-177쪽.

97. 『이재난고』 권9 정해 12월 9일 (제2책 52쪽); 구만옥, 앞의 글, 238쪽.

98. 김영식, 『과학혁명: 전통적 관점과 새로운 관점』 (아르케, 2001), 제4장.

99. Pamela O. Long, *Artisan/Practitioners and the Rise of the New Sciences, 1400-1600*
(Corvallis, OR: Oregon State University Press, 2011), p. 3.

100. J. A. Bennett, "The Mechanics' Philosophy and the Mechanical Philosophy," *History
of Science* 24 (1986), pp. 1-28; Alexander Keller, "Mathematics, Mechanics, and the
Origins of the Culture of Mechanical Invention," *Minerva* 23(1985), pp. 348-361.

101. 1720년 연행에서 이기지가 묘사한 북경 천주당의 진기한 사물을 보라. 임종태, "서
양의 물질문화와 조선의 의관(衣冠): 이기지의 〈일암연기〉에 묘사된 서양 선교사와
의 문화적 교류", 『한국실학연구』 24(2012), 367-401쪽.

102. Catherine Jami, *The Emperor's New Mathematics*, pp. 13-14.

103. 徐光啓, "條議曆法修正歲差疏 崇禎二年七月二十六日", 『徐光啓集』 (北京: 中華書
局, 1963), 하권, 337-338쪽. 수학이 의약에 응용될 수 있다는 것은, 천체가 신체에
미치는 영향력에 대한 점성술적 이해를 질병의 치료에 이용하는, 당시 서구의 "자연

점성술"(natural astrology)을 지칭하는 것이었다.

104. 수학을 크기와 수를 다루는 학문으로 정의하는 생각도 고대 그리스의 아리스토텔레스에서 비롯되는 것으로 중국에서는 새로운 관념이었다. 『기하원본』의 서문에서 마테오 리치는, 수학을 사물의 양을 다루는 학문으로 정의한 뒤 이를 "기하학"이라고 불렀다. 이는 다시 사물의 크기를 다루는 양법(量法, 오늘날의 기하학 geometry)과 수를 다루는 산법(算法)으로 나누어졌다. Jami, *The Emperor's New Mathematics*, pp. 16-17.

105. Elman, *On Their Own Terms: Science in China, 1550-1900*, pp. 150-189, 225-280.

106. 홍대용, "유포문답(劉鮑問答)" (한국고전종합DB). 번역은 필자가 일부 수정함.

107. 박제가, 안대회 옮김, 『완역정본 북학의』 외편 "병오년 정월에 올린 소회" (돌베개, 2013), 278쪽.

108. 『경세유표』 권2, 冬官工曹 제6 "事官之屬—利用監": 정약용, 이익성 역, 『경세유표(經世遺表)』 전3책 (한길사, 1997), 제1책, 219-244쪽.

109. 같은 책, 220쪽: 然百工之巧, 皆本之於數理, 必明於句股弦銳鈍角相入相差之本理, 然後乃可以得其法. 苟非師傅曹習, 積有歲月, 終不可襲而取之也.

110. 박권수, "여암 신경준의 과학사상", 『한국실학연구』 29 (2015), 235-277쪽 중 240-243쪽.

111. 문중양, "'鄕曆'에서 '東曆'으로: 조선 후기 自國曆을 갖고자 하는 열망", 『역사학보』 218 (2013), 237-270쪽 중 254-56쪽.

112. 徐命膺, 『保晚齋集』 卷8 "遊白頭山記" (한국고전종합DB, 한국문집총간, a233_220b). 신민철, "보만재 서명응의 율·역(曆)·도량형론 연구—해 그림자로 얻은 '장엄한 표준[皇極]'의 정치사상" (미출판 초고), 29쪽; 조창록, "徐命膺과 趙曦, 두 실학자의 백두산기행: 「遊白頭山記」", 『東方漢文學』 59 (2014), 127-155쪽.

113. 신민철, "보만재 서명응의 율·역(曆)·도량형론 연구", 34-36쪽.

114. 문중양은 영조 대에 "수리학(水理學)"의 일부로서 수차에 대한 체계적인 논의가 등장했다고 보면서 李瀷과 신경준을 가장 이른 예로 언급했다. 문중양, "조선 후기의 水車", 『韓國文化』 15 (1994), 261-343쪽 중 289-294쪽.

115. 이후로 홍양호는 신경준의 주요 후원자 역할을 했으며, 약 30년 뒤인 1783년 그 스스로가 정조 임금에게 수레 도입의 제안을 포함한 북학 상소를 올리게 된다. 두 사람의 관계에 대해서는 고동환, "旅菴 申景濬의 학문과 사상", 『지방사와 지방문화』 6(2) (2003), 179-216쪽 중 184, 187-188쪽 참고.

116. 신경준,『旅庵遺稿』권8 잡저, "車制策-甲戌"(한국고전종합DB, 한국문집총간, a231_101a): 及皇明通西洋之國, 諸法皆備焉. 如龍氏艾氏熊氏李氏之徒, 皆有理到之 見, 窮極制度之妙, 苟考而造之, 何難之有乎.

117. 문중양, "조선 후기의 수차", 294쪽. 정약용의 언급은『목민심서』권11 "工典"에 등장한다.

118. 서명응,『보만채총서』제13책,『본사』권2 "灌漑志": 西國之人, 其通經博古, 不若中國之人, 文藝才智, 不若中國之人, 而獨於制器一事, 超詣精妙, 斷非中國之人所能及, 其故何歟, 亦惟曰得句股數法也. 문중양, "조선 후기의 수차", 317쪽에서 재인용. 서명응은 서양의 "구고법"이 고대 중국 성인의 방법이었지만 중국에서는 사라지고 서양으로 건너갔다고 보았다. 즉, 서양 수학은 중국 고대 문화의 산실된 유산이라는 것이다.

119. 문중양, "조선 후기의 수차", 276, 321-322쪽. 이러한 실패로 인해 박지원, 이희경 등 북학론자들은 용미차의 실제 적용 가능성에 대해 회의적인 생각을 가지게 되었다고 한다.

120. 같은 글, 321-323쪽.

121. 김덕진, "조선 후기 서양식 수차와 실학자 李如樸",『남도문화연구』33 (2017), 119-146쪽 중 126-127쪽. 실록의 기록에 따르면, 서호수의 제안은 시험 모델의 제작까지 실현되었지만, 전국적 보급의 단계로는 나가지 못했다고 하는데, 그 이유는 기록되지 않았다.『정조실록』7년(1783), 7월 4일.

122. 호남 인물들의 수차 제작에 대해서는 김덕진, "조선 후기 서양식 수차와 실학자 李 如樸", 131-132, 140-141쪽; 문중양, "조선 후기의 수차", 319쪽.

123. 홍대용,『국역 담헌서』외집 권2 "乾淨衕筆談"(한국고전종합DB) 중에서 (영조 42년) 2월 4일, 2월 5일, 2월 24일의 기록을 보라. 홍대용은 담헌 기문과 담헌 八景詩를 각각 반정균(潘庭筠)과 엄성(嚴誠)에게, 그리고 혼천의에 대한 기문을 육비(陸飛)에게 부탁하였다. 특히 2월 5일의 일기를 통해 농수각을 포함한 홍대용의 천안 자택의 구성과 배치, 24일의 일기를 통해서는 혼천의의 제작 경위 및 구조에 대해 자세한 정보를 접할 수 있다.

124. 홍대용, "乾淨衕筆談", 2월 24일: 石塘, 南國之奇士, 隱居好古, 年已七十餘, 見其手 造候鐘, 出於西土遺法, 而制作精緻, 有足以奪天功者, 余奇其才思之巧, 與之語移時, 如龍尾恒升水庫水磨之類, 靡不研究, 俱得其妙.

125. 같은 글: 終言璣衡渾天之制, 有朱門遺法, 而微言未著, 後人靡所考證, 乃敢闕疑補

缺, 參以西法, 仰觀俯思, 殆數歲而略有成法, 家貧無力, 不能辦功役之費以成其志云.
蓋渾天之制, 余亦嘗有意焉而未得其要, 陶山退翁之作, 華陽尤門之制, 皆壞傷疎略, 無
足徵焉. 於是喜石塘之有才, 能大其用, 而使古聖人法象, 將復傳於世焉.

126. 같은 글. 홍대용과 나경적의 혼천의 제작 과정에 대한 자세한 묘사는 김명호, 『홍
대용과 항주의 세 선비―홍대용의 북경 기행 새로 읽기』 (돌베개, 2020), 56-73쪽;
제작된 혼천의와 혼상의 구조에 대한 실증적 연구로는 한영호, "농수각 천문 시계",
『역사학보』 177 (2003), 1-32쪽 참조.

127. 근대 과학사를 서구 과학이 비서구 세계로 "확산"하는 과정으로 파악하는 관점은
George Basalla, "The Spread of Western Science," *Science* 156 (1967), pp. 611-622.

128. 신경준, 『旅庵遺稿』 권8 잡저, "車制策-甲戌" (한국문집총간, a231_101a): ... 則工家
事, 亦吾儒格物之一事也. 且凡日用器械之作也, 運斤執斧, 斲鏤做造之, 雖責於工人,
而其始之創設也, 莫非古聖人神智之運也. 通儒大人以開物成務爲任者, 雖一車之微,
亦不置而不察者, 固宜矣.

129. 김종후, 『본암집』 권4 "여홍덕보 기축"; 구만옥, "조선후기 과학사 연구에서 '실학'의
문제", 『한국실학연구』 36 (2018), 637-676쪽 중 642쪽에서 재인용.

130. 『담헌서』 내집 권3 "與人書二首"; 구만옥, "조선후기 과학사 연구에서 '실학'의 문
제", 641쪽에서 재인용.

131. 고동환, "旅菴 申景濬의 학문과 사상", 『지방사와 지방문화』 6(2) (2003), 179-216
쪽.

132. 같은 글, 212쪽.

133. 박권수, "여암 신경준의 과학사상", 『한국실학연구』 29 (2015), 235-277쪽. 인용은
239쪽.

134. 구만옥, "이재 황윤석(黃胤錫)의 산학(算學) 연구", 230-237쪽.

135. 박권수, "서명응의 역학적 천문관", 『한국과학사학회지』 20(1) (1998), 57-101쪽; 김
덕진, "조선 후기 서양식 수차와 실학자 李如樸", 『남도문화연구』 33 (2017), 119-
146쪽; 김덕진, "실학자 李如樸의 수학 연구와 〈數理源流〉 편찬", 『남도문화연구』 34
(2018), 7-31쪽; 안동교, "조선 후기 실학에서 하백원 사상의 특징", 『호남문화연구』
47 (2010), 79-125쪽.

136. 서형수(徐瀅修), 『명고전서』 권8 "기하실기" (한국문집총간 261책, 156쪽); 구만옥,
"조선후기 과학사 연구에서 '실학'의 문제", 645쪽에서 재인용.

137. 홍대용, 『담헌서』 외집 권6 「주해수용(籌解需用) 외편 하」 "측량설", 『국역담헌서』 제

3책, 225쪽.

138. 홍유진, "홍대용(洪大容)『주해수용(籌解需用)』의 구성과 저술 목적"(서울대학교 석사학위 논문, 2019), 특히 65-70쪽. 실제로『주해수용』에서 다룬 측량의 기법과 문제들은『의산문답』에서 제시된 지구, 지전, 무한우주 등 비판적 우주론의 명제들과 연결되어 있었을 가능성이 높다. 같은 글.

139. 박지원, 김혈조 역, 『열하일기』(돌베개, 2009), 제2권, 397쪽.

140. 홍대용, 『국역 담헌서』 외집 권6 "주해수용, 농수각 의기지, 측관의"(한국고전종합DB): 盖知經星之運行, 則百歲之間, 差分可齊, 知地體之正圓, 則同軌絶域, 授時不忒, 知列曜之大小高卑, 則遲疾分合, 常度燦然. 古云, 天子失官, 學在四夷, 豈不信歟.

141. 이와 같은 홍대용의 생각을 비롯하여 서양 과학과 중국 고대 과학 사이의 관계에 대한 당시 학자들의 논의에 대해서는 이어지는 제2장에서 좀 더 자세히 다룰 것이다.

142. 그는 연행을 통해 청나라 흠천감의 관측 의기가 아주 정교하고 제작 비용이 많이 들어 "하국(下國)의 평범한 백성[匹庶]"이 감당할 수 없음을 깨닫고, 비교적 제작이 간단한 "측관의"를 제작하게 되었다고 말했다. 홍대용, 『국역 담헌서』 외집 권6 "주해수용, 농수각 의기지, 측관의".

143. 구만옥, "이재 황윤석(黃胤錫)의 산학(算學) 연구", 239쪽.『이재난고』 권11 무자년(1768) 8월 23일.

144. 구만옥, "이재 황윤석(黃胤錫)의 산학(算學) 연구", 237-238쪽.『이재난고』 권9 정해년 12월 8일(1768년 1월 27일).

145.『이재난고』 권6, 병술(1766년) 3월 15일 갑신(제1책, 546쪽): 方今觀象主薄文光道, 精於曆算, 如日月交蝕, 非此人莫能推步, 本監諸員, 無能及者. 方居于禁府近處典醫監洞, 此卽借看鄙冊者也. 年方三十九, 吾亦從此人學算耳, 未知此人或可訪見否. 此人雖稱中路之流, 而才藝獨步, 不妨一訪矣.

146. 이기복, "18세기 의관 이수기의 자기인식", 502-503쪽.

147. 강민정, "『九章術解』의 연구와 역주"(성균관대학교 박사학위 논문, 2015), 36-37쪽. 인용은 37쪽.

148.『이재난고』 권6, 병술(1766년) 3월 15일 갑오: 正言因言, 向來曆象考成[七曜表, 亦入其中矣], 果尋於文光道否. 余曰, 彼旣非士夫, 則與之尋訪似涉如何矣.

1. 고동환, "조선후기 지식 세계의 확대와 실학", 『한국사 시민강좌』 48 (일조각, 2011), 55-76쪽. 이러한 해석은 조선 후기 사회경제의 내재적 발전을 확인하고 그에 대한 사상적 대응으로서 실학을 이해하려 했던 1970년대 김용섭, 이우성 등의 시도로까지 거슬러 올라갈 수 있을 것이다. 김용섭, "조선 후기의 농업 문제와 실학", 『동방학지』 17 (1976), 47-66쪽; 이우성, "실학연구 서설", 역사학회 편, 『실학연구입문』 (일조각, 1973), 1-17쪽.

2. 조선 후기 서구 과학의 수용에 관해서는 다음의 연구를 참고할 수 있다. 박성래, "한국근세의 서구과학수용", 『동방학지』 20 (1978), 257-292쪽; 임종태, 『17, 18세기 중국과 조선의 서구 지리학 이해: 지구와 다섯 대륙의 우화』 (창비, 2012); 문중양, 『조선후기 과학사상사: 서구 우주론과 조선 천지관의 만남』 (들녘, 2016); 전용훈, 『한국천문학사』 (들녘, 2017).

3. 조선 후기에 일본으로 파견된 사행은 총 12회에 불과한 데 비해, 청나라로의 사행은 문서 및 역서의 수령 전달을 위한 사행을 제외한 정식 사절만 494회 파견되었다고 한다. 후마 스스무, 신로사 외 역, 『조선 연행사와 통신사』 (성균관대학교 출판부, 2019), 12-17쪽. 하지만 파견한 사절의 횟수가 적었다고 해서 일본과의 교류가 미미했다고 보기는 어렵다. 부산의 왜관에 일본인들이 상주하며 교역을 담당했고, 바로 이 왜관 무역을 통해 양국 사이에 빈번한 문화적·경제적 교류가 진행된 것이다. 다시로 가즈이(田代和生), 정성일 옮김, 『왜관: 조선은 왜 일본사람들을 가두었을까?』 (논형, 2005) 참고.

4. 계미 통신사행의 일본 인식에 대해서는 김문식, 『조선 후기 지식인의 대외인식』 (새문사, 2009), 181-192쪽; 후마 스스무, 『조선 연행사와 조선 통신사』, 390-430쪽; 박희병, "조선의 일본학 성립─원중거와 이덕무", 『한국문화』 61 (2013), 179-219쪽 특히 194-215쪽 등 참조.

5. 홍대용과 소위 북학파의 사상적 차이에 대해서는 박희병, 『범애와 평등─홍대용의 사회사상』 (돌베개, 2013) 193쪽 이하. 그에 비해 김명호는 홍대용의 사상에서 북학사상이 기원했다고 주장한다. 김명호, 『홍대용과 항주의 세 선비』, 384-410쪽. 이어지는 논의에서 드러나겠지만, 필자는 이 책에서는 홍대용과 북학론의 차이를 강조하려 한다.

6. 안대회는 이러한 규범화된 인식과 그 시기적 변화를 사절로 선발된 이들에게 친지

와 지인들이 써준 송서(送序)를 통해 흥미롭게 분석했다. 안대회, "조선 후기 燕行을 보는 세 가지 시선—燕行使를 보내는 送序를 중심으로", 『한국실학연구』 19 (2010), 87-120쪽.

7. 이 두 송서의 사례는 같은 글, 94쪽에서 재인용.

8. 박세당, 『서계집』 "연보(年譜)" 戊申條; 김종수, "서계 박세당의 연행록과 북경 체류 32일", 『한국실학연구』 16 (2008), 7-50쪽 중, 20쪽에서 재인용.

9. 박세당이 북경에 체류한 31일 중 15일 간의 기록은 아예 누락되었거나 날씨만 간단히 언급한 것이었다. 같은 글, 31쪽. 박세당, 김종수 역, 『국역 서계연록』 (혜안, 2010).

10. 『서계집』의 연보에 따르면 박세당은 이때 실제로 관등과 잡희를 관람했다고 한다. 김종수, "서계 박세당의 연행록과 북경 체류 32일", 32-33쪽.

11. 박세당, 『서계집』 권1 "사연록" (한국고전종합DB).

12. 뒤에서 살펴보겠지만, 연행록에 북경 천주당 방문 기록이 나타난 것도 이 시기부터였다.

13. 임종태, "서양의 물질문화와 조선의 의관(衣冠): 이기지의 『일암연기』에 묘사된 서양 선교사와의 문화적 교류", 『한국실학연구』 24 (2012), 367-401쪽, 특히 391-396쪽.

14. 이기지의 숙음과 이후 『일암연기』가 세상에 알려지게 된 과정에 대해서는 김동건, "李器之의 『一庵燕記』 研究" (한국학중앙연구원 석사학위논문, 2007), 12-21쪽.

15. 홍대용이 『일암연기』를 읽은 기록은 박지원의 『열하일기』에 등장한다. 박지원, 김혈조 역, 『열하일기』 전3책 (돌베개, 2009), 제3책 "黃圖紀略-風琴", 280-285쪽. 이 기사에서 박지원은 자신과 홍대용이 북경 천주당에 대한 김창업과 이기지 연행록의 묘사를 비평한 일화를 소개하고 있다.

16. 예를 들어, 홍대용의 연행 기록에는 청나라 사회에 비교한 조선 사회의 여러 낙후한 면모에 대한 부끄러움의 감정을 자주 드러내었는데, 정훈식은 박제가, 박지원 등에게도 이어진 이러한 면모를 북학의 감정적 기원이라고 불렀다. 정훈식, "『을병연행록』에 나타난 '부끄러움'에 대하여-北學의 감정적 기원에 관한 시론", 『코기토』 72 (2012), 169-201쪽.

17. 홍대용, 『국역 담헌서』 외집 권2 항전척독 "간정동필담" (민족문화추진회, 1974), 제2책, 139쪽 (한국고전종합DB) (번역은 필자가 수정함).

18. "유교적 근본주의자"라는 표현은, 강명관, 『조선 지성계를 흔든 연행록을 읽다: 홍대용과 1766년』 (한국고전번역원, 2014), 195쪽에서 따온 것이다.

19. 홍대용과 항주 출신의 세 선비 사이에 이루어진 필담 내용에 대한 상세한 소개는

김명호,『홍대용과 항주의 세 선비』참고.

20. 이러한 주장은 후마 스스무, 신로사 외 역,『조선연행사와 조선통신사』전체에 걸쳐 여러 차례 등장한다. 예를 들어, 204-205, 219-220, 233, 242, 387-389, 463-466쪽.

21. 같은 책, 430쪽. 후마는 각각 고학(古學)과 고증학(考證學)으로 넘어가고 있던 18세기 일본·중국 학계에 비해 조선의 학계가 고립, 퇴행적이었다고 보며, 홍대용의 연행이 바로 그와 같은 조선의 퇴행적 주자학에서 벗어나는 계기가 되었다고 주장한다. 필자는 홍대용의 연행이 오랫동안 중단되어 있던 한중 지식 교류의 물꼬를 연 사건이라는 후마의 견해에는 공감하지만, 조선의 주자학이 퇴행적이라거나 홍대용이 주자학에서 벗어났다는 평가에는 동의하지 않는다.

22. 예를 들어 김창업과 이기지의 사례를 다룬 신익철, "김창업·이기지의 중국 문인 교유 양상과 특징",『대동문화연구』106 (2019), 253-286쪽 참조.

23.『간정동회우록』의 편찬, 그리고 이후의 개정 작업에 대해서는 大馬進, "홍대용의『乾淨衕會友錄』과 그 改變―숭실대학교 기독교박물관 소장본 소개를 겸해서",『한문학보』26 (2012), 193-263쪽 참조.

24. "及見此書, 乃復忽忽如狂, 飯而忘匙, 盥而忘洗. 嗟乎, 此誠何地也, 朝鮮耶, 吾則浙江也, 西湖也. … 嗟乎, 吾東三百年使价相接, 不見一名士而歸耳, 今湛軒先生一朝結天涯知己, 風流文墨, 極其翩翩": 1773년 경 서상수(徐常修)에게 보낸 편지에서 밝힌 내용이다. 박제가, 정민 외 옮김,『貞蕤閣集』전3책 (돌베개, 2010), 하권, "관헌 서상수에게 주다", 318-320쪽 (번역은 필자가 일부 수정).

25. 이덕무, 나금주 역,『국역 청장관전서』제63권, "천애지기서" (한국고전종합DB) (번역은 필자가 일부 수정).

26. 김문식,『조선후기 지식인의 대외인식』(새문사, 2009), 139-143쪽.

27. 이는 계미 통신사에서 원중거 등이 일본의 고학으로부터 받은 인상의 성격과 비슷하다. 후마 스스무,『조선 연행사와 조선 통신사』, 390-430쪽.

28. 홍대응, "종형 담헌 선생 유사",『국역담헌서』부록 (민족문화추진회, 1974), 제4책, 382쪽.

29. 16-18세기 기독교 및 서구 과학의 중국 일본 도입에 대해서는 Benjamin Elman, *On Their Own Terms: Science in China, 1550-1900* (Cambridge: Harvard University Press, 2005); Masayoshi Sugimoto and David L. Swain, *Science and Culture in Traditional Japan, A.D. 600-1854* (Cambridge, Mass.: The MIT Press, 1978), pp. 148ff 참조.

30. 왜관의 무역을 통해 일본으로부터 서양의 물건, 예를 들어 서양식 시계가 도입되었

지만, 서학 지식과 기술의 도입은 압도적으로 중국을 통해 이루어졌다. 조선 후기 자명종에 관한 강명관의 서술이 이를 잘 보여준다. 강명관, 『조선에 온 서양 물건들』 (휴머니스트, 2015), 194-263쪽. 조선으로의 서학 도입의 간접성에 대한 지적은 여러 연구자에 의해 이루어졌지만, 박성래는 이를 한국이 근대화에서 지체된 핵심 요인으로까지 제시했다. 박성래, "한, 중, 일의 서양 과학 수용: 1800년 이전의 근대과학 잠재력 비교", 『한국과학사학회지』 3 (1981), 85-92쪽.

31. 이수광, 남만성 역, 『芝峯類說』 전2권 (을유문화사, 1994), 권상, 90-91쪽.

32. 이기지, "燕行詩", 임기중 편, 『연행록전집』 (동국대학교출판부, 2001), 제37책, 295-296쪽. 시 중의 오금초(烏金超)는 만주어 우전 초하(ujen cooha)를 옮긴 것으로 팔기한군(八旗 漢軍)을 의미한다. 황해윤, "건륭 연간 팔기한군의 출기 정책과 그 영향" (서울대학교 석사학위 논문, 2014), 5쪽.

33. 임종태, "서양의 물질문화와 조선의 의관".

34. 예를 들어, 마테오 리치의 동역자였던 徐光啟와 李之藻, 서양 과학이 중국에서 기원했다고 주장한 청조의 천문학자 梅文鼎 등이 조선 학자들의 서학관에게 영향을 끼친 중요한 인물들이라 할 수 있다. 임종태, 『17, 18세기 중국과 조선의 서구 지리학 이해』, 139-199쪽.

35. 대표적인 예로, 홍이섭, 『조선과학사』, 235-237쪽; 강재언, 『조선의 서학사』 (민음사, 1990), 123-145쪽; 강재언, 정창렬 역, 『한국의 개화사상』 (비봉출판사, 1981), 45-166쪽; 이원순, 『조선 서학사』 (일지사, 1986); 박성래, "조선시대 과학사를 어떻게 볼 것인가", 『韓國史市民講座』 16 (1995), 145-166쪽.

36. 정두원의 여행과 로드리게스와의 만남에 대해서는 Jongtae Lim, "Rodrigues the Gift-giver: A Korean Envoy's Portrayal of His Encounter with a Jesuit in 1631," *Korea Journal* 56(2) (2016), pp. 134-162 참조.

37. 정두원의 "서양국기별장계"에 대한 소개와 번역은 안상현, "한국사 최초의 망원경 I: 鄭斗源의 『西洋國奇別狀啓』", 『한국우주과학회지』 26(2) (2009), 237-266쪽 참조.

38. 실제로 조총의 가치에 대해 높이 평가한 인조는 정두원을 가자(加資)하라는 명령을 내렸다. Jongtae Lim, "Rodrigues the Gift-giver."

39. 같은 글.

40. 명나라 말에서 청나라의 시헌력 반포까지 중국에서 서양 천문학의 역사에 대한 개관으로는 Catherine Jami, *The Emperor's New Mathematics*, pp. 13-54.

41. 전용훈, "17-18세기 서양과학의 도입과 갈등―時憲曆 施行과 節氣配置法에 대한 논

란을 중심으로", 『동방학지』 117 (2002), 1-49쪽.

42. 시헌력 학습 프로젝트의 중단 이후 조선 정부의 천문학 상황에 대해서는 김슬기, "숙종 대 관상감의 시헌력 학습: 을유년(1705) 역서 사건과 그에 대한 관상감의 대응을 중심으로", 442-444쪽 참조.

43. 17세기 말을 전후한 조청 관계의 변화와 그것이 서학에 미친 영향에 대해서는 노대환, 『동도서기론 형성과정 연구』 (일지사, 2005); Lim Jongtae, "Tributary Relations between the Chosŏn and Ch'ing Courts to 1800," in *The Cambridge History of China, Vol. 9: The Ch'ing Empire to 1800. Part II*, Edited by Willard J. Peterson (Cambridge: Cambridge University Press, 2016), pp. 146-196.

44. 신익철, 『연행사와 북경 천주당―연행록 소재 북경 천주당 기사 집성』 (보고사, 2013).

45. 17세기 말 18세기 초 조선 사회의 중화주의가 겪은 변화에 대해서는 허태용, 『조선 후기 중화론과 역사인식』 (아카넷, 2009) 참조.

46. 『증보문헌비고』 권1 상위고, "曆象沿革", 6a [영인: 전3책 (명문당, 1959), 제1책, 19쪽]: 金堉曰, 西洋人湯若望作時憲曆, 自崇禎初始用, 其法行於中國, 淸人仍用之. 김육의 발언은 1654년 사행에서 김상범이 죽은 일까지 언급하고 있는 것으로 보아 그 이후에 이루어진 것이다.

47. 김육은 인조 23년 겨울의 유명한 개력 상소에서 이미 "중국이 병자, 정축(1636-1637) 연간부터 개력했다"고 주장했는데, 이때의 "중국"은 명나라를 지칭한다. 『인조실록』 23년 12월 18일; 『증보문헌비고』 권1 상위고, "역상연혁", 5a-b. 김육이 명나라가 개력했다고 잘못 알고 있었던 것은 아마 그가 병자년 명나라로 파견된 조선의 마지막 사신으로서 『숭정역서』의 편찬 과정을 목도하고 귀국했기 때문이 아닌가 한다. 이후 명나라에서 개력은 일어나지 않았지만, 병자호란으로 명나라와의 관계가 단절됨으로써 김육은 이후 사건의 전개에 대해 정확히 알 방도가 없었을 것이다.

48. 『승정원일기』 숙종 34년(1708) 5월 12일: 上曰, 禮判進來坤輿萬國全圖, 卽唐本, 而萬曆·天啓間出來, 置於江都, 如書傳渾天儀圖, 而極爲詳備. 第唐本易傷, 頗有破落處. 若不趁卽模出, 則恐遂不傳, 甚可惜也.

49. 최석정은 '곤여만국전도'에 대해서는 그 저자를 밝히지 않았지만, 지도의 오른쪽 여백에 실린 도설에 저자의 이름으로 마테오 리치의 중국명인 "利瑪竇"가 분명히 밝혀져 있었으므로, 적어도 이를 모사한 이들은 그것이 마테오 리치의 작품으로 알고 있었을 것이다.

50. 최석정, 『明谷集』 卷8 "西洋乾象坤輿圖二屏總序"(한국고전종합DB, 한국문집총간, a153_584d).

51. 숭정 무진년은 양력으로는 1628년으로, 서광계와 예수회 선교사가 편찬한 『숭정역서』에서 천문 계산의 기점, 즉 역원(曆元)으로 채택한 해이다.

52. 비풍(匪風)과 하천(下泉)은 『시경(詩經)』 "회풍(檜風)"의 비풍장(匪風章)과 "조풍(曹風)"의 하천장(下泉章)을 뜻하며, 주나라의 쇠퇴를 탄식하는 내용을 담고 있다. 조선 후기 "비풍하천" 또는 아예 "풍천(風泉)"이라는 줄임 표현으로 멸망한 명나라를 추모하는 감정을 표현하는 데 널리 사용되었다. 조융희, "英祖 御製와 '風泉', 그리고 '風泉'의 典故化 양상", 『장서각』 20 (2008), 117-142쪽.

53. 최석정, "西洋乾象坤輿圖二屏總序": 噫, 乾象圖有崇禎戊辰字, 坤輿圖有大明一統字. 而眷焉中朝, 世運嬗變, 禹封周曆, 非復舊觀, 志士忠臣匪風下泉之思, 庸有旣乎, 臣於是重有感焉.

54. 『승정원일기』 영조 36년 12월 8일: 命膺曰, 皇明本用大統曆法, 而至崇禎年間, 內閣學士徐光啓, 精於曆術, 修正新法, 將欲施行, 而朝議不一, 竟未之果矣. 我國曆法, 自世宗朝創始之後, 幾乎大備, 而獨此法, 出於近世, 故尙有所未遑焉. 夫以一隅東土而皇明之禮樂文物寄寓焉, 豈獨於敬授一事, 一任其闕漏哉?

55. 서명응의 아들 서호수가 『동국문헌비고』 "상위고"에서 시헌력을 명나라의 역법으로 간주한 김육의 글(각주 46, 47)을 실은 것도 시헌력을 숭명 이념과 연결하려는 시도였을 것이다.

56. 李頤命, 『疎齋集』 권19 "與西洋人蘇霖戴進賢一庚子"(한국고전종합DB, 한국문집총간 a172_461a).

57. 이원순, 『조선 서학사』 (일지사, 1986), 110-154쪽; 구만옥, 『조선후기 과학사상사연구 1—주자학적 우주론의 변동』 (혜안, 2005), 351-392쪽 등의 연구 참조.

58. 안정복, 『순암선생문집』 권17 잡저, "天學考"(한국고전종합DB): 西洋書, 自宣廟末年, 已來于東, 名卿碩儒, 無人不見, 視之如諸子道佛之屬, 以備書室之玩, 而所取者, 只象緯句股之術而已. 年來有士人隨使行赴燕京, 得其書而來, 自癸卯甲辰年間, 少輩之有才氣者, 倡爲天學之說, 有若上帝親降而詔使者然.

59. 임종태, 『17, 18세기 중국과 조선의 서구 지리학 이해』, 제2장 참조.

60. "과학혁명"의 역사 서술에 대한 비판에 대해서는 Steven Shapin, *The Scientific Revolution* (Chicago: The University of Chicago Press, 1996) 참조. 근대 초 서구의 지성사도 그렇게 단순한 혁명의 구도로는 설명이 힘들다는 점은 소위 지리상의 발견

이 서구 문화에 끼친 영향을 추적한 Anthony Grafton, *New Worlds, Ancient Texts: The Power of Tradition and the Shock of Discovery* (Cambridge, Mass.: Harvard University Press, 1992) 등의 논의에서 잘 드러난다.

61. 중국 과학사 연구에서 이러한 이분법적 경향을 비판한 좋은 리뷰로는 Roger Hart, "Beyond Science and Civilization: A Post-Needham Critique," *EASTM* 16 (1999), pp. 88-114 참조. 근대 초 중국의 서양 과학 수용에 대해서는 Benjamin Elman, *On Their Own Terms: Science in China, 1550-1900* 참조. 조선의 사례에 대해서도 종합적인 연구가 이루어졌다. 문중양, 『조선후기 과학사상사: 서구 우주론과 조선 천지관의 만남』 (들녘, 2016).

62. 중국에서 예수회 선교사들이 코페르니쿠스와 그의 천문학을 소개한 방식과 그것이 미친 영향에 대해서는 Nathan Sivin, "Copernicus in China," *Studia Copernicana* 6 (1973), pp. 63-122. 재수록 Sivin, *Science in Ancient China: Researches and Reflections* (Aldershot: Variorum, 1995), 제4장 참조.

63. 명나라의 개력에 티코의 우주 시스템을 적용하기로 한 서광계와 예수회의 결정을 비롯하여, 17세기 중국의 개력 과정에 대해서는 Hashimoto Keizo, *Hsü Kuang-Ch'i and Astronomical Reform: the Process of the Chinese Acceptance of Western Astronomy 1629-1635* (Osaka: Kansai University Press, 1988) 참조.

64. 임종태, 『17, 18세기 중국과 조선의 서구 지리학 이해』, 제1장; Jongtae Lim, "Matteo Ricci's World Maps in Late Joseon Dynasty," *The Korean Journal for the History of Science* 33(2) (2011), pp. 277-296.

65. 김영식, "조선후기 지전설의 재검토", 『동방학지』 133 (2006), 79-114쪽.

66. 정파·학파별로 학자들의 우주론을 구분하여 살펴본 연구로는 구만옥, 『조선후기 과학사상사연구 1―주자학적 우주론의 변동』 (혜안, 2005); 안대옥, "18세기 正祖期 朝鮮 西學 受容의 系譜", 『동양철학연구』 71 (2012), 55-90쪽.

67. 전용훈, "17-18세기 서양과학의 도입과 갈등"; 임종태, "'우주적 소통의 꿈': 18세기 초반 호서 노론 학자들의 육면세계설과 인성물성론", 『한국사연구』 138 (2007), 75-120쪽.

68. 李㴋, 『巍巖遺稿』 권 12 "天地辨後說" (민족문화추진회, 1997), 447하 쪽; 임종태, 『17, 18세기 중국과 조선의 서구 지리학 이해』, 330-332쪽.

69. 홍대용, 『담헌서』 외집 권6 "농수각의기지(籠水閣儀器志)―측관의(測管儀)": 天有七曜, 垂象至著, 惟離地絶遠, 人視有限, 所以唐虞之神明, 猶待於璣衡之器, 勾股之術也.

惜其法象失傳, 測候無據... 盖自西法之出, 而機術之妙, 深得唐虞遺訣... 古云天子失官 學在四夷, 豈不信歟." 비슷한 표현이 연행록의 "유포문답" 기사 서두에도 등장한다.

70. 『春秋左氏傳』 권17 (北京: 中華書局, 1987), 726-727쪽.

71. 마테오 리치, "곤여만국전도", 朱維錚 主編, 『利瑪竇中文著譯集』 (上海: 復旦大學出 版社, 2001), 173쪽: 地與海本是圓形, 而合爲一球, 居天球之中, 誠如鷄子黃在靑內. 이 지조가 지도 제작에 관여했으므로 혼천가와 계란 노른자 비유는 그의 조언이 반영 된 것일 수 있다.

72. 물론 혼천설의 "노른자" 비유도 땅이 둥글다는 것이 아니라 땅(노른자)이 하늘(달 걀) "안쪽"에 있음을 의미한다고 보는 해석이 일반적이다. 마테오 리치 이전에 이 비유를 지구 관념으로 해석한 선례는 없다. 고대 중국의 우주론 학파와 그들 사이 의 논쟁에 대해서는 이문규, 『고대 중국인이 바라본 하늘의 세계』 (문학과지성사, 2000), 291-351쪽 참조.

73. 李之藻, "渾蓋通憲圖說自序" 『渾蓋通憲圖說』 (北京: 中華書局, 1985), 3-4쪽: 全圓爲 渾, 割圓爲蓋, 蓋笠擬天, 覆槃擬地, 人居地上, 不作如是觀乎. 이지조의 서문에 언급 되지는 않았지만, 『주비산경』에는 지역 간의 시차, 북극 지역의 장주야, 기후대의 구 분에 대한 언급 등 서양 시리학 문헌에 지구설과 함께 제시된 여러 학설이 포함되어 있었고, 그 점도 이후 『주비산경』이 지구설을 담고 있다는 주장의 중요한 근거가 되 었다.

74. 매문정의 중국 중심적 기원 서사에 비해 이지조는 중국과 서양의 일치를 중국인과 서양인이 같은 이성을 공유한 탓으로 본 뒤 이를 송나라 육구연(陸九淵)의 "동해서 해 심동리동(東海西海 心同理同)"의 논리로 정당화했다. 임종태, 『17, 18세기 중국과 조선의 서구 지리학 이해』, 174-184쪽.

75. 같은 곳. 예수회사로부터 천문학의 독립을 추구했던 강희제의 정책에 대해서는 韓 琦, 『通天之學 : 耶穌會士和天文學在中國的傳播』 (北京: 三聯書店, 2018), 62-149쪽의 논의가 상세하다. 서학의 중국기원론에 대해서는 김영식, "'서학 중국 기원론'의 출현 과 전개", 『중국 과학의 차이』 (사이언스북스, 2013), 113-134쪽 참조.

76. 김만중, 홍인표 역, 『서포만필』 (일지사, 1987), 284쪽.

77. 이익, 『星湖全集』 권24 "答安百順 壬申: 別紙" 한국문집총간 198 (민족문화추진회, 1997), 491-492쪽.

78. 李瀷, 『巍巖遺稿』 권12 "천지변후설" 6b-7a; 凡自載籍以來, 諸聖賢之言, 莫非無上下 六面世界之說, 而惟其不言之妙, 不傳之秘, 則實自渠發之云.

79. 임종태, "'우주적 소통의 꿈'", 106-107쪽.

80. 이익, 『성호전집』 권55 "跋職方外紀", 한국문집총간 199 (민족문화추진회, 1997), 514 하 쪽.

81. 한영호·이재효·이문규·서문호·남문현, "洪大容의 測管儀 연구", 『역사학보』 164 (1999), 125-164쪽. 이 논문에 따르면, 홍대용의 측관의는 명말의 예수회 선교사 우르시스가 소개한 간평의(簡平儀)를 개량한 것이다.

82. 서명응의 중국기원론에 대해서는 박권수, "서명응의 역학적 천문관", 『한국과학사학회지』 20(1) (1998), 57-101쪽 중 89-98쪽.

83. 마테오 리치, "곤여만국전도": 有謂地爲方者, 語其德靜而不移之性, 非語其形體也.

84. 천원지방을 하늘과 땅의 덕을 가리키는 명제로 해석한 고대적 전거에 대해서는 이문규, 『고대 중국인이 바라본 하늘의 세계』, 283-286쪽.

85. 서명응, "선천사연(先天四演)", 『보만재총서』 (규장각한국학연구원, 2006), 제1책, 132-135쪽, 인용은 135쪽.

86. 이상 서명응에 관한 논의는 박권수, "서명응의 역학적 천문관", 82-86쪽; 문중양, 『조선후기 과학사상사』, 248-249쪽 참조.

87. 문중양, 『조선 후기 과학사상사』, 29-30, 33쪽.

88. 마테오 리치, "곤여만국전도": 夫地厚二萬八千六百三十六里零百分里之三十六分, 上下四旁, 皆生齒所居, 渾淪一球, 原無上下, 蓋在天之內, 何瞻非天. 總六合內, 凡足所佇即爲下, 凡首所向即爲上, 其專以身之所居分上下者, 未然也.

89. 임종태, 『17, 18세기 중국과 조선의 서구 지리학 이해』, 63-67쪽. 고중세 서양의 과학에 대해서는 데이비드 C. 린드버그, 이종흡 옮김, 『서양과학의 기원들 : 철학·종교·제도적 맥락에서 본 유럽의 과학전통, BC 600-AD 1450』 (나남, 2009).

90. 楊光先, 『不得已』 "孼鏡", 양광선 외 지음, 안경덕 외 옮김, 『부득이─17세기 중국의 반기독교 논쟁』 (일조각, 2013), 160쪽. (번역은 필자)

91. 이를 동아시아인들은 상하의 세력[上下之勢]라고 불렀다. 이에 대해 간략한 해설로는 임종태, 『17, 18세기 중국과 조선의 서구 지리학 이해』, 95-109쪽.

92. 이영후, "與西洋國陸若漢書", 安鼎福, 『雜同散異』 제22책 "西洋問答" (규장각한국학연구원 소장사본 古0160-12): 然念中州之地, 正當天之中, 渾元淸淑之氣, 蜿蟺扶輿, 磅礴而鬱積者, 必於此焉. 故自古伏羲神農黃帝堯舜禹湯文武周公孔子之聖, 皆興於此.

93. 陸若漢, "西洋國陸若漢答李榮後書", 같은 책. 이영후와 로드리게스의 편지 원문

은 山口正之,『朝鮮西教史—朝鮮キリスト教の文化史的研究』(東京: 雄山閣, 1967), 44-46쪽에도 전재되어 있다. "萬國圖以大明國爲中, 便觀覽也. 如以地球論之, 國國可以爲中, 中國見此圖見西人, 方知地之大國之多也."

94. 알레니,『직방외기』 "卷首", 李之藻 편,『天學初凾』(臺北: 臺灣學生書局, 1965), 제3책, 1312쪽: 地旣圓形, 則無處非中, 所謂東西南北之分, 不過就人立名, 初無定準.

95. 임종태,『17, 18세기 중국과 조선의 서구 지리학 이해』, 76-84쪽.

96. 이간, "천지변후설".

97. 양광선,『부득이』, 170-171쪽.

98. 이간,『외암유고』권12 "천지변후설", 446쪽 위: 溝瀆江海, 本自橫行周繞於地之六面, 人若壽而健行, 則水道旱路, 皆可往還於彼此世界.

99. 같은 글, 446쪽 위: 六面世界人物, 雖則互譏其倒懸, 而其各戴天履地, 則自不害於通同耳.

100. 그렇다고 "인물성동론"의 주창자들이 인간 중심적 세계관에서 벗어났다고 보기는 힘들다. 인간과 동물이 공유하고 있는 본연지성은 인의예지신, 즉 인간적 윤리를 보편화한 것이다. 조동일, "조선 후기 인성론과 문학사상",『한국문화』11 (1990), 25-113쪽, 특히 39-40쪽 참고.

101. 주희의 경우 김영식,『주희의 자연철학』(예문서원, 2005), 297-298쪽 참조.

102. 강규환,『賁需齋集』권3 "上師門-辛亥2月", 13a (한국고전종합DB, 한국문집총간): 地下之人皆倒立, 四旁之人皆橫行, 則地下之人, 卽此世界之草木, 四旁之人, 卽此世界之禽獸也, 豈理也哉.

103. 임종태, "'우주적 소통의 꿈".

104. 이익,『성호사설』권2 천지문, "曆象": 聖人復生, 必從之矣 (한국고전종합DB). 박성래, "한국 근세의 서구과학 수용",『동방학지』20 (1978), 257-292쪽 중 262-267쪽.

105. 이익,『성호사설』권3 "天隨地轉".

106. 대표적인 예로 17세기 초 리치와 서구 과학 관련 서적을 여럿 번역한 이지조(李之藻)도 마찬가지였다. 그는『혼개통헌도설』서문에서 하늘과 땅이 이루는 동심 구조를 설명한 뒤 "(그렇지 않으면) 건(乾, 하늘)이 둥긂을 이루지 못하고, 둥긂을 이루지 못하면 운행이 강건하지 못하며, (운행이) 강건하지 못하면 산하와 대지가 아래로 끝없이 떨어져 건곤(乾坤, 하늘과 땅)이 멈추게 될 것"이라고 주장했다. 이익과 정확히 같은 논리였다. 이지조,『혼개통헌도설』 "자서", 4쪽: 如此則乾不成圜, 不圜則運行不健, 不健則山河大地, 下墜無極, 或幾乎息.

107. 임종태,『17, 18세기 중국과 조선의 서구 지리학 이해』, 232-233쪽.

108. 李瀷, "跋職方外紀", 514-515쪽: 天左旋一日一周, 天之圍其大幾何, 而能復於十二時內, 其健若此. 故在天之內者, 其勢莫不頹以向中. 今以一圓杯, 置物於內, 用機回轉, 則物必推蕩, 至於正中而後乃已.

109. 梅文鼎,『歷學疑問補』卷1 "論地實圓而有背面", 총서집성초편 1325 (上海: 商務印書館, 1939), 10쪽.

110. 李瀷,『성호사설』卷4 만물문, "지남침".

111. 박성래,『지구자전설과 우주무한론을 주장한 홍대용』(민속원, 2012).

112. 홍대용이 나주의 나경적과 함께 "서양의 방법을 참작한" 혼천의 제작을 시작한 것이 29세 때의 일이므로, 늦어도 이때는 지구설에 대해 확신하고 있었을 것이다. 임종태, "무한 우주의 우화―홍대용의 과학과 문명론",『역사비평』(2005), 261-285쪽 중 269-270쪽.

113. 같은 글, 274; 홍대용,『국역 담헌서』(민족문화추진회, 1974), 제1책, 124쪽.

114. 이덕무의 사례는 그의 손자 이규경의 기록에 등장한다. 이규경,『五洲衍文長箋散稿』"日月星辰各有一世界辨證說" (한국고전종합DB); 박지원, 김혈조 역,『열하일기』제2책, "곡정필담." 378-398쪽.

115. 임종태, "무한 우주의 우화―홍대용의 과학과 문명론", 274쪽.

116. 김종후,『本庵集』卷三, 書, "答洪德保" (한국고전종합DB).

117. 홍대용의『담헌서』에 김종후와 주고받은 편지 네 편이 수록되어 있다. "김직재종후에게 주는 편지"; "직재의 답서"; "또 직재에게 답하는 편지"; "직재가 답한 편지",『국역 담헌서』제1책, 326-344쪽.

118. 홍대용, "김직재종후에게 주는 편지",『국역 담헌서』제1책, 328쪽.

119. 이런 강경한 입장은 홍대용, "한중유에게 답하는 편지",『국역 담헌서』제1책, 323-326쪽.

120. 홍대용, "또 직재에게 답하는 편지",『국역 담헌서』제1책, 338쪽 (번역은 일부 수정): 我東之爲夷, 地界然矣, 亦何必諱哉. 素夷狄行乎夷狄, 爲聖爲賢, 固大有事在, 吾何慊乎. 我東之慕效中國, 忘其爲夷也久矣. 雖然比中國而方之, 其分自在也. 惟其沾沾自喜, 局於小知者, 驟聞此等語, 類多怫然包羞, 不欲以甘心焉, 則乃東俗之偏也.

121. 후마 스스무, "홍대용의『의산문답』의 탄생",『조선연행사와 조선통신사』, 533-568쪽 중 539-548쪽. 그의 추론은『담헌서』에는 수록되지 않은 자료로서, 홍대용의 귀국 이후 중국인 친구들과 주고받은 편지들이 수록된 숭실대 한국기독교박물관 소

장 『간정후편(乾淨後編)』, 『간정부편(乾淨附編)』에 입각한 것이다. 이 문헌에 담긴 편지들은 그 시기가 밝혀져 있어 홍대용의 생각이 변화하는 궤적을 추적할 수 있다.

122. 같은 책, 396-402, 404쪽.

123. 홍대용, "어떤 사람에게 주는 편지 두 편", 『국역 담헌서』 제1책, 349쪽: 嗚呼, 七十子喪而大義乖, 莊周憤世, 養生齊物. 朱門末學, 泪其師說, 陽明嫉俗, 乃致良知. 顧二子之賢, 豈故爲分門甘歸於異端哉, 亦其憤嫉之極, 矯枉而過直耳. … 況今時有憤嫉, 妄以爲二子橫議, 實獲我心, 怵然環顧, 幾欲逃儒而入墨 (번역은 필자가 일부 수정).

124. "주자학으로부터의 탈각"을 입증하기 위해서는 우선 "주자학"의 범위를 정의해야 하는 곤란한 문제에 부딪히게 될 것이다. 후마는 논의의 결론에서 홍대용이 "조선 특유의 주자학에서 탈각한" 것이라고 논조를 조정했으나, 그렇다고 홍대용이 "넓은 의미에서는" 여전히 주자학자였다고 주장한 것은 아니다. 후마 스스무, 『조선연행사와 조선통신사』, 568쪽.

125. 임종태, "무한 우주의 우화―홍대용의 과학과 문명론". 『의산문답』이 단순히 자기 우주론을 체계적으로 진술하는 논문이 아니라는 점은 홍대용이 지전설에 관한 저술을 박지원에게 권한 적이 있다는 사실로도 뒷받침된다. 비록 박지원이 천문학과 수학에 소양이 없는 인물이었지만, 지전설, 우주무한설의 문화적 함의에 관한 저술이라면 문학적 소양이 자신보다 뛰어난 그가 더 훌륭하게 해낼 수 있으리라 기대했을 수 있다. 박지원, 김혈조 역, 『열하일기』 제2책, "곡정필담", 394쪽.

126. 이에 대해서는 이미 박성래의 선구적인 연구에서도 지적한 바 있다. 박성래, "홍대용의 과학사상", 『한국학보』 7(2) (1981), 159-180쪽 중 177쪽.

127. 홍대용, 『담헌서』 내집 권4 보유, "의산문답": 乃西入燕都, 遊談于搢紳, 居邸舍六十日, 卒無所遇.

128. 이덕무, 『청장관전서』 권63 천애지기서, "양허당기" (한국고전종합DB): 二君者朝鮮人也, 思一友中國之士, 隨貢使來輦下, 住三閱月矣, 落落無所遇, 又出入必咨守者, 窘來愁苦, 志不得逞. 旣與余相見, 則歡然如舊識, 嗟乎余何以得此哉.

129. 홍대용, 『담헌서』 내집 권4 보유 "의산문답": 爾誠人也. 五倫五事, 人之禮義也. 羣行呴哺, 禽獸之禮義也. 叢苞條暢, 草木之禮義也. 以人視物, 人貴而物賤, 以物視人, 物貴而人賤, 自天而視之, 人與物均也. … 夫大道之害, 莫甚於矜心, 人之所以貴人而賤物, 矜心之本也.

130. 홍대용의 우주론에서 무한우주설을 핵심으로 본 것은 小川晴久, "지전설에서 우주무한론으로―김석문과 홍대용의 세계", 『東方學志』 21 (1979), 55-90쪽.

131. 앞서 언급했듯 예수회 선교사들이 지전설을 공식적으로 인정한 것은 아니지만 "오위력지(五緯曆指)"에 틀린 학설이라는 단서가 붙은 채로 소개했다. 김석문과 마찬가지로 홍대용도 이를 참고했을 것이다. Park Seongrae, "Hong Tae-yong's Idea of the Rotating Earth," 『한국과학사학회지』 1(1) (1979), pp. 39-49; 김영식, "조선후기 지전설의 재검토", 『동방학지』 133 (2006), 79-114쪽.

132. 송영배, "홍대용의 상대주의적 사유와 변혁의 논리―특히 '장자(莊子)'의 상대주의적 문제의식과의 비교를 중심으로", 『한국학보』 74 (일지사, 1994), 112-134쪽. 그 외에 지전설의 고전적 원천 중에 『장자』의 "천운(天運)" 편이 포함된다는 점도 지적할 수 있을 것이다.

133. 임종태, 『17, 18세기 중국과 조선의 서구 지리학 이해』, 355-356쪽.

134. 유봉학, 『燕巖一派 北學思想 硏究』 (일지사, 1995).

135. 예를 들어, 조동일, "조선 후기 인성론과 문학사상", 『한국문화』 11 (1990), 25-113쪽.

136. 홍대용, 『국역 담헌서』 내집 권4 보유 "의산문답": 且中國之於西洋, 經度之差, 至于一百八十; 中國之人, 以中國爲正界, 以西洋爲倒界. 西洋之人, 以西洋爲正界, 以中國爲倒界. 其實戴天履地, 隨界皆然, 無橫無倒, 均是正界.

137. 홍대용, 『국역 담헌서』 외집 권6 "주해수용, 농수각의기지, 혼상의(渾象儀)": 積氣寥廓, 列曜森布, 無情無朕, 不可得以名狀也. 乃若三垣五星, 二十八宿, 三百六十之官, 萬有一千五百二十之數, 參之人事, 象以物形, 割裂牽合, 以占祥眚, 吾不知其何說也. 홍유진, "홍대용(洪大容) 『주해수용(籌解需用)』의 구성과 저술 목적" (서울대학교 석사학위 논문, 2019), 55-70쪽.

138. 홍대용, 『국역 담헌서』 내집 권4 "의산문답" (한국고전종합DB): 且自地界觀之, 繁星連絡, 如昴宿之叢苯, 類居羣聚, 其實十數點之中, 高下遠近, 不啻千萬其里. 自彼界觀之, 日月地三點, 耿耿如連珠, 今以日月地, 合爲一物而命之以三星, 可乎. 여기서 묘수(昴宿)는 황소자리의 플레이아데스성단을 뜻한다.

139. 『주해수용』의 수학과 『의산문답』의 우주론 사이의 연결에 대해서는 홍유진, "홍대용(洪大容) 『주해수용(籌解需用)』의 구성과 저술 목적", 55-70쪽

140. 박지원, 김혈조 역, 『열하일기』 제2책, "곡정필담", 386-387쪽 (번역은 필자가 일부 수정).

141. 김명호, 『환재 박규수 연구』 (창비, 2008), 163-165쪽; 채송화, "『의산문답(毉山問答)』 이본 연구", 『민족문학사연구』 69 (2019), 107-138쪽 참고.

* 이 장은 임종태, "조선 후기 북학론의 수사 전략과 중국 기술도입론", 『한국문화』 90 (2020), 163-195쪽의 논의를 수정하고 확대한 것이다.

1. 홍대용, 『국역 담헌서』 외집 권10 『연기(燕記)』 "기용(器用)" (한국고전종합DB).

2. 정훈식, "『을병연행록』에 나타난 '부끄러움'에 대하여—北學의 감정적 기원에 관한 시론", 『코기토』 (72) (2012), 169-201쪽.

3. 이우성, "실학연구 서설", 역사학회 편, 『실학연구입문』 (일조각, 1973), 1-17쪽; 유봉학, 『燕巖 一派 北學思想 硏究』 (일지사, 1995).

4. 허태용, "'북학사상'을 연구하는 시각의 전개와 재검토", 『오늘의 동양사상』 14 (2006), 315-354쪽; 같은 저자, "근·현대 지성사의 전개와 조선 후기 '북학'", 『한국사상사학』 64 (2020), 73-109쪽이 이에 관한 유용한 리뷰를 제공한다.

5. 17세기 초의 인물 장유(張維, 1587-1638)의 『계곡집(谿谷集)』에 붙인 김상헌(金尙憲)의 서문에는 "신라 이래 북학(北學)하는 선비들이 점차 흥기했으나 오직 최치원(崔致遠)만이 세상에 이름을 날렸다…(羅氏以來, 北學之士漸興, 惟孤雲名世)"라는 표현이 있다. 張維, 『谿谷集』 "序" (金尙憲) (한국고전종합DB).

6. 숙종 대 관상감의 천문학자 허원(許遠)은 과거 효종 대 김상범(金尙範)이 청나라의 새로운 역법 시헌력을 배우기 위해 북경에 파견된 일을 "북학"이라고 불렀다. 허원, 『현상신법세초류휘』 "序", 한국과학사학회 편, 『한국 과학기술사 자료 대계—천문학편』 제9책 (여강출판사, 1986), 1-198쪽 중 3-5쪽.

7. 박제가, 안대회 역, 『완역 정본 북학의』 "북학의서 (박지원)" (돌베개, 2013), 33-34쪽.

8. 이러한 이유로 박희병은 성대중을 북학론의 첫 사례로 보았다. 박희병, 『범애와 평등』 (돌베개, 2013), 215-221쪽. 북학론의 기원에 대한 여러 논의는 김영식, 『중국과 조선, 그리고 중화: 조선 후기 중국 인식의 전개와 중화 사상의 굴절』 (아카넷, 2018), 219-249쪽 참고.

9. 홍양호의 "진육조소"는 『정조실록』 7년(1783) 7월 18일; 『승정원일기』 같은 날 기사에 실려 있다. 홍양호의 연행 저술 및 그의 북학론에 대해서는 정우봉, "이계 홍양호의 연행록에 나타난 중국 체험과 그 의미", 『한국한문학연구』 63 (2016), 67-95쪽 참조.

10. 정약용의 "북학"은 그가 『경세유표』에서 언급했듯 박지원의 『열하일기』와 박제가의 『북학의』에 직접 영향을 받아 형성된 것이다. 하지만 그는 1790년을 전후한 시기 한강 배다리, 수원 화성의 건설에 테크노크라트로서 적극적으로 관여했는데, 이러한

실제 국가 건설 사업을 기획한 경험이 그의 북학론과 연결되는 측면도 있을 것이다. 정약용, 이익성 역, 『經世遺表』冬官 工曹 제6 事官之屬, "이용감"(한길사, 1997), 제1권, 220쪽. 서유구의 중국 농법 도입론에 대해서는 정명현, "서유구의 선진 농법 제도화를 통한 국부 창출론"(서울대학교 박사학위 논문, 2014) 참조.

11. 예를 들어 박제가와 이덕무의 입장을 대조한 김대중, "'내부'와'외부'에 대한 두 개의 시선: 이덕무와 박제가", 『한국사연구』162 (2013), 165-209쪽 참조.

12. 『정조실록』7년 7월 18일: 今以行用商車觀之, 一乘所駕, 不過五六騾馬, 而所載之任, 可敵數十匹之力, 至於一驢輕車, 三人竝乘, 獨輪小轅, 一夫後推, 亦可見事半而功倍也. 蓋車者不食之馬, 行路之屋也, 生民之大用, 有國之利器, 無大於是.

13. 심지어 박제가와 박지원은 "움직이는 집"[能行之屋]이라는 동일한 표현을 사용했다. 박제가, 안대회 옮김, 『완역 정본 북학의』, 46쪽; 박지원, 김혈조 역, 『열하일기』 "일신수필(馹汛隨筆)", 제1책, 265쪽.

14. 박제가, 안대회 옮김, 『완역 정본 북학의』, 53쪽.

15. 박지원, 김혈조 역, 『열하일기』 제1책, 268쪽.

16. 박제가, 안대외 역, 『완역정본 북학의』, 54, 57쪽. 수레와 가마 등 교통수단의 이용에 대한 조선 사회의 신분제적 규제에 대해서는 정연식, "조선 조의 탈 것에 대한 규제", 『역사와 현실』27 (1998), 177-208쪽. 윤용출은 신분 질서와 충돌하는 수레의 정치적, 사회적 불온함에 대한 인식 때문에 수레가 조선에 널리 도입되지 못했으리라고 추측했다. 윤용출, "조선 후기 수레 보급 논의", 『한국민족문화』47 (2013), 269-329쪽 중 307쪽.

17. 『정조실록』7년, 7월 18일: 人之恒言, 大約有二. 一曰道路之巖險也, 一曰牛馬之鮮少也. 臣請逐一辨之. 夫天下之險, 莫過蜀道, 而相如之赤車駟馬, 嘗過成都矣; 諸葛之木牛流馬, 亦行劍棧矣. 直以臣之所經言之, 則靑石摩天之峻, 殆過於我國之洞仙嶺, 而車行無礙, 商旅相望, 擧一而可推其餘也. 然則道路之險, 不足憂也. 夫我東牛馬之鮮少, 非生畜之不殖也, 特由牧養之不得其方, 服乘之不順其性也.

18. 박제가, 안대회 역, 『완역정본 북학의』, 48-49쪽.

19. 같은 책, 60쪽.

20. 윤용출, "조선 후기 수레 보급 논의". 윤용출은 대동법과 균역법의 시행으로 부역 노동이 감소하고 고용 노동이 증가하던 상황에서 노동력에 지출될 비용을 절감해야 할 현실적 필요가 정부 측에 생겨났고, 그 때문에 관료들이 수레의 이용을 적극적으로 고려하게 되었다고 지적했다. 같은 글, 308쪽.

21. 윤용출, "조선 후기 수레 보급 논의", 290-291쪽; 유수원, 『우서』 권1 "總論四民" (한국고전종합DB).

22. 구범진, "조선의 청 황제 성절 축하와 건륭 칠순 '진하 외교'", 『한국문화』 68 (2014), 215-248쪽, 인용은 246쪽. 구범진, 『1780년, 열하로 간 정조의 사신들─대청 외교와 『열하일기』에 얽힌 숨겨진 이야기』 (21세기북스, 2021), 119-147쪽.

23. 박제가는 중국의 문물에 대한 그의 지극히 우호적인 태도로 인해 당시 사람들에 의해 "당괴(唐魁)"라고 조롱받았다. 안대회, 『완역 정본 북학의』, "해제", 471-503쪽.

24. 박제가의 『북학의』가 연행록으로 저술되었다는 점에 대해 학계는 그다지 주목하지 않고 있는 것 같다. 예를 들어, 임기중이 편찬한 "연행록 총서"에는 『북학의』가 포함되지 않았다. 하지만 비록 여행 서사가 극도로 억제되어 있다고 해도, 『북학의』는 박제가의 연행 경험을 소개하고 있는 책이며 그런 점에서 연행록의 범주에 포함되어야 한다고 본다.

25. 하지만 허태구는 박제가가 다분히 성리학적 세계관의 범위 내에 속해 있던 조헌의 구체적인 개혁안까지 계승한 것은 아니라고 지적한다. 허태구, "重峯 趙憲의 中國과 中華", 『한국학연구』 56 (2020), 433-464쪽. 조헌의 『동환봉사』, 그리고 그가 남긴 별도의 연행록인 『朝天日記』를 비교한 후마 스스무의 연구도 참조. 후마 스스무, 신로사 외 옮김, 『조선연행사와 통신사』 (성균관대학교출판부, 2019), 203-263쪽.

26. 『宣祖修正實錄』 권8, 7년 11월 1일: "上答曰, 千百里風俗不同, 若不揆風氣習俗之殊, 而強欲效行之, 則徒爲驚駭之歸, 而事有所不諧矣."

27. 홍양호의 연행 저술을 분석한 최근의 연구는 그의 『요연잡기』에서 채택된 서술 방식의 새로움에 대해 강조하고 있으나, 실은 그 대부분의 특징이 『북학의』에서 몇 년 앞서 나타나고 있다. 정우봉, 앞의 논문.

28. 정호훈, "17세기 체제 개혁론의 전개와 『周禮』", 『한국실학연구』 10 (2005), 157-190쪽.

29. 박제가가 인용한 고전적 근거에 대해서는 이헌창, 앞의 논문(楚亭의 이용후생사상과 부국론), 151-161쪽. 그에 비해 정조에게 올린 홍양호의 "진육조소"는 박제가에 비해 훨씬 더 고전적 선례를 적극적으로 이용한 사례이다. 수레의 도입을 강조하는 항목에서 그는 "황제 헌원씨의 고사", 『예기』 "곡례(曲禮)", 『주례』 "고공기", 정현(鄭玄)의 주석을 인용하며 자기 정책을 정당화했다. 『정조실록』 정조 7년(1783) 7월 18일 정미.

30. 안대회 역, 『완역 정본 북학의』, 25-26쪽. 안대회의 교감과 번역을 따랐고 필자가 일

부 수정함. 이하 같음: 余幼時, 慕崔孤雲·趙重峰之爲人, 慨然有異世執鞭之願. 孤雲
爲唐進士, 東還本國, 思有以革新羅之俗而進乎中國, 遭時不競, 隱居伽倻山, 不知所終.
重峰以質正官入燕, 其東還封事, 勤勤懇懇, 因彼而悟己, 見善而思齊, 無非用夏變夷之
苦心. 鴨水以東千有餘年之間, 有以區區一隅欲一變而至中國者, 惟此兩人而已.

31. 정옥자, 『조선 후기 조선 중화사상 연구』(일지사, 1998).

32. "因彼而悟己, 見善而思齊"는 『논어』「里仁」의 "子曰, 見賢思齊, 見不賢而內自省也"에
근거한 표현이다.

33. 근대 초의 유럽은 여행, 채집, 실험 등 주관적, 단편적 경험에 기초한 지식을 지식 공
동체가 공유하고 유통시킬 수 있는 "사실(fact)"로 만드는 사회적, 문학적 기법을 창
안했고, 이는 오늘날 17세기 "과학혁명"이라 불리는 지적 변화의 중요한 축이 되었
다. Steven Shapin, Simon Schaffer, *Leviathan and the Air-Pump: Hobbes, Boyle, and the
Experimental Life* (Princeton: Princeton University Press, 1985); Peter Dear, "Totius in
verba: Rhetoric and Authority in the Early Royal Society," *Isis* 76 (1985), pp. 145-161;
Harold J. Cook, "Global Economy and Local Knowledge in the East Indies: Jacobus
Bontius Learns the Fact of Nature," Londa Schiebinger and Claudia Swan (eds.),
Colonial Botany: Science, Commerce, and Politics in the Early Modern World (Philadelphia:
University of Pennsylvania Press, 2005), pp. 100-118 등 참조.

34. 안대회의 교감 번역본 『북학의』 외편에는 "북학변"이라는 제목의 글 세 편이 실려
있는데, 이것들이 『북학의』의 모든 이본에 실려 있는 것은 아니다. 이 중 세 번째 글
은 끝에 "신축년 겨울"(1781 또는 1782)로 집필 시기가 밝혀져 있다. 박제가 자신의
초고본에는 "북학변 2, 3"이 박지원의 서문 뒤에 부록으로 붙어 있다고 한다. 이 세
글이 모두 연행 이후 지인들과의 대화에서 겪은 박제가의 좌절감을 피력한다는 점
에서 초고 집필 이후에 저술된 것으로 보이며, 아마도 박지원의 서문과 비슷한 시기
에 작성되었던 것 같다.

35. 박제가, 안대회 역, 『완역 정본 북학의』 외편 "북학변 1", 232쪽: 余自燕還, 國之人士
踵門而請曰, 願聞其俗. 余作而曰, … 其語文字, 其屋金碧, 其行也車, 其臭也香, 其都邑
·城郭·笙歌之繁華, 虹橋綠樹殷殷匐匐之去來, 宛如圖畵. … 皆茫然不信, 失所望而
去, 以爲右袒於胡也.

36. 같은 책, 외편, "북학변 2", 237쪽: "其不信我而信彼之由, 可知也已. 今人正以一胡字
抹殺天下, 而我乃曰, 中國之俗, 如此其好也."

37. 같은 글, 237-238쪽.

38. 같은 글, 238쪽.

39. 박제가, 안대회 역, 『완역 정본 북학의』, "북학의서"(박지원), 33쪽: "噫, 此豈徒吾二人者得之於目擊而後然哉. 固嘗研究於雨屋雪簷之下, 抵掌於酒爛燈地之際, 而乃一驗之於目爾."

40. 이정, "조선 후기 기술 지식의 실용성: 제지 관련 지식을 통해 본 실학", 『한국과학사학회지』 42(1) (2020), 125-161쪽은 확실한 지식의 기초로서 직접적 경험을 강조한 북학파들의 기술 지식이 실은 문헌 탐구에 입각해 있었음을 지적하고 있다.

41. 박제가, 『완역 정본 북학의』, "북학의서"(박지원), 33쪽: 要之不可以語人, 人固不信矣, 不信則固將怒我, 怒之性, 由偏氣, 不信之端, 在罪山川.

42. 박제가, "병오년 정월에 올린 소회", 박제가, 안대회 역, 『완역정본 북학의』, 279쪽: 夫遊食者, 國之大蠹也. 遊食之日滋, 士族之日繁也.

43. 서유구, "훈공(訓工)", 임원경제연구소 옮김, 『임원경제지, 섬용지 3』 (풍석문화재단, 2017), 366쪽 (번역은 필자가 일부 수정함).

44. 박제가, "병오년 정월에 올린 소회", 박제가, 안대회 역, 『완역정본 북학의』, 286쪽.

45. 서유구, "훈공(訓工)", 『임원경제지, 섬용지 3』, 366쪽.

46. 문중양, "조선 후기의 수차", 319쪽.

47. 박지원, 김혈조 역, 『열하일기』, 제1책, "일신수필(馹汛隨筆)", 253쪽.

48. 북학의 산업 정책에 대해서는 상대적으로 꽤 많은 연구가 있다. 대표적으로 金龍德, "朴齊家의 經濟思想—奇蹟의 先覺者", 『진단학보』 52 (1981), 153-156쪽; 이헌창, 『조선 시대 최고의 경제 발전안을 제시한 박제가』 (민속원, 2011); 이헌창, "楚亭의 이용후생사상과 부국론", 재단법인 실시학사 편, 『초정 박제가 연구』 (사람의무늬, 2013), 109-192쪽 등을 들 수 있다. 북학론의 기술관에 대해 이루어진 소수의 연구로는 박제가를 다룬 박성래, "박제가의 기술도입론" 『진단학보』 52 (1981), 202-204쪽. 그리고 순수하게 북학파로 분류된 인물은 아니지만 북학론의 기술 정책을 수용, 발전시킨 정약용을 다룬 김영호, "정다산의 과학기술사상", 『동양학』 19 (1989), 277-300쪽; 송성수, "丁若鏞의 技術思想", 『한국과학사학회지』 16(2) (1994), 261-276쪽; 김영식, 『정약용의 문제들』 (혜안, 2014), 142-183쪽 등을 들 수 있다.

49. 박성래, "박제가의 기술도입론", 204쪽. 비슷한 이유로 이헌창도 박제가의 경제 사상이 그 학술적 수준에서 "고대 그리스의 아리스토텔레스에도 미치지 못한다."고 지적했다. 이헌창, "楚亭의 이용후생사상과 부국론", 146쪽.

50. 박제가, 안대회 역, 『완역정본 북학의』 내편, "배[船]", 62쪽.

51. 같은 글, 63쪽: 其船大而麗, 使臣及余與懋官登焉. 船長十餘丈, 文窓彩閣, 屹然高峙. … 書畫牌額·幃帳衾枕, 芬馥幽深. 曲折遮掩, 窅不可測. … 悠然忘其爲水, 若寓身山林之間, 而遊目丹靑之內.

52. 같은 글, 64쪽: 夫舟船者, 所以救溺. 今削木不精, 隙水常滿, 舟中之脛, 如涉川然. 昬而棄之, 日費一人之力. … 坐用編荊, 軓兀不安, 一日船遊, 尻作數日痛. … 辛苦萬狀, 頓無乘舟之樂.

53. 김대중, "'내부⇄외부'에 대한 두 개의 시선: 이덕무와 박제가".

54. 박제가, 안대회 역, 『완역정본 북학의』, "북학의서"(박지원), 33쪽. 정확히 말해, 박지원이 싫증을 내지 않은 이유로 언급한 것은 박제가의 서술이 『열하일기』의 서술과 정확히 일치한다는 것이었다.

55. 같은 책, 내편, "주택[宮室]", 104쪽: 民生而目不見方正, 手不習精巧. 所謂百工技藝之流, 亦皆此中之人焉, 則萬事荒陋, 遞相傳染. 方是之時, 雖有高才明智之士, 此俗已成, 無由而破之矣. 然則將若之何, 不過曰, 學中國而已.

56. 같은 책, "수레[車]", 50-51쪽: 或云, 行車當隨意造車, 此不然. 凡車之大小·輕重·疾徐之分, 中國之人, 所以閱歷而相度之者, 亦已深, 只令巧工倣而行之, 務令尺寸不差, 必有合矣.

57. 이익성 역, 『경세유표』 동관 공조 제6 사관지속 "典軌司", 제1책, 231쪽.

58. 대표적인 예로 高柄翊, "茶山의 진보관─그의 技藝論을 중심으로", 『曉城趙明基博士華甲記念佛敎史學論叢』(曉城趙明基博士華甲記念佛敎史學論叢刊行委員會, 1965), 669-678쪽; 김영호, 앞의 논문(정다산의 과학기술사상), 277-300쪽, 특히 285-291쪽 참조. 고병익의 경우, 정약용의 기술 진보관은 기술이 침체하고 낙후한 조선이 아니라 근대 서양 학문과 기술의 도입으로 기술이 급격히 발전하고 있던 중국의 현실에 입각해 있다고 해석했다. 즉, 정약용의 기술 진보관이 궁극적으로는 근대 서구에서 일어나고 있던 기술 진보의 먼 반향이었다는 것이다.

59. 정약용, 『다산시문집』 권11 論, "기예론 1"(한국고전종합DB): 智慮之所推運有限, 巧思之所穿鑿有漸, 故雖聖人不能當千萬人之所共議, 雖聖人不能一朝而盡其美. 故人彌聚則其技藝彌精, 世彌降則其技藝彌工, 此勢之所不得不然者也. 故村里之人不如縣邑之有工作, 縣邑之人不如名城大都之有技巧, 名城大都之人不如京師之有新式妙制.

60. 같은 글: 我邦之有百工技藝, 皆舊所學中國之法, 數百年來截然不復有往學中國之計. 而中國之新式妙制, 日增月衍, 非復數百年以前之中國. 我且漠然不相問, 唯舊之是安, 何其懶也.

61. 그러나 조선의 주변부성에 대한 정약용의 인식에서 그 불공평을 문제시하거나 박제가처럼 그에 대해 절망하는 모습을 볼 수는 없다. 아마도 정약용의 개혁 사상에서 "기예"가 박제가에게서만큼 중요한 대상이 아니었을 수 있다. 정약용은 "기예론"에서 "효도와 우애는 天性에 근본하고, 聖賢의 글에 밝혀졌으니, 진실로 이를 넓혀서 충실하게 하고, 닦아서 이를 밝힌다면 곧 禮義의 풍속을 이루게 될 것이다. 이는 진실로 밖으로부터 기다릴 필요가 없는 것이요, 또한 뒤에 나오는 것에 힘입을 필요도 없는 것"이라고 주장했다. 효도와 우애는 누적적 진보의 법칙이 적용되지 않으며 고대 성현의 글을 읽고 자기 마음의 수련을 통해 획득할 수 있으므로 북학의 대상에서 제외된 것이다. 정약용, 『다산시문집』 권11 論, "기예론 3" (한국고전종합DB). 이는 利用厚生을 正德의 필수 전제로 간주한 박제가, 박지원의 논리와는 차이가 있다.

62. 정약용, 『다산시문집』 권11 論, "기예론 2": 有說車者曰我邦山川險惡, 有說牧羊者曰朝鮮無羊, 有說馬不宜粥者曰風土各異, 若是者吾且奈何哉. 정약용의 기술사상에 대해 연구한 송성수는 "중국의 기술을 무조건적으로 도입하고 수용할 것"을 주장한 박제가에 비해 정약용의 경우는 외국 기술을 "우리의 여건에 맞게 소화하고 변경하려 노력했다."고 평가하지만, 필자가 보기에 정약용은 박제가와 마찬가지로 기술의 토착성 또는 토착화를 강조하는 논리에 반대하는 견해였다. 송성수, "丁若鏞의 技術思想", 인용은 275쪽.

63. 안승택, "18·19세기 농서에 나타난 경험적 지식의 의미 변화와 분화", 『한국사상사학』 49 (2015), 161-205쪽.

64. 같은 글, 173-175쪽. 이 시기 지역적 농법 추구 경향을 다룬 좀 더 자세한 논의로는 염정섭, "18세기 후반 지역 농법의 성격", 『조선시대 농법 발달 연구』 (태학사, 2002), 400-420쪽 참고.

65. 안승택, 앞의 글, 176쪽.

66. 박제가, "농기(農器)", 『진상본 북학의』, 박제가, 안대회 역, 『완역정본 북학의』, 316쪽; 안승택, "18·19세기 농서에 나타난 경험적 지식의 의미 변화와 분화", 176쪽.

67. 박제가, "농기(農器)", 박제가, 안대회 역, 『완역정본 북학의』, 318쪽. 북학파의 농업 기술 정책은 서유구(徐有榘)에게서 좀 더 체계화되어 나타난다. 정명현, "서유구의 선진 농법 제도화를 통한 국부 창출론" (서울대학교 박사학위 논문, 2014) 참조.

68. 안대회 역, 『완역 정본 북학의』 내편, "벽돌[甓]", 80쪽: "我國之人, 曾無朝夕之慮, 百藝荒蕪, 日事紛紛, 民以之而無定志, 國以之而無恒法, 其原皆出於姑息, 殊不知姑息之害, 至於民窮財竭, 國不爲國而後已."

69. 같은 책, 내편, "자기[瓷]", 95쪽: "始也工矗, 習焉而民矗, 始也器矗, 熟焉而心矗, 轉輾成俗. 一瓷之不善, 而國之萬事皆肯, 其器物之不可以小而忽之也如此."

70. 예외적으로 박지원, 이희경은 용미차와 같은 서양식 수차에 대해 조선의 현실에 맞지 않는다며 도입에 부정적인 태도를 보였다. 문중양, "조선 후기의 수차", 『한국문화』 15 (1994), 262-343쪽 중 320-325쪽. 그러나 이것이 풍토부동론을 부정하는 태도에서 벗어난 입장으로 보기는 어렵다. 문중양에 따르면 이들이 용미차에 대해 부정적으로 평가한 것은 실제 제작 및 시험의 실패 이후에야 나타난 태도였으며, 실패의 원인에 대해서도 이들은 이를 제대로 제작할 정교한 장인이 조선에 없다는 점, 그것을 사용해야 할 농민들의 성질이 거칠다는 점을 들었다. 즉, 목축 기술의 경우에서와 마찬가지로 기술 자체가 아니라 조선의 저열한 문화가 문제라는 인식이었다.

71. 20세기 중반 로스토우(W.W. Rostow) 등 미국 근대화론자들은 비서구의 낙후한 "전통 사회"를 도약(take-off)시켜 미국과 같은 근대 사회로 변화시킬 사회 개혁 프로그램을 제시했다. Michael E. Latham, *Modernization as Ideology: American Social Science and "National Building" in the Kennedy Era* (Chapel Hill: The University of North Carolina Press, 2000), 제2장 참고.

72. 박제가, "재부론", 박제가, 안대회 역, 『완역정본 북학의』, 249-250쪽.

73. 박제가, "병오년 정월에 올린 소회", 박제가, 안대회 역, 『완역정본 북학의』, 278쪽.

74. 정약용이 북학론의 기술 도입 정책을 체계화했다는 지적은 송성수, "丁若鏞의 技術思想", 275쪽.

75. 정약용, 『경세유표』 동관 공조 제6, 사관지속, "利用監", 220-221쪽.

76. 정약용, 『경세유표』 동관 공조 제6, 사관지속, "전궤사", 232-233쪽.

77. 박제가, 『완역 정본 북학의』 내편, "벽돌[甓]", 78-79쪽.

78. Jongtae Lim, "Journeys of the Modest Astronomers: Korean Astronomers' Missions to Beijing in the Seventeenth and Eighteenth Centuries," *Extrême-Orient Extrême-Occident* 36 (2014), pp. 81-108.

79. 『정조실록』 7년(1783) 7월 18일.

80. 같은 글.

81. 『승정원일기』 정조 7년 9월 20일.

82. 『승정원일기』 정조 14년 3월 11일: 濟恭曰, 如欲用車, 則我國田稅, 必多減縮矣. 上曰, 何謂也. 濟恭曰, 中國則九街八達, 平遠坦直, 固合運軌之形便, 而我國地勢, 本自欹側險狹, 村野阡陌之間, 無非田畓連境之地, 雖小小農車, 固不可容運, 況欲運任載之大

車, 則必割田爲道, 然後可以行矣. 田縮則稅縮, 固其勢也. 未見車利而徒減田稅, 則車者所以利用厚生, 而反有損於國用民食矣. 채제공의 반론도 새로운 것은 아니었다. 앞서 언급했듯, 박제가의 『북학의』에 이러한 논리를 비판하는 홍대용의 논의를 인용해 놓았다. 박제가, 안대회 역, 『완역 정본 북학의』 내편, "수레", 60쪽.

83. 『승정원일기』 정조 14년 3월 11일: 良浩曰, 臣意則以爲不然矣. 我國道里, 自有尺量, 而車制亦有大小, 不過修治已定之尺量, 而以馬駕車, 量路運用, 似無所妨矣.

84. 같은 글: 良浩曰, 我國之馬貴者, 政以專用駄卜, 而不知駕車故, 馬多玄黃, 不得繁殖矣.

85. 같은 글: 上曰, 卿文人, 終不免疎闊矣. 姑舍是, 更陳廟謨, 可也.

86. 윤용출, "조선 후기 수레 보급 논의".

87. 이 주제에 대해서도 윤용출은 유용한 연구를 진행했다. 윤용출, "조선 후기 벽돌성의 축조", 『지역과 역사』 42 (2018), 307-358쪽; "조선후기 번벽축성(燔甓築城) 논의와 기술 도입", 『한국민족문화』 67 (2018), 235-280쪽.

88. 『영조실록』 20(1744)년 7월 14일: 燔甓之法, 得來中國, 事半功倍, 其利無窮. 且令各軍門及瓦署, 試依其法燔造.

89. 이상의 내용은 윤용출, "조선 후기 벽돌성의 축조"; "조선후기 번벽축성(燔甓築城) 논의와 기술 도입"을 참고했다.

90. 정약용, "성설(城說)", "기중도설(起重圖說)", 『다산시문집』 권10 (한국고전종합DB). 이들 기계에 대한 자세한 소개와 분석은 김평원, 『엔지니어 정약용』 (다산초당, 2017) 참조.

91. 정약용, "성설(城說)": 然東人不嫺燒甓, 且難辨薪, 甓固非計.

92. 이 중 7만여 장의 벽돌은 〈그림 3-3〉에 묘사된 중국식 가마에서 중국식 제조법을 써서 제조되었다고 한다. 윤용출, "조선후기 번벽축성(燔甓築城) 논의와 기술 도입", 266-268쪽. 화성 건설에 벽돌이 부분적으로 사용된 것이 정약용의 기획이었는지 확실하지 않다. 화성의 실제 건설 계획에는 공사의 총책임자 채제공(蔡濟恭), 감동당상(監董堂上) 훈련대장 조심태(趙心泰) 등의 의견이 많이 반영되었다. 최홍규, "『華城城役儀軌』의 구성과 역사적 의의", 『진단학보』 93 (2002), 282-325쪽 중 287-290쪽.

93. 정약용, 『경세유표』 동관 공조 제6, 사관지속, "이용감", 220쪽: 其載中國器用之制, 多非人意之所能測.

94. 정약용, 『경세유표』 동관 공조 제6, 사관지속, "수성사", 223쪽: 臣謹案, 中國築城, 皆以甎甓, 故堅完難破, 且平地之城, 皆內外夾築. 吾東之城, 皆削石依崖而築之, 一皮之

內, 皆腐土也. 一夫鉤之, 隨手崩圮, 將安用之. 宜自利用監, 亟通燒甓之法, 凡諸路邊城, 限以百年, 次次改築, 毀其舊石, 鋪地爲基, 乃用甎築, 設雉如法, 未可已也.

95. 윤용출, "조선 후기 수레 보급 논의"; "조선 후기 벽돌성의 축조".

96. 이정, "조선 후기 기술 지식의 실용성: 제지 관련 지식을 통해 본 실학". 인용은 정약용, 이익성 역,『경세유표』"조지서(造紙署)", 제1책, 243쪽. 안대회 역,『완역 정본 북학의』내편, "종이[紙]", 169-170쪽에도 비슷한 표현이 있다.

97. 요역제에서 모립제로의 변화에 관한 윤용출의 연구로 윤용출,『조선 후기의 요역제와 고용노동』(서울대학교출판부, 1998) 참조.

98. Jung Lee, "Socially Skilling Toil: New Artisanship in Papermaking in late Chosŏn Korea," *History of Science* 57(2) (2018), pp. 167-193.

99. 부역에서 고용 노동으로 조선 정부의 노동력 수급 방식이 변화하는 과정을 추적한 윤용출의 연구는 "농민층 분화의 결과, 도시 및 농촌에서 임노동자층이 형성되기 시작한" 조선 후기 사회적 변화를 그 변화의 동력으로 보았다. 윤용출,『조선 후기의 요역제와 고용노동』, iv쪽.

100. 1960년대 이후 민족주의 사학의 식민사관 비판과 내재적 발전론의 전개 과정에 대해서는 이선민,『한국의 자주적 근대화에 관한 성찰: 자생적 근대화론과 식민지 근대화론을 넘어서』(나남, 2021), 76-117, 125-151쪽 참고.

101. 같은 책, 93-101쪽; 이헌창, "조선후기 자본주의 맹아론과 그 대안",『한국사학사학보』17 (2008), 77-127쪽 중, 105-112쪽 참고.

102. 대표적으로 송찬식, "관청수공업의 민영화 과정—분원과 조지서의 경우",『조선후기 사회경제사의 연구』(일조각, 1996), 305-432쪽. [이는 같은 저자의『이조후기 수공업에 관한 연구』(한국문화연구소, 1973), 61-178쪽을 재수록한 것이다]; 김영호, "수공업의 발달", 국사편찬위원회 편,『한국사 33: 조선 후기의 경제』(국사편찬위원회, 2003), 159-187쪽; 강만길, "수공업", 국사편찬위원회 편,『한국사 10: 조선—양반관료 국가의 사회구조』(국사편찬위원회, 1974), 355-389쪽; 강만길, "왕조 전기의 工匠制와 私匠",『朝鮮時代商工業史硏究』(한길사, 1984), 15-77쪽. 비슷한 관점을 북한의 사회경제사 연구를 대표하는 홍희유,『조선 중세 수공업사 연구』(지양사, 1989)에서 확인할 수 있다. 이헌창에 따르면, 1960-70년대 남한 학계의 내재적 발전론은 당시 북한 학계의 상당한 영향 아래에서 이루어졌다. 이헌창, "조선후기 자본주의 맹아론과 그 대안", 107-109쪽.

103. 그 외에 장인이 많이 소속된 관서는 사옹원(司甕院), 선공감(繕工監), 공조(工曹),

교서관(校書館)으로서 군기시, 상의원과 함께 약 80%의 경공장을 보유했다. 강만길, "수공업", 363-369쪽.

104. 같은 글, 369-375쪽.

105. 김영호, "수공업의 발달", 국사편찬위원회 편, 『한국사 33: 조선 후기의 경제』 (국사편찬위원회, 2003), 159-161쪽. 조선 후기 사용원 광주 분원과 조지서의 운영에 대해서는 송찬식, "관청 수공업의 민영화 과정—분원과 조지서의 경우" 참조.

106. 김영호, "수공업의 발달", 161쪽.

107. 같은 글, 163쪽.

108. 같은 글, 159-187쪽; 홍희유, 『조선 중세 수공업사 연구』 (지양사, 1989), 274-314쪽.

109. 예를 들어 송찬식, "관청 수공업의 민영화 과정—분원과 조지서의 경우"는 분원과 조지서의 장인들을 사례로 그들이 겪은 여러 질곡을 강조해서 보여주고 있다.

110. 홍희유, 『조선 중세 수공업사 연구』, 312-313쪽. 홍희유는 조선 후기 수공업에서 등장한 자본주의적 요소에 대해서 전반적으로 그 한계를 강조한다. 수공업의 자본주의적 전개가 생산자들이 직접 자본가가 되는 좀 더 진보적인 길이 아니라 상인들이 생산을 종속시키는 방식으로 이루어졌으며, 공장제수공업 또한 19세기 중엽 외래 자본주의의 침략 이전까지도 완전한 형태로 발전하지 못했다는 것이다. 같은 책, 313-314쪽.

111. 장경희, "조선 왕실 의궤를 통한 장인 연구의 현황과 과제", 『역사민속학』 47 (2015), 81-112쪽 중 87-88쪽. 조선 시기 군영(軍營)의 기술을 살펴본 강혁훤도 유사한 지적을 했다. Kang Hyeok Hweon, "Crafting Knowledge: Artisan, Officer, and the Culture of Making in Chosŏn Korea, 1392–1910" (PhD Dissertation, Harvard University, 2020), p. 27.

112. 장경희, "조선 왕실 의궤를 통한 장인 연구의 현황과 과제", 101-102쪽.

113. 같은 글, 85, 88쪽.

114. 장경희, "조선왕실의궤를 통한 장인 연구의 현황과 과제", 90-92쪽. 의궤를 사용하여 옥장(玉匠)과 여성 장인에 관해 연구한 다음의 논문도 참고. 장경희, "조선 후기 왕실의 옥공예 장인 연구—17·18세기 玉匠과 刻手를 중심으로", 『미술사연구』 15 (2001), 109-149쪽; "조선 후기 여성 장인의 匠色과 職役 연구—의궤의 분석을 중심으로", 『여성과 역사』 20 (2014), 97-140쪽.

115. Jung Lee, "Socially Skilling Toil: New Artisanship in Papermaking in late Chosŏn Korea," pp. 169-171, 186-191.

116. Kang Hyeok Hweon, "Crafting Knowledge: Artisan, Officer, and the Culture of Making in Chosŏn Korea, 1392–1910," pp. 64-73, 99-102, 인용은 p. 65.

117. 같은 글, pp. 120-143.

118. 중인으로서의 장교, 그리고 장교-관리자들의 사회적 배경에 관해서는 같은 글, pp. 155-158, 163-168 참고. 최천약의 생애와 기술적 성취에 대해서는 안대회, "자명종 제작에 삶을 던진 천재 기술자: 과학기술자 최천약", 『조선의 프로페셔널』(휴머니스트, 2007), 371-406쪽. 18세기 후반에서 19세기 전반기에 걸친 사례로, 강세황(姜世晃)의 서자로서 무관직으로 진출한 강신(姜信)과 그의 아들 강이중(姜彝中), 강이오(姜彝五)를 들 수 있다. Kang Hyeok Hweon, 앞의 글, pp. 167-168.

119. 같은 글, pp. 169-202.

120. 같은 글, p. 102.

121. 같은 글, pp. 106-107. 이에 관해서는 윤용출, "조선후기 번벽축성(燔甓築城) 논의와 기술 도입"이 자세하다.

122. Kang Hyeok Hweon, 앞의 글, p. 104.

123. 『정조실록』 7(1783)년 7월 4일; 『승정원일기』 정조 7년 7월 7일.

124. 『정조실록』 7년 7월 18일. 수레의 경우는 군문과 함께 수레를 이용할 필요가 높은 "양서(兩西)의 감·병영과 의주부의" 장인을 함께 파견하자고 했다.

125. 같은 글: 車制創行事, 車之爲用, 實關民國, 請令各軍門, 另擇巧藝之人, 節使赴燕時, 使之帶去, 各樣車制, 一一摸來, 效而行之. 土甓燔造事, 燔甓之論, 自古有之, 而末得其要, 有意莫試, 請令軍門, 取制於燕中, 詳探燔造之方, 以爲需用之地.

126. 박제가의 『북학의』에서도 정교한 장인에게 중국 기술을 모방하게 하자는 제안이 몇 차례 나오는데, 아마 그도 군영의 기술자들을 염두에 두었을 가능성이 크다. 예를 들어, 박제가, 안대회 역, 『완역 정본 북학의』, 50-51, 65쪽.

127. 같은 책, 249-250쪽.

128. 같은 책, 278-279쪽.

129. 정약용, 이익성 역, 『경세유표』, 제1책, 220쪽: 然百工之巧, 皆本之於數理, 必明於句股弦銳鈍角相入相差之本理, 然後乃可以得其法. 苟非師傳曹習, 積有歲月, 終不可襲而取之也. 여기서 "師傳曹習"은 서광계(徐光啟)의 "刻幾何原本序"에 등장하는 표현으로, 서양에서 수학이 체계적으로 전수되는 방식을 말한 것이다. 徐光啓, 『徐光啓集』(上海: 中華書局, 1963), 상권, 74-75쪽.

130. Kang Hyeok Hweon, "Crafting Knowledge," pp. 202-203.

131. 그런 점에서 정약용의 이용감은 1960-70년대 박정희 정부의 주도하에 설립된 일련의 정부출연연구기관과 비슷한 임무를 부여받았다고 볼 수 있다. 1966년 KIST를 필두로 하여 1970년대에 걸쳐 화학, 에너지, 전기전자 등의 분야별로 설립된 출연연구소들은 기술적 능력이 취약한 민간 기업을 대신하여 선진 기술을 수입한 뒤 기업에 공급하는 역할을 담당하도록 구상되었다. 문만용, 『한국 과학기술 연구 체제의 진화』(들녘, 2017), 95-209쪽.

132. 박제가, "재부론(財賦論)", 박제가, 안대회 역, 『완역정본 북학의』, 250쪽.

133. 박제가, "시정(市井)", 박제가, 안대회 역, 『완역정본 북학의』, 135-136쪽: 夫中國固以奢而亡, 吾邦必以儉而衰, 何也. 夫有其物而不費之謂儉, 非無諸己而自絕之謂也. 今國無採珠之戶, 市無珊瑚之價, 持金銀而入店, 不可以買餠餌, 豈其俗之眞能好儉而然歟, 特不知所以用之之術耳, 不知所以用之, 則不知所以生之, 不知所以生之, 則民日窮. 夫財, 譬則井也, 汲則滿, 廢則竭, 故不服錦繡, 而國無織錦之人, 則女紅衰矣, 不嫌窳器, 不事機巧, 而國無工匠陶冶之事, 則技藝亡矣. … 國中之寶, 不能容於域中, 而入於異國, 人日益富而我日益貧, 自然之勢也.

134. 검약과 소비의 가치를 각각 강조했던 정조와 북학론자들 사이의 차이는 도자기 기술에 대한 정책에서도 나타났다. 북학론자들이 중국과 같은 화려한 도자기의 생산을 강조했다면, 검약을 중시했던 정조는 청화백자와 같은 화려한 자기의 생산을 억제하고자 했다. 방병선, "초정 박제가와 윤암 이희경의 도자 인식", 『미술사학연구』(2003.9), 213-234쪽; 송영은, "正祖의 도자 인식과 18세기 후반 조선의 도자 생산", 『한국학연구』 49 (2014), 129-150쪽.

맺음말

1. 金龍德, "朴齊家의 經濟思想—奇蹟의 先覺者", 『진단학보』 52 (1981), 153-156쪽.

2. 朴星來, "開化期의 科學受容", 『韓國史學』 1 (1980), 251-268쪽, (재수록) 김영식·김근배 편, 『근현대 한국사회의 과학』(창작과비평사, 1998), 15-39쪽, 인용은 31-32쪽.

3. 박성래가 1980년대 후반부터 제기한 "민족과학론"은 바로 서구 근대 과학에 대한 맹신의 폐해를 극복하기 위한 시도였다. 그 핵심은 서구 근대 과학에 민족적 특색을 부여하는 것이었다. 한국 전통 과학사의 탐구와 대중화를 통해, 전통 과학과 (서구) 근대 과학을 연관 지음으로써 후자에 민족적 뿌리를 찾아주고, 나아가 한국의 전통

속에서 서구 근대 과학이 초래한 폐해를 극복할 대안의 원천을 찾고자 한 것이다. 박성래, 『민족과학의 뿌리를 찾아서』 (동아출판사, 1991).

4. 전상운, 『한국과학기술사』 개정판 (정음사, 1976), 24-25쪽. 따라서 전상운의 기획은 단지 역사학의 학문적 테두리에 제한된 기획만은 아니었다. 1968년 이제 막 창립된 한국과학기술단체총연합회의 기관지 『과학과 기술』에 기고한 글에서, 그는 한국 과학기술에 대한 "사적(史的) 탐구"의 결론으로 "한국적 과학기술 개발" 사업을 제안했는데, 그 핵심은 구미 선진국과 경쟁해서 성과를 내기 어려운 첨단 분야가 아니라 "우리 과학의 여러 고전과 역사적으로 전승되어 온 우리의 전통적 산업기술"을 발굴, 활용하는 것이었다. 전상운 "한국 과학사의 새로운 이해 (2)", 『과학과 기술』 1(2) (1968), 44-48쪽 중 47쪽.

〈그림 일람〉

〈그림 1-1〉 조선 시기 관상감(觀象監)의 관천대(觀天臺). 보물 1740호.

〈그림 1-2〉 신경준의 용미차 설계도.

〈그림 2-1〉 홍대용이 항주의 세 선비를 만난 감정(甘井) 호동.

〈그림 2-2〉 정두원의 『조천기지도(朝天記地圖)』 중 로드리게스를 만난 등주(登州)를 묘
사한 부분.

〈그림 2-3〉 마테오 리치, 『곤여만국전도』. 1708년 조선 관상감 모사본.

〈그림 2-4〉 서명응의 변형된 "선천 64괘 방원도."

〈그림 2-5〉 우르시스의 『표도설(表度說)』에 실린 지구와 대척지(對蹠地)의 관념.

〈그림 3-1〉 1790년 박제가의 두 번째 연행 중에 북경에서 만난 중국의 화가 나빙(羅聘)
이 그려준 박제가의 초상.

〈그림 3-2〉 거중기(擧重機).

〈그림 3-3〉 화성 건설에 도입된 중국식 벽돌 굽는 가마.

〈참고문헌〉

1. 사료

『고려사』 (국사편찬위원회, 고려시대사료: http://db.history.go.kr/KOREA).

『승정원일기』 (국사편찬위원회, 승정원일기: http://sjw.history.go.kr).

『朝鮮王朝法典集』 (경인문화사, 1972).

『조선왕조실록』 (국사편찬위원회, 조선왕조실록: http://sillok.history.go.kr).

『春秋左氏傳』 (北京: 中華書局, 1987).

『通文館志』 전2책 (서울대학교 규장각 한국학연구원, 2006).

『華城城役儀軌』 전2책 (서울대학교 규장각, 1994).

姜奎煥, 『賁需齋集』 (한국고전종합DB, 한국문집총간).

김만중, 홍인표 역, 『서포만필』 (일지사, 1987).

김종후, 『本庵集』 (한국고전종합DB).

梅文鼎, 『歷學疑問補』 총서집성초편 1325 (上海: 商務印書館, 1939).

朴世堂, 『西溪集』 (한국고전종합 DB).

박세당, 김종수 역, 『국역 서계연록』 (혜안, 2010).

박제가, 정민·이승수·박수밀 외 역, 『정유각집(貞蕤閣集)』 전3권 (돌베개, 2010).

박제가, 안대회 역, 『완역정본 북학의(北學議)』 (돌베개, 2013).

박지원, 김혈조 역, 『열하일기(熱河日記)』 전3책 (돌베개, 2009).

徐光啓, 『徐光啓集』 (上海: 中華書局, 1963).

徐命膺, 『保晚齋集』 (한국고전종합DB, 한국문집총간).

徐命膺, 『保晚齋叢書』 전10책 (규장각한국학연구원, 2006~2009).

徐有榘, 임원경제연구소 옮김, 『임원경제지(林園經濟志) 섬용지(贍用志)』 전3권 (풍석문
화재단, 2017).

서호수·성주덕·김영 편, 이은희·문중양 역주,『국조역상고(國朝曆象考)』(소명출판, 2004).

성주덕(成周悳) 편, 이면우·허윤섭·박권수 옮김,『서운관지(書雲觀志)』(소명, 2003).

申景濬,『旅庵遺稿』(한국고전종합DB, 한국문집총간).

申景濬, 신재휴 편,『旅庵全書』전6책 (京城: 新朝鮮社, 1940). (국립중앙도서관 소장본).

신익철 편역,『연행사와 북경 천주당―연행록 소재 북경 천주당 기사 집성』(보고사, 2013).

安鼎福,『順菴集』(한국고전종합DB).

安鼎福,『雜同散異』(규장각한국학연구원 소장사본 古0160-12).

楊光先 외 지음, 안경덕 외 옮김,『부득이―17세기 중국의 반기독교 논쟁』(일조각, 2013).

柳壽垣,『迂書』(한국고전종합 DB).

이규경,『五洲衍文長箋散稿』(한국고전종합DB).

이덕무, 나금주 역,『국역 청장관전서』(한국고전종합DB).

이수광, 남만성 역,『芝峯類說』전2권 (을유문화사, 1994).

李頤命,『疎齋集』(한국고전종합DB, 한국문집총간).

李瀷,『星湖全集』(민족문화추진회, 1997); (한국고전종합DB, 한국문집총간).

李瀷,『국역 성호사설』(한국고전종합DB).

李柬,『巍巖遺稿』(민족문화추진회, 1997); (한국고전종합DB, 한국문집총간).

李之藻 편,『天學初函』전5책 (臺北: 臺灣學生書局, 1965).

李之藻,『渾蓋通憲圖說』(北京: 中華書局, 1985).

임기중 편,『연행록전집』(동국대학교출판부, 2001).

張維,『谿谷集』(한국고전종합DB).

정약용,『다산시문집』(한국고전종합DB).

정약용, 이익성 역,『경세유표(經世遺表)』전3책 (한길사, 1997).

朱維錚 主編,『利瑪竇中文著譯集』(上海: 復旦大學出版社, 2001).

崔錫鼎,『明谷集』(한국고전종합DB, 한국문집총간).

黃胤錫,『頤齋亂藁』전9책 (한국정신문화연구원, 1994-); 한국학중앙연구원, 한국학 디지털 아카이브: http://yoksa.aks.ac.kr).

許遠,『玄象新法細草類彙』, 한국과학사학회 편,『韓國科學技術史資料大系)』제9책 (여강출판사, 1986), 1-198.

홍대용, 『국역 담헌서(湛軒書)』 (민족문화추진회, 1974); (한국고전종합DB).

홍대용, 소재영·조규익·장경남·최인황 주해, 『을병연행록』 (태학사, 1997).

洪鳳漢 외 편, 『增補文獻備考』 전3책 (명문당, 1959).

황원구, 이종영 편, 『조선후기역산가보·색인』 (한국문화사, 1991).

2. 연구 논저

(1) 한국어 논저

강만길, "수공업", 국사편찬위원회 편, 『한국사 10: 조선─양반 관료 국가의 사회구조』 (국사편찬위원회, 1974), 355-389쪽.

강만길, 『朝鮮時代商工業史硏究』 (한길사, 1984).

강명관, 『조선 후기 여항문학 연구』 (창작과비평사, 1997).

강명관, 『조선 지성계를 흔든 연행록을 읽다: 홍대용과 1766년』 (한국고전번역원, 2014).

강명관, 『조선에 온 서양 물건들』 (휴머니스트, 2015).

강민정, "『九章術解』의 연구와 역주" (성균관대학교 박사학위논문, 2015).

강재언, 정창렬 역, 『한국의 개화사상』 (비봉출판사, 1981).

강재언, 『조선의 서학사』 (민음사, 1990).

경석현, "조선후기 천문학겸교수의 활동과 그 의미", 『동방학지』 176 (2016), 121-152.

경석현, "조선 영조 대 천문학 겸교수의 운용과 활동 양상", 『조선시대사학보』 91 (2019), 113-153쪽.

고동환, "旅菴 申景濬의 학문과 사상", 『지방사와 지방문화』 6(2) (2003), 179-216쪽.

고동환, "조선후기 지식 세계의 확대와 실학", 『한국사 시민강좌』 48 (2011), 55-76쪽.

高柄翊, "茶山의 진보관─그의 技藝論을 중심으로", 『曉城趙明基博士華甲記念佛敎史學論叢』 (曉城趙明基博士華甲記念佛敎史學論叢刊行委員會, 1965), 669-678쪽.

구만옥, 『조선후기 과학사상사연구 1─주자학적 우주론의 변동』 (혜안, 2005).

구만옥, "이재 황윤석(黃胤錫)의 산학(算學) 연구", 『한국사상사학』 33 (2009), 215-252쪽.

구만옥, "마테오 리치(利瑪竇) 이후 서양 수학에 대한 조선 지식인의 반응", 『한국실학연구』 20 (2010), 301-355쪽.

구만옥, "肅宗代(1674-1720) 天文曆算學의 정비", 『한국실학연구』 24 (2012), 279-327

쪽.

구만옥, 『영조 대 과학의 발전』 (한국학중앙연구원출판부, 2015).

구만옥, 『세종 시대의 과학기술』 (들녘, 2016).

구만옥, "조선후기 과학사 연구에서 '실학'의 문제", 『한국실학연구』 36 (2018), 637-676
    쪽.

구범진, "조선의 청 황제 성절 축하와 건륭 칠순 '진하 외교'", 『한국문화』 68 (2014),
    215-248쪽.

구범진, 『1780년, 열하로 간 정조의 사신들―대청 외교와 『열하일기』에 얽힌 숨겨진 이
    야기』 (21세기북스, 2021).

김대중, "'내부-외부'에 대한 두 개의 시선: 이덕무와 박제가", 『한국사연구』 162 (2013),
    165-209쪽.

김덕진, "조선 후기 서양식 수차와 실학자 李如樸", 『남도문화연구』 33 (2017), 119-146
    쪽.

김덕진, "실학자 李如樸의 수학 연구와 〈數理源流〉 편찬", 『남도문화연구』 34 (2018),
    7-31쪽.

김동건, "李器之의 『一庵燕記』 研究" (한국학중앙연구원 석사학위논문, 2007).

김두헌, 『조선시대 기술직 중인 신분 연구』 (경인문화사, 2013).

김명호, 『환재 박규수 연구』 (창비, 2008).

김명호, 『홍대용과 항주의 세 선비―홍대용의 북경 기행 새로 읽기』 (돌베개, 2020).

김문식, 『조선후기 지식인의 대외인식』 (새문사, 2009).

김문용, 『홍대용의 실학과 18세기 북학사상』 (예문서원, 2005).

김성근, "일본의 메이지 사상계와 '과학'이라는 용어의 성립과정", 『한국과학사학회지』
    25(2) (2003), 131-146쪽.

김슬기, "숙종 대 관상감의 시헌력 학습: 을유년(1705) 역서 사건과 그에 대한 관상감의
    대응을 중심으로", 『한국과학사학회지』 39(3) (2017), 435-463쪽.

김슬기, "18세기 중 후반 조선 천문학자의 전문성 제고: 안국빈을 중심으로", 전국역사
    학대회 과학사 분과 발표문 (2020년 10월 31일).

김양수, "조선 후기 전문직 중인의 과학기술 활동", 『역사와 실학』 27 (2004), 33-97쪽.

김영민, "국문학 논쟁을 통해서 본 조선 후기의 국가, 사회, 행위자", 『일본비평』 19
    (2018), 194-255쪽.

김영식, 『과학혁명: 전통적 관점과 새로운 관점』 (아르케, 2001).

김영식, 『주희의 자연철학』 (예문서원, 2005).

김영식, 『정약용 사상 속의 과학기술』 (서울대학교 출판부, 2006).

김영식, 『정약용의 문제들』 (혜안, 2014).

김영식, "조선후기 지전설의 재검토", 『동방학지』 133 (2006), 79-114쪽.

김영식, "전통시대 중국 사회의 학자들과 전문 과학기술지식", 김영식 편, 『유가전통과 과학』 (예문서원, 2013), 239-272쪽.

김영식, "한국 과학의 특성과 반성", 김영식 편, 『동아시아 과학의 차이―서양과학, 동양 과학, 그리고 한국 과학』 (사이언스북스, 2013), 223-242쪽. [Yung Sik Kim, "Some Reflections on Science and Technology in Contemporary Korean Society," *Korea Journal* 28(8) (1988), pp. 342-363].

김영식, "'서학 중국 기원론'의 출현과 전개", 『중국 과학의 차이』 (사이언스북스, 2013), 113-134쪽.

김영식, "1735년 역서(曆書)의 윤달 결정과 간행에 관한 조선 조정의 논의", 『한국과학사 학회지』 36(1) (2014), 1-27쪽.

김영식, 『중국과 조선, 그리고 중화: 조선 후기 중국 인식의 전개와 중화 사상의 굴절』 (아카넷, 2018).

김영호, "정다산의 과학기술사상", 『동양학』 19 (1989), 277-300쪽.

김영호, "수공업의 발달", 국사편찬위원회 편, 『한국사 33: 조선 후기의 경제』 (국사편찬 위원회, 2003), 159-187쪽.

金龍德, "朴齊家의 經濟思想―奇蹟의 先覺者", 『진단학보』 52 (1981), 153-156쪽.

김용섭, "조선 후기의 농업 문제와 실학", 『동방학지』 17 (1976), 47-66쪽.

김종수, "서계 박세당의 연행록과 북경 체류 32일", 『한국실학연구』 16 (2008), 7-50쪽.

김태준, 『홍대용』 (한길사, 1998).

김평원, 『엔지니어 정약용』 (다산초당, 2017).

노대환, 『동도서기론 형성과정 연구』 (일지사, 2005).

다시로 가즈이(田代和生), 정성일 옮김, 『왜관: 조선은 왜 일본사람들을 가두었을까?』 (논형: 2005) [『倭館―鎖国時代の日本人町』 (東京: 文藝春秋, 2002)].

린드버그, 데이비드 C., 이종흡 옮김, 『서양과학의 기원들: 철학·종교·제도적 맥락에서 본 유럽의 과학전통, BC 600-AD 1450』 (나남, 2009).

문만용, 『한국 과학기술 연구 체제의 진화』 (들녘, 2017).

문중양, "조선 후기의 水車", 『韓國文化』 15 (1994), 261-343쪽.

문중양, "18세기 후반 조선 과학기술의 추이와 성격—정조대 정부 부문의 천문역산 활동을 중심으로", 『역사와 현실』 39 (2001), 199-231쪽.

문중양, "'鄕曆'에서 '東曆'으로: 조선 후기 自國曆을 갖고자 하는 열망", 『역사학보』 218 (2013), 237-270쪽.

문중양, 『조선후기 과학사상사: 서구 우주론과 조선 천지관의 만남』 (들녘, 2016).

박권수, "서명응의 역학적 천문관", 『한국과학사학회지』 20(1) (1998), 57-101쪽.

박권수, "조선 후기의 역서(曆書) 간행에 참여한 관상감 중인 연구", 『한국과학사학회지』 37(1) (2015), 119-145쪽.

박권수, "여암 신경준의 과학사상", 『한국실학연구』 29 (2015), 235-277쪽.

박권수, "조선 후기 관상감 산원직(散員職)의 설치와 확대: 삼력관(三曆官)을 중심으로", 『한구과학사학회지』 41(3) (2019), 353-385쪽.

朴星來, "한국 근세의 서구과학수용", 『동방학지』 20 (1978), 257-292쪽.

박성래, "開化期의 科學受容", 『韓國史學』 1 (1980), 251-268쪽, (재수록) 김영식·김근배 편, 『근현대 한국사회의 과학』 (창작과비평사, 1998), 15-39쪽.

박성래, "박제가의 기술도입론", 『진단학보』 52 (1981), 202-204쪽.

박성래, "한, 중, 일의 서양 과학 수용: 1800년 이전의 근대과학 잠재력 비교", 『한국과학사학회지』 3 (1981), 85-92쪽.

박성래, "홍대용의 과학사상", 『한국학보』 7(2) (1981), 159-180쪽.

박성래, 『한국과학사』 (한국방송사업단, 1982).

박성래, "조선 유교사회의 중인 기술교육", 『대동문화연구』 17 (1983), 267-290쪽.

박성래, 『민족과학의 뿌리를 찾아서』 (동아출판사, 1991).

박성래, "韓國科學史의 時代區分", 『한국학연구』 (단국대) 1집 (1994), 277-302쪽.

박성래, "조선시대 과학사를 어떻게 볼 것인가," 『韓國史市民講座』 16 (1995), 145-166쪽.

박성래, 『한국사에도 과학이 있는가』 (교보문고, 1998).

박성래, 『지구자전설과 우주무한론을 주장한 홍대용』 (민속원, 2012).

박훈평·안상우, "혜민서 관청지 『혜국지』의 편제와 내용 연구", 『한국의사학회지』 27(1) (2014), 119-133쪽.

박희병, 『범애와 평등』 (돌베개, 2013).

박희병, "조선의 일본학 성립—원중거와 이덕무", 『한국문화』 61 (2013), 179-219쪽.

방병선, "초정 박제가와 윤암 이희경의 도자 인식", 『미술사학연구』 (2003. 9), 213-234쪽.

小川晴久, "지전설에서 우주무한론으로—김석문과 홍대용의 세계", 『東方學志』 21 (1979), 55-90쪽.

송성수, "丁若鏞의 技術思想", 『한국과학사학회지』 16(2) (1994), 261-276쪽.

송영배, "홍대용의 상대주의적 사유와 변혁의 논리—특히 '장자(莊子)'의 상대주의적 문제의식과의 비교를 중심으로", 『한국학보』 74 (일지사, 1994), 112-134쪽.

송영은, "正祖의 도자 인식과 18세기 후반 조선의 도자 생산", 『한국학연구』 49 (2014), 129-150쪽.

송찬식, "관청수공업의 민영화 과정—분원과 조지서의 경우", 『조선후기 사회경제사의 연구』 (일조각, 1996), 305-432쪽.

신동원, "조선 후기 의원의 존재 양태", 『한국과학사학회지』 26 (2004), 197-246쪽.

신동원, "조선후기 의약생활의 변화—선물경제에서 시장경제로", 『역사비평』 75 (2006), 344-391쪽.

신민철, "보만재 서명응의 율·역(曆)·도량형론 연구—해 그림자로 얻은 '장엄한 표준[皇極]'의 정치사상" (미출판 초고).

신익철, "김창업·이기지의 중국 문인 교유 양상과 특징", 『대동문화연구』 106 (2019), 253-286쪽.

실시학사 편, 『농암 유수원 연구』 (사람의 무늬, 2014).

안대옥, "18세기 正祖期 朝鮮 西學 受容의 系譜", 『동양철학연구』 71 (2012), 55-90쪽.

안대회, "조선 후기 연행을 보는 세 가지 시선—燕行使를 보내는 送序를 중심으로", 『한국실학연구』 19 (2010), 87-120쪽.

안대회, 『조선의 프로페셔널』 (휴머니스트, 2007).

안동교, "조선 후기 호남실학에서 河百源 사상의 특징", 『호남문화연구』 47 (2010), 79-125쪽.

안상현, "한국사 최초의 망원경 I: 鄭斗源의 『西洋國奇別狀啓』", 『한국우주과학회지』 26(2) (2009), 237-266쪽.

안승택, "18·19세기 농서에 나타난 경험적 지식의 의미 변화와 분화", 『한국사상사학』 49 (2015), 161-205쪽.

안영숙·민병희·서윤경·이기원, "조선 후기 천문학자 이덕성의 생애와 천문활동", 『천문학논총』 32(2) (2017), 367-381쪽.

염정섭, 『조선시대 농법 발달 연구』 (태학사, 2002).

오영숙, "조선 후기 算學의 일면: 최석정의 算 '읽기'", 『한국실학연구』 24 (2012), 329-

366쪽.

오영숙, "조선 후기 천원술과 산목 계산법의 변화" (서울대학교 박사학위논문, 2021).

유봉학, 『燕巖一派 北學思想 研究』 (일지사, 1995).

유승주·이철성, 『조선후기 중국과의 무역사』 (경인문화사, 2002).

윤용출, 『조선 후기의 요역제와 고용노동』 (서울대학교 출판부, 1998).

윤용출, "조선 후기 수레 보급 논의", 『한국민족문화』 47 (2013), 269-329쪽.

윤용출, "조선 후기 벽돌성의 축조", 『지역과 역사』 42 (2018), 307-358쪽.

윤용출, "조선후기 번벽축성(燔甓築城) 논의와 기술 도입", 『한국민족문화』 67 (2018), 235-280쪽.

이기복, "18세기 의관 이수기의 자기인식: 기술직 중인의 전문가 의식을 중심으로", 『의사학』 22(2) (2013), 483-527쪽.

이남희, 『조선후기 잡과중인 연구』 (이회문화사, 1999).

이남희, "잡과의 전개와 중인층의 동향", 『한국사 시민강좌』 48 (일조각, 2010), 154-168쪽.

이남희, "조선후기 籌學八世譜의 자료적 특성과 의미", 『고문서연구』 39 (2011), 187-212쪽.

이문규, 『고대 중국인이 바라본 하늘의 세계』 (문학과지성사, 2000).

이선민, 『한국의 자주적 근대화에 관한 성찰: 자생적 근대화론과 식민지 근대화론을 넘어서』 (나남, 2021).

이성무, "조선 초기의 기술관과 그 지위—중인층의 성립문제를 중심으로", 『유홍렬박사 화갑기념논총』 (탐구당, 1971), 193-229쪽.

이우성, "실학연구 서설", 역사학회 편, 『실학연구입문』 (일조각, 1973), 1-17쪽.

이원순, 『조선 서학사』 (일지사, 1986).

이정, "조선 후기 제지 기술의 실용성: 제지 관련 지식을 통해 본 실학", 『한국과학사학회지』 42(1) (2020), 125-161쪽.

이정림, "문신 측후관 파견을 중심으로 본 17-18세기 관상감 천문 측후관의 위치", 전국역사학대회 과학사 분과 발표문 (2020년 10월 31일).

이헌창, "조선후기 자본주의 맹아론과 그 대안", 『한국사학사학보』 17 (2008), 77-127쪽.

이헌창, 『조선 시대 최고의 경제발전안을 제시한 박제가』 (민속원, 2011).

이헌창, "楚亭의 이용후생사상과 부국론", 재단법인 실시학사 편, 『초정 박제가 연구』 (사람의무늬, 2013), 109-192쪽.

임종태, "地球, 常識, 中華主義: 李瀷과 洪大容의 思惟를 통해서 본 西洋 地理學說과 朝鮮後期 實學의 世界觀", 延世大學校 國學硏究院 편, 『韓國實學思想硏究4—科學技術篇』(혜안, 2005), 171-220쪽.

임종태, "무한 우주의 우화—홍대용의 과학과 문명론", 『역사비평』 (2005), 261-285쪽.

임종태, "'우주적 소통의 꿈': 18세기 초반 호서 노론 학자들의 육면세계설과 인성물성론", 『한국사연구』 138 (2007), 75-120쪽.

임종태, 『17, 18세기 중국과 조선의 서구 지리학 이해: 지구와 다섯 대륙의 우화』 (창비, 2012).

임종태, "한국적 두 문화의 현대적 기원", 홍성욱 편, 『융합이란 무엇인가』 (사이언스북스, 2012), 195-218쪽.

임종태, "서양의 물질문화와 조선의 의관(衣冠): 이기지의 〈일암연기〉에 묘사된 서양 선교사와의 문화적 교류", 『한국실학연구』 24 (2012), 367-401쪽.

임종태, "과학사 학계는 왜 실학을 저평가해 왔는가", 『한국실학연구』 36 (2018), 677-699쪽.

임종태, "조선 후기 북학론의 수사 전략과 중국 기술도입론", 『한국문화』 90 (2020), 163-195쪽.

장경희, "조선 후기 왕실의 옥공예 장인 연구—17·18세기 玉匠과 刻手를 중심으로", 『미술사연구』 15 (2001), 109-149쪽.

장경희, "조선 후기 여성 장인의 匠色과 職役 연구—의궤의 분석을 중심으로", 『여성과 역사』 20 (2014), 97-140쪽.

장경희, "조선왕실의궤를 통한 장인 연구의 현황과 과제", 『역사민속학』 47 (2015), 81-112쪽.

전상운, 『한국과학기술사』 개정판 (정음사, 1976).

전상운, "한국 과학사의 새로운 이해 (2)", 『과학과기술』 1(2) (1968), 44-48쪽.

전용훈, "17-18세기 서양과학의 도입과 갈등—時憲曆 施行과 節氣配置法에 대한 논란을 중심으로", 『동방학지』 117 (2002), 1-49쪽.

전용훈, "정조 시대 다시 보기: 천문학사의 관점에서", 『역사비평』 115 (2016), 185-209쪽.

전용훈, 『한국 천문학사』 (들녘, 2017).

정다함, "조선 전기 양반 잡학 겸수관 연구" (고려대학교 박사학위논문, 2008).

정다함, "'한국사' 상의 조선시대상—조선 전기를 중심으로", 『사이間SAI』 8 (2010),

9-61쪽.

정명현, "서유구의 선진 농법 제도화를 통한 국부 창출론" (서울대학교 박사학위논문, 2014).

정민, 『18세기 조선 지식인의 발견—조선 후기 지식 패러다임의 변화와 문화변동』 (휴머니스트, 2007).

정연식, "조선 조의 탈 것에 대한 규제", 『역사와 현실』 27 (1998), 177-208쪽.

정옥자, "朝鮮 後期의 技術職中人", 『진단학보』 61 (1986), 45-63쪽.

정옥자, 『조선 후기 조선 중화사상 연구』 (일지사, 1998).

정우봉, "이계 홍양호의 연행록에 나타난 중국 체험과 그 의미", 『한국한문학연구』 63 (2016), 67-95쪽.

정호훈, "17세기 체제 개혁론의 전개와 『周禮』", 『한국실학연구』 10 (2005), 157-190쪽.

정훈식, "『을병연행록』에 나타난 '부끄러움'에 대하여—北學의 감정적 기원에 관한 시론", 『코기토』 72 (2012), 169-201쪽.

조동일, "조선 후기 인성론과 문학사상", 『한국문화』 11 (1990), 25-113쪽.

조융희, "英祖 御製와 '風泉', 그리고 '風泉'의 典故化 양상", 『장서각』 20 (2008), 117-142쪽.

조익순·정석우, "조선시대의 산원(산사·계사·회사)제도에 관한 연구", 『회계저널』 9(4) (2000), 95-128쪽.

조창록, "徐命膺과 趙曮, 두 실학자의 백두산기행: 「遊白頭山記」", 『東方漢文學』 59 (2014), 127-155쪽.

채송화, "『의산문답(毉山問答)』 이본 연구", 『민족문학사연구』 69 (2019), 107-138쪽.

천관우, "이조 후기 실학의 개념 재검토", 『한국사의 반성』 (1969): (재수록) 『韓國實學思想論文選集: 實學概念 1』 (불함문화사, 1991), 161-168쪽.

최은아, "산학취재를 중심으로 본 조선의 산학교육", 『교육사학연구』 22(2) (2012), 85-112쪽.

최홍규, "『華城城役儀軌』의 구성과 역사적 의의", 『진단학보』 93 (2002), 282-325쪽.

한영우, "조선 초기 사회계층 연구에 대한 재론—이성무 교수의 〈조선초기 신분사연구의 문제점〉 및 송준호 교수의 〈조선양반고〉에 답함", 『한국사론』 12 (1985), 305-358쪽.

한영우, "조선시대 중인의 신분 계급적 성격", 『한국문화』 9 (1988), 179-209쪽.

한영호·이재효·이문규·서문호·남문현, "洪大容의 測管儀 연구", 『역사학보』 164 (1999),

125-164쪽.

한영호, "농수각 천문 시계", 『역사학보』 177 (2003), 1-32쪽.

허윤섭, "조선후기 觀象監 天文學 부문의 조직과 업무: 18세기 후반 이후를 중심으로" (서울대학교 석사학위논문, 2000).

허재혜, "18세기 의관의 경제적 활동 양상", 『한국사연구』 71 (1990), 85-127쪽.

허태구, "重峯 趙憲의 中國과 中華", 『한국학연구』 56 (2020), 433-464쪽.

허태용, "'북학사상'을 연구하는 시각의 전개와 재검토", 『오늘의 동양사상』 14 (2006), 315-354쪽.

허태용, 『조선 후기 중화론과 역사인식』 (아카넷, 2009).

허태용, "근·현대 지성사의 전개와 조선 후기 '북학'", 『한국사상사학』 64 (2020), 73-109쪽.

홍유진, "홍대용(洪大容) 『주해수용(籌解需用)』의 구성과 저술 목적" (서울대학교 석사학위논문, 2019).

홍이섭, 『조선과학사』 (정음사, 1946): (재수록) 『홍이섭전집 1: 과학사─해양사』 (연세대학교 출판부, 1994).

홍희유, 『조선 중세 수공업사 연구』 (지양사, 1989).

황해윤, "건륭 연간 팔기한군의 출기 정책과 그 영향" (서울대학교 석사학위논문, 2014).

후마 스스무(夫馬進), "홍대용의 『乾淨衕會友錄』과 그 改變─숭실대학교 기독교박물관 소장본 소개를 겸해서", 『한문학보』 26 (2012), 193-263쪽.

후마 스스무, 신로사 외 역, 『조선연행사와 조선통신사』 (성균관대학교출판부, 2019)[夫馬進, 『朝鮮燕行使と朝鮮通信使』 (名古屋大學出版會, 2015)].

(2) 외국어 논저

Basalla, George, "The Spread of Western Science," *Science* 156 (1967), pp. 611-622.

Bennett, J.A., "The Mechanics' Philosophy and the Mechanical Philosophy," *History of Science* 24 (1986), pp. 1-28.

Bray, Francesca, "Science, Technique, Technology: Passages between Matter and Knowledge in Imperial Chinese Agriculture," *British Journal for the History of Science* 41 (2008), pp. 319-344.

Cohen, Paul A., *Discovering History in China: American Historical Writing on the Recent*

Chinese Past (New York: Columbia University Press, 1985; 2010).

Cook, Harold J., "Global Economy and Local Knowledge in the East Indies: Jacobus Bontius Learns the Fact of Nature," Londa Schiebinger and Claudia Swan (eds.), *Colonial Botany: Science, Commerce, and Politics in the Early Modern World* (Philadelphia: University of Pennsylvania Press, 2005), pp. 100-118

Cunningham, Andrew and Perry Williams, "De-centering the 'Big Picture': The Origins of Modern Science and the Modern Origins of Science," *British Journal for the History of Science* 26 (1993), pp. 407-432.

Dear, Peter, "Totius in verba: Rhetoric and Authority in the Early Royal Society," *Isis* 76 (1985), pp. 145-161.

Elman, Benjamin, *On Their Own Terms: Science in China, 1550-1900* (Cambridge, MA: Harvard University Press, 2005).

Grafton, Anthony, *New Worlds, Ancient Texts: The Power of Tradition and the Shock of Discovery* (Cambridge, Mass.: Harvard University Press, 1992).

Hart, Roger, "Beyond Science and Civilization: A Post-Needham Critique," *EASTM* 16 (1999), pp. 88-114.

Hashimoto Keizo, *Hsü Kuang-Ch'i and Astronomical Reform: the Process of the Chinese Acceptance of Western Astronomy 1629-1635* (Osaka: Kansai University Press, 1988).

Jami, Catherine, *The Emperor's New Mathematics: Western Learning and Imperial Authority During the Kangxi Reign (1662-1722)* (Oxford: Oxford University Press, 2011).

Kang, Hyeok Hweon, "Crafting Knowledge: Artisan, Officer, and the Culture of Making in Chosŏn Korea, 1392–1910," PhD Dissertation (Harvard University, 2020).

Keller, Alexander, "Mathematics, Mechanics, and the Origins of the Culture of Mechanical Invention," *Minerva* 23(1985), pp. 348-361.

Latham, Michael E., *Modernization as Ideology: American Social Science and "National Building" in the Kennedy Era* (Chapel Hill: The University of North Carolina Press, 2000).

Lee Jung, "Socially Skilling Toil: New Artisanship in Papermaking in Late Chosŏn Korea," *History of Science* 57(2) (2018), pp. 167-193.

Levenson, Joseph, *Confucian China and Its Modern Fate: A Trilogy* (Berkeley: University of California Press, 1965).

Lim Jongtae, "Matteo Ricci's World Maps in Late Joseon Dynasty," *The Korean Journal for the History of Science* 33(2) (2011), pp. 277-296.

Lim Jongtae, "Journey of the Modest Astronomers: Korean Astronomers' Missions to Beijing in the Seventeenth and Eighteenth Centuries," *Extrême-Orient Extrême-Occident* 36 (2014), pp. 81-108.

Lim Jongtae, "Learning Western Astronomy from China: Another Look at the Introduction of the *Shixian li* Calendrical System into Late Joseon Korea," *The Korean Journal for the History of Science* 34(2) (2012), pp. 205-225.

Lim Jongtae, "Rodrigues the Gift-giver: A Korean Envoy's Portrayal of His Encounter with a Jesuit in 1631," *Korea Journal* 56(2) (2016), pp. 134-162.

Lim Jongtae, "Tributary Relations between the Chosŏn and Ch'ing Courts to 1800," in *The Cambridge History of China, Vol. 9: The Ch'ing Empire to 1800, Part II*, Edited by Willard J. Peterson (Cambridge: Cambridge University Press, 2016), pp. 146-196.

Lindberg, David C., "Conceptions of the Scientific Revolution from Bacon to Butterfield," in D. C. Lindberg and Robert S. Westman, eds., *Reappraisals of the Scientific Revolution* (Cambridge: Cambridge University Press, 1990), pp. 1-26.

Long, Pamela O., *Artisan/Practitioners and the Rise of the New Sciences, 1400-1600* (Corvallis, OR: Oregon State University Press, 2011).

Mizuno, Hiromi, *Science for the Empire: Scientific Nationalism in Modern Japan* (Stanford: Stanford University Press, 2009).

Needham, Joseph, "Poverties and Triumphs of the Chinese Scientific Tradition," in Joseph Needham, *The Grand Titration: Science and Society in East and West* (London: Allen and Unwin, 1969), pp. 14-54 (번역: "중국 과학전통의 결함과 성취," 김영식 편역, 『중국 전통문화와 과학』 (창비, 1986) 30-73쪽).

Palais, James B. *Confucian Statecraft and Korean Institutions: Yu Hyŏngwŏn and the Late Chosŏn Dynasty* (Seattle: University of Washington Press, 1996).

Park Seongrae, "Hong Tae-yong's idea of the Rotating Earth," 『한국과학사학회지』 1(1) (1979), pp. 39-49.

Shapin, Steven and Simon Schaffer, *Leviathan and the Air-Pump: Hobbes, Boyle, and the Experimental Life* (Princeton: Princeton University Press, 1985).

Shapin, Steven, *The Scientific Revolution* (Chicago: The University of Chicago Press, 1996).

Sivin, Nathan, "Copernicus in China," *Studia Copernicana* 6 (1973), pp. 63-122. (재수록) Sivin, *Science in Ancient China: Researches and Reflections* (Aldershot: Variorum, 1995), 제4장.

Smith, Pamela H., *The Body of the Artisan* (Chicago: University of Chicago Press, 2004).

Sugimoto, Masayoshi and David L. Swain, *Science and Culture in Traditional Japan, A.D. 600-1854* (Cambridge, Mass.: The MIT Press, 1978).

Zilsel, Edgar, "The Origins of William Gilbert's Scientific Method," *Journal of the History of Ideas* 2(1941), pp. 1-32.

Zilsel, Edgar, "The Sociological Roots of Science," *American Journal of Sociology* 47(1941/42), pp. 544-562.

山口正之,『朝鮮西教史—朝鮮キリスト教の文化史的研究』(東京: 雄山閣, 1967).

韓琦,『通天之學: 耶穌會士和天文學在中國的傳播』(北京: 三聯書店, 2018).

Contents in English

Travel, Statecraft Reform, and Science and Technology in Eighteenth-century Korea

by Lim Jongtae

Program in History and Philosophy of Science

College of Natural Sciences

Seoul National University

Introduction

Epilogue

References